WITHDRAWN

HARVARD LIBRARY

WITHDRAWN

Das Lutherbild Johann Gottfried Herders

Trierer Studien zur Literatur

Unter Mitarbeit von Karl-Heinz Bender, Wolfgang Düsing, Karl Hölz, Walter Pache, Herbert Zirker
Herausgegeben von JÖRG HASLER, BERNHARD KÖNIG, LOTHAR PIKULIK

Bd./Vol. 14

Verlag Peter Lang
Frankfurt am Main · Bern · New York · Paris

Michael Embach

Das Lutherbild Johann Gottfried Herders

Verlag Peter Lang
Frankfurt am Main · Bern · New York · Paris

CIP-Kurztitelaufnahme der Deutschen Bibliothek

Embach, Michael:

Das Lutherbild Johann Gottfried Herders / Michael
Embach. -- Frankfurt am Main ; Bern ; New York ;
Paris : Lang, 1987.
  (Trierer Studien zur Literatur ; Bd. 14)
  ISBN 3-8204-9914-8
NE: GT

B
3051
.Z7
E45
1987

ISSN 0721-4294
ISBN 3-8204-9914-8

© Verlag Peter Lang GmbH, Frankfurt am Main 1987
Alle Rechte vorbehalten.

Das Werk einschließlich aller seiner Teile ist urheberrechtlich geschützt.
Jede Verwertung außerhalb der engen Grenzen des Urheberrechtsge-
setzes ist ohne Zustimmung des Verlages unzulässig und strafbar. Das
gilt insbesondere für Vervielfältigungen, Übersetzungen, Mikroverfil-
mungen und die Einspeicherung und Verarbeitung in elektronischen
Systemen.

Druck und Bindung: Weihert-Druck GmbH, Darmstadt

Meinen Eltern und meiner Frau
in tiefer Dankbarkeit

INHALTSVERZEICHNIS   Seite:

I.   Einleitung

1.   Zum Erkenntnisinteresse der Arbeit   11
2.   Zur Methodik der Arbeit   14
3.   Zur Quellenlage   15
4.   Zum gegenwärtigen Forschungsstand   15
     a) Summarische Besprechung   15
     b) Horst Stephan   17
     c) Emanuel Hirsch   19
     d) Ernst Walter Zeeden   20
     e) Heinz Bluhm   22
     f) Heinrich Bornkamm   25
     g) Wilhelm Ludwig Federlin   26
     h) Herbert von Hintzenstern   27

II. Hauptteil

A.   Herders Lutherbild während der Rigaer Zeit (1764-1769)

1.   Vorbemerkungen   29
2.   Herders Aussagen zur sprachgeschichtlichen Bedeutung
     Luthers   36
2.1 Der sprachästhetische Horizont von Herders Äußerungen   37
2.2 Einzelinterpretation und geistesgeschichtliche Einord-
     nung   47
2.2.1 Der emanzipatorische Aspekt der Sprache Luthers 48
     a) Die Befreiung der deutschen Nationalsprache von
        fremdsprachiger Majorisierung   48
     b) Die Überwindung des aristotelisch-scholastischen
        Sprachrationalismus durch Luther   66
     c) Die Zerstörung des humanistischen Neoklassizismus   75
2.3 Die sprachliche Bedeutung Luthers im Urteil der Kritik 106
2.5 Zusammenfassung der Ergebnisse   112

B. Herders Lutherbild während der Bückeburger Zeit (1771-1776)

1.	Vorbemerkungen	115
2.	Quellenkritische Bestandsaufnahme von Herders Bückeburger Lutherstudien	118
3.	Die Fortsetzung der sprachästhetischen Lutherrezeption	129
3.1	Martin Luthers Beweggründe zur Entwicklung deutschsprachiger Gesänge	131
3.2	Herders ästhetisierende Form der Kirchenliedrezeption	133
3.3	Der Weimarer Herder und die Tradition der Aufklärung	139
3.4	Herders Rückfall in aufklärerisches Gedankengut	146
3.5	Die Einordnung von Herders Standpunkten in den literargeschichtlichen Kontext	151
4.	Die psychologische Betrachtung der Persönlichkeit Martin Luthers im Zusammenhang der geschichtsphilosophischen Gesamtdeutung der Reformation	154
4.1	Die geschichtsphilosophische Betrachtung der Reformation	157
4.1.1	Zum allgemeinen Charakter von Herders Bückeburger Geschichtsphilosophie	159
4.1.2	Herders Reformations- und Lutherbild der Bückeburger Geschichtsphilosophie	162
4.1.3	Herders Reformations- und Lutherbild der Abhandlung 'Vom Erkennen und Empfinden der menschlichen Seele'	174
5.	Die theologischen Elemente von Herders Lutherbild der Bückeburger Jahre	181
5.1	Herders bibelwissenschaftliche Lutherrezeption	181
5.2	Herders dogmatische Lutherrezeption	193
6.	Zusammenfassung der Ergebnisse	202

C. Herders Lutherbild während der Weimarer Zeit (1776-1805)

1.	Vorbemerkungen	203
2.	Quellenkritische Bestandsaufnahme von Herders Weimarer Lutherstudien	206

3.	Die Fortsetzung der sprachgeschichtlichen Lutherrezeption	208
4.	Herders positive Beurteilung von Luthers Persönlichkeit und Charakter	211
4.1	Die national-patriotische Komponente von Herders Lutherbild	215
4.2	Die kulturgeschichtlich-humanistische Komponente von Herders Reformationsbild	231
5.	Herders Auffassung von der historischen Unvollkommenheit der Reformation	239
6.	Zum typologischen Verhältnis von Reformation und Revolution	245
7.	Zusammenfassung der Ergebnisse	258
D.	Synthese und Ausblick	259
E.	Anmerkungen	263
F.	Literaturverzeichnis	349
G.	Personenregister	373

DAS LUTHERBILD JOHANN GOTTFRIED HERDERS

I. Einleitung

1. Zum Erkenntnisinteresse der Arbeit

Das primäre Erkenntnisinteresse der nachfolgenden Ausführungen besteht in der beschreibenden Darstellung und thematischen Interpretation derjenigen Aussagen, die Johann Gottfried Herder im Laufe seiner geistigen Entwicklung über Leben und Werk Martin Luthers getroffen hat. Diese Äußerungen erstrecken sich über sämtliche Perioden seiner literarischen Wirksamkeit und umfassen alle wichtigen Bereiche seines Denkens. Herder hat sich in Riga, Bückeburg und Weimar mit der Bedeutung des Reformators beschäftigt und zwar - um nur die größeren Zusammenhänge zu nennen - in sprachästhetischer, geschichtsphilosophischer, theologischer und allgemein kulturhistorischer Hinsicht. Er hat dabei, wie Heinrich Bornkamm zutreffend urteilt, "eine Betrachtung der Gestalt Luthers geschaffen, die für die deutsche Bildungswelt klassisch geworden ist"[1].
Umfang und Tiefe des Herderschen Lutherbildes haben von seinen Zeitgenossen höchstens Hamann und ansatzweise Lessing, von den Denkern der nachfolgenden Epochen erst wieder Hegel und Schleiermacher erreicht. Gerade die Beschäftigung mit Herders Lutherrezeption läßt dabei auf sehr markante Weise erkennen, daß das Lutherbild einzelner Epochen "mit größter Schärfe die geschichtlichen Phasen des deutschen Geisteslebens"[2] widerspiegelt.
Vor allem durch den außerordentlichen Perspektivenreichtum seiner Gedanken hat Herder, wenn auch in einer Art und Weise, die von inneren Spannungen, Widersprüchen und Rückschritten nicht frei blieb, die bedeutendste Lutherrezeption des gesamten deutschen Frühidealismus geschaffen. Der Grund für Herders auf den ersten Blick so unzusammenhängend oder gar auseinanderstrebend anmutende Fülle von Äußerungen über den Wittenberger Reformator wird zunächst darin liegen, daß Herder Person und Werk Luthers niemals zum Gegenstand einer systematischen und eigenständigen Abhandlung gemacht hat.

Im ganzen betrachtet wird man seine Stellung wohl als eine Art von eigenständiger Mittelposition zwischen dem Lutherbild der zeitlich nahezu parallel verlaufenden Strömungen von Pietismus und Aufklärung bezeichnen können, wobei Herder die positiven Elemente beider Epochen kreativ aufgenommen und in vertiefter Weise weitervermittelt hat. Insbesondere der deutsche Idealismus, aber auch die romantische Schule haben von seinen Erkenntnissen gezehrt, ohne dabei teilweise selbst die Kraft zu originaler Fortbildung des Übernommenen zu besitzen.

Das eigentlich Geniale von Herders Lutherdeutung besteht, wie bereits Horst Stephan in seiner interessanten Studie zur theologischen Bedeutung des Bückeburger Herder[3] erkannt hat, in der komplexen Verbindung von ästhetischen, psychologischen, theologischen und historischen Betrachtungsweisen, die sich zu einem außerordentlich vielschichtigen Gesamtgebilde ergänzen.

Diese vielfältigen und zum Teil widersprüchlichen Aussagen, die zunächst in chronologischer, das heißt entstehungsgeschichtlicher Abfolge sowie grobsystematischer Anordnung gegliedert werden, sollen im folgenden dargestellt, interpretiert und in den übergeordneten geistesgeschichtlichen Horizont hineingestellt werden, der ihren realen oder intentionalen Hintergrund bildet.

Dabei sollen einerseits in analysierender Weise die spezifischen Inhaltselemente von Herders Lutherbild, wie es sich innerhalb seiner jeweiligen entwicklungsgeschichtlichen Phasen und thematischen Einzelbefunde darbietet, herausgearbeitet werden, andererseits sollen in synthetisierender Weise durchgängige Konstanten aufgezeigt werden, die den unterschiedlichen Aussagen Herders gemeinsam oder komplementär zugrundeliegen.

Damit soll ein Desiderat der Herderforschung beseitigt werden, das seit langem existiert. Die notwendige Gesamtdarstellung über das Verhältnis Herders zum Wittenberger Reformator konnte durch die bisher vorliegenden Einzelbeiträge nämlich nur teilweise ersetzt werden, wobei der Aspekt der Wirkungsgeschichte Luthers auf das geistige Schaffen Herders gerade von der Germanistik in fahrlässiger Weise übersehen wurde.

Darüberhinaus erhoffen wir uns von dieser Untersuchung, in der grundlegende Gegenstandsbereiche von Herders Denken an einem durchgehenden Thema und über einen sehr langen Zeitraum hinweg sozusagen komparatistisch miteinander in Beziehung gesetzt werden, einen Verstehensbeitrag zu dem oft beklagten und für die Person Herders scheinbar so symptomatischen Sachverhalt, sein in sich gespaltenes Weltbild sei lediglich durch einen, jedem systematischen Denken feindlichen Irrationalismus zu momentanen Verbindungen und temporärer Einheitlichkeit gelangt. Vergleicht man die geistige Entwicklung Herders mit dem sukzessiven Fortschritt im Schaffen Goethes, Schillers oder gar Kants, so mag dieser Vorwurf zwar mit einer gewissen Berechtigung getroffen werden. Es genügt jedoch nicht, dieses Phänomen immer nur von einer quasi systemteleologischen Warte aus zu beschreiben und dem Denken Herders als durchgängigen Defizienzfaktor anzulasten, ohne es aus den genuinen Besonderheiten seiner hermeneutischen Dispositionen heraus zu erklären.[4] Von einem solchen, gewissermaßen aus dem a priori heraus vertretenen Standpunkt wird es sehr schwierig, zu einer positiven Gesamtwürdigung von Herders Denken zu gelangen.
Charlotte Horstmann hat in ihrer fundierten Studie zur Herderschen Geschichtsphilosophie mit ihren wichtigen Bemerkungen zur Hermeneutik Herders überzeugend darlegen können, daß Herders Erkennen keine abgelöste und nur sachlich interessierte Funktion des Intellekts darstellt, sondern "ein unmittelbarer Gang der menschlichen Wesenstotalität in die in lebendigen, individuellen, ansprechenden und fordernden Gestalten erlebte Welt hinein ist"[5].
Dieser eigenartig ringende und in der ständigen Auseinandersetzung begriffene Charakter von Herders Denken tritt gerade auch in seinen Äußerungen zu Person uns Werk Martin Luthers deutlich hervor.

Ohne die disperaten Elemente von Herders Lutherbild in spekulativer Weise harmonisieren zu wollen, wird man vor dem Hintergrund dieser Überlegungen daher zu dem Ergebnis gelangen, daß seine Ausführungen über den Wittenberger Reformator nicht bloß Resultate eines amorphen und dilettantischen Partikularismus darstellen, sondern aus der ge-

nuinen Geisteshaltung Herders heraus verstanden werden müssen, bestimmte Themen auf der Grundlage eines aktuellen Argumentationszusammenhanges gewissermaßen perspektivisch zu reflektieren.
Die dadurch entstehenden perspektivischen Ganzheitsstrukturen, die sich quer durch Herders sprachgeschichtliche, theologische und geschichtsphilosophische Beschäftigung mit Person und Werk Luthers ziehen, sollen im Hinblick auf ihre inhaltlichen, methodischen und funktionalen Aspekte interpretiert werden.
Besondere Aufmerksamkeit soll hierbei der konkreten Entstehungssituation oder - um einen Begriff aus der theologischen Hermeneutik zu verwenden - dem jeweiligen "Sitz im Leben" einzelner Aussagen Herders gewidmet werden. Neben dem realen soll deshalb immer wieder auch der intentionale Gegenstand dieser Äußerungen zur Sprache gebracht werden. Hierbei geht es letzten Endes darum, das "Wie" von Herders Denken zu erfassen und für die Interpretation der materialen Gehalte seines Lutherbildes fruchtbar zu machen.[6]

2. Zur Methodik der Arbeit

Der Gegenstand der Untersuchung legt aufgrund der unterschiedlichen Sachzusammenhänge, die zur Sprache kommen, sowie aufgrund der großen zeitlichen Spanne, die berücksichtigt wird, eine Strukturierung des Materials nahe, die sowohl eine chronologische als auch eine systematische Gliederung erlaubt. Durch die chronologische Einteilung soll die entwicklungsgeschichtliche Komponente von Herders Auseinandersetzung mit Gestalt und Werk des Reformators sichtbar gemacht werden, durch die systematische soll eine drohende Atomisierung der vielen thematischen Einzelbefunde in eine unzusammenhängende Fülle von isolierten Stichpunkten verhindert werden.
Dabei wurde einer chronologisch-historischen Strukturierung von Herders Äußerungen Vorrang eingeräumt und zur primären Ordnungsebene erklärt, ganz einfach deshalb, weil seine Biographie eine solche Einteilung nahelegt und eine Dominanz der systematischen Gliederungselemente einen doch zumindest etwas forcierten Eindruck hinterlassen hätte.

3. Zur Quellenlage

Neben den in der Suphanschen Ausgabe abgedruckten Texten wurden zum ersten Male die - vor allem für die Bückeburger Zeit - wichtigen Äußerungen aus dem Herderschen Briefwechsel berücksichtigt.
Darüber hinaus konnten Dank der freundlichen Unterstützung der Staatsbibliothek Preußischer Kulturbesitz Berlin, in deren Obhut die Nachlaßverwaltung der Herderschen Schriften liegt, auch bisher unveröffentlichte, bloß im ungedruckten Manuskript vorliegende Materialien herangezogen und ausgewertet werden.
Auch hier stammt der größte Anteil aus den Bückeburger Jahren, die zu Recht als Zeit der intensivsten Auseinandersetzung Herders mit Person und Werk des Reformators gelten.
Eine detaillierte Einzelaufführung der vorliegenden Quellen und Dokumente für Herders Lutherinteresse wird jeweils zu Beginn der geographisch nach Herders Wirkungsstätten gegliederten Hauptteile gegeben.
Die veröffentlichten Schriften Herders werden nach der Suphanschen Ausgabe zitiert: 'SW' (Sämtliche Werke) + röm. Ziffer (Band) + arab. Ziffer (Seite); Briefstellen: Br + arab. Ziffer (Band) + arab. Ziffer (Seite); Nachlaß: N + röm. Ziffer (Kapsel) + arab. Ziffer (Seite).

4. Zum gegenwärtigen Forschungsstand

Im folgenden sollen lediglich die umfangreichsten Beiträge, die sich mit Herders Lutherrezeption auseinandersetzen, berücksichtigt werden, wobei die einzelnen Publikationen in der chronologischen Reihenfolge ihrer Entstehung besprochen werden.

a) Summarische Besprechung

An weiteren Darstellungen, die sich dokumentierend oder interpretierend entweder allgemein mit der Geschichte des Lutherbildes oder speziell mit Herders Lutherrezeption beschäftigen, sind zu nennen:
Boehmer, Heinrich: Luther im Lichte der neueren Forschung (3. Aufl. Leipzig und Berlin 1914). Boehmer bescheinigt dem jungen Herder, "all die künstlichen Maßstäbe der Aufklärung, des Pietismus und der Orthodoxie bei der Beurteilung Luthers" überwunden und ihn als "patriotischen großen Mann" "aus der Tiefe seines persönlichen Wesens von

innen heraus" (S. 8) verstanden zu haben. Allerdings sei Herders Leistung unvollkommen geblieben, da er in späteren Jahren - gemeint ist die Weimarer Zeit - wieder zu Methode und Geschichtsbetrachtung der Aufkärung, die er eigentlich schon überwunden gehabt habe, zurückgekehrt sei. Eine zum Einstieg in das Thema recht gut lesbare Materialsammlung bietet Rudolf Eckart (Hrsg.): Luther und die Reformation (2. Aufl. Halle 1917). Hans Rückert verfolgt die Entwicklung des protestantischen wie des katholischen Lutherbildes im 19. und beginnenden 20. Jahrhundert (in: Zeitschrift für Theologie und Kirche 52.1955, S. 43 - 64).

Michael Seidlmayer geht in seiner knappen, aber sehr informativen Skizze über "Das Lutherbild im Wandel der Zeit" auch kurz auf die Lutherrezeption Herders ein. Seine ansonsten sehr zuverlässigen Beobachtungen werden nur durch eine ohne längeres Zögern vorgenommene Zuordnung der Herderschen Position zum Lutherbild der Aufklärung und der deutschen Klassik etwas problematisch (in: Ein Leben aus freier Mitte. Beiträge zur Geschichtsforschung. Festschrift für Prof. Dr. Ulrich Noack. Göttingen 1961, S. 17 - 36).

Wilhelm Kantzenbach weist in seiner Untersuchung der "Briefe, das Studium der Theologie betreffend"[7] darauf hin, Herder habe sich von der reformatorischen Theologie mit ihrer Lehre vom unter der Gestalt des Gekreuzigten verborgenen Gott dadurch unterschieden, daß er auch die Heilsgeschichte primär aus der Perspektive eines organischen Entwicklungsbegriffs gedeutet habe. Durch die Einführung seines organologischen Geschichtsbegriffs habe Herder die reformatorische Theologie letzten Endes säkularisiert.

Walter Rehm[8] bemerkt in seiner gehaltvollen Studie zum klassischen und romantischen Lutherbild, der Bückeburger Herder habe mit seiner Darstellung des Reformators als des religiösen Genies schlechthin die psychologische Deutungsperspektive des Pietismus aufgegriffen und vertieft. Er habe dabei, befruchtet durch Hamann, die vor dem Hintergrund eines rationalistischen Lutherbildes entworfene aufklärerische Lutherdarstellung Iselins oder Friedrichs des Großen entscheidend weiterge-

führt und durch die Betonung der Individualität von Luthers Gestalt
ein angemessenes Verständnis der Persönlichkeit des Reformators überhaupt
erst ermöglicht. Im übrigen habe die theologisch wenig interessierte
Klassik die Persönlichkeit Luthers, die religiös empfängliche
Romantik hingegen das Ereignis der Reformation in den Mittelpunkt
ihrer diesbezüglichen Betrachtungen gestellt.
Eine konzise Darstellung der Wandlungen des protestantischen Lutherbildes
bietet Franz Schnabel.[9] Ganz richtig erkennt Schnabel, daß Herder
den Reformator zunächst weniger aus theologischen als aus literar-
und sprachästhetischen Motiven beobachtete. "... auf seiner Jagd
nach dem Volkstümlichen", so Schnabel, "mußte er (Herder; Zusatz vom
Verf.) frühe zu Luther kommen, und er wurde dann von der Sprache und
der Poesie zur Frömmigkeit und Religion geführt" (292).
Den entscheidenden Beitrag Herders zum Lutherbild des 19. Jahrhunderts
sieht Schnabel in dessen Hervorhebung der deutschnationalen Note von
Luthers Persönlichkeit.

b) Horst Stephan[10]

Mit seiner bedeutenden Untersuchung zu den theologischen und geisteswissenschaftlichen
Wandlungen des deutschen Lutherbildes hat Horst
Stephan eine profunde Arbeit geliefert, die zur Grundlage fast aller
späteren Publikationen auch zur Lutherrezeption Johann Gottfried Herders
wurde.
Der Schwerpunkt seiner Ausführungen liegt dabei ganz eindeutig auf der
theologischen Seite dieses Verhältnisses. Dennoch lassen sich auch für
die germanistische Perspektive wertvolle Erkenntnisse und Anregungen
finden.
Vor allem die differenzierte Unterscheidung zwischen dem theologisch
akzentuierten Lutherbild des frühen, insbesondere des Bückeburger sowie
der allgemein kulturgeschichtlich orientierten Lutherrezeption des
Weimarer Herder muß als besonderes Verdienst Stephans anerkannt werden.
So schreibt er in zusammenfassender Weise über den Bückeburger Herder:

"Noch nie war jemand so fähig gewesen, Luthers Art und Bedeutung zu erkennen, wie dieser erste und größte Meister der historischen Einfühlung. Herders Gedanken sind oft ähnlich wie die Lessings, aber sie treffen, obwohl auch sie an Luthers sachlichen Grundmotiven allzu rasch vorübergehen, doch den innersten religiösen Kern von Luthers Persönlichkeit besser. Er weiß seinen Begriffen und Lehren wirkliche Tiefe abzugewinnen und erreicht so über die Verehrung hinaus ein gewisses Maß von Lutherverständnis"[11]. Als Gründe für die in Weimar einsetzende Verflachung von Herders Lutherbild führt Stephan den zunehmenden Verfall des ganzen Kirchensystems, den Herder in Weimar aus nächster Nähe betrachtet habe, die Herrschaft der Fürsten in der Kirche, die er gehaßt und doch habe ertragen müssen sowie sein Übergang von spezifisch religiöser zu allgemein kultureller Betätigung, der sich in der Atmosphäre von Weimar unwillkürlich vollzogen habe, an.
Insgesamt konstatiert Stephan, für die Weimarer Zeit durchaus zutreffend, einen - auch für Herders Verhältnis zu Luther geltenden - Rückfall in die geistige Mentalität der Aufklärung.

Einen Teil seiner hier nur überblicksmäßig getroffenen Aussagen hat Stephan in einer zweiten Schrift, die sich speziell mit der theologischen Bedeutung des Bückeburger Herder befaßt, näher expliziert.[12] Zur Erklärung von Herders sehr stark ästhetisch unterwanderter Theologie heißt es dort, die tief religiöse Empfindung habe nur bei einigen - so etwa bei Hamann -, die ästhetische aber bei weitaus den meisten Vertretern des neuen Geistes die Mitte ihrer Weltanschauung gebildet; deshalb sei es nur natürlich, daß zunächst diese im Leben und Denken den weitesten Spielraum erhalten und die neue Bildung als eine Art ästhetischer Kultur habe erscheinen können, die im Grunde genommen immer untheologisch geblieben sei.

Im übrigen habe Herder in Bückeburg mit seiner von ihm entwickelten Religionspsychologie gegen die Theorie der Aufklärung angekämpft, sei aber durch vielfältige Irritationen aus dem Bereich seiner ästhetischen Interessensphären nicht zu einem authentischen Verständnis der eigentlich theologischen Anliegen Luthers vorgedrungen.

Dies gelte insbesondere für seine mangelnde Verarbeitung der Lutherischen Aussagen zur Sündhaftigkeit des Menschen, die er mit seinem philanthropischen Humanismus nicht habe vereinigen können.
Sehr wichtig ist dabei Stephans Beobachtung: "Wo Herder selbst geschichtlich das Wesen des evangelischen Christentums kennzeichnen möchte, da beruft er sich nicht auf die Bekenntnisse, sondern auf die Persönlichkeit Luthers"[13].
Hierin kommt die von Herder betriebene, in mancherlei Hinsicht sicher nicht unproblematische, enge Verbindung von Psychologie und Theologie zum Ausdruck.

c) Emanuel Hirsch[14]

Aus der Gesamtkonzeption von Hirschs umfassender Darstellung der neueren evangelischen Theologie ergibt sich die Notwendigkeit zum Verzicht auf detaillierte Einzeluntersuchungen zur individuellen Theologie der einzelnen Autoren.
Hirsch geht es daher weniger um die Darstellung des Verhältnisses Herders zur Person Luthers, als um eine Beschreibung derjenigen Momente, die seine Anschauungen von den religiösen Begriffen des Reformators unterscheiden. Naturgemäß fallen innerhalb eines solchen, explizit theologisch ausgerichteten Werkes, die sprachästhetischen und geschichtsphilosophischen Implikationen von Herders Lutherrezeption weitgehend unter den Tisch.
Was nun das theologische Verhältnis Herders zu Luther anbetrifft, so sieht Hirsch in Herder "die bedeutendste Figur der ersten Gegenwelle wider die Verstandesaufklärung"[15]; sein oberstes Wirkungsziel sei die Ausbreitung und Vertiefung einer allseitigen Humanität, die er vor allem in einem religiös gearteten Individualismus propagiert habe, gewesen.
Damit ergibt sich für Hirsch die Notwendigkeit, Herders Aussagen über Religion und Theologie in den Humanitätsgedanken, so wie er sich ihm entwickelt habe, hineinzustellen.

Was nun den Charakter von Herders eigenen theologischen Ansichten betreffe, so habe er den altevangelischen Offenbarungsbegriff durch seinen historischen Relativismus aufgelöst und damit auch die gesamte Theologie unter "völlig veränderte Arbeitsbedingungen"[16] gestellt. Mit diesen außerordentlich zurückhaltenden Formulierungen deutet Hirsch den Tatbestand an, daß Herders Theologie zumindest potentiell ständig der Gefahr ausgeliefert war, den heilsgeschichtlichen Geschichtsbegriff Luthers zu einem vorwiegend historisch-innerweltlichen, wie ihn die Profangeschichtsschreibung der Aufklärung vertrat, zu säkularisieren. Im Ganzen fällt bei Hirschs Ausführungen die nicht streng genug durchgeführte zeitliche Periodisierung der theologischen Standpunkte Herders, deren Beachtung eine differenziertere Beurteilung seiner Äußerungen erlaubt hätte, negativ ins Gewicht. Außerdem unterscheidet Hirsch zwischen Luther und dem Luthertum, ohne letzteres, das den Bewertungsmaßstab seiner Darlegungen bildet, exakt zu umschreiben. Damit wird eher Herders Stellung im Umfeld der zeitgenössischen Theologie als sein Verhältnis zur Theologie Luthers definiert.

d) Ernst Walter Zeeden[17]

Innerhalb seiner mit umfangreichen Textbelegen reich dokumentierten Darstellung zum Selbstverständnis des deutschen Luthertums legt Zeeden im Abschnitt über die Lutherdeutung Johann Gottfried Herders ein besonderes Gewicht auf die Gemeinsamkeiten dieser Deutung mit jener der Aufklärung. "Die Summe der Gemeinsamkeiten", so schreibt Zeeden, "läßt sich in ein paar Stichworten zusammenfassen: Historische Einordnung Luthers in den Fortschrittsprozeß der Weltgeschichte; Luther als Anfang des Fortschritts und der Aufklärung; als Vater der Gedankenfreiheit gegen Vorurteil, Unwissenheit und Aberglaube; als Vater des religiösen Individualismus"[18]. Dabei stehe jedoch bei Herder in wesentlich stärkerer Weise als bei seinen Vorgängern das Phänomen der Persönlichkeit Luthers und ihrer Ausstrahlungen auf Zeit und Geschichte im Mittelpunkt seines Denkens. Gleichzeitig habe Herder Luthers Lehre entweder in den Hintergrund treten lassen oder aber umgeformt. Dadurch habe er das ursprünglich christliche Anliegen sowohl Luthers

als auch der ganzen Reformationsbewegung aus dem Blick verloren, auch hierin ein Kind seiner Zeit, welche die Religion säkularisiert und zu etwas schlechthin Natürlichem umgestempelt habe.
Stärker als andere vor ihm habe Herder dabei die nationale, volkhafte Note an Luther hervorgehoben und in ihm den großen Gestalter der deutschen Sprache erkannt. Bisweilen sei seine enthusiastische Begeisterung für Luther sogar so weit gegangen, ihn zur Symbolfigur des ganzen deutschen Volkes hochzustilisieren. Dadurch sei dieser eine Gestalt nicht des christlichen, sondern des nationalen Mythos geworden.
Ähnlich wie Hirsch betont Zeeden bei der Beurteilung von Luthers Theologie die starke "Überführung des Geistlich-Jenseitigen in den Raum des Diesseitig-Welthaften"[19], wobei man ihm mit seiner Bemerkung, "daß wenn er (Herder; Zusatz vom Verf.) Luther bejahte, ohne seinen eigenen Standpunkt aufzugeben, er zu einer höchst einseitigen Interpretation der Religion und Theologie des Reformators gelangen mußte"[20], durchaus zustimmen wird. Zur Beurteilung von Herders Stellung zur Reformation schreibt Zeeden zutreffend, die Vermutung liege nahe, daß die humanistische Umdeutung der Person Luthers mit einer entsprechenden Umdeutung der Reformation verbunden gewesen sei.
Herder habe den theologischen Sinn der Reformation nicht angemessen erfaßt und in ihr lediglich den Idealtypus einer Revolution schlechthin gesehen. "Er stellte sie", so Zeeden, "unter den Oberbegriff der großen Veränderungen und gebrauchte sie als Paradigma seiner Theorie vom Ursprung der weltgeschichtlichen Veränderungen"[21]. Damit erkennt Zeeden ganz richtig, daß Herder im Grunde keine individuelle, sondern eine typologisierende Deutung der Reformation geliefert hat, eine Deutung, die ganz im Zusammenhang seiner übergreifenden geschichtsphilosophischen Anschauungen gesehen werden muß.

Die eigentliche Bedeutung der Reformation sehe Herder in dem durch sie inaugurierten und zu einer höheren Stufe der Vollkommenheit geführten Prinzip der Freiheit, einem Prinzip, das er weniger im theologischen, als im humanistischen Sinn, das heißt als Gewissensfreiheit, Überzeugungsfreiheit und damit als Freiheit der sittlichen Person verstanden habe.

Damit jedoch, so argumentiert Zeeden weiter, habe Herder die Genesis
der Reformation überhaupt nicht als Erkenntnis und Umsetzung einer
christlichen Glaubenswahrheit, sondern lediglich als Durchbruch der
persönlichen Freiheit im Bereich der religiösen Erfahrung, der an und
für sich an keine bestimmten Glaubensinhalte gebunden sei, gedeutet.

Zeeden erkennt mit diesen Bemerkungen richtig, daß Herder vor allem in
den Darlegungen aus der Bückeburger Geschichtsphilosophie in erster
Linie die Formal- und nicht so sehr die Materialursache der Reformation erfaßt und beschrieben hat, das heißt, daß er eher eine Beschreibung ihres Ablaufs als eine Analyse ihrer Ursachen geliefert hat, eine
Tatsache, die in noch weit stärkerem Maß für die entsprechenden Auffassungen Lessings gilt.

Trotz dieser feinen Beobachtungen wird man als gewissen Mangel von
Zeedens Untersuchung den weitgehenden Verzicht auf eine Darstellung von
Herders sprachästhetischer Lutherrezeption sowie eine fast ausschließlich an den Äußerungen des späten Herder festgemachte Deutung seines
Verhältnisses zur Person des Reformators bezeichnen müssen. Dadurch
kommen die subjektiven Entwicklungen - oder besser: Veränderungen -,
die Herders Lutherbild durchgemacht hat, zu wenig zum Ausdruck. Insbesondere die spezifische Besonderheit der Bückeburger Standpunkte,
die doch eine wesentlich größere Nähe zur Theologie Luthers verraten,
als die Weimarer, hätten stärker beachtet werden können. Wenn Zeeden
beispielsweise schreibt: "So ist bei Herder vom Christentum nicht viel
mehr als der Name geblieben"[22], dann kann dies im Grunde genommen nur
für die Weimarer Spätphase gelten, während die Bückeburger Zeit doch
unter anderen Vorzeichen als unter radikal humanistischen zu betrachten
ist. Die Weimarer Äußerungen bilden eben nicht die ganze Summe, ja nicht
einmal den eigentlichen Höhepunkt von Herders theologischen Anschauungen.

e) Heinz Bluhm[23]

Aus germanistischer Perspektive hat als erster Forscher Heinz Bluhm eine
zusammenfassende Gesamtdarstellung der Lutherrezeption Johann Gottfried

Herders geliefert. Bluhm unterscheidet drei Epochen des Verhältnisses
Herders zu Luther: eine Rigaer, eine Bückeburger sowie eine Weimarer,
die ihrerseits in eine Früh- und eine Spätphase zerfalle. Innerhalb
dieser drei Epochen behandele Herder den Reformator von vier Standpunkten aus: Persönlichkeit und Charakter; Künstlerisch-Sprachliches;
Theologisch-Religiöses; allgemeine Kulturbedeutung Luthers und der
deutschen Reformation. Was zunächst Herders Stellung zu Luthers Persönlichkeit und Charakter angehe, so stehe seine durchaus positive
Bewertung fest und zwar während sämtlicher Epochen von Herders Lutherbeschäftigung. "Von der Jugend bis ins Alter, von den ersten bis zu den
letzten Äußerungen hat Herder", so Bluhm, "ununterbrochen des Reformators Persönlichkeit und Charakter gepriesen"[24]. Dabei sei in den letzten Jahren die vaterländisch-patriotische Note stärker betont worden
als die rein individuelle. Aus Sorge um die Nation habe Herder sich an
Luther gewandt und ihn als verantwortlichen sittlichen Führer des deutschen Volkes dargestellt.

Daneben sei Herder nicht müde geworden, Luthers Künstlertum und Sprachmeisterschaft zu betonen. Von Anfang bis Ende seiner literarischen
Laufbahn sei er von des Reformators Sprachgewalt bezaubert gewesen, wobei auch hier "historische Feststellung von Tatsachen und ihre bewußte
Nutzbarmachung für die Gegenwart Hand in Hand"[25] gegangen seien. Insbesondere die deutsche Bibelübersetzung habe im Mittelpunkt seines Interesses gestanden, daneben jedoch auch Luthers Kirchenlieder, die er
als Musterexemplare einer sinnlichen Volkspoesie betrachtet habe.

Im Bereich der theologisch-religiösen Lutherrezeption Herders seien
dagegen in wesentlich stärkerem Maße, als dies für die psychologische
und ästhetische Seite gelte, Wandlungen und Veränderungen zu konstatieren. Während der Ertrag der Rigaer Jahre für Herders Stellung zum
Theologen Luther nicht besonders groß gewesen sei, sei in Bückeburg
eine echte Vertiefung seines Verhältnisses zum Reformator eingetreten.
Hauptergebnis der Bückeburger Lutherlektüre sei die Erkenntnis gewesen, daß Luther sich durchaus als biblischer Theologe gefühlt habe.
Darüber hinaus jedoch habe er mit seinen Bemerkungen über die zentrale

Lehre Luthers von der Unfreiheit des Willens in wesentlich stärkerem Maße als beispielsweise Lessing echt Lutherische Anliegen vertreten. Dies gelte allerdings mit der Einschränkung, daß auch bei Herder diese Lehre schon teilweise ins mehr Philosophisch-Allgemeinmenschliche umgebogen worden sei.

Während der ersten zehn Jahre seines Weimarer Aufenthaltes habe Herder, so Bluhm, nichts über den Theologen Luther gesagt; in den darauffolgenden Jahren sei es sogar zu einer faktischen Abwendung von der Theologie Luthers gekommen. "Diese Abkehr", so urteilt Bluhm, "... ist ein bewußt vollzogener geistiger Akt, der ohne genaues Wissen um das Herz der Lutherischen Weltanschauung nicht denkbar ist"[26].
Vor dem Hintergrund seiner eigenen, auf dem Humanitäts- und Toleranzgedanken entworfenen Anthropologie habe Herder mit dem protestantischen Menschenbild, der Lehre vom servum arbitrium, sowie der Religion der "sola fides" gebrochen. Damit stehe Herder in seinem Verhältnis zur Theologie Luthers in der Mitte zwischen Lessing und Hamann, wobei sein Bruch mit Luther tiefer als jener Lessings gewesen sei, der von vorneherein ein verkürztes Lutherbild gezeichnet habe.
So habe der Weimarer Herder verbrannt, was der Bückeburger Herder angebetet habe. Als "säkularisierter Humanitätstheologe erasmischer Prägung"[27] habe er den echten Luther radikal abgelehnt.

Was Herders Aussagen zur allgemein kulturgeschichtlichen Bedeutung Luthers und der Reformation anbetreffen, so trete das Bild vom Kämpfer für Freiheit und Menschheit immer mehr in den Vordergrund, bis es in Weimar voll ausgeprägt sei. Herder habe in Luther vor allem den Befreier der autonomen menschlichen Vernunft bewundert.

Mit seiner knappen Skizze zum Lutherbild Johann Gottfried Herders hat Heinz Bluhm eine zuverlässige und ausgewogene Darstellung geschrieben, auf die auch die neuere Forschung dankbar und gerne zurückgreifen wird.

f) Heinrich Bornkamm[28]

Bornkamms Untersuchung zum Bild Luthers in der neueren deutschen Geistesgeschichte kann in vielem als Fortsetzung und Ergänzung des oben besprochenen, zweibändigen Werkes von Ernst Walter Zeeden gelten. Hatte Zeeden das Material für das Lutherbild des 16. bis 18. Jahrhunderts in umfassender Weise dargeboten, so beginnt Bornkamms Rezeptionsgeschichte mit Stellungnahmen des deutschen Frühidealismus, die durch Urteile aus dem 19. und 20. Jahrhundert fortgeführt werden.

Herders Lutherbild habe, so Bornkamm, "die Verbindung des Lessingschen Wahrheitspathos mit dem neuen Geniebegriff"[29] geschaffen und sei dadurch doch zum eigentlichen Gegenbild des Hamannschen geworden. Zur Gesamtbeurteilung von Herders Äußerungen schreibt Bornkamm zutreffend, Herder habe in seiner Deutung wie kein anderer den Ertrag des 18. Jahrhunderts zusammengefaßt, man finde bei ihm, wie auch sonst so oft, einen Fächer fast aller historischen Urteile, die dann im 19. Jahrhundert wieder auftauchten.

Herders Verständnis der Reformation müsse, so Bornkamm, vor dem Hintergrund seiner übergeordneten geschichtsphilosophischen Auffassung "vom verborgenen Wachstum und gewaltsamen Durchbruch"[30] weltgeschichtlicher Entwicklungen gedeutet werden und stehe damit in schroffem Gegensatz zur aufklärerischen Konzeption einer positivistisch gedachten Kulmination der Geschichte im Menschen. Zur Zeit seiner größten theologischen Nähe zu Luther habe Herder dessen Lehre von der Unfreiheit des Willens, wenn auch in einer psychologisierenden Art und Weise, aufgenommen und verteidigt. Diese theologische Rezeption Luthers sowie der Reformation sei in der Weimarer Spätphase dann einer humanistischen gewichen, die unter dem neu hereinbrechenden Einfluß aufklärerischen Gedankengutes entstanden sei.

Dabei habe Herder dem Lutherbild des 18. Jahrhunderts einen weiteren wichtigen Aspekt hinzugefügt: "In Luthers Geist", so Bornkamm, "hat sich die nationale Religion des deutschen Volkes am reinsten ausgesprochen"[31]. Man wird hinzufügen dürfen, daß Herder neben Möser als einer der Väter der auf dem Wartburgfest von 1817 in großer Breite entstehenden, patriotischen Lutherdeutung bezeichnet werden kann, die dann vor allem von Ernst Moritz Arndt und Friedrich Ludwig Jahn weiterentwickelt wurde. Der von Herder insbesondere im 4. Buch der 'Adrastea' breit entfaltete Begriff der Nationalreligion entstand durch die Übertragung des Individualitätsprinzips von der Betrachtung einzelner Persönlichkeiten auf die Betrachtung ganzer Volksgemeinschaften. Die Individualreligion der deutschen Nation sei durch Martin Luther begründet worden.

Mit seinen leider sehr knapp gehaltenen Ausführungen hat Bornkamm den bisherigen Stand der Forschung in einer Weise zusammengefaßt, die auf alle relevanten Sachaspekte zumindest kurz eingeht und durch den Abdruck der wichtigsten Quellen belegt.

g) Wilhelm Ludwig Federlin[32]

Federlins 1983 erschienener Beitrag gliedert sich in zwei Hauptteile, von denen der erste Herders Stellung zum Ereignis der Reformation, der zweite seine Haltung zur Person Martin Luthers untersucht.
Ganz richtig beobachtet Federlin "das ... Phänomen der eigentümlich verzettelten Herderschen Behandlung des Reformationsthemas" (S. 130) und kommt aus dieser Beobachtung - in Abhebung der von Haym[33] und Suphan[34] doch wohl allzu enthusiastisch betriebenen Glorifizierung von Herders Lutherinteresse - zu dem Ergebnis, Reformation und Luther seien für Herder "kein Thema von absolutem Stellenwert" (ebd.) gewesen.
Was nun Herders Interpretation der Reformation anbetreffe, so habe er diese vorwiegend unter geschichtsphilosophischer Fragestellung entworfen, wobei er die Reformation zunächst als geistes- und kulturgeschichtliche Epoche gedeutet habe. Im weiteren Verlauf seiner Ausführungen legt Federlin, sicherlich nicht zu Unrecht, einen besonderen Schwerpunkt auf Herders, mit seinen Bemerkungen zur historischen Bedeutung der Reformation eng verbundene, kulturgeschichtliche Stellungnahmen zu verschiedenen Problemen seines eigenen Zeitalters. Durch die Reformation, so Federlin, sei eine Bildungsgeschichte des deutschen Volkes in Gang gesetzt worden, deren ursprüngliche Inhalte gegenüber der mechanischen

Bildung und Letternkultur des Aufklärungszeitalters von Herder neu
bewußt gemacht worden seien.

Die reformatorischen Symbole habe Herder kasual erklärt, indem er sie
in ihrem Wert für die damalige, nämlich Luthers, Zeit erkannt und in
ihrer Säkularität als nur bedingt geltende Ausdrucksformen des
protestantischen Glaubens gedeutet habe.

Einem damit drohenden überkonfessionellen Relativismus und einer
möglichen vollständigen Abkehr von den Glaubenssätzen des Reformators
sei Herder jedoch dadurch entronnen, daß er die symbolischen Bücher
gleichzeitig im Sinne von gesellschaftlichen Rechtsurkunden sowie von
theologischen Dokumenten des rechten Protestantismus mit dauerhaftem
Verbindlichkeitsanspruch aufgefaßt habe.

Die Gestalt Luthers schildere Herder, so Federlin, vor allem in seiner
allgemein menschlichen Schwachheit und betone dabei seine Rolle als
kleines blindes Werkzeug einer unermeßlichen Vorsehung. Die schon in
Riga vorhandene patriotische Sichtweise der Person Luthers habe Herder noch in Weimar vertreten. Als Gelehrter und Theologe sei der Reformator - so die Darstellung Herders - im Grunde genommen immer unverstanden geblieben. Allerdings habe auch Herder selbst Luthers
Rechtfertigungslehre weniger theologisch als ethisch gedeutet.

Mit diesen wertvollen Bemerkungen hat Federlin, vor allem hinsichtlich
der theologischen Seite von Herders Lutherrezeption, wichtige Anstöße
gegeben, die von der Forschung aufgenommen und weiterverfolgt werden
sollten.

h) Herbert von Hintzenstern[35]

Von Hintzensterns Ausführungen zum Lutherbild Johann Gottfried Herders
bringen, mit einem gewissen Schwerpunkt auf den Weimarer Stellungnahmen,
einen repräsentativen Querschnitt durch Herders vielfältige Lutherstudien. In Weimar habe Herder, so von Hintzenstern, bald erkennen müssen,
daß sein Lutherbild nicht mit der Praxis in einer Lutherischen Landes-

kirche übereinstimmte (161).

Gegen die These Heinz Bluhms, der Weimarer Herder habe eine bewußt vollzogene Abwendung von der Theologie des Reformators vorgenommen, nimmt von Hintzenstern in einer ausgesprochen apologetisch gefärbten Art und Weise Stellung, ohne Bluhms sicherlich ein wenig pointiert vorgetragenen Argumente jedoch überzeugend widerlegen zu können.

II. Hauptteil

A. Herders Lutherbild während der Rigaer Zeit (1764 - 1769)

1. Vorbemerkungen

Die geistige Entwicklung des jungen Herder, die mit den in Riga entstandenen 'Fragmenten über die neuere deutsche Litteratur' und den genialen 'Kritischen Wäldern' ihren ersten Höhepunkt erreichte, wurde durch seinen 1762 vollzogenen Wechsel von Mohrungen, seiner Geburtsstadt, nach Königsberg entscheidend gefördert.
Am 10. August des Jahres schrieb Herder sich als Student der Theologie an der dortigen Universität ein. Hier besuchte er unter anderem Vorlesungen Kants über Metaphysik, Logik, Moralphilosophie und physikalische Geographie. Seine Begeisterung für den bewunderten Lehrer war echt und tiefempfunden, auch wenn sie - mit Bezug auf Kants kritische Schriften - später in eine ebenso heftige Ablehnung umschlug.
Kant, der das reiche Talent des lernbegierigen Herder schnell erkannte und zu entwickeln versuchte, führte den eifrigen Schüler in ein ganzes Universum neuer Begriffe und Vorstellungen ein. Die Tatsache, daß sein Einfluß auf Herder nicht von Dauer war und ausschließlich auf die Frühphase beschränkt blieb, ist dabei für die weitere Entwicklung der deutschen Geistesgeschichte von großem Nachteil gewesen. Herder hätte als Kant-Schüler oder zumindest als guter Kant-Kenner sicherlich einen wesentlich leichteren Zugang zur Literatur und Philosophie der deutschen Klassik gefunden.
Neben Kant war es vor allem die Person Johann Georg Hamanns, die eine nachhaltige Wirkung auf die geistige Entfaltung des jungen Herder ausübte.
Im Frühjahr 1764 begegneten sich beide während eines Gottesdienstes in Königsberg zum ersten Mal. Sehr rasch entwickelte sich ein intensiver Austausch über eine Vielzahl philologischer, literarischer, philosophischer und theologischer Themen. Während dieser Zeit vermittelte Hamann seinem interessierten Freund eine neue Art zu denken, die in ihrer völlig eigenständigen und unkonventionellen Weise dem positivistischen Rationalismus der Aufklärung weit überlegen war.

Trotz dieser anregenden Umgebung verließ Herder Königsberg bereits am 22. November 1764 wieder. Auf Empfehlung Hamanns und dessen Rigaer Freundes Lindner wechselte er als Prediger und Lehrer an die dortige Domschule. Hier zeigten sich bald Herders große pädagogische Fähigkeiten, Eigenschaften, die sein ganzes schriftstellerisches Werk fortan prägen sollten.
Der thematische Schwerpunkt seiner Studien und Veröffentlichungen lag bis zu seiner Abreise aus der Rigarer Gemeinde ganz eindeutig im literarisch-philologischen Bereich. Hier entstanden die ersten großen, wirklich bedeutenden Arbeiten zum Stand der deutschen Literatur, Arbeiten, die Herder neben manch unerfreulichen Auseinandersetzungen mit den wichtigsten Literarästhetikern der Aufklärung die tiefe Achtung des schon zu dieser Zeit berühmten und hochgeschätzten Lessing einbrachten.

Betrachtet man die frühesten Äußerungen Herders zu Person und Werk Luthers, so ergibt sich ein zunächst überraschender Befund: nicht die theologische oder historische Deutungsperspektive dominiert, sondern ganz eindeutig die sprachgeschichtliche und - in Vertiefung dieses Ansatzes - die ästhetische. Der Grund für dieses Phänomen liegt unserer Ansicht nach einfach darin, daß Herders allgemeine Interessenlage während der Rigaer Zeit viel stärker literarisch und sprachlich als theologisch geprägt war. Seine sprachgeschichtlichen Darlegungen resultieren dabei allerdings keineswegs aus einem bloß dokumentarischen oder gar antiquarischen Interesse an überwundenen Entwicklungsstufen einer jeweiligen Volkssprache; sie werden vielmehr immer zugleich auch im Sinne einer ästhetischen Heuristik eingesetzt und dienen so der Vermittlung bestimmter sprachlicher Inhaltsvorstellungen und Normen an das Ausdrucksverhalten seiner eigenen zeitgenössischen Sprachepoche.
Dies gilt in besonderer Weise für Herders Äußerungen zur sprachgeschichtlichen Bedeutung des Reformators.
In Sätzen von programmatischer Bedeutung geht Herder auf den historischen und aktuellen Stellenwert Luthers innerhalb der Genese einer deutschen Nationalsprache ein. Er tut dies in einer Weise, die ihn zwar nicht so sehr als großen Kenner der Schriften, dennoch aber als enthusiastischen Apologeten der Sprache des Reformators ausweist. Vor

allem in den 'Fragmenten', der wohl bedeutendsten Frühschrift des jungen Herder, gelingen ihm Formulierungen von außerordentlicher Anschaulichkeit, wenn es darum geht, in plastischen Bildern die herausragende Stellung Luthers innerhalb der Entwicklung der deutschen Sprache zu würdigen.
Der weitere Verlauf der Untersuchung wird jedoch deutlich machen, daß Herder mit diesen Ausführungen in weiten Teilen lediglich traditionelle Positionen wiedergibt, ohne zu einer selbständigen Beurteilung der sprachgeschichtlichen Bedeutung Luthers zu gelangen. Ordnet man seine Äußerungen nämlich in das weitere Umfeld der zeitgenössischen Wirkungsgeschichte Luthers ein, so zeigt sich, daß sie eher rezeptiv als kreativ zu nennen sind, wobei eine größere Verwandtschaft zu den in aller Regel affirmativen Standpunkten der von Pietismus und Aufklärung geprägten Schriftsteller besteht, als zu jenen der wesentlich kritischer eingestellten, stärker sprachhistorisch argumentierenden Autoren wie Bodmer oder Adelung.

Dabei liegt die eigentliche Bedeutung von Herders Rigaer Lutherbild weniger in seinen inhaltlichen Einzelaspekten, als in der aktuellen Funktion, die es innerhalb seiner allgemeinen sprachästhetischen Anschauungen ausübt.
Die theologischen und geschichtlichen Implikationen von Luthers Reformation werden von Herder dagegen während dieser frühen Zeit, wie bereits angedeutet, kaum beachtet und sind für ihn zunächst von untergeordnetem Interesse.[36]
Auch die im Jahre 1767 entstandene systematisch-theologische Arbeit 'De spiritu sancto auctore salutis humanae'[37], die im Rahmen der Vorbereitung auf Herders Examen, das ihn zum "Pastor adiunctus" in Riga qualifizierte, entstanden ist, führt zu keinem anderen Ergebnis. Die dort von Herder entwickelten lateinischen Thesen zeigen ihn, wie Heinz Bluhm richtig urteilt, "als Lutheraner des 18. Jahrhunderts"[38], ohne daß sie eine intensivere Aneignung der Lutherischen Theologie erkennen ließen.
Erst während der Bückeburger Zeit (1771 - 1775) erweitert sich der Gegenstandtsbereich seiner Lutherrezeption in einer solchen Weise, daß Herder neben Hamann zu den besten Kennern der Schriften des Reformators gezählt werden konnte.[39]

So schreibt Herder beispielsweise am 30. Dezember 1775 - wahrscheinlich als Antwort auf dessen Bitte, die Charakterbeschreibung der Person Luthers für die "Phyiognomischen Fragmente" zu übernehmen - an Lavater: "Du schriebst mir einmal von Luther: Luthers Stirn hab ich häufig gesehen; aber facies oris vultusque noch nicht. In meinem Vaterland Preußen sind Kranache von ihm, die mir in meiner Jugend ein tiefes Bild von ihm gegeben. So bald ich einen kriege, will ich ihn schildern. Ich glaube, ich kanns: denn seine Schriften u. sein Leben bis auf die kleinsten Umstände sind mein Labsal"[40].

Diese gründliche Kenntnis der Schriften Luthers, die zu jener Zeit aus einem explizit theologischen Interesse heraus erwachsen ist und in modifizierter Form, wenn auch synkretistischer Gestalt, die Geschichtsphilosophie der Bückeburger Jahre bereichert hat, läßt sich für die Rigaer Phase nicht nachweisen.

Ein Blick auf das Quellenmaterial führt im Gegenteil zu dem Ergebnis, daß die textempirische Basis, von der aus Herder seine Beschäftigung mit Person und Werk Luthers betrieben hat - bei aller Bedeutung, die seinen Äußerungen, vor allem aufgrund ihrer sprachlichen Fulminanz, ganz ohne Zweifel auch hier bereits zukommen - außerordentlich schmal ist.

Weder in den veröffentlichten Frühschriften, noch in den Briefen, noch auch im Nachlaß[41] finden sich aus den Vor-Bückeburger Jahren direkte Zitate der Schriften Luthers, so daß die Schlußfolgerung naheliegt, Herder habe zu diesem Zeitpunkt lediglich die "gängigen" und allgemein bekannten Werke, nämlich die Bibelübersetzung, die Katechismen sowie die Kirchenlieder zur Grundlage seiner Aussagen über den Reformator gemacht.

Fragt man nach den Gründen für die starke Dominanz der sprachgeschichtlich-ästhetischen Perspektive der Lutherrezeption des jungen Herder, so wird zunächst auf die Tatsache hinzuweisen sein, daß es ihm während jener Schaffensepoche nicht um eine in sich geschlossene, systematische und theologisch oder historisch fundierte Auseinandersetzung mit dem Werk des Reformators geht, daß seine Beschäftigung mit der Person Luthers sowie dem Ereignis der Reformation zunächst vielmehr sekundärer und gewissermaßen subsidiärer Natur ist, das heißt vor dem Hintergrund eines übergeordneten Argumentationszusammenhanges betrieben wird, der den spezifischen Inhaltscharakter einzelner Aussagen auch über Luther weitgehend präformiert.

Das große Thema, das während dieser frühen Zeit den Mittelpunkt von Herders geistigem Schaffen bildet, ist nämlich die Frage nach dem Entwicklungsverlauf der menschlichen Geistes- und Kulturgeschichte in ihren jeweiligen nationalen Ausprägungen, ein Thema, das auch die Einzelaussagen zur sprachgeschichtlichen Bedeutung des Reformators in einen größeren Zusammenhang stellt. Mit den "Fragmenten" beispielsweise, in denen Herder wiederholt auf die sprachgeschichtliche Bedeutung Luthers Bezug nimmt, geht es ihm ja keineswegs bloß um eine die "Literaturbriefe" Lessings ergänzende oder weiterführende Beschreibung der zeitgenössischen Literatur. Vielmehr möchte er ein Werk von übergreifender geistesgeschichtlicher Perspektive schaffen, in welchem eine kombinierte Sprach- und Literaturgeschichte zur Grundlage der Beschreibung des gesamten geistigen Entwicklungspotentials der Nation werden soll, ein Werk also, "wo kein Zug ohne Bedeutung auf das Ganze wäre"[42] und in welchem "Sprache, Geschmackswissenschaften, Geschichte und Weltweisheit ..., die vier Ländereien der Litteratur, die gemeinschaftlich sich zur Stärke dienen, und beinahe unzertrennlich sind"[43], in komplementärer und synthetisierender Weise aufeinander bezogen werden sollen. Dieser umfassende geistesgeschichtliche Horizont bestimmt auch Herders Aussagen zur sprachgeschichtlichen Stellung Luthers.

Aus dem bisher Gesagten ergeben sich mithin zwei Voraussetzungen, die zu einem angemessenen Verständnis der Rigaer Äußerungen Herders über Person und Werk des Reformators zu beachten sind:

Einmal gilt es, durch eine Berücksichtigung von Herders hermeneutischen Prädispositionen den thematischen und argumentativen Horizont darzustellen, der seinen jeweiligen Einzelaussagen ihr standortgebundenes Erscheinungsbild verleiht; darüber hinaus jedoch soll versucht werden, das weitere Umfeld von Herders Lutherrezeption mit für die Interpreta-

tion seiner Standpunkte fruchtbar zu machen, um so deren besonderen
Charakter durch eine vergleichende historische Betrachtung systematisch herauszuarbeiten und die traditionellen Elemente seines
frühen Lutherbildes deutlicher hervorzuheben.
Eine solche Hintergrundbeschreibung hat daher nicht nur Inhalt, sondern auch Methode und Funktion von Herders Lutherdarstellung zu reflektieren, da zwischen den inhaltlichen, methodischen und funktionalen Aspekten der Äußerungen gerade des jungen Herder ein untrennbarer Wirkungszusammenhang besteht.[44]
Mit Hilfe dieses methodischen Ansatzes soll gezeigt werden, daß Herders frühe Aussagen zur Sprache Luthers niemals nur eine deskriptive
Darstellung historischer Fakten bilden, sondern immer zugleich auch
kreative Applikation dieser Fakten im heuristischen Sinn, das heißt
im Sinne einer Methode zur Auffindung neuer geisteswissenschaftlicher Erkenntnisse und deren Vermittlung an die eigene Epoche. Dies
bedeutet, daß die vor dem Hintergrund einer Dekadenzkritik des zeitgenössischen Ausdrucksverhaltens stattfindende Beschwörung der sprachlichen Leistungen des Reformators neben ihrer historisch-dokumentarischen Seite eine nicht über die geschichtliche Darstellungsebene
zu erfassende Komponente besitzt. Diese bezieht sich nicht auf Vergangenheit, sondern auf Gegenwart und Zukunft und ist gewissermaßen
im ideologischen Bereich von Herders sprachästhetischer Gesamtkonzeption angesiedelt. Herders Aussagen zur sprachgeschichtlichen Bedeutung Luthers besitzen, so läßt sich unsere These zusammenfassen,
außerordentlich starke aktualisierende Tendenzen.

Eine Folge seines überaus starken Interesses an aktuellen Fragestellungen der zeitgenössischen Sprachästhetik bildet dabei Herders mangelnde Fähigkeit - oder Bereitschaft - zu leidenschaftsloser Objektivation historischer Sachverhalte. Aus diesem Grund kommt es, ohne
daß hierbei jedoch eine bewußte Manipulation vorliegen würde, wie
im einzelnen noch zu zeigen sein wird, immer wieder zu Äußerungen
hinsichtlich der sprachgeschichtlichen Bedeutung Luthers, die einer intensiven Prüfung der geschichtlichen Tatsachen nicht standhalten und als partielle Rückprojektion seiner eigenen ästhetischen

Anschauungen auf die historische Ebene der sprachlichen Ausdrucksform des Reformators gewertet werden müssen. Herders Verfahren, die Gegenwart im Spiegel der Vergangenheit[45] zu erkennen, führt dazu, daß die geschichtliche Epoche durch die außerordentlich starken Synchronisierungstendenzen seiner heuristischen Methode in die Gefahr gerät, ihre historische Individualität zu verlieren.

2. Herders Aussagen zur sprachgeschichtlichen Bedeutung Luthers

"In Deutschland hat Luther in diesem Gesichtspunkt (der Emanzipation der deutschen Sprache; Zusatz vom Verf.) unendlich Verdienst. Er ists, der die Deutsche Sprache, einen schlafenden Riesen, aufgewecket und losgebunden ..."[46].
In diesem eindringlichen Bild faßt Herder seine außerordentlich hohe Meinung von den sprachlichen Fähigkeiten Luthers zusammen. Vor allem in seiner genialen Frühschrift "Über die neuere Deutsche Litteratur. Fragmente, als Beilagen zu den Briefen, die neueste Litteratur betreffend"[47], entwickelt er die Einzelbefunde dieses Urteils in differenzierter Weise. Die beiden ersten Teile der "Fragmente" erschienen nach mehrmaliger Überarbeitung im Herbst 1766 bei Hartknoch, der dritte kurze Zeit später zur Ostermesse des Jahres 1767 beim selben Verlag. Von der in Angriff genommenen zweiten Auflage wurde im folgenden Jahre nur noch das erste Fragment in überarbeiteter und stark erweiterter Fassung veröffentlicht, während die beiden anderen schließlich von Herder zurückgehalten und erst durch Bernhard Suphan aus dem Nachlaß herausgegeben wurden.

Eine weitere wichtige Quelle zur Beurteilung von Herders sprachgeschichtlicher Lutherrezeption bildet eine wahrscheinlich im Jahre 1768 erschienene Rezension einer Schrift Bodmers[48], auf deren Vorwort "Von den Verdiensten D. Martin Luthers um die deutsche Sprache" Herder genauer eingeht. Der handschriftliche Nachlaß bietet nur äußerst spärliche Belege für Herders Lutherinteresse der Rigaer Zeit. Es findet sich lediglich ein vermutlich 1765 entstandener Überblick über die Geschichte der Reformation (N 193, 9), der allerdings nicht mehr als eine tabellarische, chronologisch geordnete Aufführung der wichtigsten Daten der Geschichte der Reformation darstellt.
Von einer ernsthaften konzeptionellen Durchdringung dieser Geschichtsepoche kann aber auf der Grundlage dieses Dokuments - sowohl in theologischer wie in historischer Hinsicht - nicht gesprochen werden.

In zwei Briefen (Br. I, 31 und 36) geht Herder mehr oberflächlich auf den Reformator ein; eine ebenfalls kurze Erwähnung Luthers findet sich im Reisejournal aus dem Jahr 1769 (SW IV, 375).

Im folgenden soll zunächst versucht werden, Herders Ausführungen anhand des vorliegenden Quellenmaterials darzulegen und vor dem Hintergrund seiner übergeordneten sprachästhetischen Anschauungen in einen größeren geistesgeschichtlichen Zusammenhang zu stellen. Ausgehend von den Ergebnissen der neueren Forschung zur Sprache Luthers soll im Anschluß daran eine kritische Würdigung der Herderschen Position geboten werden.

2.1 Der sprachästhetische Horizont von Herders Äußerungen

Herders Äußerungen zur Sprache Luthers lassen sich nur vor dem Hintergrund seiner übergeordneten sprachgeschichtlichen bzw. -philosophischen Erwägungen zur Entwicklungsgeschichte der deutschen Nationalsprache angemessen erfassen.
Eine solche philosophisch vertiefte Entwicklungsgeschichte der deutschen Sprache liefert er in seinen "Fragmenten".
Benno von Wiese hat den eigenartigen Charakter dieser aus einer Verbindung von philosophischer und historischer Betrachtungsweise sich ergebenden Sprachentwicklungstheorie zutreffend erfaßt, wenn er schreibt: "Die Frage nach der Sprache wird für Herder zur Anthropologie, zur Frage nach der Stellung des Menschen im Kosmos überhaupt"[49].
Herder selbst faßt diesen Gesichtspunkt in seiner 1789 in zweiter Auflage erschienenen Schrift 'Abhandlung über den Ursprung der Sprache' mit der Formulierung: "Wir sind Sprachgeschöpfe"[50] zusammen und bringt damit in prägnanter Kürze die untrennbare Einheit, die nach seinem Dafürhalten zwischen Sprachentwicklung und Entwicklung der menschlichen Kultur herrscht, zum Ausdruck.
Diese Einheit besteht nach Herder in dreierlei Hinsicht: zunächst ist Sprache als "Werkzeug der Wissenschaften"[51] die instrumentelle Bedingung der Möglichkeit zur Entwicklung von Literatur, Ästhetik und Philosophie: "Wer also seine Sprache zur Weltweisheit, zur Prose und Poesie zu bereiten sucht: der ebnet damit den Boden, daß er Gebäude und Palläste trage"[52].

Darüber hinaus bildet sie den physischen Bestandsträger der kulturgeschichtlichen Bestrebungen einer jeweiligen Volksgemeinschaft:

"... so betrachte ich", schreibt Herder, "eine ganze Sprache, als einen großen Umfang von sichtbar gewordenen Gedanken, als ein unermäßliches Land von Begriffen"[53].
Hierbei betont er sehr stark den Aspekt der spezifischen Besonderheit jeder dieser nationalsprachlichen Ausdrucksformen: "Jede Nation hat ein eignes Vorrathshaus solcher zu Zeichen gewordenen Gedanken, dies ist ihre Nationalsprache"[54].
Nur innerhalb dieser individuellen nationalsprachlichen Ausdrucksform, davon ist Herder überzeugt, kann sich die genuine Geistesart eines Volkes in authentischer Identität ausprägen.

Neben diesen beiden wichtigen Aspekten, daß Sprache Instrument des Denkens und Archiv der Gedanken ist, kommt ihr eine dritte Funktion zu: sie ist als Vehikel der Bildung das generative Raster, dessen formale Struktur den Inhalt des Denkens mitbestimmt, oder, wie Herder es ausdrückt: "... die Form der Wissenschaften, nicht blos in welcher, sondern auch nach welcher sich die Gedanken gestalten"[55].
Diese allgemeine Aussage vom inneren Zusammenhang zwischen sprachlicher Ausdrucksform und sprachlichem Ausdrucksinhalt wird von Herder im folgenden konkretisiert und auf die Frage nach dem entwicklungsgeschichtlichen Stand der deutschen Nationalsprache und – damit zusammenhängend – des deutschen Nationalgeistes angewandt.

Herder möchte auf der Grundlage einer Geschichte der Literatur folgende Fragen beantworten: "Auf welcher Stuffe befindet sich diese Nation? und zu welcher könnte und sollte sie kommen? Was sind ihre Talente, und wie ist ihr Geschmack? Wie ihr äußerer Zustand in den Wissenschaften und Künsten? Warum sind sie bisher noch nicht höher gekommen, und wodurch könnte ihr Geist zum Auffschwunge Freiheit und Begeisterung erhalten?"[56]
Ziel dieser gewissermaßen nationalpädagogisch akzentuierten Literaturgeschichte ist es, "eine Pragmatische Geschichte im Gelehrten Staat"[57] zu schreiben, als "Stimme der Patriotischen Weisheit und Verbesserin des Volks"[58].

Damit kann festgehalten werden, daß Herders Beschäftigung mit der deutschen Sprache von einem kulturgeschichtlichen, einem nationalen sowie einem pädagogischen Horizont überwölbt wird.

Innerhalb dieses pragmatischen Zusammenhanges geht Herder dann auch auf die Bedeutung Luthers für die Entwicklung der deutschen Nationalsprache ein, und zwar sowohl auf einer historisch darstellenden als auch auf einer anwendungsbezogen und zeitgeschichtlich adaptierenden Argumentationsebene. Bevor er dies jedoch tut, entwickelt er anhand eines analogischen Erkenntnismodells den genetischen Aspekt von Sprache schlechthin, dessen Existenz die argumentationslogische Voraussetzung für die Möglichkeit zur Bildung der Sprache seiner eigenen Zeit darstellt. Die Tatsache nämlich, daß Sprache historisch gewachsen ist und sich entwickelt hat, bedeutet auf der anderen Seite, daß auch die Sprachgestalt der eigenen Epoche entwicklungsfähig ist und gebildet werden kann, da das genetische Moment seinerseits nicht auf bestimmte Sprachentwicklungsphasen eingeschränkt werden kann, sondern einen Aspekt von Sprache überhaupt ausmacht.
Wenn Herder sich also mit historischen Fragestellungen zur Entwicklung der deutschen Nationalsprache befaßt, so öffnet sich ihm gerade dadurch der Horizont zur Auseinandersetzung auch mit Problemen ihres zeitgenössischen Sprachbildes. Dies bedeutet nichts anderes, als daß historische Kategorien im heuristischen Sinn innerhalb von ästhetischen Argumentationszusammenhängen fruchtbar gemacht werden. Damit jedoch werden sie gewissermaßen funktionalisiert und stehen in der permanenten Gefahr, ihre individuellen geschichtlichen Inhalte zugunsten von paradigmatischen Bedeutungsgehalten zu verlieren, die ihnen von außen oktroyiert wurden.
Diese spannungsgeladene Symbiose von historisierender und synchronisierender Argumentation läßt sich auch in Herders Bemerkungen zur sprachlichen Leistung Luthers nachweisen.
Auch hier werden Aussagen zur historischen Stellung seiner Sprache immer wieder im Zusammenhang von ästhetischen Anschauungen thematisiert, die sich auf den kontemporären Sprachzustand von Herders eigener Epoche beziehen. Dadurch kommt es nicht mehr zu einer exakten

Horizontdifferenzierung[59] zwischen der historischen und der aktuellen Bezugsebene seiner Äußerungen, sondern, um einen von Hans Georg Gadamer entwickelten Begriff zu verwenden, gerade im Gegenteil, zu einer permanenten Horizontverschmelzung[60] beider Ebenen.

Herders eigentliches Ziel besteht dabei darin, die Sprache seiner eigenen Zeit vor dem Hintergrund der genetischen Entwicklung ihres gewordenen Zustandes zu betrachten, diesen Zustand aus den Bedingungen seines Ursprungs sowie seiner Geschichte heraus zu verstehen und damit die Möglichkeiten zu seiner produktiven Fortbildung zu schaffen.

Was nun die Methodik seiner Argumentation anbetrifft, so würde der sicherste und zuverlässigste Erkenntnisweg nach Herder in der Ermittlung historischer Fakten über Ursprung und Entwicklung einer jeweiligen Nationalsprache bestehen.
Dies ist jedoch nur zum Teil möglich, da der Ursprung einer geschichtlichen Entwicklung, wie Herder betont, seinerseits nicht mehr mit Hilfe von historischen Daten eingeholt werden kann. Deshalb müssen entwicklungsgeschichtliche Kategorien durch historische, kausale jedoch durch philosophische bzw. ästhetische Argumente erklärt werden. Eine dritte Möglichkeit, "die freilich nur für die Einbildungskraft befriedigend"[61] sei, würde darin bestehen, dichterische Mutmaßungen anzustellen. "Wüste man den Dichter mit dem Philosophen zu verbinden", ruft Herder, "und was beide liefern, in Geschichte zu verwandeln ... ein Plan, was würde er werden, unter der Hand eines Weisen über die Kindheit der Zeiten?"[62]

Schon Rudolf Haym hatte festgestellt, daß Herder den Ansatz Winckelmanns, der den Gedanken der Entwicklung in den Bereich der Kunst eingeführt hatte, "auf das Gebiet des objektiven Geisteslebens"[63] übertragen habe, wobei sich "die Anlage zur Sprachphilosophie ... in seinem Geiste mit der Anlage zur Geschichtsphilosophie (verbunden habe; Zusatz vom Verf.)"[64].

Entscheidend hierbei ist jedoch die Tatsache, daß Herder seine Darstellung der historischen Komponente von Sprache nicht ausschließlich über den Weg einer deskriptiven Sprachgeschichte durchführt, indem er diese Komponente nur an geschichtlichen, das heißt vergan-

genen Sprachzuständen exemplifiziert, sondern mit Hilfe seines Lebensaltermodells, des "Philosophischen Sprachenromans"[65], das er als eine Parallele bezeichnet, die "aber immer nichts als Vergleichung blieb"[66], die Geschichtlichkeit von Sprache durch eine philosophische Abstraktion spekulativ erklärt. Damit jedoch wird der Gegenstand seines Denkens mit Hilfe von zwei gegenläufigen Erkenntnismethoden angegangen, einer historisch individualisierenden sowie einer philosophisch generalisierenden, die zu teilweise unterschiedlichen Ergebnissen führen und die von Herder nicht immer zum Ausgleich gebracht werden.
Dies zeigt sich sehr deutlich, wenn man seine Ausführungen zur Sprache Luthers mit jenen der stärker sprachgeschichtlich argumentierenden Forscher, etwa Bodmers, vergleicht.

Wenn nun diesen Ausführungen, wie oben gezeigt wurde, über ihre historisch beschreibende Seite hinaus aktuelle Funktionen innerhalb von Herders eigenen sprachästhetischen Anschauungen zukommen, so muß der konkrete Bezugsrahmen, auf den hin seine Äußerungen entworfen wurden, genauer dargestellt werden. Es gilt daher, zunächst Herders sprachästhetische Gesamtkonzeption, wie sie sich aus seiner Stellung gegenüber dem sprachlichen Zustand seiner eigenen Epoche ergibt, zu betrachten. Nur so können nämlich die spezifischen Funktionen, die seinen Äußerungen über die Sprache des Reformators impliziert sind, erfaßt werden. Dies soll durch eine Interpretation von Herders Lebensaltersmodell geschehen.

"Das ganze Menschengeschlecht, ja die todte Welt selbst, jede Nation, und jede Familie", schreibt Herder hier, "haben einerlei Geseze der Veränderung: vom Schlechten zum Guten, vom Guten zum Vortreflichen, vom Vortreflichen zum Schlechtern, und zum Schlechten: dieses ist der Kreislauf aller Dinge. So ists mit jeder Kunst und Wissenschaft: sie keimt, trägt Knospen, blüht auf, und verblühet. - So ists auch mit der Sprache"[67]. Mit diesen programmatischen Formulierungen leitet Herder sein Erkenntnismodell ein, bevor er sich der Beschreibung der einzelnen genetischen Entwicklungsstufen einer jeweiligen Nationalsprache zuwendet.

Dabei ist das Kindesalter einer Sprache die Phase ihrer sinnlichen Artikulationsweise, in welcher noch die Ursprungsidentität von Ausdrucksform und Ausdrucksinhalt vorherrscht, in der also im Akt der Benennung des Vorfindlichen noch dessen unmittelbare Erkenntnis stattfindet und Sprache nicht bloß Hilfsmittel zu seiner Erkenntnis ist. Diese Sprache des Kindesalters ist, so führt Herder aus, keine ausschließlich auf der phonetischen Ausdruckebene operierende Sprachform; vielmehr gehören zu ihr alle denkbaren Artikulationsweisen einer von irgendwelchen äußeren Eindrücken affizierten sinnlichen Natur.

Alle weiteren Epochen der Sprachentwicklung entstehen nun durch einen ständig fortschreitenden Abstraktionsprozeß, der dazu führt, daß in zunehmendem Maße Worte von den ihnen zugrundeliegenden Materien abgelöst werden. War die Sprache des Kindesalters noch reine Natursprache, so setzt mit ihrem Jünglingsalter die Entstehung der Kunstsprache ein, da man "Begriffe, die nicht sinnlich waren, in die Sprache"[68] nahm, ihnen jedoch noch sinnliche Namen gab. Deshalb bezeichnet Herder dieses Jünglingsalter als das poetische Zeitalter der Sprache, als Zeit der Dichter, da "die Sprache ... sinnlich (war; Zusatz vom Verf.), und reich an kühnen Bildern: sie war noch ein Ausdruck der Leidenschaft ..."[69].

Im Mannesalter verliert die Sprache den Charakter der Poesie und wird zur "schönen Prose". Ihr Wesen wird stärker von "ernste(r) Weisheit" und "Politische(r) Geseztheit"[70] geprägt, es verliert die sinnliche Fülle der poetischen Sprache und nimmt statt dessen in stärkerem Maße die äußere Hilfe abstrakter Regeln in Anspruch. Damit jedoch leitet sie ihren Verfall ein: "Je mehr sie Kunst wird, je mehr entfernet sie sich von der Natur"[71]. Dennoch fällt Herders Urteil über diese Entwicklungsstufe der Sprache noch positiv aus: die schöne Prose sei im Grunde der beste Platz, weil man von dort aus auf beide Seiten, das heißt auf die sinnliche und auf die abstrakte, ausweichen könne.

Schließlich kulminiert dieser Verfallsprozeß im Zustand ihres Greisenalters, oder, um diesen bildhaften Ausdruck aufzulösen, in ihrem

philosophischen Zeitalter. Die philosophische Kunstsprache stellt
daher den exklusiven Gegenbegriff zur poetischen Natursprache dar.
"Das hohe Alter", so schreibt Herder zur Charakterisierung dieses
Sprachzustandes, "weiß statt Schönheit blos von Richtigkeit"[72].
Die affektiv spontane Ausdrucksweise der Natursprache, die sich in
sinnlichen Benennungen von sinnlichen Inhalten realisierte, ist nahezu vollständig zugunsten einer über das Medium der reflektierenden
Abstraktion herbeigeführten analytischen Sprache verdrängt worden,
die dem Ausdruck vor allem von ungegenständlichen Inhalten dient und
durch externe Regelmechanismen normiert wird.
An diesem theoretischen Modell hat Herder nun in konzentrierter Form
sämtliche Kriterien entwickelt, nach denen er unter punktueller Zuhilfenahme von Argumenten aus dem Bereich der empirisch-historischen
Sprachforschung das Erscheinungsbild der Sprache seiner eigenen Zeit
beurteilt. "Endlich kann ich Othem schöpfen", so ruft er, "und unserer Sprache näher treten ... Wo steht unsere Deutsche Sprache?"[73]

Bevor im folgenden Herders Antworten auf diese Frage im einzelnen
dargestellt werden sollen, muß zur positiven Würdigung seiner synkretistischen und daher außerordentlich problematischen Argumentationsweise gesagt werden, daß Herder mit dieser historisierenden
Sprachphilosophie im Grunde genommen eine beeindruckende Erkenntnistheorie des menschlichen Geistes geliefert hat, die in großartiger
Weise auch dessen korporative Strukturen ernst nimmt und im Unterschied zu Hamanns These vom göttlichen Ursprung der Sprache und dem
damit verbundenen ungeschichtlichen Ansatz einerseits sowie den rationalisierenden Auffassungen der Sprache als "geordnetem zeitlosem
System einer von Gott gesetzten Vernunft (Süßmilch)"[74] andererseits,
zumindest ansatzweise geschichtlich argumentiert und die historischen
Entwicklungsphasen der Genese einer jeweiligen Nationalsprache mit in
ihre Überlegungen einbezieht.
Damit leistet Herder einen maßgeblichen Beitrag zur Entwicklung der
diachronen Sprachbetrachtung, denn vorher und zu seiner eigenen Zeit
dominierte ganz ohne Zweifel der synchrone Standpunkt, der ja auch
der Standpunkt der Aufklärung war.

Herder hatte, wie bereits angedeutet, die deutsche Nationalsprache seines Zeitalters als "schöne Prose" bezeichnet, die eine glückliche Mittelposition zwischen der sinnlichen Dichtersprache auf der einen und der abstrakten Philosophensprache auf der anderen Seite einnehme.

Ihm selbst geht es im weiteren Verlauf seiner Ausführungen nun in erster Linie darum, diese Sprache nach ihrer poetischen Seite hin zu bilden. Ästhetik, das ist für Herder noch – ganz im Sinne der ursprünglichen Bedeutung des Wortes – Darstellung sinnlicher Schönheit. Dabei unterscheiden sich seine ästhetischen Anschauungen jedoch in fundamentaler Weise von den naturalistischen und sensualistischen Standpunkten aufklärerischer Sprachtheoretiker, deren Theorien zur Entstehung und Entwicklung der menschlichen Sprache aufgrund ihres einseitigen Rationalismus weitgehend intellektualistische Konstruktionen blieben. In seiner scharfen Polemik gegen den sprachästhetischen Rationalismus der Aufklärung, der den permanenten Hintergrund seiner eigenen Ausführungen bildet, vertieft Herder deren positive Ansätze ganz entscheidend. Er entwickelt dabei im Grunde genommen eine Geschichtsphilosophie der Nationalsprachen, die immer auch Ätiologie, das heißt Erklärung der Ursachen für die Entstehung einer ganz bestimmten sprachlichen Ausdrucksform ist. Die jeweilige Sprache selbst ist nicht mehr, wie im Sinne der Aufklärung, eine abstrakte anthropologische Kategorie, sondern ein lebendiger Organismus von individueller Gestalt, der sich in der disparaten Vielfalt seiner geschichtlichen Erscheinungsformen irrational verwirklicht.

Die sprachästhetischen Bestimmungskriterien einer solchen auf Sinnlichkeit, Individualität und Ursprünglichkeit ausgerichteten Nationalsprache zählt Herder mit unermüdlicher Ausdauer auf: was die Seite des Wortschatzes anbetrifft, so gehören vor allem Idiotismen, aber auch Synonyme, Bilder, Pleonasmen und sogenannte "Machtwörter" dazu, was den Satzbau anbelangt, so sind es in erster Linie idiomatische syntaktische Wendungen und Inversionen.
Alle diese sprachlichen Wirkelemente gelten Herder als Bestandteile einer kernhaften und vitalen Nationalsprache, wie sie von seiner

eigenen Epoche nicht mehr ausreichend beherrscht wird.
Es gilt daher, diesen verschütteten Sprachzustand der Ursprünglichkeit und Kraftfülle des Deutschen durch eine bewußte Planung wieder zu ermöglichen und herbeizuführen, wobei Herder auch hier in einer Mischung aus historischen und ästhetischen Strategien argumentiert.

Über die historische Betrachtungsweise vermittelt er den Gedanken, die deutsche Sprache sei im Laufe ihrer Entwicklungsgeschichte in einer für sie außerordentlich schädlichen Weise von fremden Nationalsprachen majorisiert worden, eine Tatsache, die dazu geführt habe, daß schließlich ein innerer Substanzverlust eingetreten sei. Über die ästhetische Perspektive greift er in geradezu militanter Weise die sprachlichen Idealvorstellungen der Aufklärung, insbesondere aber jene Gottscheds an[75], den er als Hauptvertreter einer an fremdsprachigem Ausdrucksverhalten orientierten Ästhetik bezeichnet.

Was Herder trotz der in weiten Teilen gleich gearteten patriotischen Bemühungen der Aufklärer dabei von diesen unterscheidet, ist vor allem seine strikte Ablehnung einer auschließlich von der Schriftsprache herkommenden, alle dialektalen Besonderheiten negierenden Ausdrucksform, die sich auf ein logifiziertes Regelsystem reduziert und den Grundsatz der verstandesmäßigen Klarheit - eines in den Augen Herders senilen und geradezu letalen Grundsatzes - zum obersten Prinzip ihres sprachlichen Wollens und Wirkens erklärt.

Gottscheds Ziel beispielsweise war es ja, eine allgemeine Norm der Sprache nach Maßgabe der vermeintlich besten Schriftsteller der Nation festzusetzen. Dabei rückte er in bezeichnender Weise von der sprachlichen Autorität Luthers ab und setzte an dessen Stelle die verstandesmäßige Klarheit der Schriften eines Opitz, Canitz, Besser, Neukirch, Pietsch, Günther, Mosheim oder Mascow.

Dadurch trat unwillkürlich eine Verarmung und innere Aushöhlung der deutschen Sprache ein. Zwei ihrer reichsten produktiven Quellen, nämlich die Verwurzelung in den verschiedenen Mundarten der einzelnen Landschaften sowie die Berücksichtigung ihrer geschichtlichen Überlieferung wurden von der Sprachtheorie der Aufklärung verschüttet.

Gegen diese Fehlentwicklungen intervenierte Herder in leidenschaftlicher Weise und verlangte zur Kräftigung der deutschen Sprache nach volkstümlichen Ausdruckselementen, dialektalen Besonderheiten und Archaismen. "Damit", so urteilt August Langen, "ist 1767 das rationale Satzgefüge der Aufklärung vernichtet, der assoziativ reihende, alogisch springende, willkürlich ordnende, affektisch bestimmte Stil der Geniezeit theoretisch begründet"[76].

Man muß hinzufügen, daß diese bereits mit Bodmer, Breitinger und Klopstock einsetzenden Bemühungen um eine schöpferische Selbstbefreiung der deutschen Sprache in den programmatischen Forderungen Herders ihren ideologischen Höhepunkt fanden[77], während der aus einem religiös gebundenen Irrationalismus heraus entworfene Standpunkt Hamanns eine in wesentlich stärkerem Maße theologisch-symbolisch akzentuierte Sprachtheorie vertrat.

Herder geht es nicht, wie den Aufklärern, um das normative Setzen des jeweils richtigen Sprachgebrauchs, sondern um das geschichtliche Verstehen des Gewordenen in seinen individuellen Gestaltungsformen sowie um die Möglichkeit zur Sprachbereicherung aus den Schätzen der Vergangenheit. Gleichzeitig findet dabei eine allgemeine Wendung vom Verstand zum Gefühl, ja zur Leidenschaft, die von der aufklärerischen Anthropologie unterprivelegiert und zum Bereich der niederen Strebevermögen gerechnet wurde, statt. Der affektive Stil wird rehabilitiert, die logische Satzordnung, wie sie nach dem syntaktischen Vorbild der Schriften Christian Wolffs propagiert wurde, durch Inversionen, unvollständige oder abgebrochene Sätze, Ellipsen oder Anakoluthe ersetzt. Das Entscheidende bei diesem Vorgang jedoch muß in der Tatsache gesehen werden, daß die Einführung aller dieser irrationalistischen Ausdruckselemente vor dem Hintergrund einer positiven Anthropologie geschieht, die als eine Art von Kontraideologie zu den weltanschaulichen Konzeptionen der Aufklärung betrachtet werden kann. Dadurch, daß Herder – wie oben gezeigt wurde – die Sprache unter erkenntnistheoretischen und kulturgeschichtlichen Gesichtspunkten betrachtet, spiegeln seine Aussagen immer eine ganze Kulturanthropologie wider, die in bildungspolitische Wirkung umgesetzt werden soll.

Es wird im folgenden zu zeigen sein, daß der Hinweis auf die sprachliche Autorität Luthers eine für die Sprachästhetik des Sturm-und-Drang typische Erscheinung darstellt und ein wichtiges Moment innerhalb ihres umfassenden Protestes gegen den Sprachrationalismus der Aufklärung bildet.

Im sprachlichen Schaffen Luthers scheinen sich die auf sinnliche Ausdrucksfülle, ursprüngliche Wortgewalt und leidenschaftlichen Stil hinzielenden ästhetischen Maximen der Geniezeit in geradezu idealer Weise zu konzentrieren.

Die positive Bewertung sprachlicher Archaismen, die von der Aufklärung strikt abgelehnt wurden, geht dabei über die sprachästhetische Rezeption des 16. Jahrhunderts hinaus. Vor allem mit den Arbeiten Bodmers zur Sprache der Minnesänger bahnt sich eine grundsätzlich positive Stellung auch zur Sprache des Mittelalters an. Die Wiederentdeckung der Wortgewalt Luthers bildet einen Teil dieses neu erwachten historischen Bewußtseins.

Um die Leistung Herders innerhalb dieses Prozesses beurteilen zu können, muß deshalb eine Einzelinterpretation seiner Äußerungen vor dem zeitgenössischen sprachästhetischen Horizont der Lutherrezeption ähnlich argumentierender, antirationalistischer Schriftsteller erfolgen.

2.2 Einzelinterpretation und geistesgeschichtliche Einordnung

Wie bereits angedeutet[78], stehen vor allem die Bibelübersetzung sowie die Kirchenlieder des Reformators im Mittelpunkt von Herders sprachgeschichtlichem Interesse an den Schriften Martin Luthers.
Trotzdem beziehen sich seine Aussagen meist in pauschaler Weise auf Luthers sprachliche Gesamtleistung.
Dabei gehen Erwägungen zur historischen Bedeutung dieser Leistung nahtlos über in Forderungen zu ihrer bewußten Nutzbarmachung im Wirkungsfeld der zeitgenössischen Sprachästhetik. Auf Grund dieser außerordentlichen Komplexität erscheint eine scharfe Trennung der Aussagen Herders in historische einerseits und anwendungsbezogene andererseits kaum sinnvoll und durchführbar. Die einzelnen Gesichtspunkte von Her-

ders Äußerungen zur Sprache Luthers sollen deshalb im folgenden gewissermaßen linear hintereinander aufgeführt und auf ihre jeweiligen aktuellen ästhetischen Implikationen befragt werden.

2.2.1 Der emanzipatorische Aspekt der Sprache Luthers

Die emanzipatorische Bedeutung von Luthers Sprache im Hinblick auf die Entwicklung der deutschen Nationalsprache sieht Herder vor allem in drei Punkten gegeben: In der Befreiung der deutschen Sprache von fremdsprachiger, insbesondere lateinischer Majorisierung, in der Überwindung des aristotelisch-scholastischen Sprachrationalismus sowie in der Zerstörung des humanistischen Neoklassizismus, wie er von Erasmus praktiziert wurde.

a) Die Befreiung der deutschen Nationalsprache von fremdsprachiger Majorisierung

Insbesondere innerhalb des dritten "Fragmentes" geht Herder im Rahmen seines übergeordneten Erkenntnisinteresses "wie nach den verschiednen Wanderungen und Verwandlungen der Geist der Litteratur seine gegenwärtige Gestalt angenommen (habe)"[79] auf die - nach seinem Dafürhalten verhängnisvolle - Bedeutung fremdsprachiger Literaturen für die Entwicklung der deutschen Nationalsprache ein. In schärferer Weise als vorher kritisiert er dabei den negativen Einfluß der römischen Literatur auf die deutsche Sprache und bezeichnet diese Einflußnahme als regelrechte Unterjochung, die auf sämtliche Bereiche des geistigen Lebens übergegriffen habe. "Die Lateinische Religion lehrte Gedankenlose Hartnäckigkeit im Behaupten, die Lateinische Litteratur erstickte den Geist und schnitzelte den Geschmack an Spekulationen und Unsinn, die Mönchssprache führte ewige Barbarei in der Sprache des Landes ein. - Und diese Sündfluth muß viele Jahrhunderte durch in fauler Ruhe stehen, bis sie sich in das Mark der Litteratur einzog, den Geist der Nation vergiftete, und in Gelehrsamkeit und Sprache und dem äußern Zustande, der die Form zur Bildung ist, ewige und unaus-

löschbare Eindrücke nachließ"[80]. Dadurch sei der deutschen Nation schließlich ihr "Nationalcharakter, die Eigenheit ihres Geistes und ihrer Sprache geraubt"[81] worden. Das Lateinische als akademische Gelehrtensprache sei in einseitiger Weise kultiviert worden, während man die Pflege des Deutschen unterlassen und als Sprache des gemeinen Volkes diffamiert habe. Die deutsche Sprache und mit ihr die gesamte Kultur der deutschen Nation sei daran gehindert worden, ihr substantielles Wesen oder - um den vom späten Goethe so sehr geschätzten aristotelischen Begriff zu verwenden - ihre Entelechie zu verwirklichen und die individuelle Gestalt ihrer Möglichkeiten organisch auszuprägen.
Hier sei nun Luther aufgetreten und habe sich mit seinen Bemühungen um die Entwicklung der deutschen Sprache "unendlich Verdienst" erworben. Durch seine Reformation habe er - und diese Bemerkung ist für Herders kulturgeschichtlich akzentuierte Sprachgeschichtsauffassung charakteristisch - "eine ganze Nation zum Denken und Gefühl erhoben"[82]. Zur weiteren Kräftigung der deutschen Sprache sollten daher, so fordert Herder, Idiotismen aus den Zeiten der Meistersänger, des Barock und vor allem natürlich Luthers gesammelt und dem zeitgenössischen Deutsch zugeführt werden. Die Idiotismen nämlich seien die notwendigen Verbindungselemente zwischem dem "Genie der Sprache" und dem "Genie der Nation". In seinem bildungspolitischen Pragmatismus verlangt Herder schließlich: "Ich komme ... zu Luthern zurück, um über ihn einen Commentar, und aus ihm eine Anthologie zu wünschen, die mehr Nutzen schaffen könnten, als eine compilirte Ausgabe, und als das Vorzeigen neuausgefundener Raritäten von diesem wahrhaftig großen Manne"[83].
Und an anderer Stelle beklagt er sich, indem er eine Wendung Klopstocks zitiert, die dieser am 12. April 1756 im "Nordischen Aufseher" geäußert hatte: "Auch in der Sprache haben wir von Luthern noch lange nicht so viel gelernet, als wir lernen könnten und sollten"[84]. Eine der bedeutendsten historischen Leistungen Luthers auf diesem Gebiet besteht nach Herder mithin in dessen Wendung gegen die Vorherrschaft der lateinischen Gelehrtensprache und der damit verbundenen Emanzipation der deutschen Volkssprache.

Das übergeordnete Thema, um das es Herder hierbei geht, nämlich der Kampf gegen eine Majorisierung der deutschen Nationalsprache durch exogenes Sprachgut sowie die Verbesserung ihrer Bildungsmöglichkeiten durch Rückbesinnung auf ihre eigenen Traditionen, ist natürlich nicht neu, sondern besitzt eine lange geistesgeschichtliche Tradition. Im Barock sind es vor allem Opitz, Schottel und Harsdörffer, die sich, unterstützt von den Bemühungen verschiedener Sprachgesellschaften, um die Pflege der deutschen Sprache verdient machen, allerdings in einer Weise, die darauf abzielt, sprachliche Idiotismen sowie mundartliche Besonderheiten zugunsten eines am schriftsprachlichen Ausdrucksideal orientierten Purismus zu tilgen.[85]
Hatten die deutschen Mundarten in der Wertschätzung der Deutsch-Schreibenden schon im 16. Jahrhundert ständig an Boden verloren, so wurde dieser Prozeß im Barock fortgesetzt und verstärkt. Seit Opitz waren die Dialekte offiziell aus der Dichtersprache ausgeklammert und wurden auch im außerliterarischen Bereich immer weiter zurückgedrängt. Meist galt dabei das meißnische oder schlesische Deutsch als Vorbild und Richtschnur der sprachpädagogischen Bemühungen der Autoren.
Auch Archaismen lehnte der Barock, ebenso wie mundartliche und volkstümliche Ausdrucksformen, auf Grund seiner sehr stark höfisch-gesellschaftlich und akademisch akzentuierten Einstellung ab, so daß eine aus ästhetischen Motiven heraus bewußt historisierende Sprachform, wie sie im Sturm-und-Drang aufkam, höchstens als bedeutungslose Unterströmung existierte.
Dazu fehlte wohl auch einfach der lebendige geschichtliche Sinn für individuelle und originale sprachliche Wirkmittel. Ganz im Gegensatz zu den sprachästhetischen Maximen der Geniezeit, die das Moment des Schöpferischen betonte, kam im Barock dem eigentlich aus der aristotelischen Poetik stammenden, dann aber in vielfältiger Weise operationalisierten Begriff der "Nachahmung" eine ganz zentrale Bedeutung zu, so daß die Sprache insgesamt viel stärker zu Formalismus und Typisierung neigte. Der Einfluß ausländischer Sprachen, insbesondere jedoch des Lateinischen, war trotz aller Bemühungen um die Pflege und Rehabilitierung des Deutschen enorm und wirkte sich nivellierend auf die Herausbildung einer individuellen deutschen Nationalsprache

aus. Dabei hatte sich das Deutsche, im Gegensatz zu anderen Nationalsprachen, die nur dem dominierenden Einfluß des Lateinischen ausgesetzt waren, von zwei Fremdsprachen, nämlich der lateinischen und der französischen, zu emanzipieren.

Fragt man nach der Rolle, die Luther innerhalb der sprachästhetischen Auffassungen des Barock spielte, so läßt sich sagen, daß die Bedeutung seiner sprachlichen Leistungen zwar in der Regel anerkannt und dementsprechend gewürdigt, gleichzeitig jedoch unter völlig anderen Schwerpunktsetzungen betrachtet wurde, als dies in der Geniezeit der Fall war. Der Sachse Johannes Clajus beispielsweise verkündet in seiner "Grammatica Germaniae linguae"[86] euphorisch das Lob der Sprache Luthers, ebenso Christian Gueintz in seiner "Deutscher Sprachlehre Entwurf". Dort heißt es, in Luthers Bibel sei "das beste Deutsch zu finden, so noch zur Zeit in dergleichen Verdolmetschung ausgegangen"[87]. Ähnliches hören wir von Johann Bödiker, der überzeugt ist: "Es ist kein besser Buch, das die Deutschen haben, als die heilige Bibelübersetzung des Mannes Gottes Luthers"[88].
Auch für Opitz ist Luther sprachliche Autorität, ebenso wie für Zesen sowie den Nürnberger Chronisten Johann Christoph Wagenseil, der 1697 berichtet, daß in der Meistersingerschule nach der Norm der Lutherbibel über das Richtig oder Falsch des sprachlichen Ausdrucks entschieden werde.
Eine positive Haltung zum Lutherdeutsch besitzt auch Justus Georg Schottel, dessen Übersetzungstheorie an der Sprache Luthers orientiert ist und für den mit dem Reformator eine neue "Denkzeit" der deutschen Sprache beginnt. Leibniz folgt ihm im wesentlichen darin, auch wenn er Luthers Wortschatz als teilweise veraltet empfindet.
So gilt im ganzen betrachtet während des gesamten 16. und 17., bis ins 18. Jahrhundert hinein, Luther als sprachliche Autorität für das protestantische Mittel- und Norddeutschland. Erst in Gottscheds Kanon vorbildlicher Autoren fehlt er und wird durch Opitz, Fleming sowie eine Vielzahl heute meist vergessener Hofpoeten ersetzt. Man wird dabei jedoch mit Rolf Bergmann[89] auf die Tatsache hinzuweisen haben, daß die Norm der Luthersprache vor allem für den stilistischen

Bereich fortbestand, während ihr orthographischer und grammatikalischer Normanspruch bereits von Harsdörffer angezweifelt wurde.

Außerdem muß zur richtigen Einschätzung der intensiven Lutherrezeption des Barock mit Virgil Moser auf die Tatsache aufmerksam gemacht werden, daß dieses Lutherdeutsch des 17. Jahrhunderts natürlich nicht mehr das authentische seiner Entstehungszeit ist.[90]
Schließlich beginnt man schon zu dieser Zeit vereinzelt, manche Wendungen evangelischer Kirchenlieder als veraltet zu empfinden und in eigenen Kompilationen zu erklären, obwohl doch gerade die orthodoxen protestantischen Kirchenlieder die volkstümlichen und archaistischen Elemente der Sprache in weit stärkerem Maße als die profane Kunstlyrik konserviert haben.

Dieser Prozeß der Purifizierung des immer mehr als holprig und unbeholfen erscheinenden Lutherdeutsch wird dann durch die auf Allgemeinverständlichkeit, gleichmäßige Klarheit, abstrakte Begrifflichkeit und rationale Strukturierung der Satzgefüge drängende Aufklärung fortgesetzt und intensiviert, wobei vor allem die sprachliche Gestalt der Kirchenlieder sowie der Lutherbibel in zum Teil ganz extremer Weise verändert wird. Diesen radikalen Sprachrationalismus der Aufklärung kannte der Barock nicht. Hier war durch den Einfluß der pietistischen Schriftsteller und ihrer gefühlsbetonten, mystisch-subjektiven Sprache immer ein fruchtbarer Antagonismus zu einer einseitig abstrakten Ausdrucksweise gegeben.

Von daher wird auch verständlich, weshalb ein Autor wie Klopstock, der ja ganz sicher nicht zu den Sturmführern der Geniezeit zu rechnen ist, in so begeisterter Weise die Sprache Luthers verherrlicht. Hier scheinen gewisse Affinitäten zwischen dem originalen Lutherdeutsch und den unterschiedlichen Gruppierungen seiner antirationalistischen Rezipienten sichtbar zu werden.

Die Sprachtheorie der Aufklärung dagegen stand in viel stärkerem Maße unter dem Einfluß der deduktiv-rationalen Barockpoetiken, denen es meist nur darum ging, ein normatives Lehrbuch von Regeln und Vorschrif-

ten zu liefern, nicht aber eine umfassende Theorie der Literatur. Dennoch waren aber auch hier, wie bereits angedeutet, die muttersprachlichen und pädagogischen Ziele, die in eine grundsätzliche Verbesserung der deutschen Sprache mündeten, vorhanden.
Vor allem die am 24.8.1617 durch Fürst Ludwig von Anhalt-Köthen gegründete "Fruchtbringende Gesellschaft", zu deren Mitgliedern neben Opitz, August Buchner, Johann Georg Schottel und Harsdörffer auch Philipp von Zesen gehörte, war in ganz rigoroser Weise um die Reinigung und Reinhaltung der deutschen Sprache bemüht.
Dabei fußte die Barockpoetik ihrerseits in vielerlei Hinsicht auf der Poetik der Antike und des Humanismus. "Erst die Poetik nach Gottsched", so bemerkt Rudolf Baur in seiner instruktiven Studie über die pädagogischen Aspekte der Barockpoetiken, "begann grundsätzlich neue Wege zu beschreiten und sich von Jahrhunderte alten Stützen wie auch Fesseln zu befreien"[91].
Das eigentlich Neue bestand hierbei in der Überwindung der Poetik durch die Ästhetik, das heißt, durch eine umfassende Lehre vom Schönen, die über eine, vorwiegend im Bereich der gattungsspezifischen, orthographischen oder stilistischen Fragestellung verharrende Beschäftigung mit Problemen der Sprache und Literatur weit hinausging.

Hiervon ist in ganz charakteristischer Weise auch die unterschiedliche Haltung beider Epochen zur sprachlichen Autorität Martin Luthers betroffen. Erst in der Geniezeit wird die vorher als selbstverständlich geltende Orientierung am sprachlichen Ideal des Lutherdeutsch mit einem ideologisch-ästhetischen Überbau versehen, der eine ganz bewußte - man möchte fast sagen - funktionale Rezeption der Sprache des Reformators ermöglichte.
Diese Entwicklung, die unter anderem mit den sprachästhetischen Erwägungen Klopstocks beginnt, wird von Herder auf ihre eigentliche Höhe geführt.[92]
Ganz bezeichnend für diesen Sachverhalt ist etwa die Tatsache, daß Herder nicht nur Sprache, sondern auch Persönlichkeit und Charakter Luthers zur Herausbildung seiner ästhetischen Anschauungen nutzt. Er sieht in ihm den Prototyp einer irrationalistischen Schöpferpersön-

lichkeit und bezeichnet damit die anthropologische Begleitkomponente seiner sprachästhetischen Idealvorstellung.[93]

Der umfassende Charakter dieser ästhetischen Argumentation sowie die Eigenart, historische Gegenstände im Licht aktueller ideologischer Zusammenhänge zu thematisieren, sind etwas vollständig Neuartiges, während die einzelnen Sachaspekte von Herders frühem Lutherbild - wenn auch verstreut und mit unterschiedlichen Schwerpunktsetzungen - auch bei anderen Autoren dieser Epoche nachzuweisen sind.

Ein ganz markantes Beispiel hierfür bildet die im Jahr 1730 von Georg Litzel unter dem Pseudonym "Megalissus" verfaßte Schrift "Der Undeutsche Catholik ..."[94], die Schrift eines typischen Auklärers, die, in zwar recht platter, dafür aber umfassender Weise, sämtliche Kriterien entfaltet, die auch in Herders Äußerungen zur sprachlichen Bedeutung Luthers wieder erscheinen. Litzels Werk hat sich nachweislich im Bestand von Herders Bibliothek befunden und wurde von Herder später zweimal zitiert.[95]

Wenn sich auch für die Rigaer Zeit keine direkten Zitate nachweisen lassen, so kann doch zumindest angenommen werden, daß Herder Litzels Werk auch damals schon gekannt und eine Vielzahl seiner eigenen Anschauungen von Litzel übernommen hat.

Auch dessen Thema ist die zu fördernde Emanzipation des Deutschen von fremdsprachigen Einflüssen, wobei er wesentlich ausführlicher, als Herder dies tut, auf die Leistung Luthers innerhalb dieses Emanzipationsprozesses eingeht.

"Ist es nicht ein Laster", so schreibt Litzel mit Bezug auf die Dominanz des Lateinischen im deutschen Sprachbereich, "eine todte Sprache zu lernen, und eine lebendige zu vergessen? Ist es nicht eine Schande, eine ausländische wohl, und eine einheimische übel zu reden? Ist es nicht Thorheit, auf eine fremde Sprache so viel Zeit und Mühe, und auf eine Muttersprache nicht eine Stunde zu wenden? Ja, ist es nicht eine Übelthat, eine todte Sprache lebendig zu machen und eine lebendige zu tödten? Und dieses tun alle Gelehrten unter den Deutschen, welche sich der lateinischen und nicht ihrer Muttersprache beflissen."[96] Ganz ähnlich wie Herder weist er darauf hin, daß eine bestimmte Nationalsprache immer auch eine ganz bestimmte Weltsicht be-

inhaltet und vermittelt. Der Zugang zu einer die nationale Kulturtradition berücksichtigenden Gelehrsamkeit sei daher ein je muttersprachlicher. Aus diesem Grunde müsse der Einfluß fremder Sprachen - vor allem der lateinischen und französischen - abgebaut und statt dessen die deutsche Sprache gepflegt und verbessert werden.[97]
Dieses Werk der Sprachverbesserung sei nun - und da liegt der besondere Akzent von Litzels Argumentation - in erster Linie von den deutschen Protestanten in Angriff genommen worden, während die Katholiken, und hier vor allem die Jesuiten, stärker am Lateinischen festgehalten und dadurch die produktive Fortbildung des Deutschen verhindert hätten.

Am Anfang der allmählichen Befreiung der deutschen Sprache aus den Fesseln fremdsprachiger Unterjochung stehe prophetisch die Gestalt Martin Luthers, der, so sieht es Litzel, bei seinem Unterfangen als Werkzeug Gottes gewirkt habe: "Wenn Gott also nicht selbsten eine Änderung gemacht hätte", meint er, "würden wir noch heute in dieser grausamen Barbarey stecken. Aber dieser hat sich über Deutschland erbarmet, und uns mit mächtigem Arm aus dem Verderben gezogen. Er hat zu seinem Werkzeug insonderheit gebraucht den seligen Doctor Martin Luther, und ihn mit nöthigen Leibes- und Gemüthsgaben ausgerüstet. Dieser vortreffliche Mann hat um die Ehre Gottes mit Elia geeifert, und nicht nachgelassen, bis er alles in guten Stand gebracht. ... Wenn ich sage, daß unser Luther der erste gewesen, welcher die Deutschen Deutsch gelehret, glaube ich nicht, daß ich von jemand einen vernünftigen Widerspruch zu gewarten habe. ... Vor ihm hat keiner so gut geredet und geschrieben"[98].
Es ist sehr interessant zu verfolgen, wie außerordentlich stark die Bedeutung der Person Luthers für den Emanzipationsprozeß der deutschen Sprache von Litzel betont wird. Seine Begeisterung grenzt geradezu an Idolatrie, bringt aber in ihrer ungeschichtlichen, monokausalen Sichtweise eine Perspektive zum Ausdruck, die sich in mehr oder weniger ausgeprägter Form, von einigen Ausnahmen abgesehen, während des gesamten 19. bis weit ins 20. Jahrhundert hartnäckig ge-

halten hat.[99] Luther wird als sprachschöpferische Monumentalgestalt, als kreativer Herkules geschildert, der die deutsche Sprache erfunden habe, wie weiland Edison die Glühbirne.[100] Diese Vorstellung, die im Prinzip auch den Äußerungen Herders zugrunde liegt, geht jedoch am Wesen der Sprache als einer historisch sich entwickelnden, sozialen Tatsache vorbei. Insofern bleibt Herder mit seiner Monumentalisierung der sprachschöpferischen Leistung Luthers, die vor dem Hintergrund der von ihm propagierten Sturm-und-Drang-Anthropologie geschieht, hinter seinen eigenen Forderungen nach Entwicklung von genetischen Betrachtungsweisen zum Verständnis geistes- und kulturgeschichtlicher Phänomene zurück. An die Stelle der entwicklungsgeschichtlichen, evolutiven Sprachauffassung tritt der Mythos von der spontan-kreativen Schöpfung der Sprache durch das große Individuum.[101]

Dabei wird von den meisten Autoren, die sich in dieser Weise zur sprachgeschichtlichen Bedeutung Martin Luthers äußern, auch innerhalb von Luthers eigenem Sprachschaffen keine Entwicklung gesehen. Meist wird lediglich die Bibelübersetzung erwähnt und als das geniale Produkt eines einzigen kreativen Aktes apostrophiert. Diese Sichtweise taucht in anderen Bereichen der Beschäftigung mit Werk und Wirkung des Reformators in fast identischer Weise auf, so etwa, wenn in undifferenzierter Beurteilung die Reformation als Ursache und Beginn der deutschen Bildungsgeschichte dargestellt und dabei als Werk eines Einzelnen beschrieben wird.[102] Es ist erstaunlich, wie wenig diese im Grunde genommen doch außerordentlich fragwürdige und einseitige Haltung Herders und seiner geistigen Nachfolger von der Forschung kritisiert wurde. Immerhin werden ja hier Spannungen und Widersprüche sichtbar, die nicht nur den historischen Sachverhalt, das heißt, die tatsächliche sprachgeschichtliche Leistung Luthers, sondern auch die argumentative Stimmigkeit im Werk Herders selbst betreffen. Vor allem hätte die tiefe Kluft, die zwischen seinen anthropologischen Aussagen zur Person Luthers und deren typischen Sturm-und-Drang-Implikationen einerseits sowie den sprachgeschichtlichen Äußerungen und deren Betonung des genetischen Aspekts

der Entstehung von Sprache andererseits herrschen, thematisiert werden müssen.
Es wird sich nämlich zeigen, daß auch schon zur Zeit Herders Stimmen laut wurden, die eine wesentlich gemäßigtere Beurteilung der Bedeutung von Luthers sprachlicher Leistung vornahmen. Diese Stimmen - es handelt sich in erster Linie um Bodmer[103] und Adelung[104] - hat Herder gekannt, ohne sich allerdings in irgendeiner Weise von ihnen beeinflussen zu lassen. Gerade Adelungs Erkenntnisse werden dabei in eindrucksvoller Weise von den Ergebnissen der neueren Forschung zur Sprache Luthers bestätigt.

Für Herder selbst bleibt bis hierher festzuhalten, daß er in seiner Einschätzung der sprachlichen Bedeutung Luthers geschichtliche Argumente mit anthropologischen verbindet, die ihrerseits in einem ganz bestimmten ästhetischen Zusammenhang stehen und vor dem Hintergrund eines Menschenbildes gedeutet werden müssen, das in extremer Weise das Schöpferische und Monumentale des produktiven Individuums betont.[105]

Diese monumentalistische Sichtweise der Person - und daraus resultierend - auch der Taten und Werke Luthers besitzt, wie bereits angedeutet, eine außerordentlich langfristige Wirkungsgeschichte und ist keineswegs auf den Aspekt der sprachlichen Leistung des Reformators beschränkt. In ganz typischer Weise tritt sie zum Beispiel im Lutherverständnis Goethes hervor, der mit Bezug auf dessen sprachliches Wirken sagt: "Wir haben keinem Volk einen Propheten geschickt, als in seiner Sprache! Und so sind denn die Deutschen erst ein Volk durch Luthern geworden"[106].

In den Rigaer Äußerungen Herders findet die Anwendung der das Kolossalische im Menschen betonenden Sturm-und-Drang-Anthropologie auf die Deutung der Person Luthers ihren ersten Höhepunkt.[107]

Schon an dieser Stelle kann dabei im Sinne einer zusammenfassenden Kritik dieses von Herder vertretenen Lutherbildes gesagt werden, daß es auf Grund seiner allzu starken ideologischen Überhöhung viel zu wenig realhistorisch fundiert ist und an die Stelle der faktengeschichtlichen Analyse die ideengeschichtliche Projektion setzt. Dabei stammen neben der Betonung des Genialischen im Wesen Luthers auch die

Hervorhebung der nationalen und volkstümlichen Note von Herder.[108]

Bevor nun im folgenden die einzelnen Aspekte von Herders Stellung zur Lutherschen Bibelübersetzung thematisiert und die bisher getroffenen Aussagen an Einzelbefunden vertieft werden sollen, muß noch auf die weiteren Kriterien seiner allgemein postiven Haltung zur Sprache Luthers eingegangen werden.

Hierbei wird zunächst noch einmal darauf hinzuweisen sein, daß Herder die emanzipatorische Komponente von Luthers Sprachschaffen nicht nur in deren Stoßrichtung gegen die lateinische Gelehrtensprache, sondern darüberhinaus in ihrer Überwindung der vor allen Dingen in höfischen Kreisen gepflegten französischen Gesellschaftssprache erblickte. Hier tritt nun das nationale, patriotische Element seines Lutherinteresses sehr stark in den Vordergrund.

Dabei kontrastiert Herder die deutsche "Kernsprache", wie sie zu Luthers Zeiten im Gebrauch gewesen sei, mit der flachen, galanten Sprache der "Französirenden Wizzlinge"[109] seiner eigenen Zeit. Auch darin besitzt seine Kritik eine über das rein Sprachliche weit hinausgehende, kultur- und zeitgeschichtliche Dimension. Die Pflege der deutschen Sprache bildet, so Herder, die unablässige Voraussetzung zur Pflege der deutschen Nationalkultur.

Die Tatsache, daß die deutsche Sprache gefördert werden muß, steht für Herder fest: "Unsre Sprache ist also jetz gebildet und verschönert, aber nicht zu dem erhabnen Gothischen Gebäude, das sie zu Luthers Zeiten, (etwas Mönchssprache ausgenommen) und noch mehr zu den Zeiten der Schwäbischen Kaiser war: sondern zu einem neumodischen Gebäude, das mit fremden Zierrathen überladen, bei seiner Größe klein und unansehnlich ins Auge fällt"[110]. Stärker als in der philosophischen Ausdrucksweise habe sich dies für die Poesie nachteilig bemerkbar gemacht, da gerade hier in besonderer Weise der Grundsatz verletzt worden sei, daß der Gedanke am Ausdruck klebe und daß mit dem Verzicht auf bestimmte originale Ausdrucksmittel auch ein Verlust der durch sie bezeichneten Inhaltsmomente in Kauf genommen werden müsse.[111]

Der ganze Verfall der deutschen Poesie sei darauf zurückzuführen, daß man die Dichtkunst "der Mutter Natur entführte (und; Zusatz vom Verf.) in das Reich der Kunst"[112] gebracht habe. Die "schönen Geister" der heutigen Zeit, so klagt Herder, hätten das Deutsche durch Nachahmung der französischen Sprache zwar gebildet, "aber nicht zum Urbilde ihrer selbst"[113]. Dadurch sei auch der deutschen Literatur schwerer Schaden zugefügt worden, da nämlich "der Genius der Sprache", wie Herder in einer berühmt gewordenen Formulierung sagt, "auch der Genius von der Litteratur einer Nation"[114] sei. Weil aber gerade in der Poesie Gedanke und Ausdruck so fest aneinanderhingen, sei die Muttersprache, die mit ihren vielen Idiotismen voller Eigensinn, ihren kleinen Schwachheiten und Fehlern dennoch ein beständiges Bild der Schönheit abgebe, die geeignete Form der Literatur. Wolle deshalb ein Schriftsteller auch ein Originalschriftsteller werden, "bei dem Gedanke und Ausdruck sich zusammen drängen, um ein vollständiges Bild seiner Seele zu seyn"[115], so müsse er ein Nationalautor sein: "Hier kann er Blumen pflücken; denn die Erde ist sein; hier kann er in die Tiefe graben, und Gold suchen, und Berge aufführen, und Ströme leiten: denn er ist Hausherr"[116].

Vor dem Hintergrund dieser Überlegungen zur Förderung einer deutschen Nationalliteratur und Nationalsprache müssen auch Herders Forderungen zur Wiedererweckung und Neubelebung der Sprache Luthers betrachtet werden.[117]
Herder sieht in der Sprache Luthers eine gewissermaßen archetypische Verwirklichung nationaler Ausdrucksform und betrachtet sie deshalb, über das rein antiquarische Interesse an philologischen Einzelheiten weit hinausgehend, in ihrer exemplarischen Bedeutung für die Bildung einer deutschen Nationalsprache.
Er kann dabei wiederum auf Erkenntnissen aufbauen, die bereits vom Barock entwickelt wurden. Vor allem Schottel hatte ja, wie bereits angedeutet, der Sprache Luthers eine außerordentlich hohe Stellung zugesprochen und ihre epochemachende Kraft anerkannt, wobei auch er den Aspekt betonte, "daß jede Sprachgestalt erbildet (werde; Zusatz vom Verf.) gemäß dem Wesen eines Volkes"[118].
Von Luther rühmt Schottel, er habe "zugleich alle Lieblichkeit,

Zier, Ungestüm und bewegenden Donner in die Teutsche Sprache gepflantzet, die rauhe Bürde in vielem jhr abgenommen, und den Teutschen gezeiget, was ihre Sprache, wenn sie wolten, vermögen könte"[119].
Diese patriotische Perspektive wird von Herder noch verstärkt und im Zusammenhang seiner nationalpädagogischen Bemühungen um eine Emanzipation der deutschen Sprache fruchtbar gemacht.
Dabei geht er jedoch nicht, wie etwa Megalissus oder Elias Gaspar Reichard so weit, Luther einen direkten Einfluß auf die Verbesserung nicht nur der deutschen Sprache, sondern auch der deutschen Literatur zu bescheinigen.[120] Reichard beispielsweise verkündet in seinem 1747 erschienenen "Versuch einer Historie der deutschen Sprachkunst" enthusiastisch: "Die glückliche Religionsverbesserung ist nicht das einzige grosse Werk, wodurch sich der selige Doctor Luther den Weg zur Unsterblichkeit gebahnet hat. Seine Verdienste um die deutsche Sprache und Poesie sind nicht weniger ausnehmend. Dieser Meister der deutschen Sprache, wie ihn Schottelius nennt, hat die Deutschen zuerst gleichsam recht deutsch gelehrt, sowohl da er öfters auf der Kanzel geredet, als auch da er so viel herliche Lieder und Schriften verfertigt hat, welche nebst seiner Bibelübersetzung alle Werke seiner Vorgänger an Reinigkeit, Deutlichkeit und Nachdruck weit übertreffen, und bis diese Stunde als unvergleichliche Muster zur Nachahmung dienen können"[121].
Ähnlich äußert sich Megalissus: "Wir können unsern Luthern", so schreibt er, "mit grossem Recht für den ersten Poeten Deutschlands erklären, indem er nicht nur der erste gewesen, der die vortrefflichte Reimen geschrieben, sondern auch die Kunst in Flor gebracht, und dieselbe mit seinem Beyspiel ganz deutlich gelehret"[122].
Dagegen besitzt Herders sprachästhetischer Patriotismus eine wesentlich realistischere, man möchte sagen, pragmatische Grundlage, die sich aus dem sehr stark zeitgeschichtlichen Bezug seiner Lutherrezeption ergibt. Die Sprache des Reformators ist ihm Standpunkt und Kriterium zur Kritik der Sprache seiner eigenen Epoche. "Kommet her, ihr neuern schönen Geister, ihr Französirenden Wizzlinge, ihr Prosaisch-Poetische Stolperer, ihr berühmten Wochenschriftsteller, ihr gelehrten Weisen im Akademischen Paragraphenstil, ihr erbau-

lichen Redner im Kanzelstil: versucht es doch, aus euren reichen Vorrathskammern ein Buch unsres Jahrhunderts zu suchen, das in Absicht der Schreibart die Würde der Bibelübersetzung des Luthers erreichte"[123].

Von der im wesentlichen humanistisch geprägten Lutherrezeption des 16. und der sehr stark sprachpuristisch orientierten des 17. Jahrhunderts unterscheidet sich Herders Interesse an der Sprache des Reformators durch die Hervorhebung gerade der irrationalistischen, volkstümlichen und umgangssprachlichen Ausdrucksformen, die er als Elemente einer national bestimmten Sprache deutet und im programmatischen Sinn ästhetisch funktionalisiert.

Was den größeren Zusammenhang seiner Argumentation, nämlich den Kampf gegen eine Überfremdung des Deutschen durch ausländische Sprachen anbelangt, so steht Herder in einem längeren Traditionsprozeß, der bereits im Barock beginnt und in ganz typischer Weise auf die große Bedeutung Luthers für die Emanzipation der deutschen Sprache hinweist. Innerhalb dieser Tradition vertritt er, wie gezeigt werden konnte, eine Position, die lediglich auf Luthers sprachliche, nicht auf seine literarische Bedeutung hinweist, die aber ihrerseits wiederum ganz deutlich von den Standpunkten der noch von der Aufklärung beeinflußten, kritischeren Stellungnahmen Bodmers oder Adelungs abweicht.

Der Emanzipationsprozeß des Deutschen selbst darf dabei allerdings nicht als eine geradlinige Entwicklung ohne Höhen und Tiefen mißverstanden werden. Schließlich ließ Friedrich II. sich die Schriften Wolffs noch ins Französische übersetzen, um sie studieren zu können und nahm in seiner 1780 erschienenen Abhandlung über die deutsche Literatur von den nach 1730 verlaufenen Entwicklungen fast keine Notiz. Es wird noch näher auszuführen sein, daß diese Ignoranz gegenüber der deutschen Literatur - und damit auch gegenüber der sprachlichen Leistung Luthers - eine für die Aufklärung typische Erscheinung ist und in ganz wesentlichen Punkten durch das außerordentlich negative Bild, das Voltaire von der Person Martin Luthers sowie dem Ereignis der Reformation gezeichnet hat, beinflußt ist.[124]

Die sprachliche Lutherrezeption der Aufklärung nun hat Herder mit derselben bissigen Polemik angegriffen, mit der er ihre weltanschaulichen Standpunkte in anderen Zusammenhängen, etwa den geschichtsphilosophischen, attakierte.[125]
Was seinen Kampf gegen die sprachästhetischen Urteile der frankophilen Aufklärung anbetrifft, so konnte Herder auch hier dem Vorbild prominenter Zeitgenossen folgen.
Vor allem Justus Möser hatte in seinem ausgeprägten patriotischen Enthusiasmus die Initiative ergriffen, indem er Person und Werk Martin Luthers gegen die Invektiven Voltaires verteidigte. Er tat dies in einer 1746 geplanten, jedoch erst 1750 zur Ausführung gekommenen Schrift, die in einer völlig untheologischen Art und Weise einer globalen Verteidigung der Lutherischen Reformation gleichkam.[126]
Voltaires Stellung zur Reformation war die des typischen Aufklärers: "Die Religionsstreitigkeiten, die die Gemüther in Deutschland, im Norden, in England und in Frankreich bewegten", so klagt er, "lähmten den Fortschritt der Vernunft, statt ihn zu beschleunigen. Blinde, die mit Wuth kämpften, konnten den Weg der Wahrheit nicht finden"[127].
Dementsprechend negativ fällt auch sein Urteil über die sprachliche Leistung vor allem von Luthers Bibelübersetzung aus. Er schreibt dazu: "Luther übersetzte die Heilige Schrift aus dem Hebräischen ins Deutsche; aber man behauptete, er habe nicht viel von dieser Sprache verstanden, und seine Übersetzung enthalte mehr Fehler, als die Vulgata"[128].
Gegen diese Verunglimpfungen trat Möser und in dessen Fahrwasser auch Albrecht von Haller[129] auf, der nachdrücklich den Standpunkt vertrat, "daß seine (d.h. Luthers; Zusatz vom Verf.) Bücher auf eine so gründliche und nachdrückliche Art abgefaßt sind, daß man nicht nur Wahrheit, sondern auch Vergnügen darin findet"[130].
Albrecht von Haller, der ebenso wie Möser den Vorwurf an Voltaire richtete, dieser habe die Schriften Luthers wahrscheinlich überhaupt nicht gelesen, beklagte sich in diesem Zusammenhang, "Seine (Luthers; Zusatz vom Verf.) aufgeweckte und kernhafte Schreibart würde Voltaire vielleicht bewundern, wenn er sie lesen könnte, und er (Luther; Zusatz vom Verf.) (sei; Zusatz vom Verf.) ja noch ein klassischer Schriftsteller, und der beste deutsche Dichter seiner Zeiten"[131].

Was im übrigen das Lutherbild der Aufklärung anbetrifft, so hat schon Horst Stephan darauf hingewiesen, daß die naheliegende Vermutung, die Aufklärung werde sich in globaler Weise gegen Luther wenden, nicht gelte.[132]
Vielmehr trifft auch hier der schon öfter beobachtete Grundsatz zu, daß die Wirkungsgeschichte Luthers in vielem nichts anderes als das jeweilige Bild ist, welches die nachfolgenden Epochen sich von ihm machten. Auch die Aufklärung hatte ihr Lutherbild, ein Bild, das ganz deutlich die geistesgeschichtlichen und theologischen Idealvorstellungen der eigenen Epoche widerspiegelte. So wurde Luther, vor allem in jenen Gegenden, in denen die Gegenreformation stark nachwirkte und dazu führte, daß katholische Elemente in sein Bild miteinflossen, als Held der Freiheit gefeiert, der den dogmatischpapistischen Autoritätsglauben abgeschafft und durch eine Religion der persönlichen Überzeugung ersetzt habe.[133]
Von dort aus griff die Sicht Luthers als des großen Freiheitshelden dann auf sämtliche Bereiche geistigen und politischen Lebens über.[134]

Ein zweiter Schwerpunkt lag in der starken Moralisierung der Person Luthers, der als Hausvater, Erzieher, Freund und Staatsbürger die bildungspolitischen und moralphilosophischen Wertvorstellungen der Aufklärung zu tragen hatte.

Schließlich betonte die Aufklärung in besonderer Weise Luthers Bedeutung für die Entwicklung von Kunst, Kultur und Bildung.[135]
Die kritische Haltung der Aufklärung gegenüber den sprachlichen Leistungen des Reformators fällt dabei aus dem Rahmen dieser allgemein positiven Beurteilung heraus.
In der unterschiedlichen Sprachauffassung, so urteilt Horst Stephan zur Erklärung dieses Phänomens, komme am deutlichsten der Unterschied der Zeiten und das Überlegenheitsgefühl der fortschrittsstolzen Aufklärung zum Ausdruck. Diese habe, an französische Eleganz der Form gewöhnt, die Gewalt des Redens, Denkens und Dichtens, der man bei Luther begegne, als barbarisch empfunden. Deshalb hätten Gottsched und dessen Schüler Adelung direkt gegen den sprachlichen Einfluß

Luthers gekämpft und sogar Bodmer, der Widersacher Gottscheds, habe nachzuweisen versucht, daß Luther die deutsche Sprache durch Bevorzugung der volkstümlichen Ausdruckselemente ihres poetischen Schmucks beraubt habe.

Hierbei wird deutlich, daß das Bild, das die Aufklärung von Luther zeichnete, differenziert zu betrachten ist. Wenn auch die außerordentlich negative Beurteilung durch Voltaire einen Sonderfall darstellte, so war sie dennoch nicht ohne Auswirkung vor allem auf die am französischen Bildungsideal orientierten Gesellschaftsklassen.[136] Herder selbst greift diesen extremen Standpunkt Voltaires auch nicht explizit an, sondern verwirft in generalisierender Weise die Adaption des Bildungsideals der französischen Aufklärung. In der Beurteilung der sprachlichen Leistungen Martin Luthers weicht er dabei wesentlich stärker von der Linie der Aufklärung ab, als beispielsweise in seiner Einstellung zur Theologie des Reformators.
Die positive Haltung zur Sprache Luthers bildet, wie Lutz Winckler richtig hervorhebt, einen typischen Aspekt einer in großer Breite einsetzenden patriotischen Lutherdeutung, deren ideologischer Höhepunkt die Herausbildung des bürgerlichen Lutherbildes auf dem Wartburgfest von 1817 darstellt. Ganz charakteristisch korrespondiert mit der von der Aufklärung wie von Herder betriebenen Hervorhebung der nationalen und kulturgeschichtlichen Bedeutung Luthers eine eklatante Vernachlässigung und Verzerrung der theologischen Anliegen der Reformation.
Diese kulturgeschichtlich-nationale Perspektive wird von Herder vor allem in seiner Weimarer Spätphase wieder aufgegriffen und in einer wahren Masse von konvergierenden Urteilen unermüdlich verbreitet. "Luther war ein patriotischer großer Mann", heißt es beispielsweise in den zwischen 1793 und 1795 erschienenen "Briefen zur Beförderung der Humanität". "Als Lehrer der Deutschen Nation, ja als Mitreformer des ganzen jetzt aufgeklärten Europa ist er längst anerkannt; ... Er griff den geistlichen Despotismus, der alles freie gesunde Denken aufhebt oder untergräbt, als ein wahrer Herkules an, und gab ganzen Völkern, und zwar zuerst in den schwersten, den geistlichen Dingen, den Gebrauch der Vernunft wieder. Die Macht seiner Sprache und

seines biedern Geistes vereinte sich mit den Wissenschaften, die von und mit ihm auflebten ..."[137].
Der Patriotismus von Herders früher Lutherdeutung ist allerdings nie so weit gegangen, der deutschen Sprache eine Vorrangstellung unter den übrigen Nationalsprachen einzuräumen, wie dies etwa von Fichte, Friedrich Ludwig Jahn oder Ernst Moritz Arndt behauptet wurde. Fichte beispielsweise, für den die Reformation "die letzte große und in gewissem Sinne vollendete Welttat des deutschen Volkes"[138] darstellt, entwickelt in seinen "Reden an die deutsche Nation" den Gedanken, Deutschland habe als führende europäische Bildungsnation zu gelten, da die Deutschen als Volk der lebendigen Sprache schöpferisch und philosophisch, die Romanen als Vertreter einer toten Sprache dagegen spielerisch und reproduktiv seien.[139]
Im Gegensatz zu einer solchen radikal-patriotischen Beurteilung der sprachlichen Leistungen Luthers schimmert bei Herder doch immer auch die Bedeutung dieser Leistungen für die Entwicklung einer übernationalen Kultur durch, auch wenn sich dieser universalistische Zug erst beim späten Herder voll durchsetzt. Seine schon in Riga einsetzende Hervorhebung der nationalen, emanzipatorischen Komponente von Luthers sprachlichem Schaffen bildet daher, bei allem Enthusiasmus, mit dem sie vorgetragen wird, erst den Beginn einer Entwicklung, die in großer Breite vor allem von Teilnehmern des Wartburgfestes im Jahre 1817 ventiliert wurde.

Die bürgerlich-politische Stoßrichtung der Lutherdeutung von 1817, die den Prozeß der nationalen Gestaltwerdung des deutschen Volkes durch den Rückgriff auf patriotische Identifikationsfiguren ideologisch abzusichern versuchte, fehlt bei Herder in dieser expliziten und militanten Form völlig.
Seine frühe Lutherrezeption besitzt daher keine real-, sondern eine bildungspolitische Funktion. Im Zentrum von Herders Interesse steht nämlich zunächst nahezu ausschließlich die Frage nach der kulturgeschichtlichen Bedeutung von Luthers Sprache, ein Thema, das zwar nationalpädagogische Implikationen besitzt, das jedoch in keiner Weise politisch brisant ist. So bestätigt ein Blick auf den beson-

deren Charakter der Lutherdeutung des beginnenden 19. Jahrhunderts die schon an früherer Stelle geäußerte Vermutung, Herders Lutherbild der Rigaer Zeit sei in erster Linie im Zusammenhang mit der Beschäftigung an ästhetischen und kulturgeschichtlichen Fragestellungen entstanden. Welche konkreten Aussagen zur historischen Bedeutung der Person des Reformators Herder darüber hinaus noch trifft, dies soll im folgenden entwickelt werden.

b) Die Überwindung des aristotelisch-scholastischen Sprachrationalismus durch Luther

Neben den Gesichtspunkt, Luther habe das Deutsche von der Unterjochung durch fremde Sprachen befreit, tritt in den Rigaer Äußerungen Herders die Ansicht, der Reformator habe den – nach seinem Dafürhalten – abstrakten Sprachrationalismus der Scholastik zerstört. Mit dieser Behauptung schlägt Herder, wenn auch in recht dilettantischer Weise, ein Thema an, das ihn mitten in das Zentrum der Theologie Luthers hätte hineinführen müssen, sofern ein tieferes theologisches Interesse seinerseits vorhanden gewesen wäre. "Er (Luther; Zusatz vom Verf.) ists, der die Scholastische Wortkrämerei, wie jene Wechslertische, verschüttet ..."[140], so ruft Herder zwar enthusiastisch aus, verzichtet im übrigen jedoch vollständig darauf, dieses Urteil durch theologische oder historische Einzelbefunde empirisch zu belegen.

Es wird zu zeigen sein, daß Herder die mit Luthers Ablehnung der Scholastik verbundenen theologischen Implikationen überhaupt nicht angemessen erfaßt, sondern, indem er sie unter vorwiegend geistesgeschichtlicher Perspektive betrachtet, weitgehend nivelliert. Damit soll ein bezeichnendes Licht auf den untheologischen Gesamtcharakter von Herders Rigaer Lutherrezeption geworfen werden.

Gleichzeitig soll mit den folgenden Ausführungen bewiesen werden, daß der Rigaer Herder nicht nur im Hinblick auf seine theologischen, sondern auch hinsichtlich seiner historischen Lutherkenntnisse wenig wirklich Selbständiges zu bieten hat, sondern in wesentlichen Punkten lediglich die vor allem von der Aufklärung entwickelten traditionellen Positionen der Geschichtsforschung des frühen 18. Jahrhunderts wiedergibt.

Daß es sich bei Herders Äußerung, Luther sei zum Überwinder der Scholastik geworden, um eine zumindest problematische Aussage handelt, wird deutlich, sobald man sie in den größeren Zusammenhang seiner Beurteilung der allgemeinen Geistesgeschichte des europäischen Mittelalters einordnet.[141]

Zunächst jedoch soll ein kurzer Blick auf die theologischen Zusammenhänge dieses von Herder nur kurz berührten Themas geworfen werden. Damit soll evident gemacht werden, daß Herder die ganze mit diesem Komplex zusammenhängende Problematik in Riga von einer recht peripheren Seite aus angeht.

Dabei möchten wir jedoch ausdrücklich betonen, daß im Rahmen unserer Untersuchung zum Lutherbild Johann Gottfried Herders natürlich keine erschöpfende Darstellung der scholastischen Theologie und deren Rezeption durch den Wittenberger Reformator geleistet werden kann. Dennoch scheint uns zum besseren Verständnis von Herders diesbezüglichen Äußerungen eine knappe theologiegeschichtliche Hintergrundbeschreibung der angesprochenen Zusammenhänge an dieser Stelle hilfreich und angebracht.

Die scholastische Theologie, deren Blüte die thomasische Lehre bildet, ist aus dem Bedürfnis heraus entstanden, die christlichen Glaubenswahrheiten spekulativ nach dem Axiom Anselms von Canterbury "Fides quaerens intellectum" zu erfassen. Glaube und Wissen sollten demnach in ein einheitliches System gebracht, die Grundartikel des christlichen Lehrsystems in ihrem inneren Zusammenhang mit Hilfe der menschlichen Vernunft durchleuchtet werden. Damit wollte die scholastische Theologie als rationale Theologie "ähnlich wie es später die Hegelsche Philosophie versucht"[142], den Glauben in ein diskursiv faß-

bares Wissen umsetzen und durch Anwendung einer dialektisch-spekulativen Erkenntnismethodik systematisch mit den Hilfsmitteln der menschlichen Vernunft erschließen.
Diese innige Verknüpfung von Dialektik und Metaphysik einerseits sowie Theologie andererseits bildet nach Wilhelm Dilthey Wesen und Wert des mittelalterlichen Denkens schlechthin[143], wird aber in programmatischer Weise vor allem von der scholastischen Theologie praktiziert. So sieht Adolf von Harnack in ihr "die dialektisch-systematische Beurteilung des kirchlichen Dogmas und des kirchlichen Handelns zu dem Zwecke, es zu einem alles im höchsten Sinne Wissenswürdige umspannenden einheitlichen System zu entfalten, es zu beweisen und so alle Kräfte des Verstandes und den ganzen Ertrag der Wissenschaft der Kirche dienstbar zu machen"[144]. Martin Grabmann bezeichnet sie als Versuch "durch Anwendung der Vernunft, der Philosophie auf die Offenbarungswahrheiten möglichste Einsicht in den Glaubensinhalt zu gewinnen"[145]. Die meisten dieser und ähnlicher Umschreibungen zielen darauf ab, die Scholastik als eine theologische Richtung zu beschreiben, deren Ziel darin bestand, Glaube und Wissen durch das Bindeglied der spekulativen Vernunft auf rationale Weise miteinander in Beziehung zu setzen. Die Methode dieser wissenschaftlichen Vermittlung von Glauben und Wissen bestand in der Anwendung der Philosophie, namentlich der aristotelischen, auf bestimmte Glaubenswahrheiten der christlichen Lehre.
Wie die mittelalterliche Kultur der Renaissance nämlich im Bereich von Kunst und Literatur entscheidend von der Antike befruchtet wurde, so übernahm sie im 12. und 13. Jahrhundert wesentliche Elemente der antiken Wissenschaft und Philosophie. Dies geschah zunächst unter dem Einfluß der arabischen Wissenschaften, die den Aristoteles zu rezipieren und in Europa einzuführen begannen. Den Scholastikern schließlich war es zu verdanken, daß Aristoteles im Gefolge dieses neu erwachten Interesses nicht mehr nur - wie seit dem neunten Jahrhundert - als Logiker, sondern auch als Metaphysiker und Physiker studiert wurde. Die christliche Adaption der aristotelischen Philosophie lief dabei jedoch keineswegs als reibungsloser Prozeß ab.[146]
Man befürchtete eine Säkularisierung der christlichen Glaubensinhalte

durch den a-religiösen Gesamtcharakter der aristotelisch-scholastischen Philosophie sowie durch deren vermeintlich einseitige Hochschätzung der menschlichen Vernunft, die, so glaubte man, die Autorität der biblischen Offenbarung untergraben und durch eine immanentistische Begründung des Glaubens ersetzt werde.
Dennoch konnte sich die scholastische Methode recht bald durchsetzen und zur dominierenden theologischen Schule des 12. und 13. Jahrhunderts entwickeln. Widerstände gegen sie kamen erst auf, als die Epigonen Thomas von Aquins dessen antithetisches Strukturprinzip der Diskussion theologischer Fragestellungen in formalistischer Weise übertrieben und zur reinen Kasuistik verzerrten. Der Hauptfehler sowohl der aristotelischen wie der scholastischen Methode habe - so die Kritik - darin bestanden, durch die strenge, heuristisch bedingte Unterscheidung der Erkenntnisgegenstände nach Form und Materie eine allmähliche Aushöhlung der den jeweiligen Begriffen zugrunde liegenden Inhalte herbeigeführt zu haben.
Damit sei die Scholastik letzten Endes an den über Aristoteles in sie hineingeflossenen unausgegorenen Problemen der peripatetischen Schule, die sich um Fragen des Realismus und Nominalismus drehten, gescheitert.

Was Martin Luthers Kritik an der scholastischen Theologie anbetrifft, so lassen sich drei verschiedene Epochen seiner Stellungnahme zur Scholastik ausmachen.

Schon in der Frühzeit von Luthers theologischer Lehrtätigkeit, also in der Zeit zwischen 1509 und 1516, läßt sich seine negative Gesamteinstellung zur antiken Philosophie nachweisen. Aristoteles, über dessen "Ethik" und "Physik" Luther während dieser Jahre las, müsse man - so der Reformator - einen "Fabulator" nennen, da er eine diesseitige, die Bibel hingegen eine eschatologische Glückseligkeitsauffassung vertrete. Außerdem propagiere Aristoteles ein anthropozentrisches, die Bibel jedoch ein theo- bzw. christozentrisches Erlösungsverständnis. Luthers Vorwürfe gegen die aristotelische Philosophie gipfeln schließlich in der Behauptung, diese unterstütze eine pela-

gianistische Heilsauffassung, der zufolge der Mensch aus eigener
Kraft, nicht aber aus der Gnade Gottes erlöst werde. Durch die Philosophie werde, so schließt Luther daher, die Theologie pervertiert;
deshalb müsse sie aus dieser eliminiert werden.

Diese negative Einstellung zur antiken Philosophie im allgemeinen
sowie zur aristotelischen Lehre im besonderen wird von Luther zwischen 1517 und 1518 auf ihren Höhepunkt geführt. Seit 1517 arbeitete
er an einem Kommentar zum ersten Buch von Aristoteles' "Physik",
einer Schrift, die zwar nicht fertiggestellt wurde, deren Erkenntnisse jedoch in seine berühmte "Disputatio contra scholasticam theologiam" miteinflossen, die im gleichen Jahr erschien.
Die aristotelische Philosophie, so heißt es darin, verdunkle das Bild
Jesu, da nicht das natürliche Licht der Vernunft-, sondern das übernatürliche Licht der Glaubenserkenntnis Fundament der christlichen
Lehre sei. Thomas von Aquin und andere Scholastiker hätten die Verbindung zu Christus gelöst, indem sie die aristotelische Philosophie in die Theologie eingeführt hätten.
Wahre Theologie sei nämlich nur im Anschluß an Christus, wie er sich
im Zeugnis der Bibel offenbart habe, möglich.
Sie dürfe niemals eine "theologia gloriae", wie Aristoteles sie lehre, sondern müsse immer eine "theologia crucis", wie sie am Beispiel
Christi sichtbar geworden sei, sein.
Die praktische Konsequenz von Luthers Aristoteles-Kritik dieser Jahre bestand in einer weitgehenden Reform der Wittenberger Universitätstheologie, eine Reform, durch welche die biblischen und philologischen
Fächer gegenüber den philosophischen sehr stark aufgewertet und in
den Mittelpunkt der theologischen Ausbildung gerückt wurden.

Auch in seinem zwischen 1516 und 1519 entstandenen Kommentar zum
Galaterbrief polemisiert Luther in scharfer Form gegen die aristotelische Philosophie. Er versucht zu zeigen, daß die aristotelische
Anthropologie in scharfem Widerspruch zur biblischen stehe. "Während
nach Paulus", so Willigis Eckermann, "... der Mensch sich selbst mißfallen muß, alles Menschliche Lüge, Eitelkeit und Verfall sei, muß

nach aristotelischer Anschauung der vernünftige Mensch gelobt, gerühmt und geliebt werden"[147].
Die wahre Gerechtigkeit stamme jedoch aus der Gnade Gottes, nicht aus den Werken des Menschen, wie dies durch die Rezeption der aristotelischen Anthropologie scheinen könne.
Eher im Sinne eines Randproblems verwirft Luther neben der Anthropologie in seinen 1519 entstandenen Thesen "Ob die Bücher der Philosophen nützlich oder unnütz für die Theologie sind"[148] auch die aristotelische Auffassung von der Entstehung der Welt. Mit seiner Annahme einer ewigen Bewegung der Welt[149] stehe Aristoteles in krassem Widerspruch zur biblischen Offenbarungsaussage von deren Erschaffung aus dem Nichts. Damit habe Aristoteles die Welt und den Bereich der Immanenz zum alleinigen Ausgangspunkt aller Theologie gemacht. Nicht Gott, sondern die Welt sei bei ihm der Anfang aller Dinge. Für die Methodik des Erkennens folge daraus, daß nach aristotelischer Auffassung jede Erkenntnis bei den Dingen selbst einzusetzen haben, anstatt, wie es der Lehre der Theologie entspräche, bei deren ewigem Verursacher. "Nach Aristoteles ist damit Gott", so Ernst Wilhelm Kohls, "den Gesetzen der Dinge und der Welt wie jeder andere Körper unterworfen"[150]. Folge man seiner Lehre, so werde deshalb nicht der Schöpfer, sondern stattdessen die Schöpfung verehrt. Dies jedoch bedeute eine totale Perversion aller Theologie, deren permanenter Gegenstand der schuldige, verlorene Mensch und der rechtfertigende, rettende Gott sei.
Luthers Kritik an der scholastischen Theologie sowie deren vermeintlichem Verständnis der aristotelischen Philosophie gipfelt in seinen Angriffen gegen die thomistische Eucharistielehre. Es würde zu weit führen, diese schwierigen Zusammenhänge und den übergreifenden Traditionszusammenhang, in dem seine Argumentation steht, hier im einzelnen aufzurollen. Luther folgt darin dem hermeneutischen Prinzip, die Einsetzungsworte der Heiligen Schrift in ihrer einfachsten Bedeutung zu verstehen. Vor dem Hintergrund dieses Prinzips sei die scholastische Transsubstantiationslehre[151] als eine unbiblische Spekulation abzulehnen.

Versucht man, ein erstes Resumee aus unseren bisherigen Darlegungen
zu ziehen, so ergibt sich der Befund, Luther habe die scholastische
Lehre entschieden abgelehnt, wobei seine Kritik an Aristoteles und
- damit unmittelbar zusammenhängend - an Thomas, die zentralen Themen seiner eigenen Theologie in einer ausführlichen Darstellung zur
Sprache bringt.

In der Erwähnung dieser Auseinandersetzung durch Herder werden die
tieferen theologischen Motive der Kritik Luthers an der Scholastik
vollständig außer acht gelassen und auch die Scholastik selbst erfährt, wie noch auszuführen sein wird, eine Beurteilung, die ganz
auf der Ebene der traditionellen protestantischen Theologie der Aufklärung liegt.

Wie problematisch Herders pauschalisierendes Urteil, Luther sei zum
Überwinder der Scholastik geworden, dabei ist, wird deutlich, wenn
man seine Äußerungen vor dem Hintergrund seiner - zumindest für die
Rigaer Zeit geltenden - negativen Gesamteinstellung zur geistesgeschichtlichen Epoche des lateinischen Mittelalters betrachtet. Man
kann sich des Eindrucks nicht erwehren, Herder habe während dieser
frühen Phase seiner Auseinandersetzung mit Luther weder diesen
selbst, noch dessen im weiteren Sinne zeitgenössische Theologie
aus den Quellentexten heraus selbständig studiert.
Die Scholastik gilt ihm einfachhin als typisches Element der im
ganzen negativ zu beurteilenden Epoche der mittelalterlichen Geistesgeschichte, als deren Überwinder Luther auftritt.[152]
Fritz Wagner[153] hat jedoch in seiner zusammenfassenden Darstellung
von Herders Mittelalterbild zu Recht darauf hingewiesen, daß dieses
Bild zwischen der Rigaer und Bückeburger Zeit eine grundlegende Wandlung erfährt und erst im Hauptwerk der Weimarer Jahre, den "Ideen",
seinen verbindlichen Abschluß erlangt. Dabei konnte er überzeugend
nachweisen, daß Herder keineswegs schon in den frühesten Dokumenten
seiner Beschäftigung mit geistesgeschichtlichen Themen jener Meister
der historischen Einfühlung ist, als der er in undifferenzierter Darstellung oft erscheint. Vielmehr beweisen die in den "Fragmenten" und
den "Kritischen Wäldern" getroffenen Äußerungen zur geistesgeschichtli-

chen Epoche des Mittelalters, daß er doch in ganz erheblichem Maße von der ungeschichtlichen, abschätzig urteilenden Mittelalterauffassung der Aufklärung beeinflußt ist. Vor allem in der zweiten, völlig umgearbeiteten Auflage der "Fragmente" aus dem Jahre 1768 kommt sehr deutlich zum Ausdruck, daß Herder die Bedeutung der mittelalterlichen Latinität nur negativ als "Entfremdung von der eigenen volkssprachlichen Kultur"[154] betrachtet. Die Evangeliendichtung Otfrieds von Weißenburg etwa dient ihm als Beispiel, die latinisierende Physiognomie der altdeutschen Sprache und Literatur zu kritisieren und daran darzulegen, daß das Altdeutsche durch die Dominanz der an fremdsprachlichen Kulturtraditionen ausgerichteten "mönchischen Gelehrsamkeit" in seiner autochthonen Entwicklung behindert worden sei; Karl der Große wird als "unglücklicher Mann, ... als Geschöpf von Rom, ... Sohn des Pabstes ... (und; Zusatz vom Verf.) Vertilger der Bardischen Litteratur"[155] geschmäht.

Der Bildungsbetrieb der mittelalterlichen Klöster wird wegen der vermeintlichen Verbreitung des von Herder so sehr gehaßten "Mönchslateins" aufs schärfste attackiert: "... in den Klöstern war alle Gelehrsamkeit - und nun sage man mir, wie diese Schriftsteller ihre Schreibart aus dem Innern der Altdeutschen Sprache haben nehmen können. Alle Römisch päbstische Religionsbegriffe waren ja fremde Kolonien: die ganze gelehrte Unterweisung in den Klöstern Mönchlatein ..."[156].

Insgesamt gelten ihm die "mittleren Zeiten", zu deren elementaren geistesgeschichtlichen Bestandteilen Herder auch die scholastische Theologie zählt, in den Rigaer Äußerungen als eine durch Barbarei, Aberglauben und klerikalen Despotismus gekennzeichnete Epoche.[157]

Diese negative Einschätzung der mittelalterlichen Gelehrsamkeit, die vor dem Hintergrund der normativen, positivistischen Geschichtsauffassung der Aufklärung zustande kam, wurde erst in der Bückeburger Zeit durch eine die historische Individualität einer jeden Epoche betonende, entwicklungsgeschichtlich argumentierende Sichtweise ersetzt. Herder beginnt erst hier, eine Verständnisform geistesgeschichtlicher Prozesse zu entfalten, die davon absieht, geschichtliche Phasen der geistigen Entwicklung eines Volkes lediglich unter dem Aspekt ihrer vorbereitenden Bedeutung für die Entstehung der nachfolgenden, höher stehenden Epoche zu betrachten; statt dessen beläßt er nunmehr jeder dieser Phasen ihre eigene, unantastbare Würde. Diese Wandlung und Vertiefung von Herders Mittelalterauffassung beginnt mit der Bückeburger Geschichtsphilosophie; ihre tiefere Ursache liegt wohl in seinem dort erwachten, lebhaften Bemühen um Ausbreitung seiner Mittelaltererkenntnisse durch intensives Quellenstudium.[158] Auch seine expansive Lutherlektüre beginnt ja erst mit der Bückeburger Zeit.

"Die Bückeburger Schriften", so urteilt Fritz Wagner daher zutreffend, "offenbaren in aller Deutlichkeit Herders universales Geschichtsverständnis, das jede Epoche aus dem Geist ihrer Zeit als eigengesetzliche Periode sehen lehrt und organisch in den Ablauf des Weltgeschehens einzuordnen weiß"[159].

Damit sind nun die Voraussetzungen für eine historisch begründete Mittelalterauffassung geschaffen, deren genetische Methode die undifferenzierte Polemik der Rigaer "Fragmente" überwinden konnte. In der 1780 entstandenen Preisschrift "Vom Einfluß der Regierung auf die Wissenschaften und der Wissenschaften auf die Regierung", vor allem aber im vierten Teil der "Ideen", rückt Herder ganz bewußt von dem diffamierenden Urteil, das Humanismus und Aufklärung über das lateinische Mittelalter ausgesprochen hatten, ab und erkennt dessen auch in sprachgeschichtlicher Hinsicht bedeutsame kulturschöpferische Leistung an.

Im Gefolge dieser fundamentalen Wandlung erscheint Karl der Große nun als Liebhaber der deutschen Sprache, der die "Barden der Vorwelt" gesammelt habe, als Förderer von Erziehung und Wissenschaft, ja als Mittelpunkt der nationalen geistigen Bestrebungen des ganzen deutschen Volkes.[160]

Die Scholastik, deren formale Disziplin philosophisch-theologischer Argumentation ein hohes Maß an sprachlicher Gewandtheit erforderte, wird für Herder nun - ganz im Gegenteil zur Rigaer Zeit - zum Inbe-

griff mittelalterlicher Gelehrsamkeit sowie zu einem bedeutenden Bestandteil europäischer Geistesgeschichte überhaupt.[161]
Damit jedoch wird Herders in den "Fragmenten" getroffene Aussage, Luther habe die Scholastik überwunden, aus der Bückeburger und Weimarer Perspektive heraus, wo nicht gegenstandslos, so zumindest sehr stark relativiert.
Sie erweist sich als Resultat einer traditionellen, von der Aufklärung[162] her beeinflußten Sicht der Dinge und wird von Herder selbst schon in Bückeburg überwunden.
Der vor allem in theologischer und historischer Hinsicht[163] recht unselbständig anmutende Charakter von Herders Rigaer Lutherbild wird in den Bückeburger Jahren nämlich einer tiefgreifenden Wandlung unterworfen, wobei die wichtigsten positiven Elemente der aus der Rigaer Zeit stammenden Beschäftigung mit Person und Werk des Reformators beibehalten und in das nun langsam entstehende, umfassendere Urteil integriert werden.
Zu den weiteren Bestandteilen der in Riga gewonnenen Erkenntnisse gehört dabei die Aussage, Luther habe den vor allem von Erasmus propagierten humanistischen Neoklassizismus einer bewußt latinisierenden und daher weder national- noch volkssprachlich orientierten Ausdrucksform durch die ebenso bewußte Verwendung und Entwicklung der deutschen Sprache in seinen Grundfesten erschüttert.

c) Die Zerstörung des humanistischen Neoklassizismus

"Laß es also seyn, daß ihm (Luther; Zusatz vom Verf.) der feinste Pedant, den vielleicht die Welt gesehen, Erasmus, Schuld gab: er thäte der Lateinischen Litteratur Abbruch - Dieser Vorwurf bringt ihm keine Schande, und man darf ihn also nicht wider die Geschichte läugnen ..."[164], so verteidigt Herder die Bemühungen des Wittenberger Reformators um die Emanzipation des Deutschen von der in Humanistenkreisen gepflegten lateinischen Bildungs- und Gelehrtensprache.
Er trifft mit dieser Bemerkung, in der er ganz entschieden für Luther und gegen Erasmus Partei ergreift, einen zentralen Punkt, in dem sich

das literarische und sprachliche Schaffen beider voneinander unterscheidet, erfaßt jedoch, wie zu zeigen sein wird, die komplexen Zusammenhänge dieser Auseinandersetzung sowie die tiefere Motivation für Luthers Entscheidung, eine stärker national- und volkssprachlich geprägte Ausdrucksweise zu verwirklichen, kaum.

Vielmehr wird auch an diesem Aspekt von Herders frühem Lutherbild deutlich, daß es in sehr starkem Maße von den sprachästhetischen Implikationen seiner eigenen Anschauungen überlagert wird und dadurch nur recht bedingt zu einem authentischen Verständnis der historischen Positionen dieser im Spannungsfeld von humanistischer und reformatorischer Sprachtheorie ausgetragenen Kontroverse vorstößt.

Vor allem die theologischen Aspekte von Luthers Sprachtheorie werden von Herder dabei zu wenig beachtet und durch seine eigene, sprachästhetisch-geistesgeschichtliche Betrachtungsweise weitgehend nivelliert.[165]

Im übrigen erschöpft sich Herders Beurteilung der zwischen Erasmus und Luther bestehenden sprachlichen Differenzen in der Aussage, der Reformator habe das fremdsprachliche Ausdrucksverhalten der Humanisten, das zu einer pejorativen Bewertung des Deutschen geführt habe, als latinisierenden Sprachästhetizismus abgetan und durch seine eigenen, vor allem in der Bibelübersetzung und den Kirchenliedern zum Ausdruck kommenden Bemühungen um die Emanzipation der deutschen Sprache, überwunden.

In dieser - gewiß typisierenden - Darstellung erscheint Erasmus als klassizistischer Manierist, Luther dagegen als kraftvoller, vitaler Kämpfer um die Vorherrschaft einer deutschen Volks- und Nationalsprache. Seine Leistung wird von Herder dabei vor allem als allgemein patriotische, nicht in erster Linie theologische Tat beschrieben. Damit jedoch wird sie, dies muß an seiner simplifizierenden Darstellung kritisch angemerkt werden, profanisiert und ihrer tieferen Motivation beraubt.

Außerdem erweist sich die durch Herder suggerierte Anschauung, Luther habe die vom italienischen Humanismus ausgehende Wiederentdeckung der antiken Sprachen vollständig abgelehnt, bei näherem Hinsehen als unzulässige Vereinfachung der historischen Tatsachen.

Um dies zu verdeutlichen, soll im folgenden ein kurzer Blick auf die konkreten geschichtlichen Konstellationen jener Auseinandersetzung geworfen werden.

Am 9. September 1520 schreibt Erasmus: "Utinam Lutherus meum sequutus consilium ab odiosis illis ac seditiosis abstinuisset! ... Non conquiescent donec linguas ac bonas literas subverterint."[166].
Mit dieser Äußerung tritt der gebildete Holländer als jener oft beschriebene, am Bildungsideal der lateinischen Klassik orientierte Humanist in Erscheinung, der in den durch Luther verursachten Unruhen eine Gefahr vor allem für den Fortbestand der "bonae litterae", der gelehrten wissenschaftlichen Studien erblickt. Auch wenn man nicht, wie Josef Huizinga[167] in seiner geistreichen Biographie dies tut, so weit geht, Erasmus vorzuwerfen, er habe mit seiner Antiken-Rezeption eine anachronistische Geisteswelt außerhalb seiner Zeit geschaffen, wird man die humanistischen Bestrebungen um eine Erweiterung der zeitgenössischen Bildung durch Rückgriff auf verflossene Epochen der menschlichen Geistesgeschichte doch als einen Weg beschreiben dürfen, der, trotz aller volkspädagogischer Motive, die dabei auch vorhanden gewesen sein mochten, zu einem elitären und isolationistischen Bildungsbegriff führen mußte. In dieser Gefahr stand auch Erasmus, obwohl seine Gedankenwelt - dies muß gegenüber einseitigen Darstellungen betont werden - keineswegs rein ästhetisch-klassizistischer, sondern zum guten Teil auch biblisch-theologischer Natur war.

Was nun die sprachliche Seite der humanistischen Bildungsbestrebungen anbetrifft, so sah man im klassischen Latein das gewissermaßen überzeitliche Vollendungsmaß menschlicher Ausdrucksmöglichkeiten schlechthin, das von den deformierenden Einflüssen des lebendigen, umgangssprachlichen Sprachgebrauchs - auch des lateinischen - zu schützen sei. Diese Konzeption zog unwillkürlich eine weitgehende Geringschätzung der National- und Volkssprachen nach sich.
Von Erasmus beispielsweise wird überliefert, er habe eine in seiner holländischen Muttersprache verfaßte Streitschrift nicht beantworten

wollen, weil er der Meinung gewesen sei, jemandem, der in der Volkssprache schreibe, lateinisch zu antworten, sei zu viel Ehre getan.[168] An anderer Stelle erklärt er, es sei leichter, die drei Sprachen der Heiligen Schrift zu erlernen, als eine der heutigen Volkssprachen. Das formale Prinzip dieses ästhetischen Ideals bestand mithin in einer rigorosen Abwendung von der sprachlichen Gegenwart und einer daraus sich ergebenden exklusiven Hinwendung zum sprachlichen Ausdrucksverhalten der Vergangenheit, konkret der klassischen Latinität. Gleichzeitig entwickelte die Sprache sich im Humanismus vom reinen Ausdrucks- zum gelehrten Bildungsmittel. Rhetorik und Eloquenz kamen immer stärker auf, die humanistischen Schriftsteller verfügten über einen profunden Schatz antiker Topoi, Wendungen und Formeln, die sie in ihren eigenen Schriften geschickt reproduzieren und einsetzen konnten.[169] "Elegantia partim sita est", so lautet die zusammenfassende Begründung dieses Verfahrens in einem Lehrbuch des Erasmus, "in verbis receptis ab auctoribus idoneis"[170]. Die unterschiedlichen sprachlichen Elemente dieser Kompilationen wurden in ganz bestimmte Gebrauchsklassen eingeteilt, rhetorische Wirkmittel und Redensarten in einem reichen Inventar lexikalischer Belegfälle gespeichert. Die Verwendung nicht-klassischer Ausdrucksformen wurde dagegen als "abusus" gebrandmarkt, Eleganz und Richtigkeit bildeten die entscheidenden Kriterien für einen guten Stil, literarische Kunstformen wie Fabel, Satire, Dialog oder Allegorie, die zum Teil auch in die geistliche Prosa einflossen, erfreuten sich großer Beliebtheit. Durch die extreme Ausrichtung an den klassischen römischen Schriftstellern und ihrem schriftsprachlichen Sprachideal kam es dabei gleichzeitig zu einem weitgehenden Verlust des umgangssprachlichen, gesprochenen Latein.
Infolge der extremen Ausrichtung an der lateinischen Antike erhielt der Sprachbegriff des Humanismus, so läßt sich daher zusammenfassend sagen, eine formalrhetorische Attitüde; das "spielerisch-dekorative Element"[171] bildete, so Paul Hankamer, durch die vielseitige Verwendung literarischer Kunstformen einen charakteristischen Zug der humanistischen Schriftstellerei. Der von Herder immer wieder betonte unmittelbare Zusammenhang von individueller, nationaler Wesensart und sprachlicher Ausdrucksform wurde durch die ausschließliche Verwendung einer fremden Sprache, der lateinischen, weitgehend zerrissen.

Dort, wo der Humanismus etwas für die Entwicklung der einzelnen
Volks- und Nationalsprachen tat, geschah dies in einer mehr mittelbaren Art und Weise, etwa durch Übersetzungen bedeutender humanistischer Schriften, die, zum Teil ohne Wissen der Autoren, von
Hand Dritter angefertigt und verbreitet wurden.
Nachdem zum Beispiel die Schriften des Erasmus so von ihrer künstlichen Bildungsexklusivität befreit worden seien, hätten sie einen
nicht zu unterschätzenden Einfluß auf die Entwicklung der nationalen Literaturen ausgeübt.[172]

Dabei sei es jedoch, so Heinz Holeczek, "ein eigenartiges Phänomen,
daß in Deutschland die volkssprachlichen Erasmusausgaben nicht als
Teil der Nationalliteratur begriffen worden (seien; Zusatz vom Verf.)
... Dies (sei; Zusatz vom Verf.) in anderen Sprachnationen erheblich
anders"[173].
Überhaupt war wohl, wie etwa das Beispiel einer von Faber Stapulensis
in Frankreich vorgelegten nationalsprachlichen Bibelübersetzung zeigt,
der Beitrag des nicht-deutschen Humanismus zur Entwicklung der jeweiligen Volkssprachen größer als jener des deutschen.
Im übrigen wird man, um der Leistung des Erasmus Gerechtigkeit widerfahren zu lassen, darauf hinzuweisen haben, daß es ein im Grunde genommen unhistorisches Denken zeigt, zu fragen, weshalb Erasmus nicht
in der Volkssprache geschrieben habe, ohne dabei die ebenfalls fremdsprachlich geprägten Bildungstraditionen im Blick zu haben, von denen
er ausging.

Was nun den Sprachgebrauch Martin Luthers und dessen Beziehung zum
Humanismus anbelangt, so kann gesagt werden, daß die Sprachtheorie
des Reformators - stärker als die eher kultur- oder bildungsgeschichtlich akzentuierte der Humanisten - heilsgeschichtlich begründet ist.[174]
Luther dient die Sprache nicht mehr der Vermittlung eines antiken und
akademischen Bildungsideals, sondern der Vermittlung der göttlichen
Offenbarung, wie sie in der Heiligen Schrift niedergelegt ist.
Die Kenntnis des Wortes bildet daher die unablässige Voraussetzung zur
Erkenntnis Gottes. Um das rechte Verständnis des göttlichen Wortes

zu erlangen, muß deshalb eine wissenschaftliche, philologisch-grammatikalische Exegese betrieben werden, die sich in ganz intensiver Weise mit den klassischen und biblischen Sprachen zu beschäftigen habe.
"Und last uns das gesagt seyn", so mahnt Luther, "Das wir das Evangelion nicht wol werden erhallten on die sprachen. Die sprachen sind die scheyden, darynn dis messer des geysts stickt."[175]. Ja, Luther geht sogar noch einen Schritt weiter und behauptet, zwischen dem Verfall der Sprachen und dem Verfall des Evangeliums bestehe ein unmittelbarer Zusammenhang. "Denn so bald nach der Apostel zeyt, da die sprachen auffhöreten, nam auch das Evangelion und der glawbe und gantze Christenheyt yhe mehr und mehr ab, bis das sie unter dem Babst gar versuncken ist. Und ist, synter zeyt ... gar viel grewlicher grewel aus unwissenheyt der sprachen geschehen ..."[176]
Die Sprachen selbst werden nach der Auffassung Luthers durch die Aufgabe der Erhaltung und Vermittlung des Evangeliums geheiligt. Diese Heiligkeit bezieht sich zunächst auf das Hebräische und Griechische, jene beiden Sprachen, die Gott vor allen anderen previligiert und zur Ausdrucksform der alt- und neutestamentlichen Offenbarung bestimmt habe.[177]
Daher gelte es zunächst, die Heilige Schrift im Urtext zu studieren, um so deren authentischen Sinn philologisch aufzuschlüsseln.[178] Der Gehalt des Evangeliums ist nach Luther nämlich klar erkennbar, sofern die Exegese von philologischen Voraussetzungen und grammatikalischen Kenntnissen ausgehe.[179]
Jedes Wort werde dann zum Vehikel der göttlichen Offenbarung und erweise so seinen einmaligen Bedeutungsgehalt.
Luther bleibt jedoch nicht bei seiner Forderung, die Heilige Schrift in den Sprachen ihrer Abfassung zu lesen, stehen.
Daneben tritt vielmehr die Auffassung, durch Vermittlung der heiligen Sprachen werden alle anderen Nationalsprachen geheiligt, sofern nämlich auch sie als Übersetzungssprachen zu gleichberechtigten Ausdrucksformen des göttlichen Wortes würden.
Durch die Übertragung des in der Bibel niedergelegten Gotteswortes in die jeweiligen Nationalsprachen vollziehe sich deren Heiligung; ihre Existenzberechtigung und Förderungswürdigkeit begründet Luther damit

- wir wiederholen den grundsätzlichen Unterschied zur Auffassung Herders - nicht kulturgeschichtlich, sondern theologisch. Nachdem beispielsweise die Bibel ins Deutsche übersetzt worden sei, stehe die deutsche Sprache gleichberechtigt neben der hebräischen, griechischen oder lateinischen, wobei diese Gleichberechtigung sich nicht in erster Linie auf ihre funktionale oder ästhetische Leistungsfähigkeit bezieht, ein Thema, um das es in den Äußerungen des Rigaer Herder immer wieder geht, sondern auf ihre heilsgeschichtliche Bedeutung im Gesamtzusammenhang des göttlichen Offenbarungsgeschehens. Auch die Tatsache der Existenz verschiedener Nationalsprachen erfährt bei Luther eine theologische Begründung. Der Schöpfer selbst, der ja ursprünglich die im Paradies vorhandene Einheit der Sprachen gestiftet habe, habe diese nach dem Turmbau zu Babel als Strafe für die menschliche Hybris wieder aufgehoben und die Menschheit in das Chaos der Sprachverwirrung gestürzt. Die Mannigfaltigkeit der Sprachen bekunde daher nur die Zerissenheit der Menschheit, die sich im Verlust der Einheit des Geistes äußere.[180]
Dieser verhängnisvolle Zustand sei durch die Ausgießung des Heiligen Geistes an Pfingsten wieder aufgehoben worden, ein Vorgang, durch den alle Sprachen eine neue Würde erhalten hätten und zu grundsätzlich gleichberechtigten Trägern des göttlichen Wortes aufgestiegen seien.

Faßt man die bisherigen Ergebnisse dieser Untersuchung zusammen, so läßt sich sagen, daß Luther ein theologisch begründetes, positives Verhältnis zu den einzelnen Nationalsprachen besitzt, gleichzeitig jedoch die durch den Humanismus geförderte, intensive Beschäftigung mit den klassischen Sprachen bejaht und für seine eigenen, vor allem bibelexegetischen Arbeiten nützt. Er bezeichnet die humanistischen Bemühungen um eine allseitige Pflege der alten Sprachen sogar als einzigartiges Gottesgeschenk, mit dem gerade Deutschland begnadet worden sei. Die von Karlstadt, dem Führer des bildungsfeindlichen Spiritualismus vertretene Ansicht, man bedürfe der Sprachen und "freien Künste" zum Verständnis der Heiligen Schrift sowie zur Erlangung der ewigen Seligkeit nicht, wird von ihm ausdrücklich zurückgewiesen.[181]

Der Spiritualismus besaß nämlich die Neigung, durch die einseitige
Betonung des "inneren" gegenüber dem "äußeren Wort" sprachnihilistischen Tendenzen Vorschub zu leisten.
Demgegenüber vertrat Luther die Ansicht, die "künste und sprachen"
seien zum Verständnis der Bibel, aber auch zum Führen des weltlichen
Regiments notwendig und hilfreich. "Die Sprachen, sonderlich die lateinische, wissen, ist Allen nütze", so äußert er, "auch Kriegs- und
Kaufleuten auf daß sie mit fremden Nationen sich bereden, und mit ihnen umgehen können, ohne Dolmetscher, und nicht allein deutsche Brüder bleiben"[182].
Die humanistische Spracherneuerung wird daher als ein "sich in der
Geschichte manifestierendes Werk Gottes"[183] verstanden, das der Erschließung und Verbreitung des Evangeliums dient. Damit jedoch wird
sie, wie Peter Meinhold hervorhebt, vollständig in die Entstehungs-
und Entwicklungsgeschichte der Reformation eingeordnet; sie verliert
den Charakter einer autonomen, säkularen geistesgeschichtlichen Epoche, die ein mit den weltanschaulichen Maximen der reformatorischen
Theologie rivalisierendes Lebensgefühl klassizistischer Natur entwickelt hatte. Renaissance und Humanismus haben für Luther daher keinen geschichtlichen Eigenwert, sondern empfangen ihren historischen
Sinn erst durch ihre Hinordnung auf die Reformation. Ihre geistigen
Leistungen betrachtet er als von Gott geschaffene Werkzeuge, deren
sich die Reformation zur Durchsetzung ihrer eigenen Ziele bedienen
konnte.[184]
Das beste Beispiel für eine solche Verständnisform des Humanismus
bildet die Tatsache, daß Luther bei seiner Übertragung des Neuen
Testaments ins Deutsche die im Jahr 1516 von Erasmus herausgegebene
griechische Ausgabe als Vorlage benutzte.
Dies konnte er umso eher tun, als die humanistischen und reformatorischen Bestrebungen um die Verbreitung der Heiligen Schrift eine in
vielen Punkten wenn nicht kongruente, so doch gewiß komplementäre
Strategie verfolgten. Liest man beispielsweise den "Aufruf des Erasmus von Rotterdam an den frommen Leser", das Vorwort zu seiner griechischen Ausgabe des Neuen Testaments, so wird deutlich, wie stark
auch Erasmus der biblischen Geisteswelt verpflichtet war und nicht

nur der antiken. Er äußert in diesem Zusammenhang sogar ein zumindest in theoretischer Hinsicht positives Verhältnis zu den Volks- und Nationalsprachen. "Vehementer enim ab istis dissentio", so schreibt Erasmus in seiner "Paraclesis", "qui nolint ab idiotis legi divinas literas, in vulgi linguam transfusas: siuc quasi Christus tam involuta docuerit, ut vix a pauculis theologis poßint intelligi, siuc quasi religionis Christianae praesidium in hoc situm sit, si nesciatur. ... Optarim ut omnes mulierculae legant evangelium, legant Paulinas epistolas. Atque utinam haec in omnes linguas essent transfusa, ut non solum a Scotis et Hybernis, sed a Turcis quoque et Sarracenis legi cognoscique poßint ..."[185].
Erasmus begründet diesen Wunsch allerdings anders als Luther: zum einen habe Jesus "mit Nachdruck" gewollt, daß seine Geheimnisse in die Welt getragen und offenbar gemacht würden; deshalb müsse man sich bemühen, eine möglichst weite Verbreitung und allgemeine Verständlichkeit des Evangeliums zu erzielen. Zum anderen könne eine Übertragung der Heiligen Schrift in die jeweiligen Volkssprachen eine Hebung der allgemeinen Moral und Frömmigkeit bewirken, sofern die Bibel nämlich dann den beständigen Inhalt der täglichen Unterhaltungen des Volkes, durch die der Mensch geprägt und gebildet werde, ausmache.
Solche volkspädagogischen Motive lassen sich in anderer Akzentuierung auch bei Luther nachweisen, bilden jedoch nicht die Hauptmotivation für seine Übersetzung der Heiligen Schrift ins Deutsche. Diese besteht vielmehr - wie oben dargelegt - in der Überzeugung, jede Nationalsprache sei ein vom Schöpfer zur Verfügung gestelltes Instrument zur Vermittlung des göttlichen Wortes, das den Inhalt dieser Botschaft in je gleichwertiger Weise zum Ausdruck zu bringen vermöge.
Die positive Einstellung Luthers zum Phänomen der Nationalsprachen[186], die aus einem heilsgeschichtlich-theologischen Begründungszusammenhang erwachsen ist, führte nun zu ganz bestimmten Resultaten hinsichtlich der Gestaltung seines eigenen literarischen Stils.[187] Hier fällt zunächst der zumindest für die deutschen Schriften geltende, weitgehende Verzicht auf stilistische Kunstformen, die aus purem ästhetischen Selbstzweck heraus angewendet werden, auf. Luther beherrscht

zwar eine große Anzahl klassicher rhetorischer Wirkmittel, benutzt
diese jedoch fast ausschließlich in den an einen gelehrten Adressatenkreis gerichteten, lateinischen Schriften.
Auch seine Kirchenlieder besitzen primär keine lyrischen, sondern
ganz konkrete, gottesdienstliche oder didaktische Funktionen. Luther
schreibt, mit wenigen Ausnahmen, in seinen deutschen Schriften eine
unmittelbare Gebrauchsprosa, die sich in Sermonen, Predigten, Traktaten, Streitschriften oder offenen Briefen äußert und - sieht man
einmal vom Einfluß Taulers ab - weitgehend auf das in der mittelalterlichen Mystik so verbreitete Erbauungsschrifttum, das in den "hortulae animae", den "coelifondina" oder den unterschiedlichen Formen
der "Ars-moriendi"-Literatur eine vielfältige Verbreitung erfuhr, verzichtet.
Darüber hinaus jedoch muß Luthers bewußte Verwendung volks- und umgangssprachlicher Ausdrucksformen erwähnt werden[188], die er zum Teil
theologisch, hauptsächlich jedoch pragmatisch begründet.[189]
Auch mit dieser Forderung habe er, so Hankamer, ganz allgemein einen
wichtigen Beitrag zur Überwindung des klassizistischen Humanismus
und speziell der latinisierenden Physiognomie der vorlutherischen
Bibelübersetzungen geleistet.

Kehren wir nun zu den Äußerungen Herders zurück, so wird deutlich,
daß die Beurteilung der sprachlichen Leistungen Luthers hier von
einem ganz bestimmten Erkenntnisinteresse geleitet wird, das sich
aus seiner spezifischen Argumentationssituation heraus ergibt und
in historisch unausgewogener Weise diejenigen Momente am Schaffen
des Reformators betont, die - in bewußter Abgrenzung vom fremdsprachlichen Ausdrucksverhalten der Humanisten - den Bereich seiner national- und volkssprachlichen Wirkungsgeschichte betreffen.
Die humanistische Philologie mit ihrem an der Antike gebildeten
Sprachbegriff sei, so argumentiert Herder, zu verurteilen, weil sie
das Hervortreten der nationalen Identität im geistigen Schaffen des
deutschen Volkes blockiert und einer ästhetizistischen Auffassung
von Sprache Vorschub geleistet habe. Humanistisches und nationales
Sprachverhalten stehen nicht mehr, wie in der heilsgeschichtlichen
Sichtweise Luthers, in einem zumindest funktional komplementären,

sondern in einem radikal antagonistischen Beziehungsverhältnis. Humanistische und reformatorische Sprachtheorie werden von Herder daher in ganz extremer Weise polarisiert, so daß die vielfältigen Bezüge, die zwischen beiden Strömungen dennoch existierten, vollständig übersehen werden.[190]
Die Ablehnung des humanistischen, ebenso wie des scholastischen Sprachbegriffs durch Herder geht dabei so weit, daß beide Bezeichnungen nicht so sehr im Sinne von historischen, sondern eher von wertenden Begriffen verwendet werden, die Synonyme für ein an fremden Kultur- und Bildungstraditionen orientiertes Ausdrucksverhalten darstellen.
"Aber man blicke etwas weiter", so klagt Herder, "wenn die Lateinische Sprache, es sey die mittlere, oder alte, sogar unsere Bildung fesselt, statt sie zu erheben; ja dieselbe Jahrhunderte durch gefesselt hat: sollte denn der Schade unbedeutend seyn?"[191]

Die Unausgewogenheit von Herders Darstellung resultiert dabei, dies konnte gezeigt werden, aus dem permanenten Bemühen, realhistorische Fakten in aktuelle, geistesgeschichtliche Wirkung umzusetzen und unmittelbar bildungspolitisch fruchtbar zu machen. Herder möchte im Grunde gar keine objektivierende Beschreibung der geschichtlichen Geschehenszusammenhänge und individuellen Motive, die Luthers sprachlich-literarische Tätigkeit hervorgebracht haben, entwickeln. Es geht ihm auch nicht um eine bloß historische Kritik der humanistischen Epoche. Vielmehr wird diese historische Kritik immer zugleich auch adaptiert, in einen zeitgeschichtlichen Kontext gesetzt und so mit einer gewissen Zweckfunktion belegt.
Herder möchte nämlich vor allem seine eigenen Forderungen nach weiterer Fortbildung des zeitgenössischen Sprachzustandes durch den gezielten Rückgriff auf nationale historische Symbolfiguren autoritativ untermauern. Die historische und die anwendungsbezogene Komponente seiner Lutherrezeption sind untrennbar miteinander verbunden, wobei der argumentative Gesamthorizont seiner Darlegungen den partikularen Inhaltscharakter der jeweiligen Einzelaussagen weitgehent prädeterminiert.

Dieses zum Teil unhistorische Denken in vorgeprägten Horizonten muß als ein für die Rigaer Zeit typisches Phänomen im geistigen Schaffen Herders bezeichnet werden. Es erklärt den teilweise so ungegenständlich und undifferenziert anmutenden Charakter seiner Äußerungen zur sprachgeschichtlichen Bedeutung Luthers. Das übergeordnete Thema, um das es Herder in seinen Ausführungen nämlich im Grunde genommen geht, ist die Entwicklung der menschlichen Kultur, deren wesentliche Bedingung und Ausdrucksform, wie Wolfgang Fleischer hervorhebt, die Sprache als wichtigstes Organ ihrer geschichtlichen Selbstentfaltung darstellt.[192] Erkenntnistheoretische und entwicklungsgeschichtliche Erwägungen zur Genese der Nationalsprachen durchdringen sich mit bildungspolitischen Motiven zu einem Gedankengebilde von außerordentlicher Komplexität. Erst in Bückeburg, dies wird der weitere Verlauf der Untersuchung zeigen, differenzieren sich die verschiedenen Betrachtungsperspektiven Herders allmählich, so daß ein stärker individualisierendes Verfahren der Rezeption geistesgeschichtlicher Prozesse entsteht, ein Verfahren, das diese nicht mehr primär unter dem Gesichtspunkt ihrer subjektiven, anwendungsbezogenen und daher unhistorischen Zweitbedeutung, sondern, viel sorgfältiger als in Riga, unter vorwiegend entstehungsgeschichtlichen Gesichtspunkten betrachtet und, nach ausgiebigen Quellenstudien, genetisch erklärt.

So ist es beispielsweise sehr interessant, zu verfolgen, wie rasch sich Herders negatives Urteil über Erasmus ändert, sobald er die spezifischen geistesgeschichtlichen Entstehungsbedingungen von dessen Werk genauer untersucht. In den 1785 in zweiter Auflage erschienenen "Briefe(n), das Studium der Theologie betreffend" heißt es dazu: "Erasmus und seine Zeitgenossen musten erst die Sprache in Gang bringen: das Griechische war dem grossen Haufen unbekannt, das Latein ward Barbarisch geschrieben. Er that also zwey gute Werke mit Einem, machte durch Einerley Bemühung zwo Sprachen bekannt und paraphrasirte, genährt an den Alten, als - Meister"[193].

Diese Empfänglichkeit für den Gedanken, daß jede geistesgeschichtliche Epoche vor dem Hintergrund der historischen Bedingungen ihrer Entstehung zu beurteilen sei, ist in Riga noch nicht so lebendig. Ihr

Fehlen führte, wie evident gemacht werden konnte, zu einer unsachlichen Beurteilung sowohl der Leistungen Luthers wie jener des Erasmus.[194]

2.3 Herders Beurteilung der Bibelübersetzung

Nachdem in den vorhergehenden Kapiteln die allgemeinen Hintergründe und Aussagen von Herders Stellung zum Werk des Wittenberger Reformators beschrieben wurden, sollen im folgenden die spezifischen Äußerungen zur Lutherischen Bibelübersetzung untersucht werden.
Um zu einer angemessenen Beurteilung dieser Stellungnahmen zu gelangen, gilt es, das weitere Umfeld der zeitgenössischen, d.h. vor allem der aufklärerischen Theologie und Geistesgeschichte mit in den Blick zu nehmen.
Dabei wird sich zeigen, daß Herders positive Haltung zur Bibelübersetzung Luthers in unmittelbarem Zusammenhang zu seiner scharfen Kritik an den rationalistischen Übersetzungsbemühungen verschiedener Aufklärungstheologen gesehen werden muß.
Auch hier bleibt Herder nämlich seinem Verfahren treu, historische Fakten im heuristischen Sinn als Mittel zur Bildung einer als dekadent empfundenen Gegenwart einzusetzen und durch einen apodiktisch anmutenden Rückgriff in die Geistesgeschichte der Vergangenheit den Weg in eine bessere Zukunft zu weisen. Das Geniale an diesem hermeneutischen Verfahren besteht dabei in Herders Kunst, nicht einen anachronistischen geistesgeschichtlichen Revisionismus zu propagieren, sondern gleichwohl die Entwicklung einer progressiven Theorie zu verfolgen.

Zur inhaltlichen Qualifizierung seiner Äußerungen kann schon hier, den weiteren Ergebnissen der Untersuchung vorgreifend, gesagt werden, daß es sich dabei um eine primär ästhetische, nicht jedoch theologische Rezeption der Lutherbibel handelt.
Dies muß überraschen, wenn man bedenkt, daß die an den aufklärerischen Neuübersetzungen sich entzündenden Auseinandersetzungen in aller Regel auf dem Feld der Theologie ausgefochten wurden und daß selbst ein Mann

wie Lessing, der 15 bis 20 Jahre früher als Herder in diese Kontroversen eingriff, eine im wesentlichen theologische Argumentation entwickelte, wenn auch, wie zu zeigen sein wird, in einer geradezu entgegengesetzten Richtung wie Herder. Es gibt in der Forschungsliteratur bis heute keine überzeugende Erklärung für dieses in der frühidealistischen Epoche entstehende Phänomen einer solch starken Ästhetisierung der deutschen Geistesgeschichte.[195] Herder, dieser "durchaus nur ästhetische Denker"[196], wie Friedrich Schlegel ihn nennt, muß als einer der Protagonisten dieser Entwicklung bezeichnet werden. Hinsichtlich der Deutung seines Rigaer Lutherbildes wird man daher permanent die Tatsache in Rechnung zu ziehen haben, daß das noch für Luthers Denken bestimmende theologische Weltbild durch ein für Herders Schaffen maßgeblich werdendes ästhetisches abgelöst wurde, ein Vorgang, der ganz allgemein für die weitere Entwicklung der deutschen Geistesgeschichte von kaum zu überschätzender Bedeutung war.

Unter Aufnahme von Einflüssen aus der Gedankenwelt des Sensualismus sowie des englischen Empirismus nämlich hatte die Ästhetik, die sich nunmehr langsam emanzipierte und zu einer autonomen Disziplin entwickelte, damit begonnen, Anliegen zu vertreten, die von den traditionellen Wissenschaften lange Zeit vernachlässigt worden waren. Innerhalb der Anthropologie etwa kann die Wiederentdeckung und Rehabilitierung der sinnlichen Erlebnissphären des Menschen als eine Leistung bezeichnet werden, die in erster Linie von der Ästhetik ausging und die, im Vergleich zu den Ergebnissen der traditionellen Gelehrsamkeit, einen ausgesprochenen Erkenntnisfortschritt darstellte.

Für Herders Betrachtung von Person und Werk Martin Luthers resultiert aus diesem weltanschaulichen Paradigmenwechsel, wie im folgenden zu zeigen sein wird, daß diese Betrachtung zwar progressiv, dafür jedoch weniger authentisch ausfallen wird als jene der konservativ orientierten, traditionellen Lutherrezeption. Der ästhetische Zwischenzustand, in dem er vor allem während seiner Rigaer Schaffensperiode nämlich ständig befangen bleibt, hindert ihn, um ein Wort Goethes zu gebrauchen, häufig daran, "zum Objekt vorzudringen", das heißt, seinen jeweiligen Erkenntnisgegenstand von innen, aus seiner faktischen Objektivität heraus, gegenständlich zu begreifen. Bei Herder wird das Faktische vom Intentionalen majorisiert. Wir wollen versuchen, diese zunächst im Sinne einer Hypothese geäußerten Erwägungen im folgenden Schritt für Schritt empirisch zu verifizieren.

"Kommet her, ihr neuern schönen Geister, ihr Französirenden Wizzlinge, ihr Prosaisch-Poetische Stolperer, ihr berühmten Wochenschriftsteller, ihr gelehrten Weisen im Akademischen Paragraphenstil, ihr erbaulichen Redner im Kanzelstil: versucht es doch, aus euren reichen Vorrathskammern ein Buch unsres Jahrhunderts zu suchen, das in Absicht der Schreibart die Würde der Bibelübersetzung des Luthers erreichte. Versucht es, diese arme, simple, veraltete Bibelübersetzung, über die mancher Neuling am Geschmack spottet, mit einigen neuern Verbesserungen zusammen zu halten. Leset Luther, und denn den Wertheimer in seinem Paragraphenstil, mit Wolfischen Kunstausdrücken verbrämt; ihr werdet solch einen Unterscheid finden, als zwischen dem Griechischen Homer und dem Deutschen Homer, wenn er in der Sammlung alter Reisebeschreibungen als ein reisender Schulmeister in Paragraphen übersezzt ist"[197].

Mit dem sogenannten "Wertheimer" spielt Herder auf eine im Jahre 1735 von Johann Lorenz Schmidt in Wertheim herausgegebene Bibelübersetzung an[198], die als Musterexemplar einer ganz extremen, rationalistischen Bibelphilologie gelten kann, in ihrer grundsätzlichen Ausrichtung jedoch ganz allgemein einen typischen Trend der Aufklärungstheologie zum Ausdruck brachte. Schmidt, der am 30. November 1702 in Zell, einem Dorf in der Nähe von Schweinfurt, geboren wurde (+ 1749), hatte in Jena bei Buddeus Theologie studiert, nebenbei jedoch seine philosophischen und mathematischen Interessen mit großem Eifer weiterverfolgt. Vor allem die Philosophie Wolffs mit ihrer mathematisch demonstrierenden Methodik hatte es ihm angetan; daneben jedoch machen sich in seinen Anschauungen auch Einflüsse des englischen Deismus, namentlich Tindals oder Woolstons sowie solche Spinozas geltend.
Auf der Basis der Wolffschen Philosophie stehend, unternahm Schmidt nun den im Grunde heroischen Versuch, die Aussagen der göttlichen Of-

fenbarung mit den Begriffen der menschlichen Vernunft in Einklang zu bringen und für eine Bibelübersetzung zu nutzen, die den übernatürlichen Inhalt ihrer Botschaft mit Hilfe der natürlichen Sprache des Verstandes zum Ausdruck bringen sollte.
Er verfolgte dieses Vorhaben mit einer pedantischen Strenge, die sogar Wolff, dem er seine Übersetzung zur Begutachtung vorlegte, zur Distanzierung veranlaßte. Dennoch vollendete Schmidt in einer tragisch anmutenden Folgerichtigkeit nur, was Wolff begonnen hatte.[199]

Zum besseren Verständnis der Herderschen Argumentation soll deshalb im folgenden ein kurzer Blick auf die philosophischen Grundpositionen Wolffs sowie deren Adaption im Werk des Johann Lorenz Schmidt geworfen werden.

Ausgehend von den Arbeiten Wolffs hatte, wie Friedrich Wilhelm Kantzenbach hervorhebt[200], zu Beginn des 18. Jahrhunderts eine weitreichende Rationalisierung, ja Mathematisierung des gesamten wissenschaftlichen Denkens um sich gegriffen, die sich in Theologie, Philosophie und Ästhetik niederschlug.
In der Wolffschen Schulphilosophie wird nämlich, wie Alfons Reckermann ausführt[201], die Erkenntnis der Gesamtheit des Seienden als Resultat logisch einwandfreier synthetischer Komposition einfacher Ideen verstanden. Der Sprache kommt innerhalb dieses erkenntnistheoretischen Prozesses lediglich die Rolle eines technischen Instrumentariums zu, mit dessen Hilfe das endliche Bewußtsein die Einzelakte der Verknüpfung durchführt.
Die von ihr entwickelten Begriffe sind abstrahierte Ideen, die metaphysisch und nicht empirisch an der sinnlichen Wirklichkeit gewonnen werden. Ordnung und Folgerichtigkeit des Denkens sollen durch die Verwendung deutlicher Begriffe, gründlicher Beweise und vollständiger Verknüpfung hergestellt werden.[202]
Dieses Verfahren führt zu einer absoluten Prävalenz der rationalen vor der sinnlichen Erkenntis. "Die Vernunft", so Emanuel Hirsch, "trägt in sich die Grundlage aller Erfahrung und darum auch aller Erfahrungserkenntnis"[203].

Diese von den ontologischen und erkenntnistheoretischen Grundpositionen der Wolffschen Philosophie her sich ergebende Neigung zu Rationalismus und Ungegenständlichkeit schlägt sich auch in der von ihr beeinflußten Sprachtheorie nieder.[204]
Die sperrigen Satzkonstruktionen und endlos sich dahinschleppenden Syntagmen der Schriften Wolffs sind bekannt und werden in ganz ähnlicher Weise auch von Johann Lorenz Schmidt verwendet.
Herder opponiert gegen diese abstrakte Begriffssprache bereits in ihrer methodischen Voraussetzung, Wirklichkeit als rational qualifizierbare Seinskategorie aufzufassen und definitorisch zu benennen. "Seine meisten Sätze und Demonstrationen", so urteilt er über Wolffs Werke, "sind Feen, die in der Luft tanzen ... Erdgebohrende Töchter und also Bürgerinnen der Erde sind sie eigentlich nicht; und es ist schon zu lange hin, daß Luftgespenster auf der Erde regieren"[205].
Die Aufgabe der Sprache, so Herder, bestehe vielmehr darin, die sinnliche Konkretheit der Wirklichkeit zu erschließen. Sie müsse daher individuell, zweckgebunden und subjektiv sein.
Die menschliche Sprache habe nicht primär der ungegenständlichen Manifestation einer logisch-abstrakten Daseinsordnung zu dienen, sondern sei dem Bereich der sinnlichen, oder, wie Wolff es ausdrückt, der "unteren" Erkenntnisvermögen zuzuordnen. "Die dunkelsten Gegenden der Seele", so kritisiert er daher an Wolff, "aus denen sich das meiste von Empfindungen emporhebt, sind von ihm unbeleuchtet geblieben. Er spricht von den untern Kräften der Seele als ein Geist von seinem abgeschiedenen Körper ..."[206]. Nicht dem Philosophen, sondern dem poetischen Genie komme es daher zu, die organische Vielfalt der Sprache sinnlich auszugestalten.[207]
Diese ist nicht mehr metaphysisch, sondern empirisch, ja teilweise sensualistisch begründet.[208] In seiner ganzen Anschauungsweise radikalisiert Herder damit die von Baumgarten ausgehende Kritik der Unterpriveligierung des sinnlichen Erkenntnisvermögens, wie sie im Leibniz-Wolffschen System noch gegeben war. Baumgartens "Philosophische Betrachtungen über einige Stücke, die zum Poem gehören" bezeichnet er "mit einem kleinen Schauder der Ehrfurcht"[209] als Grundriß zu einer ganzen Metapoetik, die auf dem Grundsatz fuße, Poesie

sei eine sinnliche vollkommene Rede. Um den Erkenntnisfortschritt, der zwischen den Systemen Wolffs und Baumgartens liegt, richtig beurteilen zu können, hat man sich zu vergegenwärtigen, daß Wolff in seiner "Psychologia empirica" noch ganz schematisch zwischen zwei Formen von seelischen Grundkräften unterschieden hatte. Der "perceptio distincta"[210], die durch eine bewußte Wahrnehmung und deutliche Identifizierung des Wahrnehmungsgegenstandes mit Hilfe des "lumen naturale"[211] eine klare Erkenntnis des Universums bewirkt, steht die "perceptio confusa"[212], d.h. die verworrene Wahrnehmung der Wirklichkeit im Medium der sinnlichen Empfindung gegenüber.

Diese diffuse sinnliche Erkenntnis ist, geht man von den Voraussetzungen der Wolffschen Ontologie, der es primär um die Perception der einfachen Ideen sowie deren logische Synthese zu tun ist, aus, läuterungsbedürftig. Sie wird daher der "perceptio distincta", das heißt der Logik und Metaphysik, eindeutig subordiniert.

Durch die Bemühungen Baumgartens nun wurde die sinnliche Erkenntnis in den Rang einer wissenschaftswürdigen Disziplin erhoben und als Ästhetik oder Wissenschaft des "Untererkenntnisvermögens" bezeichnet. Damit trat sie als "gnoseologia inferior"[213] gleichberechtigt zur Logik und Metaphysik hinzu.

Herder geht, indem er die Leistungen Baumgartens würdigt, ihre Grenzen jedoch klar erkennt[214], insofern nun über diesen hinaus, als er einen grundsätzlichen Vorrang der Ästhetik gegenüber der Logik und Metaphysik proklamiert. Beide stünden nämlich, so argumentiert Herder, in der ständigen Gefahr, die natürliche Basis und die spezifischen Daseinsbedingungen des sinnlichen Menschen zu vernachlässigen, wenn sie ausschließlich die rationale Erkenntnis der "perceptio distincta" gelten ließen.

Demgegenüber vertritt Herder den Grundsatz: "Sinne sind Haupttriebe, Hauptzwecke"[215]. "Seine Ästhetik ist (daher; Zusatz vom Verf.) im Zusammenhang dieses Arguments", so Reckermann, "nicht primär eine Theorie der Kunst, sondern eine Theorie der sinnlichen Wahrnehmung der Wirklichkeit in ihrer Totalität"[216].

Aus diesem Grunde läßt sich, so möchten wir hinzufügen, der Gegenstandsbereich von Herders Ästhetik auch nicht auf bestimmte partikularwissenschaftliche Disziplinen oder philosophische Einzelgattungen limitieren.[217]

Ganz gleich, womit er sich auch beschäftigt, überall und zuerst ist Herder Ästhetiker im oben beschriebenen umfassenden Sinn des Wortes. Dies gilt in gleicher Weise für seine theologischen, sprachästhetischen, geschichtsphilosophischen und wahrnehmungspsychologischen Studien. Immer hält er seinen Kontrahenten oder Gesprächspartnern "den Zauberspiegel des Aesthetikers"[218], der ein ganzes Weltall sinnlich erfahrbarer Wirklichkeit hervorzubringen vermag, entgegen. "Der Eingeweihete in die Geheimniße aller Musen und aller Zeiten ...", so Herder, erkennt das Schöne "wo es sich findet, in allen Zeiten und allen Völkern". Dadurch wird, so fährt er fort, "die Sphäre seines Geschmacks ... unendlich, wie die Geschichte der Menschheit"[219].

Dieser universale Geltungsanspruch seiner ästhetischen Anschauungen, in denen es Herder, wie wir gesehen haben, vor allem um die Rehabilitierung der sinnlichen Wirklichkeit innerhalb einer Theorie des Schönen geht, bildet den Horizont auch seiner Beurteilung der Lutherschen und Wertheimerschen Bibelübersetzungen. Die Perspektive, aus der heraus diese Beurteilung erfolgt, ist mithin eine ästhetische, genauer gesagt eine sprachästhetische.
Ihre Stoßrichtung ist der platte Rationalismus der Aufklärung, der sich hinsichtlich der von ihr entwickelten Sprachtheorie, wie August Langen bemerkt[220], im Übersetzungswerk des Johann Lorenz Schmidt in einer "fast bis zur Karikatur gesteigerten Konsequenz" zeigt. Während Herder eine poetische Übersetzung der Bibel fordert, möchte Schmidt eine philosophisch exakte Ausdrucksweise entwickeln, die nach dem Modell der im 17. Jahrhundert erfolgreich sich entwickelnden Naturwissenschaften ein diskursives und positivistisches Gepräge erhielt.[221]
"... Ich hielt es doch für eine nützliche Sache", so schreibt er im Vorwort seiner Bibelübersetzung, "wenn die göttlichen Wahrheiten in solcher Deutlichkeit könten vorgetragen werden, als die anderen Wissenschaften zum Theil erlanget hatten: und wenn man bey denselben solche Anfangsgründe fest setzen könte, als Euclides in der Mathe-

matik, ingleichen Newton und letzhin Molieres in der Naturlehre zu geben angefangen. ... Endlich entschloß ich mich, meine Kräfte selbst zu versuchen, und zu einem so heilsamen Vorhaben etwas beyzutragen"[222].

So gut und ehrlich dieser Versuch Schmidts nun auch gemeint war, so tragisch endete er für ihn selbst. Gleich nach seinem Erscheinen entbrannte eine heftige Kontroverse um den neuen Übersetzungsversuch, in deren Verlauf über 120 Schriften erschienen.[223] Schon 1837 wurde das Werk auf Anordnung des Kaisers konfisziert, nachdem der damalige Reichshoffiscal Dominicus Hayeck von Waldstätten, dem die Zensur des kursächsischen Kirchenrathes oblag, die Angelegenheit beim Reichshofrat in Wien indiziert hatte.

Die Folge dieser Anzeige war ein Patent Kaiser Karls VI. vom 15. Januar 1737 an alle Kurfürsten, Fürsten, Prälaten, Grafen, Ritter, Räte, Bürgermeister und Reichsuntertanen, durch das der weitere Verkauf der Wertheimer Bibel, "darin mittelst höchst strafmäßiger Verfälschung des Grundtextes und demselben aufgedrungener ganz verkehrter Auslegung die vornehmsten Grundsätze der christlichen Lehre auf eine fast nie erhörte Weise untergraben werden wollen, unter Strafe 10 Mark löthigen Goldes untersagt, ihre confiscation bei den Buchführern angeordnet, die sichere Verwahrung ihres Verfassers"[224] angeordnet wurde. In einem am 22. Februar 1737 stattfindenden Verhör verteidigte Schmidt sein Werk mit dem Hinweis auf die bei den Protestanten hergebrachte Freiheit, den Gehalt der Heiligen Schrift sowie die Sätze der Religion selbst prüfen zu dürfen und beharrte auf der Rechtschaffenheit seines Werkes. Da die Löwensteinische Regierung ihrerseits kein großes Interesse an einer dauerhaften Inhaftierung Schmidts besaß, ließ sie den Deliquenten, mit 20 Gulden Reisegeld versehen, kurzerhand entweichen. Sein Schicksal verschlug ihn, nach zwischenzeitlichen Aufenthalten in Holland und Hamburg, schließlich nach Wolfenbüttel, wo er als Hofmathematicus und Pagenhofmeister angestellt wurde. Vielleicht ist es in diesem Zusammenhang ganz interessant zu erwähnen, daß Lessing im neunten Stück des "Anti-Goeze" auf Schmidt hinweist, ohne jedoch explizit dessen Namen zu nennen, um innerhalb des Streites um die Wolfenbüttler Reimarus-Fragmente von deren wahrem Verfasser abzulenken.

Doch nun zurück zur Wertheimer Bibelübersetzung selbst! Um den besonderen Charakter von Schmidts Übersetzung sowie die fundamentalen Unterschiede zur Übersetzung Martin Luthers deutlich zu machen, sollen die beiden Versionen der ersten Genesis-Kapitel im folgenden kurz vorgestellt werden.[225]

Luther: Schmidt:

1. Am anfang schuf Gott Himmel und Erde.

   Alle Welt, Cörper und unsere Erde selbst sind Anfangs von Gott erschaffen worden.

2. Und die Erde war wüst und leer, und es war finster auf der Tiefe; und der Geist Gottes schwebte auf dem Wasser.

   Was insonderheit die Erde betrifft, so war dieselbe anfänglich ganz öde; sie war mit einem finstern Nebel umgeben, und ringsherum mit Wasser umflossen, über welchen heftige Winde zu wehen anfiengen.

3. Und Gott sprach: Es werde Licht. Und es ward Licht.

   Es wurde aber bald auf derselben etwas helle, wie es die göttliche Absicht erforderte.

4. Und Gott sahe, daß das Licht gut war. Da scheidete Gott das Licht von der Finsternis.

   Und weil dieses sehr nötig und nützlich war; so geschahe es nach der Einrichtung, welche Gott disfalls gemacht hatte, daß von nun an Licht und Finsternis beständig abwechselten; und dieses ist der Ursprung von Tag und Nacht. Diese Tag und Nacht zusammen machten den ersten Tag aus.

5. Und nennete das Licht Tag, und die Finsternis Nacht, da ward aus Abend und Morgen der erste Tag.

Seine "freye Übersetzung", wie Schmidt das Werk selbst nennt, ist
mit einer Fülle von weitschweifigen Fußnoten versehen, die den Zweck
haben, dunkle Stellen der Übersetzung in einer rationalen Weise zu
erklären. "Er bringet bald unnütze, bald dunckele, bald unrichtige,
falsche und ungereimte definitiones vor, und das soll doch ein hoher
Grad der Weisheit seyn"[226], so urteilt Sinnhold über diese paraphrasierenden Zusätze, die vollständig aus dem Geist der Wolffschen Philosophie hervorgewachsen sind. Der leitende Gedanke von Schmidts
Übersetzung bestand dabei in dem Grundsatz, daß "kein Satz der Theologie ... mit anderen als wahr erkannten Sätzen in Widerspruch stehen"[227] dürfe. Damit geht Schmidt über Wolff, der bloß die Harmonie
von Vernunft und Offenbarung proklamiert, hinaus. Bei Schmidt ist
die Vernunft zum dominierenden Prinzip geworden. Sie bildet das übergeordnete System, in das hinein die Wahrheiten der christlichen Offenbarung integriert werden sollen. Lorenz Schmidt wurde dadurch, so
formuliert es Emanuel Hirsch, "der erste klare und entschiedene Rationalist unter den deutschen Theologen"[228]. "Es gibt keinen anderen
Mißbrauch des Verstandes", so seine eigenen Worte, "als wenn man sich
irrige Begriffe machet und falsche Sätze annimmt. Wenn man aber in
allen Stücken richtig verfährt, so kommt man auf diesem Wege dem
Verstande des selbständigen Wesens (Gottes; Zusatz vom Verf.) immer
näher, in welchem alle möglichen Wahrheiten in der größten Ordnung
zusammenhängen, daher man ihm auch aus diesem Grunde die höchste
Vernunft zuschreibet. Auf diese Weise wird unser Glaube, welchen wir
in das Ansehen derselben (der göttlichen Schriften) setzen, um ein
großes befestiget"[229].

Schmidts Kritiker warfen ihm dagegen eine ganze Reihe schwerwiegender
theologischer Verfehlungen vor. Zunächst habe er die biblischen Wundererzählungen durch seinen Rationalismus in natürliche Begebenheiten
aufzulösen versucht. Die Schöpfungsgeschichte beispielsweise erscheine nicht mehr als Werk eines persönlichen Gottes, sondern als notwendige Abfolge der den Dingen der geschaffenen Daseinsordnung innewohnenden Eigendynamik. Ferner übersetzte Schmidt die Bibel nach dem
hermeneutischen Grundsatz, die Worte des ersten Verfassers ganz für
sich zu nehmen, ohne sie, wie es der bisherigen exegetischen Tradition

entsprach, gleichzeitig im Hinblick auf ihre implizite Bedeutung für
das Neue Testament zu betrachten. Damit jedoch war die gesamte, tra-
ditionell geltende Anschauung vom komplementären Verhältnis des Alten
zum Neuen Testament gefährdet.
Aber auch die der Übersetzung des Alten Testaments allein zugrunde
liegende Auffassung war nicht unproblematisch. Die Zurückführung des
biblischen auf das naturwissenschaftlich-rationale Weltbild des 18.
Jahrhunderts, wie Schmidt sie vornahm, mußte zu einer weitgehenden
Zerstörung seines individuellen, urkundlichen Charakters führen. So
kam es, infolge dieses Ansatzes, immer wieder zu groben Fehlgriffen
bei der Wahl der entsprechenden literarischen Formen, welche das biblische Weltbild zur Einkleidung seiner Aussagen wählte. Gerstenberg
urteilt daher ganz richtig, wenn er in seinem sprachgeschichtlich
wichtigen Aufsatz aus den "Literaturbriefen", in denen er die spätaufklärerische Bibelübersetzung von Michaelis bespricht, die Meinung
vertritt, die Wertheimer Bibel sei "nicht Übersetzung, sondern Erklärung"[230] zu nennen.
Überhaupt mußte dem antirationalistisch eingestellten Sturm-und-Drang,
zu dessen auf allen Gebieten führenden Häuptern ja auch der frühe
Herder zu rechnen ist, eine solch einseitige Bevorzugung von rationalen Ausdruckselementen, wie sie in der Wertheimer Bibel vorliegt,
ein schwerer Stein des Anstoßes sein. Nicht die abstrakte Sprache der
Vernunft, sondern die sinnliche der Poesie gelte es zu fördern. "Die
Poetische Sprache, die Sprache der Götter", so schreibt Herder daher
noch in einem vom 1. Mai 1775 datierenden Brief an Leonhard Johann
Karl Justi, "ist in anderm Betracht auch die eigentlichste Sprache des
Volks, ein Umstand, der der Bibelübersetzung Luthers so viel Energie
gibt, u. bei der Sprache Orients gleichsam alles ründet"[231].
Sinnliche und volkstümliche Ausdrucksformen, für Herder maßgebliche
Bestimmungskriterien einer poetischen Sprache und tragende Elemente
seiner eigenen Sprachästhetik, sieht er im Deutsch der Lutherbibel
exemplarisch verwirklicht.

Im gezielten Rückgriff auf diese historische Sprachform, so argumentiert Herder weiter, könne daher das depravierte Ausdrucksverhalten

der eigenen Epoche überwunden werden.
Mit dieser Auffassung, die in ganz bezeichnender Weise auf die innere
Verbundenheit von Poesie und Volkssprache hinweist, steht Herder, wie
bereits mehrfach betont, keineswegs alleine da. Die Rückbesinnung auf
die sprachliche Bedeutung der Lutherbibel begann vielmehr bereits bei
den pietistisch geprägten Schriftstellern der Empfindsamkeit und steigerte sich schließlich im Sturm-und-Drang zu programmatischer Bedeutung. "Sehr früh fand ich", so schreibt beispielsweise der Klopstock
nahe stehende Caspar Friedrich Daniel Schubart in seiner Autobiographie, "Geschmack an der Lektür und verschlang sonderlich die altdeutschen Romane und Rittergeschichten. Luthers derber Ton gefiel mir
schon damals, weil er mit meinem und meiner Mitbürger Geist so innig
sympathisierte"[232]. In der Bibel habe er, so Schubart, "weit mehr
Schönheit, Hoheit, Kraft, Geist und Leben"[233] gefunden, als in der
zeitgenössischen Literatur eines Lowth, Michaelis, Lavater oder Schulz.
Er beklagt, daß vor allem in der geistlichen Lyrik Luther und Klopstock keine Nachfolger gefunden hätten und kritisiert in scharfem
Ton die dilettantischen Übersetzungsversuche verschiedener vom Geist
der Aufklärung beeinflußter Theologen. "Wann wird", so ruft Schubart,
"der große deutsche Bibelübersetzer erscheinen, dessen Geist, wie
im Orient ausgereift und von Gott gesalbt, mächtig in deutscher Zunge, so mit uns spricht, wie Jehova aus dem heiligen Dunkel des Sinai ---"[234].
Klopstocks Äußerungen zur sprachlichen Bedeutung Luthers liegen auf
derselben Ebene und gipfeln in seiner 1784 entstandenen Ode "Die
deutsche Bibel", in welcher er deren Schöpfer als "Heiligen Luther"
apostrophiert und sich energisch gegen die zeitgenössischen Versuche
einer Neuübersetzung der Bibel wendet. "Niemand, der weiß, was eine
Sprache ist, erscheine ohne Ehrerbietung vor Luthern", heißt es in
der 1774 erschienenen 'Gelehrtenrepublik'. "Unter keinem Volke hat
ein Mann so viel an seiner Sprache gebildet"[235].
Diese eher allgemein positiven Urteile zur Sprache der Lutherschen
Bibelübersetzung werden von verschiedenen Schriftstellern des Sturm-
und-Drang mit einer ausgiebigen theoretischen Begründung versehen.
Wenn auch die Äußerungen Herders selbst hinischtlich dieser Thematik

zu dieser frühen Zeit recht spärlich erscheinen, so fällt doch auf, mit welch großer Selbstverständlichkeit er die sprachliche Bedeutung Luthers erkennt und hervorhebt. Innerhalb seiner Theorie der Sprache kommt dem Lutherdeutsch gewissermaßen exemplarische Bedeutung zu, insofern es die eigenen sprachästhetischen Maximen sozusagen idealtypisch verkörpert.

Seine gegen die rationalistischen Bemühungen der Epoche gerichteten Angriffe auf die aus jenem Geist heraus entstandenen Bibelübersetzungen und die damit verbundene Verteidigung der Lutherbibel deckt sich, so läßt der ganze Zusammenhang von Herders Anschauungen erkennen, mit der bereits erwähnten, in den "Briefen über Merkwürdigkeiten der Litteratur" niedergelegten Argumentation Gerstenbergs, die vom Jahre 1770 datiert, also später als Herders knappe Bemerkungen aus den "Fragmenten" anzusetzen ist.

Gerstenberg[236] wendet sich in seinen Ausführungen entschieden gegen eine modifizierende Übersetzung der Heiligen Schrift, wobei er namentlich die Wertheimische Ausgabe verwirft. Der Übersetzer müsse den "Charakter und Geist"[237] seiner Vorlage authentisch wiedergeben, ohne ihr, wie dies vor allem an den neuen Übersetzungen sichtbar werde, die eigene Weltanschauung in unhistorischer und verfremdender Weise aufzuzwingen.
Eine qualitätvolle Bibelübersetzung müsse daher, nach dem Beispiel Luthers, die individuellen geschichtlichen Zustände und Gegebenheiten der alt- und neutestamentlichen Welt zum Ausdruck bringen. Sie dürfe nicht vom philosophisch-naturwissenschaftlichen Geist der Neuzeit bestimmt werden: "Die alten Juden und ihre Stammväter lebten zur Zeit der Kindheit des menschlichen Geschlechts", so schreibt Gerstenberg, indem er, ähnlich wie Herder, eine genetische Betrachtung der Menschheitsgeschichte entwickelt, "die natürlichen Ursachen der Dinge waren ihnen wenig oder gar nicht bekannt; zum tieffsinnigen Nachdenken waren sie nicht aufgelegt; die Zahl ihrer Ideen war klein, und erstreckte sich nur auf das, was sie vor sich sahen, auf die Gegenstände ihrer noch simplen Bedürfnisse, die Geschichte ihres Volkes und die Überlieferungen ihrer Väter gesetzt hatten ..."[238].

Der Übersetzer müsse daher alle Ausdrücke des Originals, die Geist und Denkart des biblischen Verfassers, seines Volkes oder seiner Zeit charakterisieren, buchstabengetreu übertragen.
Um dies zu erreichen, müsse er sowohl mit dem Nationalgeist als auch mit Denkungsart, Sprachbildung, Stil und Wortfügung der biblischen Schriftsteller vertraut sein. Nur so könne er eine Übersetzung liefern, die, wie Herder es ausdrückt, die lokalen und kasualen Besonderheiten ihrer Darstellung sowie ihres Zustandekommens berücksichtige.
Hierbei geht es letzten Endes um die von Herder mit Nachdruck vertretene Auffassung, eine Übersetzung müsse die nationalen und historischen Idiotismen eines Volkes sowie deren literarischer Hervorbringungen bewahren und konnatural vermitteln.
Gerstenberg wirft - ganz in diesem Sinne - Michaelis vor, er habe zwar eine vom Standpunkt der rationalen Erkenntnis der dargestellten Zusammenhänge aus betrachtet bessere Übersetzung als Luther geliefert, gleichzeitig jedoch dessen poetisches Genie mit seiner intuitiv treffenden Sprache in keiner Weise erreichen können: "Ich wünsche", so schreibt er daher, "daß Herr Michaelis den Ausdruck sorgfältiger gewählt, und Luthers kräftige Sprache mehr zum Muster genommen, oder mehr beybehalten haben möchte, als er gethan hat. Unsere Sprache ist schon so schleppend durch die Menge der Hülfswörter, durch lange Artikeln und spannenweite Redensarten, daß man recht darauf sinnen sollte, des Geschlepps weniger zu machen. Deutsche Philosophen und Theologen haben sie durch eine Menge abstracter Namen und Kunstwörter zugleich noch strotzender gemacht: Unsere Prose ist leider kalt und gedehnt dadurch geworden; und das Studium der bessern Schriftsteller unsrer und der folgenden Zeit muß ihr erst wieder den gesetzten und männlichen Gang geben, dazu sie durch die Natur unsrer Sprache bestimmt ist. In der Poesie aber, und in einer so feurigen als die Poesie Hiobs ist, ist es noch viel unleidlicher, mitten im Affect oder im poetischen Schwunge auf matte Ausdrücke und schleppende Redensarten zu stossen"[239].
Diese Zitate beweisen zur Genüge, wie verwandt die Argumentationen Herders und Gerstenbergs sind. Herder hatte sich 1770 zwar noch

nicht öffentlich und zusammenhängend über den Charakter der "Ältesten Urkunde" geäußert; gelegentliche Bemerkungen seinerseits beweisen jedoch, daß er die unpoetisch paraphrasierenden Übersetzungsbemühungen verschiedener Aufklärungstheologen strikt ablehnt[240], hingegen alle stärker auf den poetischen Ausdrucksgehalt der biblischen Vorlage dringenden Versionen begrüßt. In einer bereits 1765 entstandenen Rezension der im gleichen Jahr erschienenen Auslegung des Hohen Liedes von M. Christian Gottfried Hase fordert Herder, der Autor müsse "als Philolog und Poet"[241] schreiben, er dürfe keine "Mystische Paraphrase"[242] des biblischen Buches liefern. Es gelte, die bilderreiche Sprache der Morgenländer angemessen in das "Genie der deutschen Sprache" zu übertragen, ohne durch ständige Wortwiederholungen und Tautologien zu ermüden oder "wie sehr oft in der Deutschen Bibelübersezzung, von der Hauptidee des Gemäldes"[243] abzuirren.
Vor dem Hintergrund dieser Argumentation, der es darum geht, die poetische Ausdrucksgestalt der biblischen Bücher mit der Vielzahl ihrer sprachlichen und stilistischen Idiotismen als unmittelbare Erscheinungsform des morgenländischen Volks- und Kulturkreises zu deuten, muß Herder die aus einem völlig anderen Geist heraus entstandene Übersetzung eines Johann Lorenz Schmidt natürlich aufs Schärfste verurteilen. Aber auch die Psalmenübersetzung Cramers, die von Gerstenberg in einer Rezension vom 28. Dezember 1769 geradezu enthusiastisch besprochen wurde[244], findet nicht seine ungeteilte Zustimmung, da sie viel zu sehr umschreibend sei.
Auch die von Michaelis vorgelegte Übersetzung des Buches Job beurteilt Herder kritisch; Äußerungen aus den 1780 in erster und 1785 in zweiter Auflage erschienenen "Briefen, das Studium der Theologie betreffend" beweisen dabei, daß immer die Lutherbibel den Maßstab für Herders Beurteilung der zeitgenössischen Übersetzungsbemühungen bildet: "Eine rechte Übersetzung des Buchs (Job; Zusatz vom Verf.) ist äußerst schwer in unsern jetzigen Sprachen", so heißt es dort, "und in Versen beynah unmöglich. Fast bleibt[245] bisher immer noch Luther der Held der Bibelübersetzung und (Trotz aller verfehlten Stellen) insonderheit auch in diesem Buch"[246].

Im Kapitel über das Hohe Lied gesteht Herder sogar, er habe in seiner 1778 erschienenen Sammlung "Lieder der Liebe"[247] fast ausschließlich die Vorlage der Lutherbibel zugrunde gelegt und "hätte ... beynah Luthers Text gar hingesetzt ..."[248].
Diese Begeisterung für das Deutsch der Lutherbibel ist in gleichem Maße bereits beim frühen Herder vorhanden, wie eine programmatische Äußerung aus dem ersten Stück der 1768 entstandenen Abhandlung "Über Thomas Abbts Schriften" zeigt: "Wenn es wahr ist, daß die Deutsche Sprache seit einigen Jahrhunderten viel von innerer Stärke verlohren: und jede Bemühung also gülden sey, die sie zu dieser verlebten Jugendstärke, wie durch die Kräuter der Medea, zu verjüngen suchet: wenn es wahr ist, daß allein in alten Schriftstellern diese Ader gediegenen Goldes anzutreffen, und zuerst an den bekanntesten Orten aufzuspähen sei, so schlägt bei dem Stil der Bibelübersetzung Luthers, die Wünschelruthe zuerst. Reichhaltig ist die Ader, dies kann niemand läugnen, wer wahres Deutsch fühlt: Noth thut uns das Gold aus derselben; dies gibt jeder zu, der unsere Nationalschulden an Französirenden und Brittischen Ausdrücken kennet: überdem ist es von hier aus am leichtesten unter die Leute zu bringen: warum soll es denn verschlossene Schätze enthalten?"[249] Es gelte daher, so fordert Herder, die "starken, alten Ausdrücke" aus Luthers Bibelübersetzung dem zeitgenössischen Deutsch einzuverleiben und diese dadurch zu kräftigen. Auch seine eigenen Übersetzungsprodukte schätzt Herder dabei nicht so hoch ein wie die Lutherbibel, die für ihn, trotz gelegentlicher kritischer Bemerkungen, immer die höchste Autorität darstellt.
In seiner 1776 entstandenen Einleitung zu den "Lieder(n) der Liebe" schreibt er: "Sie (die Hohelied-Übersetzung Luthers; Zusatz vom Verf.) bleibt uns noch immer unersetzt: seine Sprache, auch in Süßigkeit und Zartheit, so wie an Stärke und Leben ist uns unerreichbar: sie quoll dem Gottesmann aus dem Herzen, uns fließt sie aus Kopf und Feder"[250].

Fassen wir den bisherigen Befund der Untersuchung zusammen, so läßt sich feststellen, daß Herder in einer Zeit, in der starke Kräfte sich bemühen, die authentische Textgestalt der Lutherbibel aufzugeben und durch adaptierende Übersetzungen, die dem aufgeklärten Geist

des naturwissenschaftlich-philosophisch orientierten 18. Jahrhunderts besser gerecht werden möchten, zu ersetzen, eine restaurative Haltung vertritt, die, gerade umgekehrt, der Lutherbibel eine wesentlich zentralere Position im religiösen und geistigen Leben der Zeit zu verschaffen sucht. Er steht mit seinen Bemühungen, wie wir gesehen haben, nicht alleine da. Vielmehr werden Interventionen ganz ähnlicher Art von einer Reihe anderer, zum Teil recht prominenter Schriftsteller, die dem Bereich von Empfindsamkeit und Pietismus zuzuordnen sind, aber auch von Autoren, die dem Sturm-und-Drang zugerechnet werden, vorgetragen. Wir haben in dieser bewußt vollzogenen Rückwendung zur Lutherbibel, ja zum gesamten Lutherdeutsch, eine Protestbewegung zu sehen, die gegen eine rationalistische Verfremdung des biblischen Textes opponiert, wie sie von verschiedenen Bibelübersetzern der Aufklärungsepoche in zum Teil ganz extremer Weise vorgenommen wurde. Es ist klar, daß hinter dieser Forderung nach einer Rückkehr zum Lutherdeutsch, wie es sich vor allem in der Bibelübersetzung darbietet, eine ganze Ästhetik, ja Weltanschauung steht. Dabei geht es letzten Endes um die Reintegration der sinnlichen Erlebnissphären, die der intellektualisierte Mensch der Aufklärung weitgehend zu verlieren drohte. Herder hat diese Gefahr zunächst im Bereich der Sprache erkannt und bekämpft. Mit großer Entschlossenheit wendet er sich daher den literarischen Produktionen vergangener Epochen zu, um in ihnen zu finden, was dem Sprachbild der eigenen Zeit fehle: sinnliche Fülle, urwüchsige Kraft und damit poetische Schönheit. Genau diese Motivation kennzeichnet auch Herders frühe Beschäftigung mit der Lutherbibel, in welcher er eines jener literarischen Monumentalgebilde erblickt, dessen Berührung die dekadente Sprachgestalt des 18. Jahrhundert aufrichten und mit neuer Kraft erfüllen könne.
Zu den ästhetischen treten nationalliterarische oder patriotische Motive, zum geringen Teil auch pastoraltheologische.[251] Im Deutsch der Lutherbibel manifestiere sich spezifisch deutsche Wesensart in exemplarischer Form und zeitloser Gültigkeit. Ästhetische Forderungen und nationalliterarische Erwartungen bündeln sich geradezu in Herders Aussagen zur Sprache der Lutherbibel und durchdringen sich zu einem außerordentlich komplexen Gebilde von großer Konsistenz und argumenta-

tiver Schlagkraft. Dies ist insofern bedeutsam, als Herders Hinweise auf die sprachliche Gestalt der Lutherbibel, wie wir gesehen haben, immer eine unmittelbar bildende, man möchte sagen, paränetische Funktion erfüllen. Was Herder dabei gelingt, ist wesentlich mehr, als ein bloßes Aktualisieren und In-Erinnerung-Rufen von geistesgeschichtlich oder theologisch wichtigen Ereignissen, wie es die Schaffung der Lutherbibel darstellt. Vielmehr besitzt er wie kaum ein zweiter die Fähigkeit, solche Ereignisse von ihrer historischen Relativität zu befreien, indem er sie souverän adaptiert und in einen völlig neuen Bedeutungszusammenhang integriert. Man möchte ihn geradezu den Vater einer synchronisierenden und adaptierenden Betrachtung geistesgeschichtlicher Phänomene nennen. Auf den Mangel an faktengeschichtlicher Detailtreue und darstellerischer Objektivität, den ein solches Argumentationsverfahren unweigerlich nach sich zieht, wurde bereits hingewiesen. Ein weiteres jedoch kommt hinzu: Es ist zu befürchten, daß Herder die Lutherbibel durch die Omnipräsenz seiner ästhetischen und nationalliterarischen Erwägungen, die den übergeordneten Rahmen seiner Ausführungen bilden, aus einer, wenn auch nicht total objektfremden, so doch gewiß peripheren Perspektive heraus beurteilt hat. Besteht die wichtigste Äußerung, die man über Luthers Bibelübersetzung treffen kann, tatsächlich in der Aussage, sie sei in einem exemplarischen Deutsch angefertigt worden?
Wo bleiben die wichtigen theologischen Probleme und Aspekte, die mit der Übersetzung der Heiligen Schrift in eine andere Sprache zusammenhängen und die von Luther selbst ja in ausführlicher Weise im "Sendbrief vom Dolmetschen" dargelegt wurden?[252]
Geht man diesen Fragen ein wenig nach, so bestätigt sich die anfangs geäußerte Hypothese, Herders Rezeption der Lutherbibel sei, vor allem während ihrer Frühphase, nicht von bibeltheologischen, sondern viel stärker von sprachästhetischen Motiven getragen.
Dabei überrascht, daß Herder, der als Theologe doch stets so liberale Standpunkte vertreten hat, daß seine Orthodoxie häufiger angezweifelt wurde[253], als Sprachästhetiker in einer geradezu militanten Intoleranz die authentische Textgestalt der Lutherbibel gegen alle modernisierenden Neuerungsversuche verteidigt.

Das Befremdende dieser Haltung kommt dabei erst richtig zum Ausdruck, wenn man Herders Argumentation mit jener des von ihm in allen übrigen Bereichen so sehr geschätzten Lessing vergleicht.

In seinem Streit mit dem Hamburger Hauptpastor Goeze, eine Auseinandersetzung, die von Herder übrigens mit großem Interesse verfolgt wurde, geht Lessing auch ausführlich auf die Problematik der Neuübersetzung von Luthers Bibeltext ein. Er tut dies, wie eine bereits 1754 in einer Besprechung des von Johann Andreas Bengel vorgelegten Neuen Testaments entstandene Formulierung zeigt, in dem Bewußtsein, daß "es unter unsern Gottesgelehrten fast zu einer Modebeschäftigung werden will, eine über die andere zu liefern"[254]. Trotzdem wird diese Entwicklung - ganz im Gegensatz zu Herder - von Lessing nicht kritisiert, sondern begrüßt. "Was hatte Luther für Rechte", so fragt er im 'Ersten Anti-Goeze', "die nicht noch jeder Doktor der Theologie hat? Wenn es itzt keinem Doktor der Theologie erlaubt sein soll, die Bibel aufs neue und so zu übersetzen, wie er es vor Gott und seinem Gewissen verantworten kann, so war es auch Luthern nicht erlaubt. Ich setze hinzu: so war es Luthern noch weniger erlaubt"[255].
In sehr scharfsinniger Weise legt Lessing nun dar, Luther habe, als er anfing, die Bibel zu übersetzen, zunächst gegen die von der Kirche vertretene Auffassung, es sei besser, wenn die Bibel vom einfachen Volk nicht in der Landessprache gelesen werden könne, angehen müssen. Er habe erst die Wahrheit des Gegenteils erweisen müssen, bevor er mit seiner Übersetzung habe beginnen könne. Zeitgenössische Übersetzer hätten diese Schwierigkeiten nicht mehr. Vielmehr sei es mittlerweile eine allgemeingültige Anschauung, daß der gemeine Mann "die Bibel in seiner Sprache lesen dürfe, lesen müsse, nicht genug lesen könne"[256]. Das Prinzip, das für Luther gegolten habe, müsse aber in gleicher Weise für die heutigen Bibelübersetzer gelten. Wenn daher irgend jemand die neuen Übersetzungen verurteile, so verurteile er im Grunde genommen auch die Übersetzung Luthers, weil ja auch diese geltende Traditionen verlassen habe. "Der wahre Lutheraner", so lautet dann die zentrale Begründung von Lessings Standpunkt, "will nicht bei Luthers Schriften, er will bei Luthers Geiste geschützt sein; und Luthers

Geist erfordert schlechterdings, daß man keinen Menschen in der Erkenntnis der Wahrheit nach seinem eigenen Gutdünken fortzugehen hindern muß"[257].

Lessing selbst hat diese Auffassung konsequent durchgehalten und die Gelegenheit, zeitgenössische Bibelübersetzungen positiv zu besprechen, oft genutzt.[258]

Wir möchten es mit diesen knappen, aber für die Erkenntnis auch der Herderschen Stellung zur Lutherbibel wichtigen Hinweisen bewenden lassen. Durch den Vergleich mit den Ausfuhrungen Lessings ist, so hoffen wir, deutlich geworden, daß die von Herder propagierte, ästhetische Rezeption der Lutherbibel normativen Charakter besitzt. Das Deutsch der Lutherbibel bildet für Herder Norm und Maßstab für seine eigenen sprachästhetischen Bemühungen. Ihre Autorität darf daher nicht durch die logifizierten Neuübersetzungen der Rationalisten erschüttert oder gar in Frage gestellt werden. Mit dem Ja oder Nein zur sprachlichen Gestalt der Lutherbibel, so läßt sich zusammenfassend formulieren, hängen nämlich die ästhetischen Grundpositionen der Herderschen Weltanschauung, ja des gesamten Sturm-und-Drang aufs engste zusammen; nur von hier aus wird verständlich, mit welch dogmatischer Strenge Herder die sprachliche Unversehrtheit der Lutherbibel, die in seinen Augen gleichzeitig historisches Dokument und ästhetisches Programm ist, bewacht.

Wir möchten nun, zum Abschluß dieses ersten Teiles der Untersuchung, noch einen kurzen Blick auf verschiedene zeitgenössische Urteile zur Bedeutung der sprachlichen Leistung Luthers werfen, Urteile, die von der Auffassung Herders stärker differieren, diese aber gerade deshalb möglicherweise noch deutlicher markieren.

2.4 Die sprachliche Bedeutung Luthers im Urteil der Kritik

Es ist auffällig, daß die ganz sicherlich sehr selten geäußerte Kritik an den sprachlichen Leistungen des Reformators in erster Linie von Forschern vorgetragen wird, die hauptsächlich sprachhistorisch

arbeiteten. Hier sind zunächst Johann Jakob Bodmer und schließlich Johann Christoph Adelung zu nennen. Bodmer äußerte sich im Einleitungskapitel seiner 1768 erschienenen Abhandlung über "die Grundsätze der deutschen Sprache", einem Werk, das von Herder sehr kritisch rezensiert wurde[259], zusammenhängend über die sprachliche Bedeutung Luthers.
"Man hat immer die grossen Verdienste des sel. Luthers um die deutsche Sprache gepriesen", so beginnen Bodmers Ausführungen, "ohne daß man nur einmal bestimmt habe, worinn sie denn eigentlich bestuehnden"[260]. Bodmer legt im weiteren dann die sehr interessante Anschauung dar, man müsse, um die sprachgeschichtliche Leistung Luthers angemessen beurteilen zu können, zunächst ein genaues Bild vom Zustand der Sprache vor Luther besitzen. Diese Sprache nun sei im wesentlichen identisch mit jener der Minnesänger, habe also in "der schönsten Blühte, oder vielmehr Reife"[261] gestanden. Der Unterschied zwischen dem Sprachzustand des 12. und jenem des 15. Jahrhunderts habe lediglich in der später eingetretenen Diptongierung verschiedener Vokale sowie im allmählichen Verlust verschiedener Wörter bestanden. Luther selbst habe sich, als er zu predigen und zu schreiben anfing, nach dem allgemein üblichen Sprachgebrauch seiner Zeit gerichtet. Hätte er, so Bodmer, in dieser Weise fortgefahren, die reife Sprachkultur des Hochmittelalters "durch die Fruchtbarkeit seiner Ideen und die Stärke seines Geistes" neu zu popularisieren, so würde er sich, wie Bodmer es ausdrückt, "die deutsche Nachwelt in einem der höchsten und besondersten Grade verpflichtet gemacht haben"[262]. In der Sprache der Minnesänger hätte er "allen Reichthum der Wörter, alle Wendungen der Sätze, allen Nachdruck, alle Zierlichkeit gefunden ..., welche er zur Ausdrückung seiner eigenen Vorstellungen ... immer nöthig haben mochte"[263].
Leider habe Luther einen anderen Weg verfolgt, indem er sich der Umgangssprache zugewandt habe, die ein wesentlich geringeres Niveau besessen habe. Dies sei nun der Grund für Luthers sprachliche Innovationen gewesen. Er habe nämlich, um seine Gedanken ausdrücken zu können, die Leistungsfähigkeit der Umgangssprache durch von ihm selbst vollzogene Veränderungen erhöhen müssen.

Bodmer wehrt sich ausdrücklich dagegen, diese Veränderungen als Verbesserungen zu bezeichnen. "... sie bekamen auf diesen Namen erst Anspruch", so führt er aus, "nachdem sie von der Nation aufgenommen und sich eigen gemacht worden. Wenn der Gebrauch seine Wörter und Manieren zu sprechen nicht gerechtfertigt hätte, so wäre er in das Gericht gefallen, welches hundert Jahre hernach Zesen getroffen hat"[264]. Seine Argumente gegen das sprachliche Wirken des Reformators gipfeln schließlich in dem Vorwurf, dieser habe den Gebrauch verschiedener Ausdrücke und bildhafter Redeweisen quasi normiert und dadurch eine produktive Fortbildung der Sprache verhindert. "Er dachte in diesem Punct Gottschedisch", so Bodmer, "und so war er ein Gottschedianer vor Gottsched"[265].
Abschließend bittet er die Verehrer Luthers, seine Kritik nicht übelzunehmen und ihn "mit dem leichten Beynahmen des Esels, womit er (Luther; Zusatz vom Verf.) so freygiebig umgehet, (zu; Zusatz vom Verf.) verschonen"[266].

In seiner Besprechung dieser Ausführung weist Herder zunächst in Ablehnung der Bodmerschen Auffassungen darauf hin, daß zwischen dem sächsischen Dialekt Luthers und der schwäbischen Sprache des Minnesängers doch ein großer, schon geographisch bedingter Unterschied bestanden habe. In Sachsen, wo Luther gelebt und gewirkt habe, habe er die Sprache der Minnesänger nicht kennenlernen können.
Außerdem habe Luther - und dies sei ein ganz zentraler Sachverhalt - für das Volk geschrieben, das heißt für "die Menge derer, die sich nicht durch die Sprachlehre zu Deutschen gebildet hatten"[267].
Dem Volk seien die schwäbischen Dichter "und das Künstliche ihrer Sprache"[268] unbekannt geblieben. Es wäre daher unsinnig gewesen, so Herder, wenn er deren sprachlichem Muster gefolgt wäre. Die Tatsache, daß Luther bei seinen sprachlichen Innovationen auch exogenes Wortgut habe einführen müssen, entschuldigt er mit einem Hinweis auf dessen Übersetzertätigkeit. Ein großer Teil von Luthers Sprachverdiensten resultiere nämlich aus seinen Übersetzungen, "wo an der Form des Ausdrucks der fremden Sprache mehr gelegen war, als an der alten Originalen Art der Deutschen"[269]. Schließlich weist Herder darauf hin, daß der Reformator in erster Linie Theologe und nicht Sprachlehrer gewesen

sei. Entsprechend habe sein sprachliches Wirken im Dienste der Theologie gestanden und sei von ihr begrenzt worden. Wenn er dann jedoch im folgenden Satz daran zweifelt, "ob er (Luther; Zusatz vom Verf.) überhaupt Muster der Schreibart geworden, und er für sich die Sprache seines Jahrhunderts verändert"[270] habe, so ist dies eine Bemerkung von ausgesprochen singulärem Charakter, die ganz und gar nicht zu den ansonsten doch eher apologetisch wirkenden Äußerungen zur Sprache Luthers paßt.

Vergleicht man nun die beiden Standpunkte Bodmers und Herders miteinander, so wird deutlich, daß Herder eine von vorneherein affirmative Haltung zum sprachlichen Wirken Luthers einnimmt; wir müssen uns dabei in Erinnerung rufen, daß zum Zeitpunkt der Entstehung dieser Rezension von einer ausgedehnten Lutherlektüre Herders mit allergrößter Wahrscheinlichkeit noch nicht gesprochen werden kann.
Seine Argumentation verläuft daher auch in eher traditionellen Bahnen. Für den an sich wesentlich originelleren Gedanken Bodmers, man müsse die sprachliche Entfaltung Luthers von der historischen Grundlage her, auf der sie gestanden habe, entwicklungsgeschichtlich erklären, bringt Herder kaum Verständnis auf.
Der Grund für dieses eigenartige Phänomen mag darin zu finden sein, daß in der Beurteilung der sprachlichen Leistungen des Reformators zwei Grundpositionen im Denken des jungen Herder wuchtig aufeinanderprallen, ohne sich zu einer höheren Synthese zu verbinden.
Auf der einen Seite nämlich wirkt von Anfang an in der Herderschen Stellung zu Person und Werk Luthers das für den gesamten Sturm-und-Drang typische Menschenbild vom großen Individuum und genialen Schöpfer nach, auf der anderen Seite fordert Herder eine genetische Betrachtung geistesgeschichtlicher Leistungen. Beide Linien lassen sich jedoch kaum miteinander verbinden, da nach den Implikationen der Sturm-und-Drang-Anthropologie Luther die deutsche Nationalsprache - gewissermaßen in einer creatio ex nihilo - erst geschaffen, nach einer entwicklungsgeschichtlich argumentierenden Sicht der Dinge jedoch bloß rezeptiv weitervermittelt habe, wobei über den eigenen, kreativen Anteil dieser Vermittlung dann noch einmal unterschiedliche Auffassungen existieren können.

Die Unausgewogenheit der Herderschen Beschäftigung mit Person und Werk Martin Luthers resultiert also, so möchten wir unseren Befund zusammenfassen, nicht nur aus einer mangelnden Detailkenntnis der Werke des Reformators, sondern ist zum Teil auch im inneren Spannungsverhältnis seiner eigenen weltanschaulichen bzw. ästhetischen Grundpositionen begründet, welche die Basis der Beurteilung Luthers bilden. Wir werden sehen, daß Herder die Konfiguration der kreativen Schöpfergestalt und ihr Verhältnis zur Menschheitsgeschichte, die während der Rigaer Zeit ja vor allem im Sinne einer Kultur- und Bildungsgeschichte aufgefaßt wird, schon in Bückeburg anders zeichnet. Wir werden aber auch hier die Frage nach dem Zusammenhang zwischen "Individualbestrebung und Totalgestaltung"[271], zwischen Mensch und Geschichte, als eines der konstanten Themen im geistigen Schaffen Herders zu berücksichtigen und für seine Auffassung der Person Martin Luthers namhaft zu machen haben.

Während nämlich Goethe den Menschen vorwiegend aus der Perspektive eines beständigen Wechselverhältnisses zur Natur heraus betrachtet, definiert ihn Herder in erster Linie als das Produkt seines Dialoges mit der Geschichte.[272]

Bevor wir jedoch auf die damit angesprochene Problematik näher eingehen, möchten wir, wie bereits angekündigt, Johann Christoph Adelung, dessen Äußerungen Herder, wie eine Bemerkung aus einem Brief an Hamann vom 11. Mai 1781 beweist, gekannt hat[273], zu Wort kommen lassen. In seiner gleichfalls 1781 erschienenen Abhandlung "Über die Geschichte der deutschen Sprache, über deutsche Mundarten und Deutsche Sprachlehre" geht Adelung in der Einleitung, die einen konzisen Überblick über die Geschichte der deutschen Sprache bietet, auch ausführlich auf das sprachliche Wirken Luthers ein. Wesentlich stärker als Herder, aber auch als "der ehrwürdige Greis Bodmer"[274], dessen Auffassung, die Veränderungen der deutschen Sprache zur Zeit der Reformation seien in erster Linie auf Luther zurückzuführen, er als zu monokausal ablehnt, beachtet Adelung dabei die übergeordneten Entwicklungslinien innerhalb der Genese einer deutschen Nationalsprache. Darüberhinaus jedoch besitzt er eine solche Kenntnis der Schriften des

Reformators, daß er sogar im Corpus der Lutherischen Werke selbst Entwicklungen festzustellen in der Lage ist. "Man lese die ersten Schriften Luthers und seiner Zeitgenossen, um das Jahr 1517", so schreibt Adelung, "und lese seine Schriften in den letzten Jahren seines Lebens, so wird man den großen Fortschritt bewundern müssen, welchen die Sprache in ihrer Feinheit, Biegsamkeit und Wohlklang in so kurzer Zeit machte"[275].

Die Veränderungen zwischen dem spätmittelalterlichen und dem Lutherdeutsch bezeichnet er als "schnell", wehrt sich jedoch ausdrücklich dagegen, sie als "Sprung" zu bezeichnen. Adelung legt dar, daß Luther zunächst die historische Kontinuität der oberdeutschen Mundart fortgeführt habe, da diese eben die damals herrschende gewesen sei. Bald jedoch habe er durch den "für sein Jahrhundert wirklich feinen Geschmack"[276] das Rauhe und Harte dieser Mundart erkannt und durch die Einführung des Meißnischen oder Obersächsischen zu kultivieren gesucht. Die obersächsische Mundart - und diese Bemerkung ist sehr wichtig - sei jedoch schon damals durch Handel, Wohlstand und vornehme Sitten "beträchtlich ausgebildet worden"[277] und sei es, dadurch daß Obersachsen zugleich Sitz der Künste und Wissenschaften wurde, noch mehr worden. "Alle Deutschen, denen es um vernünftige und gründliche Gelehrsamkeit zu thun war, kamen nach Obersachsen, und lernten diese Mundart, als die zierlichste und wohlklingendste in Deutschland, die überdies noch durch die vielen Deutschen Schriften der ersten Widerhersteller der Religion und Wissenschaften gar sehr ausgebreitet wurde"[278].

Luther selbst habe die dabei vonstatten gehenden Veränderungen der Sprache nicht eigenmächtig vorgenommen, sondern sei bescheiden genug gewesen, "der natürlicher Weise und von sich selbst immer weiter gehenden Cultur der Sprache zu folgen"[279]. Obwohl er gründlich über die Sprache nachgedacht und sich ausführlich mit Problemen ihrer Grammatik und Orthographie beschäftigt habe, seien - selbst in der Bibelübersetzung - seiner Aufmerksamkeit noch so viele Fehler und Unrichtigkeiten entgangen, daß sein schriftstellerisches Werk "für nichts weniger als classisch"[280] gehalten werden könne.

Man erkennt, daß Adelung - ganz im Sinne der neueren Sprachforschung übrigens - viel stärker als Herder die allgemeinen, regionalen und soziologischen Ausgleichstendenzen für den Prozeß der Genese einer deutschen Nationalsprache berücksichtigt.[281] Dies führt auf der anderen Seite dazu, daß der individuelle kreative Anteil Luthers für diese Entwicklung geringer veranschlagt wird. Das personale Element tritt hinter dem entwicklungsgeschichtlichen zurück; die ganze Argumentation gewinnt an Homogenität und wird plausibler als die im Grunde genommen doch recht unwahrscheinlich anmutende Darstellung Herders.
Wir möchten zum Abschluß dieser Ausführungen darauf hinweisen, daß auch vor dem Hintergrund der neueren Forschungsergebnisse zur sprachgeschichtlichen Bedeutung Martin Luthers die Herdersche Position als außerordentlich problematisch bezeichnet werden muß. Gerade in diesem Bereich der Lutherforschung scheint sich nämlich eine fundamentale Wende zu vollziehen. Die praktisch vom ganzen 19. sowie dem beginnenden 20. Jahrhundert in keiner Weise angezweifelte Darstellung vom genialen und unikaten Sprachschaffen Luthers[282] beginnt, einer wesentlich differenzierteren Auffassung dieses Sachverhaltes zu weichen, die das gesamte innovatorische Umfeld der im Zeitalter von Reformation und Humanismus entstehenden Spracherneuerung mit in den Blick zu nehmen bemüht ist.[283]

2.6 Zusammenfassung der Ergebnisse

Die Rigaer Äußerungen Johann Gottfried Herders über Person und Werk Martin Luthers bilden den Beginn einer umfassenden Beschäftigung mit der geistesgeschichtlichen und theologischen Bedeutung des Wittenberger Reformators, tragen selbst jedoch alle Merkmale einer zunächst peripheren und erst in der Entwicklung befindlichen Auseinandersetzung an sich.
Sie sind daher weder systematisch strukturiert, noch treffen sie das innere Zentrum von Luthers eigenen theologischen Anschauungen. Vielmehr läßt Herder den Reformator nur in so weit zu Wort kommen, als es die präkombinierten Zusammenhänge seiner jeweiligen, vor allen Dingen

sprachästhetischen Themenstellungen zulassen. Dabei stellt sein noch wenig differenziertes Lutherbild ein wichtiges integratives Element seiner eigenen sowie der Sprachästhetik des gesamten Sturm- und-Drang dar. So liefert der Rigaer Herder nicht ein historisch objektives, sondern ein ästhetisch funktionalisiertes Lutherbild, das im Rahmen der produktiven Fortbildung einer als dekadent empfundenen zeitgenössischen Sprache ganz bestimmte heuristische Aufgaben zu erfüllen hat. Hierbei geht es Herder nicht um die anachronistische Reproduktion einer archaischen Sprachstufe, nämlich des Lutherdeutsch, sondern um die Wiederbelebung und Kräftigung der kontemporären Sprache des 18. Jahrhunderts.

Vor allem Herders Aussagen zur Bibelübersetzung Martin Luthers besitzen dabei eine ausgesprochen zeitgeschichtliche Bezugsebene, insofern seine affirmative Haltung zur Lutherbibel von einem energischen Protest gegen die rationalistischen Übersetzungsversuche zeitgenössischer Theologen begleitet ist, die, wie Friedrich Schlegel es polemisch formuliert, "die Bibel durch vernünftig auflösende Übersetzungen in ein Not- und Hilfsbüchlein der Aufklärung zu verwandeln versuchten"[284].

B. Herders Lutherbild während der Bückeburger Zeit (1771 - 1776)

1. Vorbemerkungen

Herders Situation in Riga war aus verschiedenen Gründen, inneren wie äußeren, immer unbefriedigender geworden. Bereits 1767 teilte er Kant mit, den Ort, in welchem er doch zu hohem literarischen Ruhm und Ansehen gelangt war, verlassen und die Welt bereisen zu wollen. So bat er am 5. Mai 1769 schließlich um Dispensierung von seinen Amtsgeschäften, um eine längere Bildungsreise ins Ausland anzutreten.

Nach einem kürzeren Besuch Kopenhagens fuhr Herder per Schiff weiter nach Nantes, wo er sich mehrere Monate lang aufhielt und sich voller Eifer dem Studium der französischen Sprache, Literatur und Philosophie hingab. Hier entstand auch seine so aufschlußreiche biographische Skizze 'Journal meiner Reise im Jahre 1769', eine gewaltige Bekenntnisschrift, die einen tiefen Einblick in Herders aufgewühltes Wesen, aber auch in viele seiner erst später - wenn auch zum Teil fragmentarisch - verwirklichten Pläne wirft.

Im November des gleichen Jahres weilte Herder dann in Paris, wo er Diderot, d'Alembert, Duclos, Barthélemy und andere Führer der französischen Aufklärung traf.
Über Brüssel und Amsterdam ging es nach Hamburg weiter, wo sich ein reger Gedankenaustausch mit Lessing und eine feste Freundschaft mit Claudius entwickelte.

Eine für die deutsche Literatur und Geistesgeschichte entscheidend gewordene Reise unternahm Herder schließlich im Herbst des Jahres 1770, als er sich zur Behandlung eines kranken Auges nach Straßburg begab. Es ist aus der plastischen Schilderung in 'Dichtung und Wahrheit' hinlänglich bekannt, welch außerordentliche Wirkung die dort zustande gekommene Begegnung zwischen Herder und dem jungen Goethe auf letzteren ausübte.

Alle diese Erlebnisse und Begegnungen vermittelten Herder eine große
Fülle von geistigen Impulsen. So steckte er voller Initiative, als er
im Mai des Jahres 1771 eine Stelle als Konsistorialrat beim Grafen
von Schaumburg-Lippe in Bückeburg annahm.
Mit seinem Wechsel nach Bückeburg beginnt für Herder eine neue, in
vielerlei Hinsicht außerordentlich fruchtbare Schaffensperiode, die
sich in einer Fülle von Schriften sehr heterogenen Inhalts nieder-
schlägt. Neben Werke aus dem Bereich der Theologie treten wahrneh-
mungspsychologische und geschichtsphilosophische Studien, die - trotz
ihres recht weitläufigen Gegenstandsbereiches - vor dem Hintergrund
einer einheitlichen Weltanschauung gedeutet werden müssen, die, um
eine Formulierung Hans Dietrich Irmschers zu verwenden, in der Weise
des "perspektivischen Erkennens"[285] konvergierend entfaltet wird. In
Bückeburg befindet sich Herder, will man diese Weltanschauung zusammenfassend charakterisieren, auf dem Höhepunkt seiner Kritik am positivistischen Rationalismus der Aufklärung.
Hierbei bleibt die Kontinuität seines Denkens durch Wiederaufnahme
oder Fortführung verschiedener bereits in der Rigaer Epoche ent-
wickelter Anschauungen in vielen Punkten erhalten. Daneben jedoch
kommt es - betrachtet man etwa die mit eruptiver Gewalt hervorbre-
chende Geschichtsphilosophie - zur Entwicklung neuer Standpunkte
und Perspektiven, die weit über den in Riga erreichten Erkenntnis-
horizont hinausreichen.
Es ist daher bedauerlich, daß vor allem die ältere Forschung die
große Bedeutung der Bückeburger Zeit für das Gesamtwerk Herders nicht
erkannt und als Phase des religiösen Einbruchs, der weltanschaulichen Krisis oder der Vorbereitung auf die Weimarer "Reifezeit" diffamiert hat.[286]

Betrachtet man nun Herders Lutherrezeption der Bückeburger Jahre, so
wird man den Eindruck gewinnen, gerade diese Zeit bilde einen frühen
Höhepunkt seines geistigen Schaffens nicht nur im theologischen Bereich.
Herders in Bückeburg sich regende theologische Interessen hatten nämlich unmittelbare Auswirkungen auch auf seine geschichtsphilosophi-

schen Standpunkte[287] und ermöglichten ihm vor dem Hintergrund eines eschatologischen Sinngebungshorizontes die Gestaltung einer neuen Totalansicht der geschichtlichen Wirklichkeit. Wenn auch diese vorwiegend heilsgeschichtlich geprägte Geschichtsauffassung von einer ganzen Reihe weiterer Einflüsse bestimmt ist, die sich einer rein eschatologischen Gestaltgebung widersetzen, eine Tatsache, die dazu führt, daß diese bereits im Hauptwerk der Weimarer Zeit, den "Ideen", wieder aufgegeben und durch den Gedanken eines innerweltlich sich verwirklichenden Humanitätsideals als des eigentlichen Ziels der Menschheitsgeschichte verdrängt wird, bleibt doch die große Bedeutung des Bückeburger Ansatzes, vor allem im Sinne einer leidenschaftlich vorgetragenen Gegenposition zu den linear-positivistischen Systemen der Aufklärungsphilosophie, bestehen. Dabei ist die Herdersche Geschichtsphilosophie der Bückeburger Zeit, wie Hans-Dietrich Irmscher hervorhebt[288], ganz sicherlich von Luthers Auffassung der Geschichte als "Mummenschanz" des sich verbergenden Gottes beeinflußt, ebenso wie seine Anthropologie starke Züge des Lutherischen Menschenbildes trägt.

Im ganzen betrachtet, so lautet unsere These, macht die sehr stark poetisch-ästhetisch orientierte Lutherrezeption der Rigaer Frühphase in Bückeburg eine theologisch akzentuierte Vertiefung durch, ohne daß damit jedoch die ästhetische Seite aufgegeben oder vernachlässigt würde. Auch im Vergleich zur Weimarer Zeit bilden die Bückeburger Jahre - zumindest vom theologischen Standpunkt aus betrachtet - den Höhepunkt von Herders Lutherinteresse.

Wir möchten nun, bevor wir diesen ersten Befund systematisch entfalten, einen Blick auf die im Nachlaß dokumentierten Lutherstudien Herders werfen, um so eine empirische Basis für die nachfolgenden Ausführungen zu gewinnen. Insgesamt wird unsere Untersuchung in diesem Kapitel auf Grund des reichhaltig vorhandenen Materials dabei stärker quellenkritisch und textphilologisch ausgerichtet sein als im ersten Teil, der vor allem eine geistesgeschichtliche Einordnung der Lutherrezeption Herders im Umfeld vergleichbarer Theologen, Philosophen und Dichter der Epoche entwickeln wollte.

2. Quellenkritische Bestandsaufnahme von Herders Bückeburger Lutherstudien

Bernhard Suphan bringt im editorischen Nachwort zu Band 17 der "Sämtlichen Werke"[289], in dem die "Briefe zur Beförderung der Humanität" enthalten sind, neben manchen wichtigen Hinweisen zum allgemeinen Charakter von Herders Lutherrezeption auch eine summarische Aufstellung derjenigen Schriften des Reformators, die sich nachweislich im Bestand der Herderschen Bibliothek befunden haben. Dabei handele es sich um die Jenaer Ausgabe von Luthers Werken (1575 ff), um die Saalfelder (Teil 1 - 9, 1738 ff), die Hauspostille, die Tischreden in einer Ausgabe von 1571 "und manches andere" mehr. Im übrigen verweist Suphan auf die "Bibliotheca Herderiana"[290], den 1804 in Weimar gedruckten Katalog von Herders Bibliothek. Er nennt: S. 4 - 6, Nr. 27 - 35.122.125 sowie Appendix S. 341, Nr. 78 - 86.

Diese Aufstellung mag zwar recht verdienstvoll und für einen flüchtigen Überblick ausreichend sein, vollständig und korrekt ist sie mit Sicherheit jedoch nicht.

Dabei lohnt es sich durchaus, Herders Besitz an Lutherschriften einmal unter bibliographischen Gesichtspunkten zu betrachten.
Wir möchten aus diesem Grunde Suphans Aufstellung durch die folgenden Angaben aus dem Katalog ergänzen und - wo es nötig wird - korrigieren.
Folgende Lutherwerke befanden sich in Herders Bibliothek:[291]

BH	2,27 - 34	: D.M. Lutheri Schriften. Jhena 1575. 8 Bde.
BH	2,35	: D.M. Tischreden, durch Joh. Aurifaber. Frankf. a.M. 1571.
BH	3,43 - 46	: D.M. Lutheri opera omnia. Jenae 1556.
BH	4,70 - 71	: Luthers Auslegung der Episteln und Evangelien. Wittenberg 1543.
BH	4,72 - 88	: D.M. Luthers Schriften und Werke. Leipzig 1729.

BH	4,89	: (Greiffs Register über die 22 Theile von Luthers Schriften. Leipzig 1740.)
BH	4,102	: D.M. Luthers Tischreden.
BH	5,122	: Biblia, d.i. die ganze heil. Schrift durch D.M. Luthers. Mit Holzschn. Wittenberg 1541.
BH	6,125	: Biblia, d.i. die ganze heil. Schrift durch D.M. Luther. Mit Holzschn. Wittenberg 1545.
BH	17,345(2)	: Suppl. 260 Epist. M. Lutheri c. al. Lips. 1707.
BH	29,563(2)	: Lutherus de servo arbitrio c. al. Vittenb. 1525.
BH	30,589	: (Herders Katechismus Lutheri, Jena).
BH	35,688 - 695˙	: Lindners Auszug aus D.M. Luthers Schriften. Salfeld 1752. 8 Bde.
BH	35,696	: Lindners Auszug aus D.M. Luthers Tischreden. 1.2. Theil Salfeld 1745.
BH	39,777	: M. Luthers Hauspostille.
BH	47,935(1.2)	: Auserlesene Trostbriefe von D.M. Luther. Jena 1724. 2) M. Luther von der h. Taufe. Ib.
BH	48,949	: Alter Kirchenlehrer, besonders Luthers, sämmtl. Kirchengesänge. Jena 1784.
BH	51,1002	: Autographa Lutheri aliorumque celebr. virorum ab 1517 - 1546. Brunsw. recondita. 1690.
BH	51,1006	: D. Luthers Fürsten-Spiegel. Frankfurt a.M. 1783.
BH	60,1181	: Das Newe Testam. D.M. Luther. Wittenb. 1566.
BH	61,1195	: M. Lutherus de novissimis verbis Davidis c. al. Lips. 1550.
BH	61,1197(1.2)	: M. Lutheri annotationes in Ecclesiast. Salom. Wittenb. 1532. 2) Ein Trostbüchlein für die Sterbenden Ib.
BH	76,1492	: Der Prophet Jonas von M. Luther. Wittenberg 1526.
BH	324,47	: (Luthers Katechismus von Herder. Jena.).
BH	339,2	: Geistreiche, heroische und nachdenkliche Reden und Worte M. Lutheri, aus dessen Schriften gezogen von Ph. Salzmann. Naumb. 1664.

BH	341,27	: Ein Convolut alter Drucke Lutherischer u.a. Schriften. Wittenb. 1523 u.f. 20 Stück.
BH	341,28	: Desgleichen Ib. 1522 u.f. 20 St.
BH	341,29	: Desgl. Ib. 1520 u.f. 20 St.
BH	341,30	: Desgl. Ib. 1520 u.f. 20 St.
BH	341,31	: Desgl. Ib. 1520 u.f. 20 St.
BH	341,32	: Desgl. Ib. 1522 u.f. 20 St.
BH	341,33	: Desgl. Ib. 1523 u.f. 16 St.
BH	341,34	: Desgl. Ib. 1520 u.f. 12 St.
BH	344,78 - 86	: Lutheri Schriften von Benj. Lindnern. 1 - 9. Theil. Saalf. 1738.
BH	346,134 - 135	: Lutheri Tischreden von Lindnern. Saalf. 1745.

Der ca. 1600 Titel umfassende Teil von Herders theologischer Bibliothek beinhaltet damit immerhin 80 Nummern mit Schriften Martin Luthers, darunter fünf Gesamtausgaben der Werke des Reformators.[292] Allein diese Zahlen machen deutlich, in welchem Maße Herder an den Werken Martin Luthers interessiert war. Wenn es erlaubt ist, aus dieser ersten Bestandsaufnahme vorsichtige Rückschlüsse zu ziehen, so kann gesagt werden, daß er - zumindet nach dem Zeugnis seiner Bibliothek - alle Voraussetzungen zu einem intensiven und umfassenden Lutherstudium besessen hat.

Wir möchten daher in einem zweiten Schritt untersuchen, in welchem Umfang sich Herders Lutherinteresse an Hand von Schriften aus seinem Nachlaß dokumentieren läßt.[293]

In der Rigaer Schaffensperiode lassen sich, wie bereits angedeutet, keine direkten Zitate aus Schriften Luthers nachweisen. Dies gilt in gleicher Weise für die veröffentlichten wie für die unveröffentlichten Texte aus dem Nachlaß.

Mit Herders Wechsel nach Bückeburg ändert sich dieser Befund sehr rasch. Wir finden ihn eifrig vertieft in die Schriften Luthers und wenn er noch am 28. Dezember 1775 an Johann Georg Zimmermann schreibt:

"... ich habe Luther ganzer u. inniger gefühlt und erkannt, als alle die (seine Gegner in Göttingen; Zusatz vom Verf.) mögen"[294], so kommt darin zum Ausdruck, daß Herders Lutherinteresse sich über einen Zeitraum von mehreren Jahren erstreckt haben muß und auch - wie noch zu zeigen sein wird - in Weimar nicht zum Erliegen kam.[295]
Hinzu kommt seine intensive Lektüre von Sekundärliteratur zu Person und Werk des Reformators.
1772 studiert er die zwischen 1753 und 1764 in Leipzig veröffentlichte vierbändige Lutherbiographie von Friedrich Sigmund Keil, die er noch in den 1781/85 erschienenen "Briefen, das Studium der Theologie betreffend" als maßgebliches Standardwerk empfiehlt.[296]

Im handschriftlichen Nachlaß Herders lassen sich nun drei Manuskripte nachweisen, die mit allergrößter Wahrscheinlichkeit in der Bückeburger Zeit entstanden sind und sein in diesen Jahren einsetzendes intensives Lutherstudium bezeugen. Es sind dies:

- Eine Abschrift von Luthers 1524 entstandenem Lied "Ein neues Lied wir heben an"[297].

- Ein vier Blatt starker Auszug aus Valentin Ernst Löschers "Vollständigen Reformationsacta et documenta". Leipzig 1720 (1729).[298]

- Ein 38 Blatt umfassender Auszug aus "D. Luthers Deutsche Schriften, erster Teil, von 1517 - 1522, Ausz. aus: D.M. Lutheri Opera omnia, Jenae 1556 (BH 43 - 46).[299]

Auf Herders Einstellung zum Liederdichter Luther werden wir im folgenden Abschnitt genauer eingehen, sein Auszug aus Löschers Reformationsacta diente wohl vor allen Dingen dem Zweck, die historischen Kenntnisse von der Entstehung und Entwicklung der Reformation durch das Studium der wichtigsten Quellentexte tiefer zu fundieren. Die dreiteiligen "Reformationsacta" Löschers, eines "Vorkämpfers der lutherischen Orthodoxie gegenüber dem Pietismus"[300] stellen eine vollständige Urkundensammlung dar, die eigentlich aus polemischen Interessen gegen den Katholizismus entstanden war, darüber hinaus jedoch recht bald eine generelle Bedeutung für die Historiographie der Reformation erlangt hatte.

Herders recht sorgfältige Exzerpte und Zusammenfassungen zeigen ihn als interessierten Beobachter vor allem der Vor- und Frühgeschichte der Reformation[301], gehen im übrigen jedoch nicht - im Sinne von Kommentaren oder Stellungnahmen - über Löschers Kompilation hinaus.

Für unser Thema interessanter und ergiebiger sind daher Herders Exzerpte aus dem ersten Band von Luthers deutschen Schriften, die er in der Jenaer Ausgabe von 1556 studiert hat.[302] Dieser erste Band beinhaltet in chronologischer Reihenfolge die in den Jahren 1517 bis 1522 entstandenen Schriften des Reformators. Wir möchten ausdrücklich darauf hinweisen, daß sich im handschriftlichen Nachlaß für die Bückeburger Zeit nur Auszüge aus diesem ersten Band, also mit Texten der frühreformatorischen Phase Luthers nachweisen lassen. Erst die in Weimar entstandene zweite umfangreiche Zusammenstellung von Lutherzitaten, die Herder unter das Thema "Luther, ein Lehrer der deutschen Nation" gestellt hat, bringt einen repräsentativen Querschnitt auch aus den späteren Schaffensperioden des Reformators.[303] So überraschend diese Feststellung auch sein mag, so wenig darf sie jedoch zu der Annahme verleiten, Herder habe während der Bückeburger Zeit ausschließlich Schriften des jungen Luther gekannt. Man wird aus unserem Befund höchstens den Schluß ziehen dürfen, daß er die frühen Schriften des Reformators intensiver studiert hat, als die späteren. Immerhin läßt sich mit Sicherheit nachweisen, daß Herder spätestens während seiner Arbeit an der "Ältesten Urkunde", deren vorbereitende Schriften ja bis in die Jahre 1769 - 72 zurückreichen, Luthers Kurz-Auslegung der Genesis von 1528[304] und spätestens 1774, dem Erscheinungsjahr seiner genialen Geschichtsphilosophie, Luthers zentrale Schrift "De servo arbitrio"[305] gekannt haben muß. Darüber hinaus finden sich in den Bückeburger Schriften Zitate aus oder Hinweise auf Luthers Predigten, die letzte Vorrede zu seinen deutschen Schriften[306], zu seinem Hohelied- sowie zum Psalmenkommentar.

Es ist bedauerlich, daß der handschriftliche Nachlaß keine Aufschlüsse über Herders Studien dieser weiteren Lutherschriften gewährt. Betrachtet man nämlich die vorhandenen Abschriften, so wird deutlich,

mit welch außerordentlicher Akribie Herder zumindest die Luthertexte
der Jahre 1517 bis 1522 gelesen und gesammelt hat. Dabei handelt es
sich ausschließlich um meist wörtliche Übernahmen der Vorlagen ohne
kommentierende Zusätze.
Verschiedentlich werden Passagen ausgelassen oder zusammengefaßt, gegen Ende des Manuskripts finden sich manchmal auch bloße Nennungen
einzelner Schriften des Reformators, die Herder wohl nicht interessant genug erschienen sind, um sie ausführlich zu exzerpieren. Auf
jeden Fall hat er auch mit den vorliegenden Auszügen einen breiten
Zugang zu manchen wichtigen Theologumena insbesondere des frühreformatorischen Luther besessen.
Wir möchten daher im folgenden eine auf Autopsie der im Nachlaß liegenden Quellen beruhende Aufstellung derjenigen Schriften Luthers geben, von denen Herder in Bückeburg mit großer Sorgfalt Auszüge angefertigt hat.[307] Diese Auszüge stammen - mit einer Ausnahme - alle aus
dem ersten Band der Jenaer Luther-Ausgabe. Es sind dies:

- Vorrede Herrn Niclas von Amsdorff zur Jenaer Ausgabe der Schriften Luthers;

- Vorrede D.Mart. Luthers über den ersten Teil seiner Deudschen Bücher;

- Vorrede Luthers zum Register seiner Schriften 1518 - 1523;

- Vorrede D.M. Luthers auf seine disputationes oder propositiones wider das Ablas / Bapsthum / u. d. Sophisten Lere;

- Schrifft D.M. L. an den Cardinal und Ertzbischoff zu Meintz von seiner Disputation vom Ablas;

- Vorrede zu Luthers Abhandlung vom Ablas ("Aus rechter wahrer Liebe und sonderlichem Fleis ..."); 95 Thesen in Auswahl;

- Freiheit des Sermons D.M. L. vom Ablas;

- Schrifft D.M. L. an Bischoff Hieronymum zu Brandenburg von seiner Disputation vom Ablas;

- Sermon von Ablas und Gnade des würdigen Doct. Mart. Luth.;

- Kleiner Sermon M.L. vom Wucher;

- Sermon vom hochwürdigen Sakrament der Taufe;

- Großer Sermon vom Wucher (1. u. 2. Teil);

- Antwort D.M. L. auff die Zeddel / so unter des Officials zu Stolpen Siegel ist ausgegangen;

- Schrifft Luthers an den Erzbischoff zu Meintz;

- Schrifft Luthers an den Erzbischoff zu Merseburg;

- Schrifft M. L. an (?) Kaiser Carolum, daß er nicht unerhört ...;

- Brief Herzog Georg zu Sachsen an Herzog Friedrich zu Sachsen;

- Antwort Luthers: Erklerung D.M. L. etlicher Artickel in seinem Sermon vom hochwirdigsten Sakrament ...;

- Antwort des Erzbischoffs zu Meintz auf die Schrifft D.M. L.;

- Sermon von den guten Werken;

- Auslegung des Vaterunsers, deutsch;

- Schrifft D.M. L. an D. Staupitz;

- Schrifft D.M. L. an Bapst Leonem X. was ihn zu seiner Disputation vom Ablas verursacht;

- Zwo harte ernstliche Schrifften D.M. Luthers an den christlichen Leser wider Silvestrum Prieriatum;

- Schrifft M.L. an den christlichen Leser wider Jacob Hofstraten;

- Sermon vom Sakrament der Buße;

- Der hundert und zehend Psalm vom Königreich u. Priesterthum unseres Herrn Jhesu Christi;

- Fürbittliche Schrifft an Ern Hans Renner für D.M. L. aus M. Georg Spalatini Handschrifft abgeschrieben;

- Kurtze Erzelung der Handlung mit D.M. L. ergangen zu Augsburg für Thoma Caietano Cardinal;

- Lenger und weitläufiger Bericht der Handlung D.M. L. für Thoma Caietano;

- nicht identifizierbar;

- Schrift Keiser Maximiliani an Bapst Leonem X. aus Augsburg im Reichstag;

- Antwort Herzog Friedrichs zu Sachsen ... auff eine Schrift ... Herrn Raphaelis Cardinalis Tituli S. Georgi, darin D. Luthers Sache gedacht wird;

- Schrifft Leo X. an Kurfürst Friedrich;

- Schrifft Leo X. an Cardinal Caietano;

- Glosa Bruder M. Lutheri auf das Breve Bapst Leo X.;

- Schrifft der Universitet zu Wittenberg an Ern Cardinal von Miltitz, Bapst Leo X. Kämmerer;

- Kurtze Schrifft D.M. L. an Philippum Melanchton geschrieben aus Augsburg nach Ausgang des Reichstages ...;

- Protestation und Antwort D.M. L. auf die zween fürgeworfenen als verweisliche Artickel vom Cardinal S. Sixti etc.;

- Antwort D. Martini Lutheri auf den 1. Art. vom Ablas betreffend;

- nicht identifiziert;

- Sendbrief D.M. L. an M. Georg Spalatin;

- Schrifft D.M. L. an D. Carlstad;

- Schrifft Herrn Conrad Adelmanns an Spalatin;

- Schrifft Thomas Caietans an Herzog Friedrich;

- Schrifft D.M. L. an Hertzog Friedrich;

- D. Martinus u. D. Carlstads Antwort auf D. Ecken Schreiben an Hertzog Friedrich;

- Hertzog Friedrichs Antwort an D. Ecken;

- D. Carlstads Schrifft an H. Friedrich auff D. Ecken verklagen;

- Schrifft Herrn Niclas von Amsdorff an G. Spalatinum von der Leipzischen disputation;

- H. Friedrichs Schrifft an Caietan (?); Jenaer Ausgabe nicht nachgewiesen;

- Cardinal de Medici Schrifft an Georg Spalatin;

- Schrifft H. Friedrichs an Leo X.;

- Kurzer Bericht D.M. L. an Leo X.;

- Schrifft D.M. L. an Leo X.;
- Unterricht D.M. L. von der Disputation zu Leipzig;
- D. Ecken Schrifft an H. Friedrich Churf. von der Disputation zu Leipzig;
- nicht identifiziert;
- Sermon D.M. L. von der betrachtung des H. Leidens Christi;
- Sermon D.M. L. vom Ehlichen Stande verendert und corrigiret;
- Sermon D.M. L. von dem gebet und Procession in der Creuzwochen;
- Sermon D.M. L. am tage Petri und Pauli auff'm Schlos zu Leipzig gethan;
- Sermon von S. Peters u. Pauls Fest.

Soviel zunächst zu Herders im handschriftlichen Nachlaß überlieferte Lutherstudien. Wir werden im weiteren Verlauf der Untersuchung darauf zu achten haben, daß für die Interpretation seiner Lutherrezeption nur diejenigen Schriften des Reformators herangezogen werden, die Herder nachweislich gekannt hat. Bevor wir jedoch mit der systematischen Auswertung der Ergebnisse dieser quellenkritischen Bestandsaufnahme beginnen, möchten wir einen kurzen Überblick über diejenigen Schriften aus der Bückeburger Zeit geben, in denen sich der Einfluß von Herders Lutherstudien unmittelbar niedergeschlagen hat.

Ein solcher Überblick erscheint hilfreich und notwendig, da das Personen- und Sachregister der Suphanschen Ausgabe der "Sämtlichen Werke" Herders Lutherlektüre nicht ganz vollständig und lückenlos erschließt.
Wir bemühen uns dabei darum, die Ordnung der in Frage kommenden Schriften in chronologisch aufsteigender Reihenfolge nach ihren jeweiligen Erscheinungsjahren vorzunehmen.

- Rezension aus der Allgemeinen Deutschen Bibliothek 1770 - 1774; "16 Oden von Klopstock", 1771. SW V, 350.

- im Anhang: Rezension der Luther-Ode von Johann Andreas Cramer, 1771. SW V, 403 - 407.

- Von deutscher Art und Kunst. Einige fliegende Blätter, 1773.
  SW V, 199.

- An Prediger[308], 1773. (Aus dem Manuskript von Georg Müllers Ausgabe.) SW VII, 183. 190. 195. 214.

- Gefundene Blätter aus den neuesten Deutschen Litteraturannalen von 1773 (gedruckt in den Königsbergischen Gelehrten und Politischen Zeitungen 1774). SW V, 263.

- Älteste Urkunde des Menschengeschlechts, Bd. 1, 1774. SW V, 305. 314.

- Auch eine Philosophie der Geschichte zur Bildung der Menschheit, 1774. SW V, 531. 581.

- Johannes Offenbarung, 1779. (Nach Suphan, SW VIII, XIX bereits 1773/74 entstanden). SW IX, 53.

- Erläuterungen zum NT aus einer neueröffneten morgenländischen Quelle, 1775. SW VII, 434. 435.

- Älteste Urkunde des Menschengeschlechts, 2. Bd., 4. Teil, 1776.
  SW VII, 10. 21. 24. 27. 28. 30. 37. 48. 51. 53. 78. 125. 127.

- Briefe zweener Brüder Jesu in unserem Kanon, 1775. SW VII, 500.

- Vom Erkennen und Empfinden, den zwo Hauptkräften der Menschlichen Seele, 1775. SW VIII, 308. 326. 318. 328. 329. (In der 1778 erschienenen endgültigen Fassung der Schrift "Vom Erkennen und Empfinden der menschlichen Seele. Bemerkungen und Träume, SW VIII, 202. 230.).

- Aus Lavater's Physiognomischen Fragmenten, 1776 (Bückeburg?).
  SW IX, 472.

- Recensionen und Kleine Schriften 1776 - 1778: Johann Kasper Lavater, Zweytes Funfzig christlicher Lieder, 1776. SW IX, 469.

- Lieder der Liebe, 1778. (Nach Suphan, SW VIII, S. VII Vorarbeiten bereits im Jahr 1772). SW VIII, 487. 545. 554. 555. 556. 588. 591. 632.

- Maran Athan. Das Buch von der Zukunft des Herren, 1779. (Nach Suphan Vorarbeiten bereits Anfang der 70er Jahre, vgl. Suphan, SW IX, S. IX f). SW IX, 274.

An Dokumenten für Herders Interesse an Person und Werk Martin Luthers kommen für die Bückeburger Zeit folgende Briefe hinzu:

- Vom 9. November 1771 an Prinz Peter Friedrich Wilhelm von
  Holstein - Gottorp. Briefe, Bd. 2, S. 92 - 99.
- Mitte November 1771 an Friedrich Nicolai. Briefe, Bd. 2, S. 100.
- Vom 23. November 1772 an Friedrich Nicolai. Briefe, Bd. 2, S. 267.
- Anfang Mai 1774 an Leonhard Karl Justi. Briefe, Bd. 3, S. 180.
- Vom 28. Dezember 1775 an Johann Georg Zimmermann. Briefe, Bd. 3,
  S. 239.
- Vom 30. Dezember 1775 an Johann Kasper Lavater. Briefe, Bd. 3,
  S. 240 f.

Im Anschluß an diesen quellenkritischen Überblick möchten wir im folgenden versuchen, Herders Lutherrezeption der Bückeburger Zeit systematisch nach übergreifenden Zusammenhängen zu gliedern und in themenspezifischer Anordnung darzustellen.

Hierbei wird sowohl auf die Kontinuität zu seinen Rigaer Äußerungen als auch auf die mit der Bückeburger Zeit einsetzende produktive Fortbildung dieser frühen Standpunkte - vor allem in theologischer, geschichtsphilosophischer und psychologischer Hinsicht - zu achten sein.

Ein wichtiges Element der Kontinuität bildet dabei unzweifelhaft Herders Festhalten an der sprachästhetischen Deutungsperspektive der Schriften Martin Luthers.

3. Die Fortsetzung der sprachästhetischen Lutherrezeption

Während der Rigaer Jahre hatte vor allem die Bibelübersetzung die wichtigste Textgrundlage für Herders Aussagen zur sprachästhetischen Bedeutung der Werke des Reformators gebildet. In Bückeburg erweitert sich der Gegenstandsbereich seiner theologischen wie literarischen Lutherstudien in vielfältiger Weise und erstreckt sich schwerpunktmäßig nun auch auf die Kirchenlieder, während die Predigten eigentlich nie so recht im Zentrum von Herders Interesse gestanden haben.[309]

Wir möchten daher im folgenden versuchen, Herders im ganzen betrachtet nicht unproblematische Beurteilung der Kirchenlieder kritisch zu beleuchten und auf ihre positiven wie negativen Implikationen zu befragen.

Methodisch soll dies auf zweifache Art und Weise geschehen: zunächst soll in einem kurzen Abriss versucht werden, die authentische Gestaltungsabsicht von Luthers Liedschaffen darzustellen, soweit dies für das Verständnis unseres Themas notwendig erscheint. Damit soll der argumentative Hintergrund geliefert werden, auf den sich unsere Kritik von Herders Rezeption der original reformatorischen Lieder bezieht. Dabei soll insbesondere gezeigt werden, daß Herder die theologisch-liturgische Sinnmitte von Luthers deutschsprachigen Gemeindegesängen - vor allem während der Bückeburger Zeit - nicht adäquat zu erfassen in der Lage ist.

Hierbei soll evident gemacht werden, daß er diese Lieder innerhalb von säkularisierten Beziehungszusammenhängen thematisiert und sie von ihrer ursprünglich theologischen auf eine ästhetische Bezugsebene transponiert, indem er die geistliche Bekenntnislyrik des Reformators vorwiegend aus der Perspektive der profanen Volksliedtradition heraus beurteilt und nach den Gesichtspunkten der weltlichen Lyrik betrachtet, wie er sie in Percys 1765 erschienenen "Reliques of ancient poetry", in den von Macpherson ab 1760 pseudonym veröffentlichten Gesängen Ossians oder in den fleißig gesammelten deutschen Liedern kennengelernt hat.[310] Aus der Sicht Luthers heraus, so möchten wir urteilen, wird man eine solche ästhetisierende Weise der Rezeption negativ bewerten und kritisieren müssen, da sie zu einem Verlust der theologischen Gehalte dieser Lieder führt.

In einem zweiten Schritt soll zur positiven Würdigung von Herders Stellungnahmen dann jedoch der zeitgeschichtliche Hintergrund der protestantischen Kirchenliedproduktion[311], wie ihn Aufklärung und Pietismus zeichnen, geschildert werden.
Hierbei wird vor allem auf die Tatsache hinzuweisen sein, daß die im 18. Jahrhundert in großer Fülle erscheinenden Bearbeitungen alter, ebenso wie die Neuentstehungen moderner Kirchenlieder, durch die der kanonische Anspruch des genuin reformatorischen Kirchenliedes erschüttert wurde, von wenigen Ausnahmen abgesehen eine weitreichende Niveaueinbuße gegenüber den bewährten Liedsammlungen des 16. und 17. Jahrhunderts darstellten, wobei gerade der Anteil der originalen Lutherlieder in zum Teil recht erheblichem Maße eingeschränkt wurde. Vor dem Hintergrund dieses Befundes - so lautet daher unsere These - wird man Herders, wenn auch theologisch oder hymnologisch wenig fundierte Rückwendung zum traditionellen Lutherisch-reformatorischen Liedgut als bedeutungsvollen Beginn einer hymnologischen Restaurationsbewegung betrachten dürfen, durch deren zunächst auf die textliche Gestalt der Lieder sich beziehenden Interventionen der protestantische Gemeindegesang der folgenden Jahrzehnte vor einem tiefgreifenden Substanzverlust bewahrt wurde.[312] Damit jedoch wurde - zumindest auf diesem Gebiet - die Ästhetik zur Vorreiterin der Theologie.

Um die vielschichtigen Zusammenhänge von Herders Stellungnahmen zum Lutherischen Kirchenlied deutlich zu machen, werden wir im weiteren Verlauf unserer Darlegungen schließlich auch Äußerungen aus der Weimarer Zeit heranziehen, indem wir die bisher praktizierte Gewohnheit einer rein chronologischen Gliederung des Stoffes zugunsten einer mehr systematisierenden Anordnung vorübergehend aufgeben. Durch diese Vorgehensweise soll, so hoffen wir, erkennbar werden, daß zwischen den Bückeburger und den Weimarer Standpunkten ein tiefgreifender

Perspektivenwandel stattgefunden hat, der, so meinen wir, in erster Linie auf den Einfluß von Herders amtstheologischen Verpflichtungen zurückzuführen ist. Damit soll ersichtlich gemacht werden, daß Herders Beurteilung der Lutherischen Kirchenlieder in sich uneinheitlich ist und im Laufe ihrer Entwicklung gravierenden Wandlungen unterworfen war. Zunächst jedoch möchten wir, bevor wir auf diesen Sachverhalt näher eingehen, zur weiteren Erhellung der inneren Problematik von Herders in Bückeburg vertretenen Standpunkten einen kurzen Blick auf Luthers eigene Überlegungen zur Entwicklung und Verwendung nationalsprachlicher Gemeindegesänge werfen.

3.1 Martin Luthers Beweggründe zur Entwicklung deutschsprachiger Gemeindegesänge

Der Versuch, diejenigen Motive darzustellen, die Martin Luther zur Schaffung deutschsprachiger Kirchenlieder veranlaßten, hat bei deren theologischer Grundlegung anzusetzen. Diese wiederum besitzt ihren genuinen Ort in der seit 1523 betriebenen Gottesdienstreform, die das strophische Gemeindelied in einer kontinuierlichen Entwicklung zu einem festen liturgischen Faktor innerhalb des Kultus erhob. Verkündigung des Gotteswortes und bekenntnismäßige Beteiligung der Gemeinde am liturgischen Geschehen sollte, so die Intention Luthers, durch die hymnologische Gestaltung einzelner Gottesdienstelemente gefördert werden, ein Zielanspruch, durch den das reformatorische Gemeindelied sich langsam zum Symbol des christlichen Glaubens entwickelte, das für den ganzen Glaubensinhalt der Kirche stand.[313] Luther, für den, ähnlich wie für Calvin, feststand, daß im Kirchenlied nichts als das Wort Gottes verbreitet werden dürfe, brachte damit die geistliche Lyrik in einen untrennbaren Wirkungszusammenhang zur Verkündigungs- und Bekenntnisaufgabe seiner Kirche. Die reformatorischen Kirchenlieder sind daher, wie neuerdings Gerhard Hahn überzeugend hervorhebt[314], mehr als bloße liturgische Zweckpoesie. Sie besitzen vielmehr eine wort-, verkündigungs- und bekenntnismäßige Verankerung im Zentrum der theologischen Grundanschauungen des Reformators.

In seiner Gesangbuchvorrede von 1524 formuliert Luther den theologisch-liturgischen Wirkungsanspruch der Kirchenlieder explizit. Sie seien notwendig, "Auff das da durch Gottes wort und Christliche lere / auff allerley weyse getrieben und geuebet werden". Dementsprechend habe er Lieder verfaßt, um "das heylige Evangelion / so itzt von Gottes Gnaden auff gangen ist / zu treyben und in schwanck zu bringen"[315].
In einem Ende 1523 oder Anfang 1524 in Wittenberg entstandenen Brief an Spalatin gibt Luther noch einmal eine knappe theologische Zweckbestimmung der Lieder: "Consilium est, exemplo prohetarum & priscorum patrum Ecclesie psalmos vernaculos condere pro vulgo, quo verbum dei vel cantu inter populos maneat"[316].
Gleichzeitig bittet er Spalatin, durch Psalmenübersetzungen zur Versorgung der Gemeinde mit Kirchenliedern beizutragen. "Ego non habeo tantum gratie", so lautet seine Begründung für diese Bitte, "ut tale quid possum, quale vellem"[317].
Die zusammenfassende theologisch-praktische Anweisung zur Integration deutschsprachiger Gemeindegesänge in den Ablauf der neu strukturierten Messe erscheint schließlich in Luthers ebenfalls 1523 erschienener Schrift "Formula missae et communionis": "Cantica velim etiam nobis esse vernacula quam plurima, quae populus sub missa cantaret, vel iuxta gradualia, item iuxta Sanctus et Agnus Dei. Quis enim dubitat, eas olim fuisse voces totius populi, quae nunc solus Chorus cantat vel respondet Episcopo benedicenti? Possent vero ista cantica sic per Episcoporum ordinari, ut vel simul post latinas cantiones, vel per vices dierum nunc latine, nunc vernacula cantarentur, donec tota Missa vernacula fieret."[318]

Als praktisches Resultat dieser Überlegungen entstanden in den Jahren 1523 und 1524 insgesamt 37 Kirchenlieder aus der Feder Martin Luthers, von denen allerdings nur sieben keine direkte literarische Vorlage besaßen.[319] Sein volkssprachiges, mehrstrophiges Gemeindelied entsprach dabei den allgemeinen national geprägten Tendenzen der Reformation und war, als Nachfahre des mittelalterlichen geistlichen Liedes, tief in der spirituellen und emotionalen Erlebnissphäre des Volkes verankert. Neben Vorbildern aus dem Bereich der geistlichen ver-

wandte Luther aber auch solche aus dem vielfältigen Liedarsenal der
weltlichen Lyrik. So lieferte er Bearbeitungen der Gattungen des erzählenden Liebesliedes ("Nun freut euch, lieben Christen gmein"), des
politischen Marktliedes ("Ein neues Lied wir heben an") und des geselligen Kränzelliedes ("Vom Himmel hoch"). Diese Beispiele bringen
die typische Tendenz von Luthers deutschsprachigen Gemeindegesängen
zur Spiritualisierung profaner Liedvorlagen zum Ausdruck. Ihnen ging
es, wie wir zusammenfassend formulieren möchten, einzig und allein
um den Aspekt der Verkündigung des Gotteswortes, mithin um ein ausschließlich theologisches Anliegen.

3.2 Herders ästhetisierende Form der Kirchenliedrezeption

Wir werden im folgenden zu zeigen haben, daß Herders Bückeburger
Stellungnahmen zum Liedschaffen Luthers durch ihre fast ausschließlich auf der sprachästhetischen Rezeptionsebene angesiedelte Verständnisform der Kirchenlieder hierzu eine gerade gegenläufige Bewegung darstellen und - genau umgekehrt - im Sinne einer weitgehenden Profanisierung der geistlichen Bedeutungsgehalte dieser Lieder
zu verstehen sind.[320]

"Alle unsre alte Kirchenlieder", so schreibt Herder in seinen 1773
erschienenen Blättern 'Von deutscher Art und Kunst', "sind voll dieser Würfe und Inversionen: keine aber fast mehr und mächtiger, als
die von unserm Luther. Welche Klopstocksche Wendung[321] in seinen Liedern kommt wohl den Transgressionen bei, die in seinem "Ein feste
Burg ist unser Gott!", "Gelobt seyst du Jesu Christ!", "Christ lag in
Todesbanden!" und dergleichen vorkommen: und wie mächtig sind diese
Übergänge und Inversionen! Wahrhaftig nicht Nothfälle einer ungeschliffenen Muse, für die wir sie gütig annehmen: sie sind allen alten Liedern solcher Art, sie sind der ursprünglichen, unentnervten,
freien und männlichen Sprache besonders eigen ..."[322].
Schon diese Äußerungen zeigen, daß Herder Luthers Kirchenlieder, ebenso wie dessen Bibelübersetzung, ganz nach den typischen Kriterien sei-

ner allgemeinen literarästhetischen Anschauungen, wie sie beispielsweise in den "Fragmenten", im Ossian- und Shakespeare-Aufsatz oder in seinem Beitrag "Von deutscher Art und Kunst" niedergelegt sind, betrachtet. Er beurteilt sie von der Sprache her und sieht in ihnen zunächst Dokumente einer sinnlichen, urwüchsigen und durch affektive Wirkung gekennzeichneten Poesie. In einer für das ästhetische Programm des Sturm-und-Drang charakteristischen Weise erkennt er in Luthers Liedern Musterexemplare einer sensitiven poetischen Ausdrucksform, die sich in ihrer unmittelbaren Vitalität und ihrem volkstümlichen Ton plastisch von den in der Aufklärung entstandenen literarischen Produktionen einer rational-didaktisch geprägten Weltanschauung und der in ihrem Gefolge hervorgebrachten logifizierten Bearbeitungen einer großen Fülle original reformatorischer Gemeindegesänge unterscheiden. "... die Einbildungskraft", so erläutert und begründet Herder sein Urteil, "führet natürlich darauf, und das Volk, das mehr Sinne und Einbildung hat, als der studirende Gelehrte, fühlt sie (die Übergänge und Inversionen; Zusatz vom Verf.), zumal von Jugend auf gelernt, und sich gleichsam nach ihnen gebildet, so innig und übereinstimmend, daß ich mich z.E. wie über zehn Thorheiten unsrer Liedverbeßerung, so auch darüber wundern muß, wie sorgfältig man sie wegbannet, und dafür die schläfrigsten Zeilen, die erkünsteltsten Partikeln, die mattesten Reime hineinpropfet"[323].

Mit keinem Wort geht Herder auf die theologischen Motive und liturgischen Funktionen von Luthers Liedschaffen, etwa den Gesichtspunkt der Ausbreitung des Gotteswortes oder der Emanzipation des Kirchenvolkes ein. Auch die pädagogisch-didaktische Komponente der Kirchenlieder als Formulare der pastoralen Unterweisung der Gemeinde interessieren ihn weniger.[324] Nur vereinzelt, im ganzen jedoch recht peripher, kommt in seinen Erwägungen eine seelsorgerlich-pastoraltheologische Seite ins Spiel, so zum Beispiel, wenn er bedenkt, welche pädagogischen Möglichkeiten solche am Beispiel Luthers orientierten Lieder für die Bildung der kindlichen und jugendlichen Seelen bieten könnten.

Herder entwickelt diesen Ansatz jedoch nicht weiter und geht im unmittelbaren Anschluß an diese Überlegungen auf die im Grunde nach völlig anderen Kriterien zu beurteilenden "Kriegs-, Helden- und Väterlieder ... der alten, wilden Völker"[325] ein.

Wesentlich stärker interessieren ihn während der Bückeburger Jahre Luthers Kirchenlieder als exemplarische Verwirklichungsformen einer national- und volkspoetisch geprägten Ästhetik, die es - in unmittelbarem Bezug auf die sprachliche und literarische Situation der eigenen Zeit - zu rezipieren und umzusetzen gelte. Wir kommen damit zur Darstellung der positiven Bedeutung von Herders Äußerungen zum Kirchenliedschaffen des Reformators.

Die anwendungsbezogene und synchronisierende Komponente von Herders sprachästhetischer Interpretation wurde schon an früherer Stelle als ein typisches Element seiner Lutherrezeption bezeichnet. Ihr liegt, explizit oder implizit, immer eine leidenschaftliche Dekadenzkritik der aufklärerischen Literarästhetik zugrunde. Dies gilt in gleicher Weise für seine Ausführungen zur sprachlichen Gestalt der reformatorischen Gemeindegesänge. Seine Opposition gegen die aufklärerischen Neubearbeitungen Lutherischer Lieder entspringt dabei jedoch keineswegs einem bloß partikulardisziplinären Interesse theologischer Provenienz an den dogmatischen Inhalten dieser Lieder. Es geht Herder während dieser Jahre gar nicht um ein inhaltlich bestimmtes und theologisch motiviertes Eindringen in den authentischen Sinngehalt der Kirchenlieder. Die liturgische Ursprungsintention Luthers wird vielmehr nur am Rande erfaßt. Im Mittelpunkt von Herders Interesse steht nicht der innere Gehalt, sondern die äußere Gestalt von Luthers deutschsprachigen Gemeindegesängen.
Dabei liegt seinen poetologischen Anschauungsweisen eine wie Benno von Wiese es audrückt "als Natur verstandene Ganzheit" des Lebensgefühls zugrunde, die in bewußten Gegensatz zu den "verallgemeinernden Maßstäben aufgeklärter Vernunfts- und Gesellschaftskultur"[326] trat und sich in militanter Weise auch gegen deren ästhetische und poetische Idealvorstellungen richtete.

Diese vitalisierenden Ganzheitserfahrungen thematisiert Herder nun in programmatischer Weise überall dort, wo der philosophisch kalkulierende Geist der Aufklärung die irrational und unmittelbar sich regenden Lebensgefühle der dichterischen Natur zu zersetzen drohte. Luthers Kirchenlieder bilden vor dem Hintergrund dieser Erwägungen für Herder gewissermaßen idealtypische Verkörperungen einer auf unreflektierte Totalität ausgehenden Welt- und Lebensanschauung. Sie besitzen innerhalb seiner übergeordneten poetologischen Standpunkte daher weniger individuelle als typologische, weniger inhaltliche als formale Bedeutung und bringen in komprimierter Form die allgemein gültigen ästhetischen Maximen seiner Bückeburger Jahre zum Ausdruck.

Auch hier gilt also, ebenso wie für Herders frühe Äußerungen zur Bibelübersetzung, daß diese von einem gesamtästhetischen Horizont überwölbt, man möchte fast sagen: determiniert werden.

Die Tatsache, daß gerade von Seiten der Ästhetik ein solcher Protest gegen spezifische Dekadenzerscheinungen vorgetragen wird, deren Gegenstandsbereich im Grunde genommen einer anderen Wissenschaftsdisziplin – nämlich jener der Theologie – angehört, verdient dabei außerordentliche Beachtung. Ist man doch vom heutigen Verständnis des Begriffs "Ästhetik" her sehr schnell geneigt, Herders untheologische Art der Kritik an den aufklärerischen Kirchenliedern des 18. Jahrhunderts im pejorativen Sinn als Resultat eines dilletantischen "Panästhetizismus" abzutun, ohne dabei die positive Bedeutung dieser Kritik im Hinblick auf die produktive Fortentwicklung des evangelischen Gemeindegesanges im 19. Jahrhundert anzuerkennen. Eine solch eingeschränkte Sichtweise läßt jedoch außer acht, mit welch ungeheurer weltanschaulichen Wucht Herder – und mit ihm der gesamte Sturm-und-Drang – gegen die auf allen Gebieten des geistigen Lebens einsetzenden rationalistischen Engführungen der Aufklärung vorging. Man wird daher sagen dürfen, daß Herders zunächst auf dem Gebiet der Ästhetik vorgetragener Protest bald auch innerhalb der Theologie positive Auswirkungen nach sich zog.

Hinsichtlich der zeitgenössischen Kirchenlieder beispielsweise klagt er, in ihnen werden bloß "Lehren in trockner, schläfriger Dogmatischer Form, in einer Reihe todter, schlaftrunken nickender Reime" dargeboten, anstatt sie "durch Bild und Feuer, Lehre und That auf Einmal in Herz und Seele"[327] zu werfen. Und nach einem Zitat zweier Strophen von Luthers 1524 entstandenem Lied "Ein neues Lied wir heben an"[328] fragt er resignierend, "wie viele unsrer neuern Liederdichter dergleichen Strophen, (ich sage nicht dem Inhalt, sondern der Art nach) gemacht"[329] hätten. An solch kritische Einwände konnten dann die theologisch tiefer interessierten Forscher der folgenden Generation anknüpfen, als sie zu Beginn des 19. Jahrhunderts die Phase der Restauration des reformatorischen Kirchenliedgutes einleiteten.

Das Überwiegen der ästhetischen vor der theologischen Komponente innerhalb der Bückeburger Äußerungen von Herders Stellungnahmen zum Lutherischen Kirchenlied ist nun von der Forschung schon früh erkannt und zum Teil scharf kritisiert worden. F.A. Cunz beispielsweise urteilt: "Herder hat uns zuerst zu dem Verständnisse des weltlichen Volksliedes offene Bahn gemacht, aber das Kirchenlied gar nicht betrachtet"[330].

Man wird einer solchen Argumentation jedoch nur bedingt folgen können, da sie in isolierter Form und ungeschichtlicher Betrachtungsweise Herders Aussagen zur Bedeutung der Kirchenlieder ausschließlich an den entstehungsgeschichtlichen Motivationen von Luthers eigenem Liedschaffen mißt, ohne den zeitgeschichtlichen Hintergrund, vor dem diese Äußerungen entstanden sind, mitzubedenken.

Eine solche einseitig retrospektiv geartete Anschauungsweise muß in der Beurteilung von Herders Standpunkten fast notwendigerweise zu negativen Ergebnissen gelangen. Sie läßt - so möchten wir im Blick auf die weitere Rezeption von Luthers deutschsprachigen Gemeindegesängen unsere Kritik zusammenfassen - außer acht, daß jede geistige Leistung eine wenn nicht autonome, so doch gewiß nicht normierbare Wirkungsgeschichte besitzt, deren Ergebnisse mit den authentischen Ursprungsintentionen ihres Schöpfers oft nicht mehr identifizierbar ist. Positiv formuliert heißt dies, daß jede Epoche das Recht auf einen eigenen, individuellen Verständniszugang zur Deutung geistesgeschichtlicher Phänomene besitzt, ja daß die historische Differenz zwischen authentischer Gestaltungsintention und entwicklungsgeschichtlicher Adaption mit zu den konstitutiven Voraussetzungen des geistigen Verstehens überhaupt zählt. Insofern gehört ein interpretatives Moment gewissermaßen notwendigerweise zur Geschichte des Lutherbildes und seiner Einzelbefunde.

Hinzu kommt der Umstand, daß von einer differenzierten textphilologischen Strukturierung des auszuwertenden Quellenmaterials her noch einmal bedeutende Unterschiede zwischen den Bückeburger und den Weimarer Standpunkten Herders gemacht werden müssen.
Dabei ergibt sich, vor allem, wenn man das weitere Umfeld von Herders Stellungnahmen mit in den Blick nimmt und die allgemeine Situation der protestantischen Kirchenliedprodukion des 18. Jahrhunderts betrachtet, ein unwillkürlich anderer Befund.
Herders Worte erscheinen dann als prophetische Mahnrufe, die hineingesprochen sind in eine Phase der verhängnisvollen Denaturalisierung des reformatorischen Kirchenliedes.
Sie haben - dies zeigt die weitere Entwicklung des protestantischen Gemeindegesangs - durch ihre intuitiv vorgetragene Kritik dieser Verfallserscheinungen eine ganze Reihe von argumentativen Voraussetzungen und vorbereitenden Erkenntnissen zu seiner sukzessiven Restauration im 19. und beginnenden 20. Jahrhundert geliefert.

Wir möchten daher zur empirischen Verifizierung unserer These im folgenden den Weimarer Herder zu Wort kommen lassen, wobei verstärkt das polemische Umfeld seiner Ausführungen mit berücksichtigt und die zeitgenössische Entwicklung des evangelischen Kirchengesangs dargestellt werden soll.

3.3 Der Weimarer Herder und die Tradition der Aufklärung

Diese Entwicklung hatte - so Konrad Ameln - gegen Ende des 18. Jahrhunderts "einen Tiefstand (erreicht; Zusatz vom Verf.), der kaum zu unterbieten war"[331].
Unter dem Einfluß der rationalistisch geprägten Weltanschauung der Aufklärung seien die alten Gemeindelieder umgestaltet worden und hätten dadurch immer mehr an Qualität verloren; die neu aufgekommenen Lieder hätten zwar dem Geschmack und Stil der Zeit entsprochen, seien jedoch zumeist Ausdruck einer kraftlos gewordenen Glaubenshaltung gewesen. "Sie sind gekennzeichnet", so Ameln, "durch leeres Phrasendreschen, übertriebene Gefühlsseligkeit, schulmeisterliche Moralpredigt und zeigen einen Hang zu geistvoll sein sollenden Wort- und Reimspielereien"[332].
Auch der Pietismus mit seiner zu gefühlsbetontem Subjektivismus neigenden Art habe dieser Entwicklung Vorschub geleistet.[333]

Herders Protest gegen diese Fehlentwicklungen wandte sich nun zunächst den rationalistischen Vertretern solcher Degenerationserscheinungen zu. Literaturgeschichtlich betrachtet spiegeln seine Standpunkte daher eine scharfe Auseinandersetzung mit der Ästhetik der Aufklärung, theologiegeschichtlich betrachtet mit den Frömmigkeitsvorstellungen der Neologie, das heißt des beginnenden Frührationalismus[334], wider.
Wir möchten daher im folgenden versuchen, den besonderen Charakter des aufklärerischen Kirchenliedschaffens genauer darzustellen.

Das produktive Zentrum der von der rationalistischen protestantischen Theologie des 18. Jahrhunderts betriebenen Gesangbuchreform lag zunächst in Berlin.
1765 hatte der dort als Oberkonsistorialrat tätige Johann Samuel Diterich den Versuch unternommen, die alten reformatorischen Kirchenlieder nach Art der Aufklärung zu verändern. Obwohl dies in nivellierend-uniformierender Weise geschah, fanden seine Versuche großen Beifall und wurden allenthalben nachgeahmt. Gemeinsam mit weiteren neueren

Erzeugnissen von Gellert, Klopstock, Cramer, von Cronegk, Sturm und anderen erschienen sie noch im gleichen Jahr in der Sammlung "Lieder für den öffentlichen Gottesdienst"[335]. Spalding und Teller, Diterichs Kollegen im Berliner Konsistorium, ermunterten ihn zur Fortsetzung seiner Bemühungen und steuerten zu dem 1780 in Berlin erschienenen "Gesangbuch zum gottesdienstlichen Gebrauch in dem königlich preußischen Lande" eigene Lieder bei. Auch Nicolai, der 1781 die anonym veröffentlichten "Briefe an einen Landgeistlichen des preußischen Gesangbuchs betreffend von einem Weltmann" geschrieben hatte, machte sich zu einem leidenschaftlichen Anwalt der aufklärerischen Reformideen.

Weitere Sammlungen geänderter Lieder stammen von Johann Heinrich Pratje[336] oder von Samuel Christian Lappenberg.[337] Lavater brachte im Jahre 1771 "Fünfzig geistliche Lieder" heraus, denen er 1776 fünfzig neue folgen ließ, die von Herder übrigens in einer sehr interessanten Rezension besprochen wurden.[338] Was Diterich seit 1765 für die Lutherischen, unternahm Zollikofer in Leipzig 1766 für die reformierten Gesangbücher.

Ganz bezeichnend für die Reformsucht dieser neu herausgebrachten Liedsammlungen ist dabei die Tatsache, daß etwa in Diterichs Gesangbuch von 1780 das, wie Cunz es nennt "berühmteste Kleinod der evangelischen Kirche"[339], nämlich Luthers "Ein feste Burg ist unser Gott" gänzlich fehlt und durch ein schwaches Stück Gellerts ersetzt wurde. Pläne, dieses Gesangbuch zum allein gültigen in ganz Preußen zu machen, scheiterten jedoch am erbitterten Widerstand der Gemeinden.

Im übrigen ließen sich Tendenzen, sprachliche Änderungen an den altreformatorischen Lieder vorzunehmen, schon recht früh feststellen.[340] Begründet wurden diese Änderungsbemühungen mit dem Wunsch nach größerer Erbaulichkeit oder Vernunftgemäßheit der Texte. Interessanterweise berief man sich zur Legitimierung dieses Unterfangens mitunter sogar auf Luther selbst. Teller etwa führt in seiner 1781 anläßlich des Berliner Gesangbuchstreites erschienenen "Kurze(n) Geschichte der Kirchengesänge" aus, es sei doch so, daß, wenn der Reformator zurückkehren würde, er sich gewiß wundern würde, daß man seine Lieder immer noch in der alten Sprachgestalt singe. Denn wer solche alten Lieder

ändere, so argumentiert Teller, der tue es doch nicht, weil er sie gering achte, sondern gerade umgekehrt, weil er die Gesänge, denen er so viel verdanke, für sich und andere auch weiterhin behalten möchte, ohne ständig an lexikalischen Archaismen oder syntaktischen Idiotismen Anstoß nehmen zu müssen.
G. Benjamin Eisenschmid meint sogar: "Wie würde sich der gute Mann (Luther; Zusatz vom Verf.) freuen, wenn er käme und uns Lieder singen hörte, die unserm Zeitalter, unsern Begriffen und unserer verfeinerten Sprache angemessen sind! Gewiß der edle feine Mann würde auf die Seite aller vernünftigen Liedreformatoren treten ..."[341].
Wie extrem solche Versuche zur sprachlichen Normalisierung der alten Texte ausfallen konnten, zeigt das Beispiel des Schleswig-Holsteinischen Gesangbuchs, in welchem sogar das Wort "Halleluja" eingedeutscht wurde.
Insgesamt machte das durch diese Eingriffe bewirkte "Vorherrschen der Verstandessprache vor der Bildersprache das Aufklärungsgesangbuch einförmig, gedankenarm und ermüdend"[342]. Während man es mit Veränderungen der sprachlichen Form oder des dichterischen Ausdrucks in der Regel glaubte gut getroffen zu haben und sich gleichzeitig im Bewußtsein befand, damit auch die Bildungshöhe der Zeit erklommen zu haben, ergaben sich bei den Versuchen, aus dogmatischen Gründen in die vorliegende Textgestalt der Lieder einzugreifen, weit größere Schwierigkeiten.

Was die sprachlich begründeten Innovationsversuche anbelangt, so kann zusammenfassend festgehalten werden, daß ihnen die Auffassung zu Grunde lag, Luthers und seiner Zeitgenossen Lieder seien der gebildeten Aufklärungsepoche nicht mehr angemessen.
Spalding etwa äußerte die Ansicht, man müsse alles Derartige ausmerzen[343], Semler wollte solche Lieder, wo dies nicht zu machen sei, totschweigen.[344]
Betrachtet man die geänderten oder neu eingeführten Gesänge unter inhaltlich-dogmatischen Gesichtspunkten, so fällt auf, daß das Theologische weitgehend vom Moralischen in den Hintergrund gedrängt wurde, ein Phänomen, das aus der allgemein pädagogisch-didaktischen Tendenz

der Aufklärung heraus verstanden werden muß. Außerdem verloren diese Lieder in sehr starkem Maße ihre liturgische Selbständigkeit und wurden zu moralisierenden Hilfsstücken der Predigt degradiert. Heinz Hoffmann bezeichnet, um die neu entstehenden Lieder zu charakterisieren, deren bewußten Bruch mit der bestehenden hymnologischen Tradition als konstitutives Element der aufklärerischen Liedsammlungen: "Das entscheidend Neue am Aufklärungsgesangbuch ist die Ausscheidung oder Überarbeitung des Überkommenen unter dem Gesichtspunkt der Anforderungen der Zeit: Es ist der Versuch, im Bruch mit der Tradition das zeitgemässe Gesangbuch zu schaffen"[345].
Der mit Herder einsetzende Gegenschlag der Reform- und Restaurationsbewegung erfolgte, so läßt sich hinzufügen, unter bewußter Wiederanknüpfung an die historische Überlieferung der altprotestantischen Gemeindegesänge. Ihr ging es geradezu um eine aktualisierende Vergegenwärtigung dieses Erbes, innerhalb dessen die Lieder Luthers eine zentrale Rolle spielten.
Wie Herders Haltung nun im einzelnen aussah, worin sie sich vom typischen Trend der Zeit unterschied, worin sie ihm folgte, dies soll im folgenden genauer untersucht werden.

Als Herder im Oktober des Jahres 1776 nach Weimar kam, waren dort zwei kirchliche Gesangbücher gleichberechtigt nebeneinander im Gebrauch, ein von der Hoffmannschen Buchhandlung und ein von der Glüsingschen Hofdruckerei herausgegebenes.
Beide befanden sich im Besitz eines herzoglichen Privilegs, das die Schaffung eines Weimarer Einheitsgesangbuches blockierte. Zu den diffizilen Amtsgeschäften Herders gehörte es nun, eine erwünschte Vereinheitlichung der beiden rivalisierenden Liedsammlungen zumindest vorzubereiten und, anläßlich einer notwendig werdenden Neuauflage der Gesangbücher, sachte anzubahnen. Er entledigte sich seiner Aufgabe nun in der Weise, daß er jedem der beiden Gesangbücher die guten Lieder des anderen als Anhang beifügte, wodurch zwei inhaltlich identische, äußerlich jedoch selbständig bleibende Liedsammlungen entstanden.

"Ich breche hiemit nur einem glücklichen Nachfolger die Bahn", so schreibt Herder, "stopple zusammen, damit er reinigen und etwas Vollständiges hervorbringen könne. Auch ein solcher Schritt ist in der Geschichte des Fortganges der Dinge, zwar Ruhmlos, aber nicht verlohren"[346].
Im weiteren Verlauf seiner Ausführungen entwickelt Herder seine eigene Stellung im Umfeld der aufklärerischen Gesangbuchherausgeber dann in ausführlicher Weise. Seine Äußerungen machen deutlich, daß er sich durchaus bewußt ist, zwischen zwei konkurrierenden Interessengruppen zu stehen und zwischen beiden vermitteln zu müssen. Auf der einen Seite eine Partei, die die alten reformatorischen Lieder unverändert beizubehalten wünscht, auf der anderen Seite die Gruppe derer, die ein sprachlich und inhaltlich auf die Höhe der Zeit gebrachtes Gesangbuch nach rationalistischem Zuschnitt erwartet.
Vor allem in seiner Vorrede zum Hoffmannschen Gesangbuch von 1778 vertritt Herder dabei recht entschieden den Standpunkt der auf Erhaltung des altreformatorischen Liedgutes bedachten Partei. "Glaube indessen niemand", so schreibt er, "daß, wenn auch die Veränderung und Ausgabe dieses Gesangbuches ganz in meiner Macht gestanden hätte, ich denen hätte nacheifern mögen, die durch Veränderung der alten und durch Einrückung der neuesten Lieder das sogenannte Licht der neuern Reformation bis auf Gesangbücher und heilige Stäten verbreiten"[347].
Luthers Lieder bilden im Gesamtzusammenhang von Herders Anschauungen gewissermaßen das hymnologische Zentrum dieses Corpus originalreformatorischer Gemeindegesänge; sie sollten daher zum unaufgebbaren Kernbestand einer jeden Liedsammlung gehören. "Ich habe", so fährt Herder fort, "wo hin und wieder die alten, zumal Luthers Lieder, durch Druckfehler verstellt waren, sorgfältig die alte wahre Lesart hervorgesucht, und glaube, den Rest dieser Vorrede nicht besser anwenden zu können, als wenn ich von dem Schatz und Kleinod rede, das wir an einem ächt lutherischen Gesangbuch haben, und wie ein solches kaum oder (gerade heraus zu sagen) ganz und gar nicht durch neue Correkturen und Reime ersetzet werde"[348].
Nach einem längeren Zitat aus Luthers dritter Vorrede seines Gesangbuches begründet Herder seine Ansicht wie folgt: Luthers Lieder seien

"ein Wahrheits- und Herzensgesang", der "das Gepräge unsers Ursprungs, und der Reinigkeit unsrer Lehre"[349] an sich trage. Durch adaptierende Eingriffe in die authentische Textgestalt dieser Lieder würden sie zerstört oder doch in ihrer unmittelbaren Wirkung auf die Gemeinde stark beeinträchtigt. "Der Kirche GOttes liegt (jedoch; Zusatz vom Verf.)", so Herder, "unendlich mehr an Lehre, Wort und Zeugnis, in der Kraft seines Ursprungs und der ersten gesunden Blüthe seines Wuchses, als an einem bessern Reim oder einem schön- und matten Verse"[350].
Was Herder hier beklagt, ist die schon an früherer Stelle angedeutete Tendenz rationalistischer Liedbearbeitungen, durch Verwendung einer artifiziellen, abstrakten Sprache sowie zwischengeschalteter Reflexionen die spontane Vergegenwärtigung der jeweiligen Liedinhalte zu gefährden. Die dramatische Bildsprache der alten Lieder wurde in eine intellektuelle, formale Begriffssprache aufgelöst, die eine ungleich geringere Wirkung auf das Gemüt der Gläubigen ausübte als die kräftige "Herzenssprache" der Lieder Luthers. Dabei geht Herder von dem Grundsatz aus, die Kirchenlieder müßten für das einfache Volk verständlich bleiben. "Das Gesangbuch ist die versificirte Bibel für den gemeinen Christen"[351], heißt es in den "Briefen, das Studium der Theologie betreffend"; "der Kirchengesang", so fährt Herder fort, "ist für die Menge; also auch für die Bedürfnisse derselben; für ihre Denk- und Sehart, für ihre Situation und Sprache. ... Was sollen sie (die Gläubigen; Zusatz vom Verf.) nun mit der gezierten Büchersprache? mit der ... abstrakten Tändelei?"[352]
Die altreformatorischen Lieder seien durch ihren volkstümlichen Ton und ihre kräftige Sprache "viel tauglicher als die neuveränderten oder gar neuen ... In den Gesängen Luthers, seiner Mitgehülfen und Nachfolger ... welche Seele, welche ganze Brust ist in ihnen! Aus dem Herzen entsprungen, gehen sie zu Herzen, erheben dasselbe, trösten, lehren, unterrichten, daß man sich immer im Lande der geglaubten Wahrheit, in GOttes Gemeinde, in freiem Raume ausser seiner alltäglichen Denkart und geschäftigen Nichthstuerei fühlet"[353].
Gegenüber der geistlichen Kunstlyrik[354] der rationalistischen Lieder lobt Herder an den alten Gesängen die "treuherzige Altvatersprache, einer, leider! verlebten Zeit"; mit feinem Gespür für ihre poe-

tische Anmut erkennt er, daß gerade "der ungezählte, hinüberlaufende Herzensüberfluß"[355] dieser Stücke, das heißt, gerade das Unregelmäßige und Irrationale an ihnen, ihren besonderen Reiz und ihre eigentümliche Kraft ausmachen. Durch glättende Eingriffe werde dagegen "der erste unmittelbare Eindruck ... geschwächt und das Ehrwürdige der alten Vatergestalt"[356] dieser Lieder gehe verloren.

Es ist leicht zu erkennen, daß Herder die reformatorischen Kirchenlieder mit diesen Äußerungen nach ähnlichen Gesichtspunkten beurteilt, wie die profane Volksliedliteratur. Auch hier spricht er, wenn auch auf einer anderen Ebene, den für seine poetologischen Überlegungen typischen Gegensatz von Natur- und Kunstpoesie an. Luthers Kirchenlieder sind gewissermaßen Produkte einer geistlichen Naturpoesie, die gegenüber der dekadent gewordenen, konstruierten Kunstlyrik der aufklärerischen Bearbeitungen dieser Lieder ein weitaus höheres Maß an innerer Vitalität und damit an spirituellem Wirkungspotential besitzen. "Muß der reinen erhabnen Natur schon alle Kunst weichen, wie viel mehr der höchsten edelsten Natur, der Religion GOttes"[357], so lautet die zusammenfassende theoretische Begründung von Herders Anschauungen.[358] Ihr liegt unbewußt die Auffassung einer verborgenen Wesensverwandtschaft und subtilen Wirkungsgemeinschaft von Religion und Poesie zugrunde, wobei Poesie hier als dichterischer Ausdruck der empfindenden und sich mitteilenden Natur verstanden wird.[359]

Das verbindende Element beider Erscheinungen, so läßt sich Herders Standpunkt zusammenfassend beschreiben, liegt in ihrer spontanen Erlebnisunmittelbarkeit, einem Phänomen, durch das sich Luthers Kirchenlieder sowohl in ästhetischer als auch in religiöser Hinsicht von den rationalen Interpolationen der aufklärerischen Liedbearbeitungen unterscheiden, deren Wirkung in der Regel über das Zwischenglied der reflektierenden Vernunft vermittelt wurde.[360]
Indem Herder also die Kirchenlieder des Reformators primär unter dem Aspekt ihrer spontanen Wirkungsintensität betrachtet, besitzt er die Möglichkeit, ästhetische und pastoraltheologische Argumente miteinander zu verbinden und in komplementärer Weise zur Durchsetzung sei-

ner Forderungen nach Beibehaltung der altreformatorischen Gemeindegesänge heranzuziehen. "Die Lieder unsrer Kirche", so heißt es entsprechend bei Herder, "haben das Zeugnis ihrer Würde auf sich, nemlich die grossen Eindrücke, die sie gemacht, die treflichen Wirkungen, die sie erwiesen"[361].

"Es ist in ihnen", so heißt es an anderer Stelle erläuternd, "die wahre Stimme der Einsamkeit und Gebetsstille aus dem Kämmerlein, wie sie Christus will, und man sieht aus jeder Zeile, daß nur die selbstgefühlte Noth, das eigengehabte Anliegen den Verfasser des Liedes also beten lehrte. ... So mancher müde Pilger der Erde hat sich oft an diesen Gesängen, ... erquickt, sie sind ihm in Gedächtnis, in Herz und Sinn gegenwärtig, und kommen ihm in der Stunde der Kümmernis gern mit d e r Zeile, in d e m Zuge wieder, der j e t z t seiner Seelen am meisten Noth ist."[362].

Die weitere Entwicklung des protestantischen Gemeindegesanges hat gezeigt, daß Herder mit seinen kritischen Bemerkungen zum zeitgenössischen Kirchenlied recht behalten sollte, auch wenn es ihm selbst nicht mehr vergönnt war, die im 19. Jahrhundert einsetzende allgemeine Rückbesinnung auf das historische Erbe der hymnologischen Tradition mitzuerleben.

Es gehört im Gegenteil zu den vielen Rätseln, die sein Werk hinterläßt, daß Herder selbst gegen Ende seines Lebens eine vor dem Hintergrund der Bückeburger und frühen Weimarer Äußerungen kaum verständliche Annäherung seiner Standpunkte an genuin aufklärerische Positionen vornahm.

3.4 Herders Rückfall in aufklärerisches Gedankengut

Waren dabei die Bückeburger Äußerungen zum Liedschaffen Luthers, wie bereits angedeutet, fast ausschließlich von einem ästhetischen Rezeptionsinteresse bestimmt, so sind es in Weimar stärker theologische und pastorale Aspekte, die den Charakter von Herders Aussagen prägen.

Der Grund für diesen zunächst überraschenden Befund muß nach unserem
Dafürhalten vor allem in der Tatsache gesehen werden, daß Herder, der
in Weimar mit der Neubearbeitung und Herausgabe des dort gültigen Gesangbuches beauftragt wurde, in seinen diesbezüglichen Stellungnahmen
nunmehr primär das offizielle liturgisch-hymnologische Programm seiner
Landeskirche zu vertreten hatte und nicht seine eigenen literarästhetischen Privatansichten. Dementsprechend werden seine Aussagen hier -
dies ergibt sich aus der Natur der Sache - viel mehr von gemeindepastoralen Gesichtspunkten, möglicherweise auch von amtstheologischen
Sachzwängen geprägt, als jene der Bückeburger Zeit. Sie spiegeln außerdem, dies kann schon an dieser Stelle, den weiteren Ergebnissen
der Untersuchung vorgreifend, gesagt werden, wesentlich deutlicher
den modernistischen Einfluß der zeitgenössischen aufgeklärten Theologie wider, als die Bückeburger Äußerungen dies tun. Konkret bedeutet
dies, daß Herder dem vielfach geäußerten Wunsch nach Einführung neuer,
dem rationalen Geist der Zeit besser entsprechenden Gemeindegesängen
bei gleichzeitiger Reduzierung der als antiquiert empfundenen originalen reformatorischen Lieder, in stärkerem Maße nachkommen mußte,
als seine affirmativen Bekenntnisse zum Lutherischen Kirchenlied aus
der Bückeburger Frühphase dies erwarten lassen konnten.

In gleicher Weise, in der Herder dabei dem theologischen Zeitgeist
Tribut zollt, wird seine historisch akzentuierte und traditionsbewußt formulierte Haltung zum reformatorischen Kirchenlied, dessen
Idealtypus Luther geschaffen hat, in Frage gestellt. Und wenn er noch
1780 fordert, man solle sich "durch diese neue(n) Liedgeburten nicht
abschrecken (lassen; Zusatz vom Verf.), den alten Gesang in seiner
Würde und Einfalt zu studiren und fortzulieben"[363], so heißt es schon
1795, daß "andere auch nicht Unrecht (haben; Zusatz vom Verf.), daß
manche Zeitumstände, in welchen jene Lieder entsprossen sind, z.B. die
Drangsale der Reformation und des dreißigjährigen Krieges, auch viele
Sectirereien und Wortstreitigkeiten in der Religion, Gottlob vorübergegangen und uns nicht mehr gegenwärtig sind; daß es also höchst unschicklich sey, im Namen solcher Personen zu singen, die vor hundert
oder zweihundert Jahren lebten und jetzt im Himmel andere Gesänge anstimmen ..."[364].

Herders anläßlich einer 1795 veranstalteten Neuauflage des Hoffmannschen Gesangbuches formulierte Sinneswandlung muß jedoch, vor allem, was seine Stellung zu den Liedern Luthers anbetrifft, differenziert beurteilt werden.
Es ist zwar nicht zu leugnen, daß seine Gesamteinstellung den neuen, vom rationalistischen Trend der Zeit geprägten Liedern gegenüber wesentlich positiver ausfällt, als noch 1778[365], gleichzeitig jedoch ist darauf hinzuweisen, daß Herders persönlicher Anteil an der Gestaltung des revidierten Gesangbuches wesentlich geringer zu veranschlagen ist, als bei den zu Beginn seiner Weimarer Amtstätigkeit herausgegebenen Gesangbuchneuauflagen.
Die Situation, in der er sich im Jahr 1795 als Gesangbuchherausgeber befindet, ist im Grunde genommen die gleiche wie 15 Jahre vorher; auch jetzt versucht Herder, zwei auseinanderstrebenden Parteien gerecht zu werden, sowohl derjenigen, "die die alten Gesänge unverändert beibehalten wünschten", als auch derjenigen, "die, nach dem Vorgange fast aller Deutschen Länder, eine nach unsrer neueren Sprache eingerichtete Sammlung von Liedern vielfältig verlangten"[366].
Den Wünschen beider Parteien, von denen, so Herder, jede "in ihrem Sinne Recht"[367] hätte, möchte er "durch die Veranstaltung diese Gesangbuchs friedlich"[368] abhelfen.
Um nun die Erwartungshaltung der Gemeinden, aber auch die seiner Amtskollegen zu erkunden, hatte Herder ein durchschossenes Exemplar des Hoffmannschen Gesangbuches zusammen mit einem Rundschreiben vom 3. April 1793 umhersenden lassen.
Der Tenor dieses Schriftstückes ist, was die Beurteilung der neueren Lieder anbelangt, zurückhaltender und bedächtiger als die zwei Jahre später erschienene Gesangbuchvorrede. Herder erinnert seine Kollegen daran, daß ein Gesangbuch "vorzüglich für den gemeinen Mann sei, ... dem man ... soviel als möglich lassen muß, woran er von seiner Kindheit an Trost und Erbauung fand" und daß es "hinderlich sei, wenn alte oder fromme Leute ihre gewohnten Herzens- und Lieblingsgesänge darinn nicht finden"[369]. Im übrigen möchten seine Kollegen, deren Urteil er sich beugen werde, entscheiden, welche Lieder unverändert beizubehalten, welche zu verändern und welche neu aufzunehmen seien.

Ganz offen bekennt Herder, er selbst sei "dem Änderungskitzel von Herzen gram und feind"[370]. Änderungen, die unvermeidbar seien, sollten daher "äußerst selten" und "unmerklich" sein, um die öffentliche Andacht nicht zu stören.

Was nun die Lieder Luthers anbetrifft, so plädiert Herder dafür, diese "ganz unverändert, als testimonia confessionis unserer Kirche"[371] beizubehalten. Tatsächlich konnte er durchsetzen, daß von Luthers deutschsprachigen Gemeindegesängen immerhin 30 Stücke konserviert wurden, wobei diese durch die ansonsten unterbleibende Namensnennung des Textautors eine zusätzliche Auszeichnung erfuhren.

Das amtliche Schriftstück von 1793 läßt mithin recht deutlich Herders gleichbleibendes Interesse an der historischen Tradition des evangelischen Gemeindegesanges, insbesondere aber an den originalen Lutherliedern, erkennen. Wie kommt es daher nun, daß dieses affirmative Verhältnis zum reformatorischen Liedgut in der offiziellen Gesangbuchvorrede von 1795 wesentlich stärker nivelliert und in den Hintergrund gedrängt wird? Herder erinnert zwar auch hier noch an die "ernsten, und biedern Gesängen Luthers"[372], wehrt sich jedoch gleichzeitig dagegen, die neuen Lieder "mit Verachtung"[373] neue Lieder zu nennen. Die alten Gesänge hätten in der Regel eine kräftigere Sprache besessen und seien tiefer ins Herz eingedrungen; die modernen dagegen zeigten mehr Klarheit und Bestimmtheit und seien "unsern Umständen, unserm täglichen Ausdrucke ... angemeßener"[374]. Im Tonfall eines guten Aufklärers urteilt er schließlich: "... denn man sage was man will, es ist schlechterdings unmöglich, sich jetzt in Allem so auszudrücken, wie man sich vor zwei-, dreihundert Jahren ausdrückte. ... wer verständlich seyn will, muß in der Sprache sich nach seiner Zeit richten"[375]. Ganz konsequent wurden zur Modernisierung des Weimarer Gesangbuches eine Fülle neuer Lieder aufgenommen, die größtenteils aus jenem von Diterich, dem, wie Nelle[376] ihn nennt, "Geiserich unter den Gesangbuchvandalen", 1780 herausgegebenen Preußischen Gesangbuch stammen.

Sowohl Wolfhard[377] als auch Pischel[378] haben zur Erklärung von Herders scheinbarem oder tatsächlichem Rückfall in die Mentalität der Aufklärung, die er ja bereits in Bückeburg, aber auch während seiner frühen Weimarer Jahre so glanzvoll überwunden hatte, darauf hingewiesen, daß Herder sich bei seiner Arbeit an der 1795 veranstalteten Revision des offiziellen Kirchengesangbuchs fast ausschließlich von pragmatischen Erwägungen leiten und seine ästhetischen Überlegungen zur sprachlich-literarischen Qualität der Lieder, die seine Urteile in Bückeburg noch vollständig dominierten, weitgehend in den Hintergrund treten ließ.

Herder selbst beklagt ja, "daß mitten im Vorrath alter Gesänge es uns oft wirklich an Liedern fehle, die unsern Zeitumständen, oder einzelnen Materien, insonderheit praktischen Lehren, dergestalt angemessen seyn, wie jene alte Lieder ihren Zeiten waren"[379]. Dieser Wechsel von einer mehr ästhetischen auf eine vorwiegend pragmatische Betrachtungsebene führt Herder zu einer, wir möchten es vorsichtig ausdrücken, weniger ausschließlichen Hochschätzung der Lieder Martin Luthers. Der enthusiastische Schwung seiner Begeisterung für das altreformatorische Liedgut wird durch ein seelsorglich begründetes Interesse an den zeitgenössischen Gemeindegesängen gemäßigt. Ohne daß Herder seine Vorliebe für die Lieder Luthers explizit aufgibt, wird diese durch eine wesentlich stärkere Berücksichtigung aktueller hymnologischer Tendenzen doch sehr stark eingeschränkt. Das Geniale an Herders Beurteilung von Luthers Kirchenliedern hatte ja darin bestanden, daß er gerade in diesen urkundlichen Formularen des protestantischen Gemeindegesanges mustergültige Vorbilder für die Gestalt der zeitgenössischen Lieder erblickte. Diese aus einer Verbindung von historischen und ästhetischen Argumenten entwickelte Renaissance des reformatorischen Liedgutes wird nun durch eine moralisch-didaktisch geprägte Hinwendung zum aufklärerischen Liedtypus, der sich in bewußter Abkehr von der historischen Tradition des evangelischen Gemeindegesangs etabliert, gebremst. Damit jedoch gibt Herder Standpunkte auf, die er bereits in Bückeburg vertreten hatte.

3.5 Die Einordnung von Herders Standpunkten in den literaturgeschichtlichen Kontext

So ergibt eine abschließende Bewertung von Herders Stellungnahmen zum Liedschaffen des Reformators den deutlichen Befund, daß die späten Bückeburger und frühen Weimarer Jahre, also die Zeit bis etwa 1780, den eigentlichen Höhepunkt seiner diesbezüglichen Lutherrezeption bilden. Während dieser Spanne ist er - um eine übergreifende Einordnung seiner Anschauungen vorzunehmen - den ästhetischen Begriffen der Aufklärung sowie den hymnologischen Maximen von Pietismus und Neologie am weitesten voraus.

Tendenziell richtig, in seiner Bewertung jedoch etwas zu euphorisch urteilt daher Graff über die Leistung dieser Phase von Herders Lutherrezeption: "Herder spottet in den Briefen über das Studium der Theologie IV 1780 über den 'Veränderungskitzel'. Aber nicht nur das. Indem er auf das 'Volkslied' hinwies, und unter den 'Volksliedern' auch die lebensvollsten Kirchenlieder darbot, ist Herder der eigentliche Begründer der Hymnologie"[380]. Sein bleibendes Verdienst besteht mit Sicherheit darin, die rationalistischen und sentimentalen Engführungen des evangelischen Gemeindegesangs, wie sie von Aufklärung und Pietismus betrieben wurden, von seinem Volksliedbegriff her, in dem sich eine ästhetische sowie eine historische Komponente miteinander vereinigen, durchbrochen zu haben. In diesem übergeordneten Rezeptionszusammenhang bilden Luthers Lieder exemplarische Prototypen des deutschsprachigen Kirchenliedes, nach deren From und Gestalt das Liedschaffen der zeitgenössischen Dichter sich zu orientieren habe. Mit seinem Hinweis auf die historische Tradition des evangelischen Gemeindegesangs verbindet Herder also auch hier, ebenso wie bei seinem programmatischen Rückgriff auf die authentische Sprachform der Lutherbibel, aktuelle ästhetische Interessen.

Bevor wir nun im folgenden auf die weiteren Aspekte von Herders Bückeburger Lutherbild eingehen, möchten wir noch einen kurzen Blick auf Äußerungen ähnlich argumentierender Schriftsteller werfen, um zu zeigen, daß der Protest gegen die rationalistischen Liedversionen und

die damit verbundene Besinnung auf das altreformatorische Liedgut
in erster Linie von Seiten der Sprach- und Literarästhetik ausging.

Winckelmanns kritische Reserve gegenüber dem Hannoverschen Gesangbuch[381] ist bekannt und kann als ebenso guter Hinweis auf eine der
Tradition verpflichtete Wertschätzung des alten Liedes betrachtet
werden wie Hamanns sarkastische Äußerung, daß "mit dem neuen Gesangbuch nur die Hälfte der Reformation geleistet worden"[382] sei.

Schon 1773 hören wir von Goethe: "Darum kann ich die Liedverbesserungen nicht leiden. Das möchte für Leute sein, die dem Verstand viel
und dem Herzen wenig geben. Was ist daran gelegen, was man singt,
wenn sich nur meine Seele hebt und in den Flug kommt, in dem der Geist
des Dichters war! Aber wahrhaftig, das wird Einem bei denen gedrechselten Liedern sehr einerlei bleiben, die mit aller kritisch richtigen
Kälte hinter dem Schreibpult mühsam poliert worden sind"[383].

Betonen diese Äußerungen mehr die poetische Seite der alten Lieder,
so legt Schubart einen stärkeren Akzent auf ihre Bedeutung als Zeugnisse der nationalen Sprache und Literatur. 1789 klagt er über die
unzähligen Varianten der verwässerten Lieder, die die "einstmalige
geistliche Liedereintracht haben verlorengehen lassen, so daß Luthers
Bibelübersetzung" das einzige - aber ebenso gefährdete - Einheitsband sei, das "Panier, unter dem sich die Deutschen versammeln und
stärken, wenn ihre Sprache, wie ihr Glaube ausarten will"[384].
Mehr intuitiv und auf einem Gefühl der grundsätzlichen Abneigung beruhend äußert sich Matthias Claudius: "Ich weiß nicht, ob's an dem
Verbessern liegt; genug, ich kann mir nicht helfen, daß es mir um
einige alte Lieder nicht dauern und leid sein sollte"[385].

Alle diese Zitate beweisen, daß Herders in den Bückeburger und frühen
Weimarer Jahren vollzogene Hinwendung zum Lutherischen und original
reformatorischen Kirchenlied im Sinne einer restaurativen Protestbewegung verstanden werden muß, die sich gegen modernistische Strömungen der zeitgenössischen Theologie und Sprachästhetik richtet; sein

zunächst ästhetisch, dann mehr und mehr seelsorgerlich akzentuiertes Lutherbild dieser Zeit besitzt daher durch seinen programmatischen Antirationalismus einen ausgesprochen konservativen, die historische Tradition einer positiven Wirkungsgeschichte von Luthers Wirken betonenden Zug.
Wir haben bereits darauf hingewiesen, daß diesem historisierenden Lutherbild - zumindest für den Bereich der Kirchenliedrezeption - die Zukunft gehörte und daß Herder mit diesen Stellungnahmen seiner Zeit um Jahrzehnte voraus war.

Wir möchten nun im folgenden untersuchen, ob die übrigen Aspekte von Herders Bückeburger Lutherrezeption von gleicher Bedeutung sind wie seine Aussagen zum Kirchenliedschaffen des Reformators, worin sie sich von den traditionellen Momenten der Lutherrezeption des 18. Jahrhunderts unterscheiden und worin ihre bleibende progressive Bedeutung liegt.

4. Die psychologische Betrachtung der Persönlichkeit Martin Luthers
   im Zusammenhang der geschichtsphilosophischen Gesamtdeutung der
   Reformation

Bereits Horst Stephan hat in seinem gehaltvollen Beitrag zur theologischen Bedeutung des Bückeburger Herder[386] darauf hingewiesen, daß sich in den frühen Jahren von dessen dortiger Wirksamkeit eine Betrachtungsweise der Person Martin Luthers herausbildet, die durch eine komplexe Verknüpfung ästhetischer, psychologischer, historischer und theologischer Perspektiven gekennzeichnet ist.
Hans-Dietrich Irmscher konkretisiert diesen Befund - mit dem Blick auf die 1774 veröffentlichte Geschichtsphilosophie - dahingehend, Herder habe während dieser Zeit "das Verhältnis von Zeit ... und Individuum" durchdacht und zur Erklärung der immanenten Fortschrittsgesetze der Geschichte herangezogen; dieses Verhältnis habe er, so Irmscher, "vor allem am Auftreten Luthers dargelegt"[387].

In der Tat fällt auf, daß in Herders Bückeburger Stellungnahmen zu Person und Werk des Reformators ein gewisser Schwerpunktwechsel stattgefunden hat: nicht mehr die Beurteilung einzelner Schriften oder Gattungen von Schriften Luthers, etwa der Bibelübersetzung beziehungsweise der Kirchenlieder steht im Mittelpunkt seines Interesses, sondern die Persönlichkeit des Reformators, dessen Taten sowie die historische Bedeutung dieser Taten für den weiteren Fortgang der Menschheitsgeschichte sind es, die Herder nunmehr vordringlich beschäftigen.

Hieraus ergibt sich eine in dreierlei Hinsicht bedeutsame Vertiefung von Herders bisherigen Standpunkten: zum einen gelingt ihm, wie keinem zweiten Denker der Epoche, eine im Vergleich zu den gängigen Lutherdeutungen der Aufklärung geniale Beschreibung der psychologischen Voraussetzungen und charakterlichen Eigenschaften der Persönlichkeit Martin Luthers, zum anderen entwickelt er eine über das Historisch-Dokumentarische weit hinausgehende geschichtsphilosophische Bewertung der Reformation, die sowohl im Sinne einer individuellen historischen Epoche als auch im Sinne einer typologischen Form der Umwälzung geschichtlicher Zustände schlechthin gedeutet wird. Schließlich formuliert Herder in Bückeburg eine, wenn auch sehr unzusammenhängend vorgetragene, theologisch dennoch bedeutsame Beurteilung von Luthers religiösen Vorstellungen und Begriffen.

Wir möchten im folgenden versuchen, diese drei Hauptgegenstandsbereiche von Herders Bückeburger Lutherbild, die von einem aus der Rigaer Zeit übernommenen ästhetischen Interesse an den Dokumenten der sprachlichen Wirksamkeit des Reformators kontinuierlich ergänzt werden, in systematischer Weise darzustellen und zu interpretieren. Wir betonen dabei jedoch ausdrücklich, daß eine solche Systematisierung nicht auf Herder selbst zurückgeht, sondern von uns - gewissermaßen aus heuristischen Gründen - nachträglich vorgenommen wurde, um die einzelnen Inhaltsmomente von Herders Äußerungen stringenter und in größerer Transparenz darstellen zu können.

Von einer systematisch strukturierten Stellungnahme Herders zu Person und Werk des Reformators nämlich kann, auch für die Bückeburger Zeit, keine Rede sein. Vielmehr greifen die unterschiedlichen Deutungsperspektiven seines Lutherbildes ständig ineinander und verwischen so alle einzelwissenschaftlichen Grenzen, die wir nunmehr, sozusagen von außen kommend, nachträglich ziehen. Dabei wird sich zeigen, daß vor allem die geschichtsphilosophische Bewertung der Reformation und die psychologische Beurteilung von Luthers Persönlichkeit so eng miteinander verbunden sind, daß sie sich geradezu wechselseitig erhellen und jede dieser beiden Deutungsperspektiven als integratives Element der anderen verstanden werden muß.

Was zunächst Herders philosophische Verhältnisbestimmung der inneren Beziehungen zwischen individuellen und überindividuellen Triebkräften der Geschichte anbelangt, so kommt er zu unterschiedlichen, sich scheinbar sogar widersprechenden Problemlösungen, ohne daß es ihm gelingt, eine umfassende und harmonische Synthese seiner Anschauungen zu schaffen.

Von den immanenten Widersprüchen dieser übergreifenden Geschichtsanschauung sind auch seine Aussagen zur Person Martin Luthers sowie zum Ereignis der Reformation betroffen.

Herder betrachtet das Verhältnis von Individuum und Geschichte unter drei verschiedenen Schwerpunkten. Danach steht der Mensch zum Gesamtablauf der Geschichte entweder in einer, wie wir es ausdrücken möchten, exekutiven, einer generativen oder einer konstruktiven Beziehung.

In einem für sein Lutherverständnis sehr wichtigen Brief an Prinz Peter Friedrich Wilhelm von Holstein-Gottorp vom 9. November 1771 betrachtet Herder den Beziehungszusammenhang von Individuum und Geschichte, indem er die individuelle und nicht die gesamthistorische Komponente der geschichtlichen Gestaltung der Welt zum Ausgangspunkt seiner Darlegungen macht. Die Bedeutung des Zeitalters für die Entstehung und Entwicklung historischer Prozesse tritt daher hinter jener des großen Individuums und genialen Menschen, der diese geschichtlichen Prozesse gewissermaßen aus seiner autonomen personalen Potenz heraus selbständig erzeugt, zurück.

In der Bückeburger Geschichtsphilosophie von 1774 wechselt Herder, wie zu zeigen sein wird, die Problemperspektive und legt nunmehr einen besonderen Akzent auf die Beschreibung der überindividuellen Gesetzmäßigkeiten des Ablaufs historischer Prozesse. Die Bedeutung des Individuums als autonomer Faktor der geschichtlichen Gestaltung der Welt wird vor dem Hintergrund dieses Erkenntnisinteresses daher relativ gering veranschlagt; Herder beschreibt dessen Rolle als die eines ausführenden Instrumentes der Absichten einer transzendenten Wirklichkeit, die sich zur Durchführung dieser Absichten der personalen wie der nicht-personalen Daseinsformen lediglich bediene.

In den verschiedenen Fassungen seiner 1778 ff erschienenen erkenntnistheoretisch orientierten Schrift "Vom Erkennen und Empfinden der menschlichen Seele" schließlich entwickelt Herder durch die Verbindung einer anthropologisch gefaßten Ganzheitsidee mit dem Geniegedanken eine, wenn auch nicht explizit ausformulierte Geschichtstheorie, die schwerpunktmäßig die Rolle des Individuums innerhalb des Geschichtsprozesses thematisiert, dieses allerdings, im Gegen-

satz zu seinen Darlegungen aus dem erwähnten Brief an den Prinzen von Holstein-Gottorp, nicht im Sinne eines titanisch-prometheischen Gestalters der Geschichte definiert, sondern im Sinne eines rationale wie emotionale Fähigkeiten harmonisch miteinander verbindenden Wesens, das sich erst in der geschichtlicht "That" wahrhaft personalisiert.
Vor dem Hintergrund dieser Überlegungen wird Luther als Prototyp eines genialen Menschen beschrieben, der gleich weit vom, wie Herder sich ausdrückt, "Mystizisten" und "Spekulator" entfernt sei und unter die "Genies zur That geschaffen" gezählt werden müsse.

Es mag überraschen, daß Herder diese verschiedenen Denkmodelle zur Erklärung der Entfaltung geschichtlicher Wirklichkeit, die doch an und für sich recht unterschiedliche weltanschauliche Implikationen besitzen, so unverbunden nebeneinander stellt, ohne eine übergreifende Synthese zu schaffen. Immerhin stammen seine diesbezüglichen Äußerungen ja aus ein und derselben Schaffensepoche. Man wird zur Erklärung dieses Tatbestandes jedoch darauf hinzuweisen haben, daß Herder die jeweiligen Bestandteile seines Erkenntnisgegenstandes, nämlich des Verhältnisses von Individuum und Geschichte, nicht im Sinne von autonomen Systemelementen behandelt, die isoliert voneinander betrachtet werden können, sondern im Sinne von konstitutiven Aspekten einer übergeordneten Problemstellung, die von ihren polaren Teilmengen, gewissermaßen komplementärhermeneutisch, angegangen werden. Ganz auf der Linie von Shaftesbury's programmatischer Äußerung "the best way to become foolish, is by a system", vermeidet Herder dabei eine systematisch strukturierte Theorie seiner Anschauungen.
Wir werden uns im folgenden daher zu bemühen haben, seine unterschiedlich akzentuierten Darlegungen unmittelbar aus ihren jeweiligen Argumentationskontexten heraus zu interpretieren.

4.1 Die geschichtsphilosophische Betrachtung der Reformation

Von den drei in Frage kommenden geschichtsphilosophischen Denkmodellen, innerhalb deren Herder sich mit der historischen Bedeutung der Reformation auseinandersetzt, möchten wir zunächst seine in dem erwähnten Brief an den Prinzen von Holstein-Gottorp niedergelegten Anschauungen interpretieren.

"... nämlich die grössesten Männer lebten immer in den finstersten Zeiten", so schreibt Herder am 9. November 1771, "die nämlich, die den wahren Namen, grosse Männer! verdienten; ja das war eben mit der grösste Erweis ihrer Größe, daß sie einzige Sonnen an ihrem Himmel waren, und alle kleine Sterne auslöschten! daß sie ... eben ... durch eigene Größe grösser waren als ihre Zeit. ... Euer Durchlaucht sehen also, daß das Zeitalter eigentlich zu dem Nichts beitrage, als erste Ursache, oder erstes Hinderniß, was Gott in ihm will geschehen lassen"[388].

Diese Sichtweise, wonach das große Individuum durch sich selbst groß sei, nicht aber durch den geschichtlichen Kontext, in dem es steht, wendet Herder nun auf seine Betrachtung der Person Martin Luthers an: "Aber nun auf Luthern! ... was thut das Zeitalter, ob wir mit großen oder kleinen zusammenleben, zur Wahrheit, zur Göttlichkeit einer Lehre? ... Und der Mann lebte doch in so dunkler Zeit? Eben, als wenn das nun nicht um so grösserer Triumph wäre, daß ein Mann in so dunkler Zeit so predigen konnte? - Und sehen Euer Durchlaucht, das ist der Fall mit Luther"[389].

Im Gegensatz zu seiner Geschichtsphilosophie von 1774, in der Herder, wie wir sehen werden, ein wesentlich stärkeres Gewicht auf die Bedeutung der überindividuellen Triebkräfte der Geschichte legt, stellt er hier ganz entschieden die genetische und dynamische Potenz des Individuums in den Mittelpunkt seiner Überlegungen. Luther wird im Sinne der Anthropologie des Sturm-und-Drang als Kraftgenie und Prometheusgestalt beschrieben, die Weltgeschichte "nach ihrem Bilde" erzeugt habe.

So zäh sich nun diese Sichtweise von Herders Einschätzung der Person Martin Luthers in ihrer Wirkungsgeschichte auch gehalten haben mag[390], so rasch wird sie von Herder selbst überwunden und durch eine Deutungsperspektive ersetzt, die, gerade umgekehrt, einen besonderen Akzent auf die Beschreibung der überindividuellen Gesetzmäßigkeiten des Ablaufs historischer Prozesse legt. Herder entwickelt diesen Ansatz in

seiner genialen Geschichtsphilosophie von 1774 "Auch eine Philosophie der Geschichte zur Bildung der Menschheit"[391].
Da nun seine Aussagen zur historischen Bedeutung der Reformation nur vor dem Hintergrund der übergeordneten geschichtsphilosophischen Vorstellungen angemessen erfaßt werden können, die Herder in dieser leidenschaftlichen Kampfschrift gegen den positivistischen Geist der Aufklärung entwickelt hat, möchten wir zunächst den allgemeinen Charakter seiner Bückeburger Geschichtsphilosophie darstellen, bevor wir uns der thematischen Einzelinterpretation seiner die Epoche der Reformation betreffenden Äußerungen zuwenden.
In einem dritten Schritt soll schließlich eine geistesgeschichtliche Einordnung von Herders Standpunkten in das weitere Umfeld der Geschichtsschreibung und Geschichtsphilosophie des 18. Jahrhunderts erfolgen.

4.1.1 Zum allgemeinen Charakter von Herders Bückeburger Geschichtsphilosophie

Wohl kaum eine andere von Herders Schriften ist von der Forschung so kontrovers diskutiert worden wie seine Bückeburger Geschichtsphilosophie.
Rudolf Haym macht es sich sicherlich etwas zu einfach, wenn er kategorisch erklärt: "Frommer Glaube, Offenbarungsglaube ist der Kern dieser Herderschen Geschichtsauffassung"[392]. Durch eine solche Verständnisform kommt es zu einer die zeitkritischen Aspekte von Herders Ausführungen weitgehend vernachlässigenden Überbetonung der transzendenten Momente von Herders Geschichtsphilosophie, deren besonderer Charakter doch gerade in einer spannungsgeladenen Verbindung von immanenter und transzendenter Geschichtserklärung besteht.
Ernst Cassirer weist demgegenüber stärker auf die gerade in Herders polemischer Opposition zum Ausdruck kommende innere Beziehung zur Geschichtsbetrachtung der Aufklärung hin. Deren lineares Vollkommenheitsideal mit seinen pragmatischen Tendenzen habe Herder durch "die geistigen Kategorien des neuen historischen Weltbildes"[393] erschüt-

tert. Dieses sei in einer neuen Einsicht in die Selbstgesetzlichkeit
und den Selbstwert alles Individuellen gegründet. "Statt des 'Fortschritts', der in einer einzigen Richtung zu einem einzigen Vollkommenheitsideal hinführt", so Cassirer, "ergibt sich jetzt eine unbegrenzte Fülle von Wirkungskreisen, deren jeder rein in sich selbst zentriert ist"[394].

Noch stärker als Cassirer betont Friedrich Meinecke die Bedeutung des Individualitätsgedankens, den er neben dem Entwicklungsbegriff als tragenden Pfeiler des Historismus bezeichnet, für die Entwicklung von Herders Bückeburger Geschichtsphilosophie. Herder habe, so Meinecke, die physisch-genetische Geschichtsbetrachtung der Aufklärung durch eine metaphysische Auffassung der Geschichte überwunden. Seine Schrift richte sich vor allem gegen die Geschichtsauffassung Voltaires und anderer Aufklärer, die dem Gang der Geschichte eine rationalistische und moralische Teleologie hätten unterschieben wollen. Demgegenüber habe Herder "vegetative Entwicklung von unten und göttliche Leitung von oben ... sanft miteinander verknüpft"[395]. Auf diese Weise habe er einen Mittelweg zwischen Deismus und positivem Christentum gewählt, wobei sein Hinweis auf die dunklen Zonen der Menschheitsgeschichte ein teilweise dramatisch, ja dämonisch gefärbtes Geschichtsbild habe entstehen lassen. So habe in dieser Darstellung beispielsweise Luthers Werk im Sturm aufgewühlter Leidenschaften enstehen müssen. Herders Schicksalsbegriff, von dem her er auch das Wesen der Reformation zu erfassen gesucht habe, sei von ihm als Waffe gegen den "eingebildeten Vernunftstolz der Aufklärer"[396] verwendet worden. Aus seiner eigentümlichen Verbindung biologischer und transzendenter Betrachtung der Geschichte werde der historische Gesamtprozeß über das Niveau eines bloßen Erkenntnisobjektes in die Sphäre des religiösen Glaubens hineingehoben. Meineckes Bemerkungen treffen ganz sicherlich einige zentrale Punkte von Herders Bückeburger Geschichtsphilosophie, unterschätzen dabei jedoch, wie Wolfgang Düsing betont, die zeitkritischen Absichten dieser Schrift.[397] Sehr wichtig dagegen scheint uns Meineckes Beobachtung, Herder bleibe, obwohl er das Prinzip der Individualität programmatisch verkünde, eigentlich bei keinem Individuum liebevoll verweilend stehen. "Auch Luther ist ihm nur einer unter vielen Luthers, die vor ihm schon aufgestanden, aber untergegangen sind"[398].

Ähnlich stark wie Meinecke betont Hans Georg Gadamer die transzendenten Momente von Herders Bückeburger Schrift. In ihr werde, so Gadamer, "der Sinn der Weltgeschichte ganz in einen jenseitigen Plan Gottes verlegt"[399]. Im übrigen habe Herder seine Geschichtsauffassung an der Kritik des aufklärerischen Fortschrittsglaubens entwickelt.
Auf die in Herders Werk vorhandenen Ausgleichstendenzen zwischen Sturm-und-Drang-Anthropologie einerseits sowie Geschichtsphilosophie der Aufklärung andererseits weist Hans Urs von Balthasar mit seinem Wort hin, Herder habe eine Synthese zwischen der "existentiale(n) Apokalyptik von Sturm und Drang ... (und; Zusatz vom Verf.) geistige(r), deistisch beruhigte(r) Eschatologie der Aufklärung"[400] geschaffen.
Auch Theodor Litt legt in seinen Ausführungen zur Herderschen Geschichtsphilosophie einen besonderen Schwerpunkt auf dessen Bemühen, "menschliche Individualbestrebung und geschichtliche Totalgestaltung"[401] im Sinne eines komplementären Beziehungsverhältnisses zu bestimmen, das in der Verwirklichung einer höheren Sinneinheit asymptotisch konvergiere. Für die Interpretation der Bückeburger Geschichtsphilosophie wenig brauchbar sind Rudolf Bultmanns allzu sehr auf die "Ideen" bezogene Bemerkungen, Herder habe eine ganz und gar naturalistisch gefärbte Auffassung der Geschichte vertreten. "Die Geschichte als ein Spiel natürlicher Kräfte, die die Natur in den Menschen gelegt hat, so erscheint sie für Herder"[402].
Wertvoller sind hier Benno von Wieses Beobachtungen, Herder habe die Geschichte in Analogie zum Drama Shakespeares gesehen. Die großen historischen Begebenheiten, so von Wiese, vollzögen sich, ebenso wie in Shakespeares Dichtung, durch "Leidenschaften im Sturme des Handelns". Problematisch scheint allerdings von Wieses Überbetonung der fatalistischen und deterministischen Elemente von Herders Weltanschauung, die den Protagonisten der geschichtlichen Veränderung jegliche individuelle Freiheit abspricht: "Das ist die Kehrseite von Herders Verherrlichung des Individuellen: Geschichte als Gang Gottes wird zum ehernen Schicksalsdrama, das alles Individuelle wiederum schattenhaft macht und damit seiner eigentlichen Kraft beraubt"[403].

Auch für Herder stehe zwar die Geschichte unter der Autorität des planenden und lenkenden Gottes, aber dieser Gott sei ein "deus absconditus"; infolgedessen habe Herder den theologischen Begriff der "Vorsehung" durch den geschichtsphilosophischen des "Zufalls" bzw. "Schicksals" ersetzt.

Auf die mit einer solchen Anschauungsweise verbundene Gefahr der Entstehung eines historischen und schließlich eines ethischen Relativismus weist Herbert Girgensohn in seiner gehaltvollen Studie zum aufklärerischen Fortschrittsbegriffs hin.

Herder habe, so Girgensohn, diese Klippe zunächst umschifft, indem er die Einzelindividualität "in eine Werttotalität, in das sinnvolle Ganze der Geschichte ..."[404] eingeordnet habe.

Dabei sei es die religiöse Schau der Geschichte, in die jene Werttotalität schließlich aufgehoben werde.

Neuerdings hat Wolfgang Düsing die Auffassung vertreten, in Herders Bückeburger Geschichtsphilosophie werde der Versuch sichtbar, "die Weltgeschichte in die Heilsgeschichte"[405] zu integrieren. Diese beabsichtigte Synthese sei jedoch nicht gelungen; Herder habe eine "immanente Geschichtsphilosophie (entwickelt; Zusatz vom Verf.), die bereits alle wesentlichen Einsichten, aber auch die Problematik des Historismus in nuce" enthalte, habe aber dennoch den heilsgeschichtlichen Hintergrund seines Geschichtsbildes beibehalten. "Säkularisierte Geschichtsphilosophie und christliche Geschichtsteleologie, Universalgeschichte und Heilsgeschichte stehen unverbunden nebeneinander". Es sei Herder daher nicht geglückt, "die Kluft zwischen autonomer Geschichtsphilosophie und Heilsgeschehen zu schließen"[406].

4.1.2 Herders Reformations- und Lutherbild der Bückeburger Geschichtsphilosophie

Soweit ein knapper Überblick über die wichtigsten Beiträge der Forschungsliteratur. Wenden wir uns nun den entsprechenden Textpassagen selbst zu, so wird deutlich, daß Herder mit seinen Ausführungen zur Entstehungs- und Entwicklungsgeschichte der Reformation die allgemein gültigen Gesetzmäßigkeiten des Ablaufs weltgeschichtlicher Veränderungen schlechthin an einem historischen Beispiel exemplarisch darlegen möchte: "Wenn wir in die <u>Umstände des Ursprungs aller sogenannten Welterleuchtungen</u> (hervorgehoben vom Verf.) näher eindringen", so schreibt er, "die nemliche Sache. Dort im Großen hier im Kleinen, Zufall, Schicksal, Gottheit! Was <u>jede Reformation</u> anfing, waren Kleinigkeiten; die nie so gleich den großen ungeheuren Plan hatten, den sie nachher gewannen; so oft es gegentheils der große, würklich überlegte, Menschliche Plan gewesen war: so oft mißlang er. Alle eure große Kirchenversammlungen, ihr Kaiser! Könige! Kardinäle und Herren der Welt! werden nimmermehr nicht ändern, aber dieser unfeine, unwißende Mönch, Luther solls ausrichten"[407].

Wir wollen im folgenden versuchen, die einzelnen Bestimmungskriterien von Herders Ursachen- und Verlaufsbeschreibung weltgeschichtlicher Prozesse näher in den Blick zu nehmen. Bevor dies jedoch geschieht, möchten wir, um den argumentativen Horizont seiner Ausführungen darzustellen, kurz auf die besonderen Charakteristika der aufklärerischen Geschichtsanschauung eingehen, gegen die Herder mit seiner Schrift leidenschaftlich opponiert.

Mit seinen Bemerkungen zur entstehungsgeschichtlichen Kausalität und entwicklungsgeschichtlichen Phänomenologie der Reformation nimmt Herder ganz explizit gegen die aufklärerische Darstellung dieser Epoche Stellung, wie sie beispielsweise von David Hume, William Robertson oder Isaak Iselin entwickelt wurde.[408]
In polemischem Ton spottet er über eine vor allem kultur- und bildungsgeschichtlich orientierte Auffassungsweise der Reformation, die in dieser zunächst die Beendigung des dunklen Mittelalters sowie den Beginn der neuzeitlichen, aufgeklärten Entwicklungsphase des menschlichen Geistes erblickte[409]: "Endlich folgte", so mokiert sich Herder, "wie wir sagen, die Auflösung, die Entwickelung: lange ewige Nacht klärte sich in Morgen auf: es ward Reformation, Wiedergeburt der Künste, Wißenschaften, Sitten! - Die Hefen sanken; und es ward - unser Denken! Kultur! Philosophie! on commencoit à penser comme nous pensons aujourd'hui: on n'étoit plus barbare"[410].

Mit diesen sarkastischen Äußerungen tritt Herder in diametralen Gegensatz beispielsweise zu Iselins optimistischer Konstruktion der Geschichte, die, wie Herbert Girgensohn betont, "ein getreues Spiegelbild der geschichtsphilosophischen Bestrebungen der Zeit" darstelle und die Grenze, "die diesen Bestrebungen gezogen war, als eine unübersteigliche"[411] erkennen lasse.

Iselins Betrachtung der Geschichte geschieht von einem philosophisch-abstrakten, nicht von einem historisch-empirischen Gesichtspunkt aus. Die individuellen geschichtlichen Ereignisse und Epochen dienen ihm als Materialien und Dokumente, an denen sich die auf ihre endgültige Realisierung unbeirrbar zustrebende Vervollkommnung der Menschmnung exemplarisch darlegen läßt. "Unsere Ahnen waren vor wenigen Jahrhunderten", so schreibt er euphorisch, "noch vollkommene Barbaren. Wir können uns schmeicheln, die Hälfte von ihrer Barbarei abgelegt zu haben. Warum sollen unsere Nachkommen sich nicht von allen Überbleibseln derselben befreien können?"[412]

Diese von einer kulturgeschichtlichen Teleologie umfangene Geschichtsbetrachtung prägt auch Iselins Stellung zur Reformation: "... Luther, Zwingli und Calvin", so äußert er, "waren glücklicher. Sie trafen ganz Europa in einer Verfassung an, da es nur ein Füngken brauchte, um es von einem Ende bis zum andern in Flammen zu setzen. Dieser Funke war das auflebende Licht der Wissenschaften"[413].

Auch David Hume legt in seiner geschichtlichen Beschreibung der Reformation ein besonderes Gewicht auf die kulturhistorischen Begleitumstände dieser Epoche: "Der geschwinde und erstaunliche Fortgang (der Reformation; Zusatz vom Verf.) kann mit Recht zum Theil", so Hume, "der damaligen Erfindung der Buchdruckerkunst[414], und der Wiederentdeckung der Gelehrsamkeit zugeschrieben werden ..."[415].

In gleichem Sinn äußert sich William Robertson in seiner vielleicht noch stärker rationalistisch und bildungspolitisch geprägten "Geschichte der Regierung Kaiser Karl V.": "Außer diesen Ursachen eines schleunigen Fortganges von Luthers Lehren", so schreibt er, "die aus der Natur seines Unternehmens, und den Zeitläuften, da er es anfing,

entspringen, hatte er noch einen Vortheil von fremden und zufälligen
Umständen, deren wohltätigen Einfluß keiner von seinen Vorläufern auf
dieser Bahn genossen hatte. Unter dieselbe könen wir die Buckdrucker-
kunst rechnen, die ungefähr ein halbes Jahrhundert vor seinen Zeiten
erfunden worden war. Durch diese neue Erfindung wurde das Erwerben
und Fortpflanzen der Gelehrsamkeit erstaunlich erleichtert ... . Die
um diese Zeit wieder auflebenden Wissenschaften waren ein der Reformation ungemein günstiger Umstand. ... Es scheint, daß man zu der
Zeit ein Vermögen nachzuforschen und zu denken, Kräfte, deren Gebrauch man lange verloren hatte, wieder gefunden habe"[416]. Robertson
geht sogar soweit, "die Sache der Wissenschaften und der Reformation
als genau miteinander vereinigt anzusehen"[417]. Die theologischen Implikationen der Reformation übergeht er, genau wie Iselin, fast völlig; er habe "alle Zergliederung der theologischen Lehrsätze des
Papstthums vermieden, (sich; Zusatz vom Verf.) auch nicht die Mühe
gegeben, zu zeigen, wie widersprechend sie dem Geiste des Christenthums sind, wie sie schlechterdings keinen Grund in der Vernunft, in
dem Wort Gottes, in dem Gebrauch der ersten Kirche haben"[418].
Die Person Luthers wird von Robertson als Gestalt beschrieben, "die
die Macht (besessen habe; Zusatz vom Verf.), den Verstand und die Meinung der Menschen aufzuklären und zu leiten"[419]. Weniger seine emotionalen, als seine intellektuellen Fähigkeiten sowie seine vor allem in
einer mutigen Unerschrockenheit gegenüber der römischen Amtskirche sich
zeigenden moralischen Charaktereigenschaften hebt der Brite hervor.
Damit spiegelt sowohl seine Darstellung der Reformation als auch seine Beschreibung der Person Martin Luthers die wesentlichen Elemente
der aufklärerischen Geschichtsauffassung und Anthropologie wider. Es
ist daher nicht verwunderlich, daß Herder diese gerade an Hand seiner
Ausführungen zur historischen Bedeutung der Reformation zu erschüttern
versucht.

Seine Darlegungen besitzen mithin, dies kann als erstes Ergebnis unserer Untersuchung festgehalten werden, einen ganz bestimmten argumentativen Hintergrund; sie werden im Sinne einer Kontraposition zur
flachen, fortschrittsoptimistischen Geschichtsanschauung der Aufklä-

rung formuliert, deren Maxime einer rationalen Durchschaubarkeit und kulturgeschichtlichen Teleologie historischer Prozesse Herder mit großer Vehemenz angreift. Wie die neuere Forschung[420] hervorhebt, verfällt er dabei jedoch nicht in das gegenteilige Extrem eines radikalen Geschichtspessimismus oder gar -determinismus. Auch für Herder gilt im Grunde genommen dieselbe Problemstellung wie für die Geschichtsphilosophie der Aufklärung, wenn er fragt: "Sollte es nicht offenbaren Fortgang und Entwicklung aber in einem höhern Sinne geben, als mans gewähnet hat?"[421]
In einer ungleich tieferen Weise erkennt Herder jedoch, daß dieser Fortschritt sich nicht im gleichmäßigen Wandel der Zeiten, sondern in den bizzaren Sprüngen der Ereignisse und Begebenheiten vollzieht. Den "Schauplatz einer leitenden Absicht auf Erden!, (den; Zusatz vom Verf.) Schauplatz der Gottheit", so Herder, sehe der Mensch daher "nur durch Öffnungen und Trümmern einzelner Scenen"[422].

Gegen die aufklärerische Auffassung, die Geschichte könne im Sinne einer linearen Fortschrittsentwicklung der menschlichen Kultur verstanden werden, interveniert Herder mit der Hervorhebung gerade der nicht linearen, irrationalen und individuellen Elemente jeder "allgemeinen Weltveränderung". "Zuerst muß ich", so wirft er ein, "zum überhohen Ruhm des Menschlichen Verstandes sagen, daß immer weniger Er, wenn ich so sagen darf, als ein blindes Schicksal, was die Dinge warf und lenkte, an dieser allgemeinen Weltveränderung würkte. Entweder warens so große, gleichsam hingeworfene Begebenheiten, die über alle Menschliche Kräfte und Aussichten gingen, denen sich die Menschen meistens widersetzten, wo niemand die Folge, als überlegten Plan, träumte; oder es waren kleine Zufälle, mehr Funde, als Erfindungen, Anwendungen einer Sache, die man lange gehabt, und nicht gesehen, nicht gebraucht hatte ..."[423].
An die Stelle der linearen, evolutiven Geschichtsauffassung der Aufklärung, die einen aus der Sicht Herders heraus vulgären Geschichtspositivismus propagierte, setzt er eine aus der Verbindung von organologischen und transzendenten Vorstellungskategorien gewonnene, revolutionäre oder dramatische Sicht der Geschichte, die vor allem da-

durch gekennzeichnet ist, daß sie die immanenten Phasen der historischen Veränderung der Welt als nicht rationalisierbare Prozesse versteht, die dem voluntativ planenden Zugriff der menschlichen Vernunft weitgehend entzogen sind und sich statt dessen - nach Maßgabe einer höheren Notwendigkeit - überrational, ja überpersonal, verwirklichen.

Dem Individuum kommt im Rahmen einer solchen Auffassung weniger die Rolle eines kreativ handelnden und autonom agierenden Gestalters der Geschichte, als jene eines exekutiven Organes und ausführenden Instrumentes der Absichten einer transzendenten, aber in den Bereich der immanenten Geschichte hineinregierenden Wirklichkeit zu. "Alles ist großes Schicksal! von Menschen unüberdacht, ungehoft, unbewürkt -", so resümiert Herder und fährt in einer drastischen Formulierung fort, "Mensch, du warst nur immer, fast wider deinen Willen, ein kleines blindes Werkzeug"[424].

Am Beispiel der historischen Epoche der Reformation expliziert Herder nun seine Geschichtsauffassung genauer. ""Warum ist nicht, ruft der sanfte Philosoph, jede solche Reformation lieber! ohne Revolution geschehen? Man hätte den Menschlichen Geist nur sollen seinen stillen Gang gehen laßen, statt daß jetzt die Leidenschaften im Sturme des Handelns neue Vorurtheile gebahren, und man Böses mit Bösem verwechselte" - - Antwort! weil so ein stiller Fortgang des Menschlichen Geistes zur Verbeßerung der Welt kaum etwas anders als Phantom unsrer Köpfe, nie Gang Gottes in der Natur ist"[425].
Mit diesen Ausführungen betont Herder sehr stark die von der Aufklärung meist weitgehend vernachlässigte Bedeutung der im Bereich des Irrationalen liegenden Triebkräfte der Geschichte. An die Stelle des "stillen Fortgangs des menschlichen Geistes zur Verbeßerung der Welt" treten in der Darstellung Herders als bewirkende Ursachen der geschichtlichen Veränderung auf seiten des Individuums "Leidenschaften und Bewegung", auf Seiten des historischen Gesamtprozesses Zufall und Schicksal. Zwei Zitate mögen diesen Befund belegen: "Habe immer der Reformator auch Leidenschaften gehabt", so Herder, "die die Sache, die Wißenschaft selbst nicht foderte, die Einführung der Sache foderte sie, und eben daß er sie hatte, gnug hatte, um jetzt durch ein Nichts

zu kommen, wozu ganze Jahrhunderte durch Anstalten, Maschienerien und Grübeleien, nicht hatten kommen können - eben das ist Kreditiv seines Berufs!"[426]

An anderer Stelle heißt es: "... Bildung und Fortbildung einer Nation ist nie anders als ein Werk des Schicksals"[427].

Im ganzen betrachtet sei der Verlauf der Reformation, die Herder hier als Paradigma aller großen weltgeschichtlichen Ereignisse beschreibt, daher vom Menschen weder zu kalkulieren noch zu steuern gewesen. Vielmehr sei er nach verborgenen Gesetzmäßigkeiten expandiert, die mit Hilfe von Kriterien einer rationalen Verlaufsbeschreibung sowie eines immanenten Sinngebungshorizontes der Geschichte nicht adäquat zu erfassen seien.

Herders Auffassung, wonach das Individuum als Werkzeug einer transzendenten Geschichtsmacht agiere, wird nun auch auf seine Betrachtung der Gestalt Martin Luthers angewendet: "... meistens er selbst das wenigste ausrichtend", so charakterisiert Herder die geschichtliche Bedeutung des Reformators, "nur daß er andre anstieß, Reformatoren in allen andern Ländern weckte, er auffstand und sagte 'ich bewege mich! darum gibts Bewegung!' Dadurch ward, was geworden ist - Veränderung der Welt! Wie oft waren solche Luthers früher aufgestanden und - untergegangen: der Mund ihnen mit Rauch und Flammen gestopft, oder ihr Wort fand noch keine freie Luft, wo es tönte - aber nun ist Frühling: die Erde öfnet sich, die Sonne brütet und tausend neue Gewächse gehen hervor ... Der Grund jeder Reformation war allemal eben solch ein kleines Saamenkorn, fiel still in die Erde, kaum der Rede werth: die Menschen hattens schon lange, besahens und achtetens nicht - aber nun sollen dadurch Neigungen, Sitten, eine Welt von Gewohnheiten geändert, neugeschaffen werden - ist das ohne Revolution, ohne Leidenschaft und Bewegung möglich?"[428]

Wir möchten nun, nachdem wir die Rolle des Individuums innerhalb von Herders Geschichtsauffassung betrachtet haben, an Hand dieses Zitates tiefer in sein Verständnis des historischen Gesamtablaufs der geschichtlichen Epoche der Reformation einzudringen versuchen.

Hierbei ist zunächst darauf hinzuweisen, daß Herders Bückeburger
Geschichtsanschauung sich aus einer seltsamen Verbindung von organologischen und revolutionären[429] Vorstellungskategorien ergibt.
Die Triebkräfte der geschichtlichen Veränderung der Welt werden zunächst als Faktoren beschrieben, die lange Zeit still in der Latenz
wirken und im Verborgenen wachsen, bevor sie, sobald der fruchtbare
Moment dieser Veränderung herangereift ist, eruptiv hervorbrechen und
die in diesem nun entstehenden Geschichtsdrama agierenden Menschen
in den eskalierenden Ablauf der Ereignisse gewaltsam hineinreißen.
Auch die Reformation wird mit Hilfe dieses synkretistischen Deutungs-
modells beschrieben. "Samenkorn" und "Revolution", so lauten die beiden disparaten Begriffe, die Herders geschichtsphilosophische Verlaufsbeschreibung der Reformation bezeichnen.
Dabei betrachtet Herder die Genese der Reformation organologisch nach
Analogie des pflanzlichen Wachstums, während er ihre Entwicklungsgeschichte - wollte man einen modernen Begriff verwenden, so könnte man
sagen: sozialwissenschaftlich - nach Analogie eines revolutionären
Prozesses deutet.
Hinter dieser Auffassung steht, wie Heinrich Bornkamm es mit einer
treffenden Formulierung ausdrückt, Herders Anschauung vom "verborgenen Wachstum und gewaltsamen Durchbruch"[430] geschichtlicher Entwicklungen, eine Anschauung, die für die Bückeburger Zeit charakteristisch
ist, die in Weimar dann jedoch von einer evolutiv gefaßten, kosmologischen Naturphilosophie überwunden wird.[431] Während der Bückeburger
Schaffensepoche fehlt dieser umfassende Rahmen von Herders Geschichtsphilosophie noch; seine Überlegungen kreisen hier ganz um das Problem
der genetischen Dynamik, in der die geschichtsträchtigen Prozesse sich
immanent entfalten. Herder liefert aus diesem Grunde auch eher eine
formaltypologische Verlaufsbeschreibung als eine inhaltliche Gegen-
standsbeschreibung der Reformation.
Jochen Schmidt hat zur Erklärung dieses Phänomens darauf hingewiesen,
daß die innerhalb von Herders Geschichtsanschauung vollzogene Verbindung von irrationalistischen und organologischen Vorstellungskategorien, die übrigens auch innerhalb seiner Anthropologie zur Anwendung
kommt, Grundelemente der Leibnizschen Monadenlehre sowie Kategorien

des seit Shaftesbury wichtigen Begriffs der "inneren Form" verarbeitet habe.[432] Herder betrachte unter dem Einfluß von Leibniz jede Geschichtsepoche im Sinne einer historisch und individuell bestimmten Monade mit den Eigenschaften der "Vollendung in sich" (Entelechie), der "Selbstgenügsamkeit" (Autarkie) und der autonomen Eigendynamik (Autonomie). Die spezifisch organologische Vorstellungskategorie habe Herder dann an Hand der vegatativen Metapher veranschaulicht, die in der englischen Philosophie schon lange weit verbreitet gewesen sei.[433]

Will man den bisherigen Befund unserer Untersuchung vorläufig zusammenfassen, so läßt sich sagen, daß Herders Bückeburger Reformationsbild sich aus einer Kombination von Kategorien einer physischen wie einer metaphysischen Geschichtsanschauung herausbildet. Wir möchten im folgenden versuchen, die metaphysische Komponente dieser Geschichtsauffassung näher zu untersuchen.

Blickt man nämlich etwas genauer auf Herders Transzendenzvorstellung, so erweist sich sehr bald, daß es ihm mit seinen diesbezüglichen Erwägungen keineswegs um die systematische Entfaltung einer ausschließlich heilsgeschichtlich akzentuierten Geschichtsauffassung mit einer theo- oder gar christozentrischen Sinnmitte geht. Eine solche eschatologische Sicht der Geschichte, wie sie in einer das gesamte abendländische Mittelalter beherrschenden Weise von Augustinus in seiner "Civitas Dei" entwickelt wurde, liegt Herder fern. Er möchte keine Geschichtstheologie und schon gar keine Theodizee in der klassischen Bedeutung dieses Begriffes entwerfen.[434]
Vielmehr verwendet Herder zur Bezeichnung der metaphysischen Faktoren des geschichtlichen Fortschritts ausgesprochen heteronyme Transzendenzbenennungen, die auf keinen Fall ausnahmslos der traditionellen christlichen Geschichtsphilosophie zugeordnet werden können und die sich darüber hinaus auch kaum einem inhaltlich identischen Hauptgesichtspunkt subsummieren lassen: "Zufall, Schicksal, Gottheit", als bewirkende Ursachen des geschichtlichen Fortschritts, dies sind zum Teil nicht einmal Komplementär-, sondern ausgesprochene Gegen-

satzbegriffe, die lediglich in einem Kriterium zusammentreffen, nämlich in der Bezeichnung einer die menschliche Verfügungsgewalt übersteigenden Wirkursache der geschichtlichen Veränderung.
Man wird deshalb den Schluß ziehen dürfen, daß Herders Transzendenzbegriff weniger material als funktional gebunden ist und daß seine eigentliche Bedeutung darin liegt, das immanente Fortschrittsprinzip der Aufklärung durch ein transzendentes unterminiert zu haben.
Die einzelnen Inhaltsmomente seiner Geschichtsanschauung ergeben sich dabei aus einer synkretistischen Adaption außerordentlich vielseitiger Einflüsse, die unverbunden nebeneinander stehen. Es würde den Rahmen dieser Untersuchung sprengen, wollten wir die verschiedenen Traditionsstränge, die in Herders Bückeburger Reformationsbild zusammenfließen, detailliert analysieren.
Es scheint uns aber sicher, daß neben einer säkularisierten Geschichtstheologie, die übrigens explizit Lutherisches Gedankengut, wie etwa die christozentrische Ausrichtung der Heilsgeschichte, in überraschend geringem Ausmaß verarbeitet, deistische sowie Einflüsse aus dem Bereich der antiken Mythologie mit ihrem Begriff des "Fatums" für die Genese von Herders Standpunkten namhaft gemacht werden können.[435]

Verfolgen wir den Gedanken, daß Herders Reformationsbild der Bückeburger Geschichtsphilosophie in einem ganz bestimmten argumentativen und funktionalen Rahmen steht, noch etwas weiter. Stimmt man diesem Befund nämlich zu, so ergibt sich, daß die einzelnen Bestandteile dieses Bildes als paradigmatische oder typologische Äußerungen gewertet werden müssen, die eine übergreifende Bedeutung besitzen. Damit repräsentiert Herders Bild von der Reformation sein Bild von der Geschichte überhaupt, genauer gesagt, seine Auffassung von der Entstehung und Entwicklung der Reformation konfiguriert seine Auffassung von der Entstehung und Entwicklung weltgeschichtlicher Prozesse schlechthin.
Betrachtet man, auf welch scheinbar willkürliche Art und Weise Herder zur Erläuterung seiner Ansichten das Beispiel bedeutender historischer Gestalten heranzieht, so bestätigt sich dieser Befund:"Luther! Gustav Adolph! Peter der Grosse! Welche drei haben in den neuern Zeiten mehr

verändert? edleren Sinnes geändert? ..."[436].

An anderer Stelle schreibt Herder in unmittelbarem Anschluß an seine Schilderung des Ablaufs der Reformation: "Roger Baco, Galiläi, Cartes, Leibniz, da sie erfanden, wars stille: es war Lichtstral - aber ihre Erfindungen sollten durchbrechen, Meinungen wegbringen, die Welt ändern - es ward Sturm und Flamme"[437].

Alle diese scheinbar willkürlich vorgenommenen Parallelisierungen beweisen, daß es Herder gar nicht darum geht, die individuelle historische Epoche der Reformation einer faktengeschichtlich abgesicherten Darstellung und Analyse zu unterziehen; vielmehr besitzt die geschichtliche Epoche der Reformation für Herder bloß exemplarische Modellfunktion. An ihrem Verlauf lassen sich die allgemein gültigen Gesetzmäßigkeiten der Entstehung und Entwicklung weltgeschichtlicher Veränderungen darlegen. Herder nähert sich ihr daher nicht als Historiker, sondern als Geschichtsphilosoph. Er entwickelt keine dokumentierende Beschreibung, sondern eine interpretierende Deutung dieser Epoche. Die realhistorischen Daten dieser Deutung sind auf ein äußerstes Minimum reduziert, sie müssen es im Grunde genommen auch sein, um so die Möglichkeit zur Generalisierung und Typologisierung der Ergebnisse dieser Geschichtsbetrachtung zu sichern.

Fassen wir die bisherigen Ergebnisse unserer Untersuchung von Herders Reformationsbild der Bückeburger Geschichtsphilosophie zusammen, so ergibt sich, daß Herder mit seinen Ausführungen zur Genese und Entwicklung der Reformation eine geschichtsphilosophische Gesamtkonzeption von paradigmatischem Charakter geschaffen hat, die, trotz ihrer inneren Antinomien, die sie besitzt, auf Grund der außerordentlichen Dynamik, mit der sie vorgetragen wurde, in der Lage war, die "positivistisch" konstruierte Geschichtsdeutung der Aufklärung zu erschüttern und damit den Weg für eine umfassendere Sicht der historischen Wirklichkeit freizumachen.

Damit ist, um die Grenze von Herders Konzeption zu bezeichnen, gleichzeitig angedeutet, daß es sich hierbei zunächst weniger um die Errichtung einer neuen, systematisch strukturierten Theorie der Geschichtsbetrachtung handelt, als um die Destruktion einer bestehenden, aporetischen Perspektive.

Sämtliche Ausführungen Herders zur Genese der Reformation laufen darauf hinaus, zu beweisen, daß der Verlauf der Geschichte nicht mit Hilfe von Deutungskriterien einer immanenten Teleologie zu erfassen sei, die nach aufsteigenden Epochen fortlaufend strukturiert werden kann. Gerade die nicht rationalisierbaren Elemente des Geschichtsverlaufs gelten ihm als Signale für eine im Transzendenten beheimatete Kausalität der historischen Ereignisabfolge, die sich im Bereich der Immanenz als "Zufall, Schicksal, Gottheit" zeige.

Kehren wir zur übergeordneten Problemstellung, nämlich dem Verhältnis von Individuum und Zeitalter zurück, um das Herder mit seinen Ausführungen zu Entstehung und Ablauf der Reformation kreist. Wir haben zu zeigen versucht, daß Herder diesen Beziehungszusammenhang in seinem Brief an den Prinzen von Holstein-Gottorp nach seinen individuellen, in seiner Bückeburger Geschichtsphilosophie nach seinen überindividuellen oder gesamthistorischen Implikationen befragt. Im ersten Fall entwickelt Herder eine Lösung, die das Individuum in ein stärker generativ gefaßtes Verhältnis zum Gesamtablauf der Geschichte stellt, im zweiten Fall beschreibt er dessen Rolle nach Gesichtspunkten, die dieses Verhältnis als ein vorwiegend exekutives definieren.
Wir haben an früherer Stelle bereits darauf hingewiesen, daß Herder in seiner erkenntnistheoretischen Schrift "Vom Erkennen und Empfinden der menschlichen Seele", die in drei Versionen vorliegt, eine weitere Lösung dieser Frage entwickelt, in der das Individuum in einem, wie wir es ausgedrückt haben, konstruktiven Verhältnis zur Geschichte steht. Auch in diesem Falle veranschaulicht Herder seine Antwort an der Gestalt Martin Luthers sowie am Ereignis der Reformation.
Wir möchten daher, bevor wir auf die theologischen Momente von Herders Bückeburger Lutherbild näher eingehen, zur Ergänzung unserer bisherigen Untersuchungsergebnisse Herders ursprünglich 1774 entstandene Schrift interpretieren und mit den beiden früheren Dokumenten seines Lutherinteresses vergleichen.
Dabei sollen auch die beiden Umarbeitungen, die 1776 beziehungsweise 1778 entstanden, mit herangezogen werden.

4.1.3 Herders Reformations- und Lutherbild der Abhandlung "Vom Erkennen und Empfinden der menschlichen Seele"

Um zunächst eine kurze Charakterisierung von Herders allgemeinen theologischen und philosophischen Standpunkten aus der Entstehungszeit dieser Schrift zu liefern, sei auf eine Bemerkung Rudolf Hayms hingewiesen, wonach Herder während der ersten Jahre seiner Bückeburger Tätigkeit eine fundamentale Abwendung von der aufklärerischen Theologie und damit, so wird man ergänzen dürfen, vom Geist der Aufklärung schlechthin, vollzogen habe; diese Abwendung habe sich, so Haym, unter anderem in einer scharfen Auseinandersetzung mit Spalding, dem Wortführer der Berliner Aufklärungstheologen, sowie in einer etwa gleichzeitig vonstatten gehenden Annäherung an den schwärmerisch veranlagten Lavater geäußert.[438]

Wir werden im folgenden zu zeigen haben, daß gerade die psychologisierende Betrachtung der Persönlichkeit Martin Luthers, wie Herder sie vor allem in der zweiten und dritten Fassung seiner erkenntnistheoretischen Studie "Vom Erkennen und Empfinden der menschlichen Seele" entwickelt, den größten Fortschritt gegenüber dem für diese Aspekte im Grunde genommen doch unempfindlichen Lutherbild der Aufklärung bedeutet. Herder konnte dabei, wie Ernst Walter Zeeden ausführt, einen Weg weitergehen, den als erster Justus Möser in seinem berühmten Brief an Voltaire vom September 1750 beschritten hatte.[439] Man wird in diesem Brief, in dem Möser mit Nachdruck auf die Tiefe und Genialität von Luthers Persönlichkeit hinweist, eines der bedeutendsten Dokumente zur Überwindung des aufklärerischen Lutherbildes sehen dürfen. "Diese Blickrichtung", so Zeeden, habe Herder "mit Kraft und Intensität verfolgt. Seele und Herz, Gewalt des Gemüts und des Geistes des Mannes Luther nahmen ihn gefangen"[440].

Bevor wir uns nun der Interpretation von Herders Schrift selbst zuwenden, soll zum besseren Verständnis seiner die Person des Reformators betreffenden Äußerungen angemerkt werden, daß Herder, ebenso wie in seiner Bückeburger Geschichtsphilosophie, auch hier stets übergeordnete Anschauungen verdeutlichen möchte. Seine diesbezüglichen Bemerkungen resultieren also nicht aus einem primär biographischen Interesse an der geschichtlichen Gestalt Luthers, sondern besitzen exemplifizierende oder paradigmatische Funktionen.

Was Gesamtcharakter und Aussageabsicht von Herders Schrift anbelangt, so geht es ihr um den Nachweis, daß Erkennen und Empfinden, die beiden grundlegenden Seelenvermögen des Menschen, nicht zwei voneinander getrennte Kategorien darstellen, sondern eine Einheit bilden, die in der Wesensidentität von Leib und Seele sowie in der allgegenwärtig sich offenbarenden Gottheit verankert sind.

Unter dem starken Einfluß der Leibnizschen Philosophie, angereichert mit Elementen der Spinozistischen Lehre sowie Vorstellungen Hemsterhuis' entwickelt Herder eine Theorie der Erkenntnis, die von der inneren Einheit der menschlichen Erkenntnis- und Handlungskräfte ausgeht und damit in einen fundamentalen Gegensatz zu den rationalistischen Konstruktionen der aufklärerischen Anthropologie tritt, die die menschlichen Erkenntnisfähigkeiten schematisch nach höheren und niederen Strebevermögen klassifizierte.

Gegen diese mechanistische Sichtweise und der damit einhergehenden Diskriminierung der sinnlichen Erkenntnis, die dem Bereich der niederen Strebevermögen zugeordnet wurde, protestiert Herder mit seiner Anschauung, der Mensch "emfind(e) nur im beständigen Horizont seines Körpers"[441].

Damit beschreitet Herders Anthropologie einen Mittelweg zwischen dem einseitig rationalistischen Menschenbild der Aufklärung und der unter schwärmerisch-mystizistischen Einflüssen entstandenen Auffassung des Pietismus mit ihrer unausgewogenen Hochschätzung der affektiven und emotionalen Kräfte des Menschen.

Nachdem Herder auf diese Weise die innere Einheit von Erkennen[442] und Empfinden, den beiden am Erkenntnisprozeß konstitutiv beteiligten Strebevermögen, aufgezeigt hat, geht er einen Schritt weiter und fragt nach dem Einfluß dieser beiden Erkenntniskräfte auf Genie und Charakter des Menschen.

Bevor wir jedoch die positive Bestimmung dessen, was Herder unter Genie und Charakter versteht, und was er am Beispiel der Person Luthers veranschaulicht, näher beschreiben, möchten wir auf jene Vorstellungen eingehen, die er ausdrücklich ablehnt.

"Die Natur", so schreibt Herder, "gibt edle Keime; aber wir nehmen sie nicht auf. Wir schätzen Genie nur nach Unförmlichkeit, dem übertriebnen Äußersten Einer Kraft: dahin ringen wir: das beten wir an: dem ahmen wir nach und verwüsten unsre lebendige Gottesgabe"[443]. Den übertriebenen Genie-Kult des Sturm-und-Drang mit seiner Betonung des Kolossalischen und Titanischen im Menschen kritisiert Herder nachdrücklich, indem er vor allem auf die solchen Anschauungen anhaftende Einseitigkeit und Maßlosigkeit hinweist. Er bezeichnet ein diesen Vorstellungen entsprechendes Geniebild als Ausgeburt einer krankhaften Natur: "... siehe das Ungeheuer heißt Genie. Ein übertriebner Witzling ohne gesunden Verstand und Herzenstreue: ein fliegendes Sonnenpferd und verbrennet die Erde: ein Spekulant ohne die geringste Anschauung noch den kleinsten Gebrauch und Nutzen: Held mit großer Leidenschaft bis zur Tollheit. Die meisten, die in den Tollhäusern liegen, sind Genies; ihre andern Brüder aber laufen frei umher"[444]. Ganz folgerichtig lehnt Herder daher eine undifferenzierte Begeisterung für die ideologische Symbolfigur dieses Genie-Kultes, nämlich Prometheus, ab: "Am ersten Genie Prometheus, der das Himmlische Feuer stal, nagt der Geier: der Dichter, der zwischen Erd und Himmel die Sonnenpferde schwang, stürzt vom Wagen und die kühnen Genies mit hundert Händen, die den Himmel stürmten, liegen unter dem Aetna"[445]. Gegenüber dieser extremen Anschauung vom Wesen des Genies betont Herder vor allem den Aspekt der harmonischen und allseitigen Ausbreitung "würkender Lebenskräfte": "Genie ist nur lebendige Menschenart"[446].

Am Beispiel der Person Martin Luthers führt er nun aus, daß auch das Genie mit unauflöslichen Banden an die allgemeinen Bedingungen des Menschseins geknüpft sei. Vor allem das Trugbild von der alle naturhaften und gesellschaftlichen Grenzen souverän übersteigenden Autonomie der genialen Persönlichkeit greift Herder mit großer Vehemenz an: "Sobald man ins Spekuliren kommt", so heißt es in der 1778 erschienenen Abhandlung 'Vom Erkennen und Empfinden der menschlichen Seele', "kann man aus Allem Alles machen, dünkt sich aufgeflogen zum Empyreum, und der arme Wurm liegt noch in der Hülle ohne Flügel und Frühling.

- Da ists wahrlich der erste Keim zur Freiheit, fühlen, daß man nicht frei sei, und an welchen Banden man hafte? die stärksten freisten Menschen fühlen dies am tiefsten, und streben weiter; wahnsinnige, zum Kerker gebohrne Sklaven, höhnen sie, und bleiben voll hohen Traums im Schlamme liegen. Luther, mit seinem Buch de servo arbitrio, ward und wird von den Wenigsten verstanden; man widerstritt elend oder plärret nach, warum? weil man nicht wie Luther fühlet und hinauf ringet"[447].

Diese Ausführungen, die auf markante Weise deutlich machen, daß Herder die zur programmatischen Monumentalisierung des Individuums neigende Anthropologie des Sturm-und-Drang bereits 1774 grundsätzlich überwunden hatte, zeigen, daß er in dieser Zeit eine Sichtweise der Gestalt Martin Luthers entwickelt, die den Reformator zu den Symbolfiguren einer Persönlichkeitsauffassung zählt, welche die rationalistischen, pietistisch-sentimentalen und genialischen Extremvorstellungen der Epoche zu überwinden in der Lage war.[448] Weder ein Übermaß an spekulativer Vernunft noch an emotionaler Empfindsamkeit noch an phyischer Kraft bilden nach Herders Auffassung ein Genie heraus: "Die gesundesten Menschen aller Zeit hatten nichts ausschließend: Erkenntniß und Empfindung floß in ihnen zu Menschenleben, zu That, zu Glückseligkeit zusammen. ... Erkenntnis und Empfindung leben nur in That, in Wahrheit"[449].

Auch das Genie macht, so führt Herder aus, eine lange innere Entwicklung durch, bevor es die Stätte seiner geschichtlichen Wirksamkeit betritt: "Luther kämpfte lange mit sich, ehe er mit der Welt anfing zu kämpfen, und blieb immer, Trotz eiserner Härte und Stärke, im Werke seines Berufs, im Privatleben der weichste und redlichste Mann, der mit sich selbst mehr rang, als manche von ihm glauben - - Überhaupt ists Knabengeschrei, was von dem angebohrnen Enthusiasmus, der heitern, immer strömenden und sich selbst belohnenden Quelle des Genies da her theoretisirt wird. Der wahre Mensch Gottes fühlt mehr seine Schwächen und Grenzen, als daß er sich im Abgrund seiner "positiven Kraft" mit Mond und Sonne bade"[450].

Was Herder nun im folgenden entwickelt und implizit auch auf sein Verständnis der Person Martin Luthers bezieht, gehört zu den tiefsten und psychologisch wertvollsten Bemerkungen, die im 18. Jahrhundert über den Reformator entstanden sind. Zunächst weist er auf die inneren Kämpfe, Rückschläge und Niederlagen hin, die Luther wie jedes Genie habe erleben müssen: "Im Jurist und Mönchen Luther schlief schon alle der Zunder, der auf Tetzels Funken wartete: derselbe rege, dunkle Trieb trieb ihn ins Kloster und marterte ihn mit sich selbst: schon also der künftige Mann, der itzt Mönch war. ... Luther mußte mit sich gekämpft haben, ehe er mit Leo kämpfte. Je geläuterter die Empfindung, desto helleres Erkenntniß: je tiefer ihre Quelle, desto weiter ihr Strom"[451].

Herders Tendenz, das Allgemein-Menschliche an der Person Luthers hervorzukehren, ohne ihr dabei die Genialität abzusprechen, läßt sich auch in der bereits 1773 erschienenen Schrift "An Prediger" nachweisen. "Luther war ein gemeiner Mönch", so heißt es dort, "und mußte sich so weit durchwinden, als er kam ..."[452].

Für unseren übergeordneten Zusammenhang, nämlich die Frage nach Herders Verhältnisbestimmung von Zeit und Individuum wichtiger sind jedoch, neben den anthropologischen, die geschichtsphilosophischen Implikationen seiner Genielehre.[453]

Herder hatte dargelegt, daß Erkennen und Empfinden des Menschen ihre innere Bestimmung nur dann voll erfüllen, wenn sie in die geschichtliche Tat ausmünden. Anders als bei seinen von uns bereits interpretierten früheren Anschauungsmodellen, in denen er recht einseitig entweder nur die individuelle oder nur die gesamthistorische Komponente geschichtlicher Prozesse beschrieben hatte, gelangt er hier zu einer Lösung des Problems, die darauf abzielt, die Entstehung historischer Ereignisse als einen Vorgang zu beschreiben, der sowohl eine individuelle als eine allgemeingeschichtliche Seite besitzt. Das Individuum macht einen inneren Reifungsprozeß durch, nach dessen Abschluß äußere Faktoren hinzukommen müssen, um es auf die Bühne der weltgeschichtlichen Veränderungen zu führen. Zeit und Individuum stehen in einem verborgenen und nicht näher zu durchschauenden Beziehungszusammenhang; nur im Wechselspiel gegenseitiger Beeinflußung vollzieht sich der geschichtliche Fortschritt. Die historische Konstellation weckt im Individuum den Impuls zur geschichtlichen Tat, wobei gerade die genialen Menschen oft sehr lange Entwicklungen durchzumachen haben und einen kräftigen Anstoß benötigen, bevor sie handelnd hervortreten: "Je mehr ein Mensch zu seinem künftigen Werk und Leben nur sich selbst und ein kleines Werkzeug brauchet", so schreibt Herder, "desto eher kann der Blitz kommen, der ihn wecke, oder die Ecke des Prisma, die den Sonnenstral in Farben spalte. ... Ein Montesquieu, ein Sarpi, Luther, Cäsar braucht einen Rubikon, eine Welt andrer Umstände und andrer Jahre"[454].

Für Herders Verständnis der Person Luthers ergibt sich aus dem bisher Gesagten, daß er den Reformator zu jenen Genies rechnet, deren historische Bestimmung sich in der weltgeschichtlichen Tat erfüllt: "Wie sich in uns Alles von dunklem Reiz zur Empfindung, von Empfindung zum Anschauen emporwand, und denn die anschauende Seele auf Alles in Gotteskraft rückwürkte: so steht nun das Genie und jauchzet. Es hat ein Medium, einen neuen Sinn, seine Welt gefunden: es ist in seiner That"[455].

Herders Genieauffassung stellt dabei, wie bereits angedeutet, im Grunde genommen eine große Abrechnung mit dem irrationalistischen Genie-Kult des Sturm-und-Drang dar. Herder empfiehlt, ganz nach dem Vorbild des im Jahre 1759 erschienenen "Essay on Taste"[456] von Alexander Gerard, eine Mäßigung des genialischen Empfindens durch den Geschmack. Der Geniebegriff wird in Verbindung gesetzt mit dem Begriff des Charakters und erhält dadurch neben der ästhetischen eine ethische Bedeutungskomponente. So läßt sich gerade an Herders Bemerkungen zur Person Luthers der Wandel seiner Genieauffassung - und damit seines Menschenbildes ganz allgemein - recht deutlich verfolgen. Der Reformator wird nicht mehr als autonomer Gestalter der Geschichte beschrieben, der die historischen Konstellationen seiner Wirksamkeit mit imperatorischer Gewalt selbständig bestimmt, sondern als ein Mensch, der innere und äußere Schwierigkeiten zu überwinden hat, bevor er seinen geschichtlichen Platz einnehmen kann: "Jeder Mensch von edeln lebendigen Kräften ist Genie auf seiner Stelle, in seinem Werk, zu seiner Bestimmung ..."[457], so faßt Herder seine Genieauffassung zusammen und entwickelt damit Positionen, die in ganz markanter Weise auf das klassische Humanitätsideal des deutschen Idealismus vorausweisen.[458]

Damit ist deutlich geworden, daß Herders Beurteilung der Person Martin Luthers auch während der Bückeburger Jahre keine statische, feste Größe darstellt, sondern im Gegenteil ständigen Veränderungen und Korrekturen unterworfen ist, Veränderungen, die sich aus dem Fortschritt seiner allgemeinen anthropologischen und geschichtsphilosophischen Anschauungen ergeben.

Wir werden im folgenden zu untersuchen haben, ob dieser Befund auch für die theologischen Elemente von Herders Lutherbild zutrifft.

5. Die theologischen Elemente von Herders Lutherbild der Bückeburger Jahre

5.1 Herders bibelwissenschaftliche Lutherrezeption

Betrachtet man Herders literarische Produktion der Bückeburger Jahre, so fällt der hohe Anteil an theologischen und bibelwissenschaftlichen Arbeiten dieser Zeit auf. Neben der schwierigen "Ältesten Urkunde des Menschengeschlechts", in der Herder den kabbalistisch anmutenden Versuch unternimmt, die Entwicklung der Menschheit von ihren offenbarungsgeschichtlichen Ursprüngen her zu deuten, entstehen Werke wie die stärker praktischen Interessen dienende Schrift "An Prediger", die in scharfem Ton gegen die aufklärerische Theologie Spaldings polemisiert, sowie eine Reihe von drei weiteren Abhandlungen, die ganz dem Neuen Testament gewidmet sind.[459] Der Grund dieses lebhaften Interesses an Fragen und Problemen aus dem Bereich der Theologie mag einerseits in einer in der Bückeburger Abgeschiedenheit unwillkürlich vonstatten gehenden, religiös gearteten Verinnerlichung von Herders Wesen liegen, andererseits jedoch kommt darin ganz offensichtlich sein Bemühen zum Audruck, sich durch qualifizierte Beiträge nachdrücklich für die ersehnte Professur in Göttingen zu empfehlen.

Was nun den allgemeinen Charakter dieser Arbeiten anbetrifft, so sind es, wie Schlosser nüchtern feststellt, keine eigentlich akademischen Schriften im streng fachtheologischen Sinn.[460] Vielmehr offenbaren sie recht deutlich Herders ästhetisch und polemisch orientierte Art der Beschäftigung mit Problemen aus dem Bereich der Theologie.

In all diesen Studien beruft sich Herder recht häufig auf die theologische Autorität Martin Luthers und zitiert dessen Werke zum Teil sehr ausgiebig. Die Älteste Urkunde zum Beispiel steckt voller Anspielungen auf Luthers zweiten Genesis-Kommentar. "Der spätere Comment. in Genes.", so schreibt Herder hier, "das letzte recht Klassische Buch von diesem Gottesmanne (Luther; Zusatz vom Verf.), ein Schatz von Erkenntniß, Gelehrsamkeit und Erfahrung, ist vielleicht der beste Kommentar, der je über dieses Buch geschrieben worden"[461].

Diese sowie eine ganze Reihe ähnlicher Urteile sind dabei - sieht man von einer einzigen Ausnahme ab[462] - im Ton einer grenzenlosen Bewunderung gesprochen, ebenso wie seine Einstellung zur zeitgenössischen Bibelexegese von Pietismus und Aufklärung durch eine scharfe und distanzierende Kritik gekennzeichnet ist.

In all seinen diesbezüglichen Äußerungen geht es Herder dabei letzten Endes darum, die nach seinem Dafürhalten depravierte Bibelwissenschaft des 18. Jahrhunderts durch die Lektüre der Schriften des Wittenberger Reformators zu beleben und weiterzuführen. In der "Ältesten Urkunde" beispielsweise reitet er eine militante Attacke gegen den Göttinger Alttestamentler Johann David Michaelis, einen der berühmtesten Lehrer des 18. Jahrhunderts, der die biblische Hermeneutik durch Einbeziehung der orientalischen Nachbarsprachen sowie eine auf breiter Basis betriebene Realienforschung entscheidend gefördert hatte. Der prosaische Geist dieses im übrigen sehr verdienten Mannes sowie seine ausschließlich auf das Handgreifliche, unmittelbar Brauchbare und Empirische zustrebende Art waren dem von orientalischem Schwung und hyperbolischer Begeisterung für die hebräische Poesie entzündeten Herder innerlich zuwider. Während deshalb die führenden Vertreter der zeitgenössischen Bibelwissenschaft die Heilige Schrift durch eine bis ins Extrem getriebene historisch-kritische Erklärung gewissermaßen prosaisierten, ging Herder in seinem leidenschaftlichen Bemühen, den authentischen Geist dieser Schrift in seiner individuellen Gestalt zu erhalten, gerade den umgekehrten Weg, indem er sie poetisierte. Dieses Poetisieren wurde Herder oft zum Vorwurf gemacht.[463] Man darf dabei jedoch die positive Intention, die hinter seiner Auslegungsart steht, nicht übersehen. Die Poesie stellt ja für Herder nicht einfachhin das Gebilde einer überspannten Phantasie dar, sondern figuriert im Sinne einer ungegenständlichen, sozusagen symbolisch verhüllten Ausdrucksform die Wahrheit. So schreibt er etwa in einem vom 30.10.1772 datierenden Brief an Lavater: "... aber die Sprache der Bibel muß ich oft wiederherstellen. Unsere Zeit hat sich aus einem sonderbaren Vorurtheil, als wenn Kind und Mensch das alles nicht verstehe, was es nicht definiren kann, dagegen, als gegen orientalisch Geschwätz, verschworen, und will also alles in laue Umschreibung, kalte Definition, philosophische Moral etc. auflösen, wo meistens so der Geist verfliegt, wie dem Chymiker unter seinem Auflösen. Es ist schade", so fährt er fort, "daß was Michaelis aus Eitelkeit und Spalding aus ruhigem Temperament thut, alle brave Männer, in denen andre Seelenkräfte würken, nachthun wollen, und damit tilgen wir sogar das letzte Vehiculum des Worts der Gottheit aus unserm Jahrhundert weg, um unser Wort zu sagen"[464].

Bei seinem Unterfangen, den Geist der Heiligen Schrift auf poetische Weise darzustellen und zu vermitteln, versteht Herder sich als Bibelausleger, der in der exegetischen Tradition des Wittenberger Reformators steht und dessen theologische Anliegen adaptierend vermittelt. Über die Problematik dieser Selbsteinschätzung wird noch zu sprechen sein; zuvor jedoch soll unser Befund anhand eines Zitates aus einem 1776 entstandenen Fragment einer Abhandlung zum Hohenlied erhärtet werden: "Der Geist Luthers ...", so bekräftigt Herder dort, "ging vor mir, der mit seinem Feuerblicke immer so gerade in den ersten Sinn, den klaren Wortverstand drang, und diesen Grund der Auslegung seiner Kirche als Wahrheitsprobe, als Feld des Erkenntnißes übermachte"[465].

Halten wir als erstes Ergebnis unserer Untersuchung fest, daß Herder in seinem Kampf gegen die zeitgenössische, insbesondere die rationalistische Bibelexegese der Aufklärung[466], eine durchweg unkritische und in affirmativem Ton vorgetragene Rückwendung zum bibelwissenschaftlichen Werk Martin Luthers vollzieht.
Da er sich den Forschungsmethoden der aufklärerischen und pietistischen Bibelwissenschaft nicht anzuschließen vermag, versucht Herder, der zeitgenössischen Schriftauslegung vom Werk Luthers her neue Impulse zu vermitteln.[467]
Es gehört zu den tragischen Aspekten seines Schaffens, daß gerade hier Anspruch und Umsetzung dieses Anspruchs weit auseinanderklafften.

Betrachtet man nämlich, in welcher Weise Herders bibelexegetische Arbeiten von der Kritik aufgenommen wurden, so zeigt sich, daß diese Werke trotz ihrer ständigen Berufung auf die Basis der Lutherischen Theologie vor allem aufgrund ihrer mystizistisch-orientalisierenden Art sehr schnell in den Verdacht der Heterodoxie gerieten.
So bemerkt etwa Heyne, der Herders Wechsel nach Göttingen zu lancieren versuchte, man habe in Hannover und London kritisiert, daß Herder sich in seinen Schriften gegen zwei Artikel der symbolischen Bücher, das heißt, der reformatorischen Bekenntnisschriften, versündigt habe. Zum einen habe er in seiner "Ältesten Urkunde" gegen den Artikel von der Schöpfung verstoßen, indem er das erste Kapitel der Genesis in eine Allegorie verwandelt habe, zum anderen habe er den Artikel von der Schrift verletzt, indem er die Verfasserschaft des Judasbriefes in Frage gestellt habe.
Insbesondere der erste Vorwurf mußte Herder aufs Schwerste treffen, da ja gerade Luther als Überwinder der traditionellen Lehre vom mehrfachen Schriftsinn und Kämpfer gegen eine allegorisierende Art der Bibelauslegung galt und Herder sich, wie gezeigt werden konnte, ständig auf Luther als maßgebliche Autorität berief.[468]
Herder habe, so die Kritik, mit seiner poetischen Interpretation der Heiligen Schrift die allegorische Auslegung, die doch Luther zu eliminieren versucht habe, gewissermaßen durch die Hintertüre wieder eingeführt.
Daß Herder sich mit diesem Vorwurf ungerecht behandelt fühlte und es in unglücklicher Weise wohl auch war, zeigen einige seiner aus dieser Zeit stammenden Äußerungen: "Unter andern Gottesgaben Luthers", so schreibt er, "war sein scharfer, gesunder Blick in den rechten Sinn der Bibel und sein Feuerhaß gegen Allegorische Tändelei. Wir sind soweit, daß uns nicht nur alles gleichgültig ist, sondern wir auch keinen Sinn für den Himmelweiten Unterschied beider Worte Allegorie und That oft mehr haben. Haben doch Thoren oft gesagt, daß ich die Schöpfungsgeschichte Allegorisch erkläre; ich, der Länder und Erden zusammen zu raffen strebe, sie darzustellen als That, als Weltgeschichte ..."[469].

In einem Brief an Lavater vom 30. Dezember 1775 heißt es: "Ich glaub, ich kenne u. liebe Luther inniger als der Haufe seines Orthodoxen Nachfolgeviehes, die mich mit unter suspicione quadam für Ketzer halten"[470].
Man erkennt an diesen Äußerungen recht deutlich, wie weit hier Selbsteinschätzung und Beurteilung durch das wissenschaftliche Umfeld auseinanderlagen.
Der zwiespältige Charakter seiner mehr intentional als real authentischen Lutherrezeption wurde von einer nüchtern urteilenden und der überschwenglichen Art Herders an sich skeptisch gegenüber stehenden Bibelkritik sehr schnell erkannt. Von Herders poetischer Übersetzung des "Hohenliedes" beispielsweise berichtet Schlosser: "Das Buch ward in der neuen Gestalt mit Recht als Dichtung bewundert, es wird unter unsere classischen Bücher gerechnet, als ein biblisches Buch wird es aber schwerlich jemand in dieser Gestalt betrachten, sondern um Urtext und Poesie unbekümmert seinen Luther in die Hand nehmen"[471].

So zeigt ein kurzer Blick auf die Rezeptionsgeschichte von Herders bibelwissenschaftlichen Beiträgen, daß diese aus einem Geist hervorgewachsen sind, der in einer kreativen Weise vermittelnd zwischen der original-reformatorischen Theologie Luthers und der positivistischen Theologie des aufgeklärten Rationalismus steht. Was Herder dabei von allen zeitgenössischen Theologen unterscheidet, ist die poetisierende oder orientalisierende Art seiner Auslegung, eine Methode, die weniger auf sachlicher Distinktion der Fakten, als auf persönlicher Intuition des jeweiligen Erkenntnisgegenstandes beruht.
Dieser besondere Charakter von Herders Schriftauslegung kommt in seinen Arbeiten zum Alten Testament stärker zum Vorschein, als in jenen zum Neuen, eine Tatsache, die es sinnvoll erscheinen läßt, auch die bibelwissenschaftlichen Aspekte seiner Lutherrezeption schwerpunktmäßig anhand der alttestamentlichen Beiträge darzulegen. Diese jedoch sind, wie Hans-Joachim Kraus hervorhebt, ganz entscheidend von Johann Georg Hamann beeinflußt.[472] Stellt man daher die Frage, inwieweit Herders exegetische Studien den Geist der Theologie Luthers erkennen lassen, so wird man gleichzeitig zu fragen haben, in welchem Vermittlungsverhältnis Hamann zwischen dem Wittenberger Reformator und der Person Johann Gottfried Herders steht.

Der "Magus des Nordens" nun gehörte, auch was seine theologischen Standpunkte anbetraf, zu jenen wenigen, aber dafür um so bedeutenderen Gestalten, die einerseits dem aufgeklärten Anthropozentrismus des rationalistischen Zeitalters nicht verfallen waren, andererseits jedoch auch dem langsam sich hervorbildenden deutschen Idealismus selbständig gegenüberstanden. Die Wurzeln von Hamanns Denken liegen vor allem im biblischen und reformatorischen Glaubensgut.

Was seine Einstellung zum Bibelverständnis der Aufklärung anbetraf, so lehnte Hamann dessen abstrakten Rationalismus mit seiner einseitigen Betonung der empirischen Forschung aufs schärfste ab, indem er Wesen und Bedeutung der Heiligen Schrift stärker theozentrisch deutete und als zweite Inkarnation oder Herabneigung Gottes in die, wie er es ausdrückte, "Knechtsgestalt" der Bibel bezeichnete. Damit nahm Hamann Gedanken auf, die auch für Luthers Schriftverständnis maßgebend waren. "Die Eingebung dieses Buches (der Bibel)", so schreibt er, "ist eine ebenso große Erniedrigung oder Herunterlassung Gottes als die Schöpfung des Vaters und die Menschwerdung des Sohnes. Die Demut des Herzens ist daher die einzige Gemütsverfassung, die zur Lesung der Bibel gehört, und die unentbehrliche Voraussetzung zur selbigen"[473].

Damit aber ist nur die eine Seite von Hamanns Offenbarungsverständnis bezeichnet. "Wie in Luthers Vorreden zum Alten Testament", so Hans-Joachim Kraus, korrespondiere "in diesen Sätzen der Herabneigung und Inkarnation des Wortes die humilitas des Lesers und Hörers"[474]. Im Gegensatz zu der verstandesstolzen Kritik eines Johann Salomo Semler habe Hamann die ehrfürchtige Bereitschaft besessen, die menschlichen und irdischen Momente der alttestamentlichen Offenbarung als die entscheidenden Orte der Herablassung und Selbsterniedrigung Gottes zu betrachten. "Gott hat sich Menschen offenbaren wollen, er hat sich durch Menschen offenbart. Er hat die Mittel, diese Offenbarung Menschen nützlich zu machen, sie für solche einzunehmen, sie unter den Menschen auszubreiten, fortzupflanzen und zu erhalten, auf die Natur des Menschen und seiner Weisheit am gemäßesten gründen müssen"[475].

So trage nach Hamann jede biblische Geschichte "das Ebenbild des
Menschen, einen Leib, der Erde und Asche ... ist"[476] an sich.

Die eigentliche Bedeutung dieser Konzeption liegt mithin darin, eine
sowohl theologisch wie anthropologisch orientierte Verständnisform
der Heiligen Schrift entwickelt zu haben, die im Rekurs auf die Theologie Luthers mit ihrer inkarnatorischen Begründung der biblischen
Offenbarung eine glanzvolle Überwindung der aufklärerischen Bibelkritik mit ihrer kurzsichtigen Beschränkung auf die historisch-kritischen
Aspekte der Entstehung der Heiligen Schrift darstellte. "Die kritischen Einzelerkenntnisse", so Kraus, "versinken hinter der totalen
Krisis einer viel tiefer greifenden Gesamterkenntnis des Glaubens, in
der die Fleischwerdung des Wortes ernst genommen wird"[477].
Hamann habe in einer bis dahin beispiellosen Kühnheit den autonomen
Humanismus seiner Zeit mit dem biblischen und reformatorischen Inkarnationsglauben konfrontiert, in Frage gestellt und vertieft.

Schauen wir nun, inwieweit Herders bibelexegetische Arbeiten Auffassungen Hamanns und damit - explizit oder implizit - Auffassungen Luthers widerspiegeln, so zeigt sich, daß Herder zwar den, wie Kraus es
nennt, "hebräischen Humanismus" Hamanns, das heißt, dessen philologisch fundierte, ethnologisch-nationalpoetische Deutung der Schriften
des Alten Testaments übernimmt, daß er gleichzeitig jedoch die noch
von Hamann vollzogene Integration dieser grundlegenden humanistischen
Auffassungen in den Inkarnationsglauben insbesondere Lutherischer
Provenienz nicht mehr adäquat nachvollzieht.[478]
Vielmehr habe Herder sich, so führt Kraus überzeugend aus, zwar von
Luthers und auch von Hamanns exegetischen Anschauungen beeindrucken
lassen, dennoch aber sei er vor allem aufgrund seiner intensiven
Spinoza-Studien zu einem Offenbarungsbegriff gelangt, der deistisch
geprägt gewesen und einer vom Lutherischen Inkarnationsglauben abge-
lösten, anthropozentrisch-humanistischen Vorstellung nahegekommen sei.
Damit habe Herder, ohne daß er sich dessen allerdings bewußt gewesen
sei, ja ohne daß er es überhaupt gewollt habe, eine verbindende Mittelposition zwischen original Lutherischer einerseits und aufkläreri-

scher Bibelkritik andererseits eingenommen, eine Position, die in einer ehrfurchtsvollen humanistischen Gesamthaltung verwurzelt gewesen sei.

Die original-reformatorischen Impulse, die Johann Georg Hamann an der Schwelle zur neuen Epoche der nach-aufklärerischen Bibelkritik gegeben habe, seien von Herder jedoch, so Kraus, nicht in der Intensität verarbeitet worden, wie dies möglich gewesen sei. Obwohl er sich nämlich, wie anhand von einigen Beispielen exemplarisch gezeigt werden konnte, ständig auf die exegetische Methode Luthers berief und dessen Schriftkommentare ausgiebig zitierte, habe Herder die zentraltheologischen Anliegen Luthers durch seine poetisch allegorisierende Auslegungsart weitgehend säkularisiert.

Herders Interesse an der Heiligen Schrift besitzt eben immer auch eine ästhetische, ethnologische oder nationalpädagogische Nebenkomponente, die ihn vom original-reformatorischen Gedankengut trennt. "Ein humanistischer Pantheismus verbindet sich ... (dabei; Zusatz vom Verf.) mit den theologischen Gedanken de sacra scriptura, die Herder von Hamann übernahm"[479]. Wenn Herder die Heilige Schrift deutet, geht es ihm daher nicht ausschließlich um den gläubigen Nachvollzug eines offenbarungsgeschichtlichen Geheimnisses, nämlich der Inkarnation des Gotteswortes in die Gestalt der Bibel, sondern immer auch um die Entwicklung einer ästhetisierenden und psychologisierenden Form der Verständnisvermittlung dieses Phänomens. Dies bedeutet einerseits, will man es negativ ausdrücken, daß Herder manche von Luthers bibeltheologischen Anliegen nicht mehr adäquat zu erfassen und darzustellen in der Lage war, andererseits jedoch bedeutet es - positiv formuliert - daß er die im Grunde genommen einseitigen Sichtweisen von Orthodoxie und Rationalismus durch seine ästhetischen, humanistischen und pantheistischen Beifügungen auf eine außerordentlich zeitgemäße und populäre Basis gestellt hat.

Herder hat also keineswegs nur die Theologie Luthers säkularisiert, sondern auch - gerade umgekehrt - den säkularen Zeitgeist durch die Begegnung mit den Schriften des Reformators gewissermaßen theologisiert.

So erscheint Herder auch in Bezug auf seine exegetische Beurteilung der Heiligen Schrift als jener geniale Synkretist, als der er sich schon im Hinblick auf seine ästhetische und geschichtsphilosophische Rezeption der biblischen Offenbarung erwiesen hatte. Reformatorisches Glaubensgut wird in einem permanenten Verfahren von ihm dergestalt adaptiert und tradiert - und hier liegt wohl die eigentliche Bedeutung von Herders Schriftauslegung -, daß neben der Schilderung der Offenbarungsinhalte immer auch die Schilderung der Form des Offenbarungsgeschehens, und zwar in seiner jeweiligen nationalen und historischen Individualität berücksichtigt wird.

In den "Provinzialblättern" legt Herder die Grundsätze seines Schriftverständnisses aufs deutlichste auseinander. Überlieferung und damit auch Überlieferung der biblischen Schriften sei, so formuliert er, kasual, das heißt "aus Zeitbedürfnißen entstanden, Zeitmittel brauchend, auf zeitige Zwecke strebend"[480]. Die Offenbarungsgeschichte müsse daher, wie Herder schlußfolgert, im Kontext ihrer historischen Entstehungssituation gedeutet werden[481].
Die verständnismäßige Aneignung und Vermittlung der kasualen Begleitmomente der biblischen Offenbarung sei dabei eine Aufgabe, die jeder Epoche neu gestellt werde und von jeder Epoche neu gelöst werden müsse. Wir kommen damit zum zentralen Punkt von Herders Beurteilung der bibelexegetischen Autorität Martin Luthers: diese Beurteilung geschieht - trotz des durchweg affirmativen Tenors, in dem sie gehalten ist - nicht im dogmatisierenden Sinn. Herder beruft sich in seinen Arbeiten zwar ständig auf sein großes Vorbild Luther, er tut dies jedoch nicht in einer unkreativen oder exklusiven Art und Weise. Damit, so kann geschlossen werden, hütet er sich bei allem augenscheinlichen Enthusiasmus für die exegetische Leistung des Reformators vor einem engstirnigen Rückfall in das dogmatisierende Lutherverständnis der Orthodoxie.

Es würde den Rahmen dieser Arbeit sprengen, wollten wir versuchen, eine detaillierte Hintergrundbeschreibung des Lutherbildes von Orthodoxie, Pietismus und Aufklärung zu liefern; dennoch scheint uns zum besseren Verständnis der progressiven Elemente von Herders Lutherrezeption eine knappe theologiegeschichtliche Skizze der historischen Zusammenhänge an dieser Stelle durchaus sinnvoll und notwendig zu sein.

So urteilt Horst Stephan über das Lutherbild der Orthodoxie:[482] "Indem man die Tiefen und Höhen seiner (Luthers; Zusatz vom Verf.) Lehre als übermenschlich empfindet, gerät man schon früh in die Gefahr, einen Heiligenschein um sein (Luthers; Zusatz vom Verf.) Haupt zu legen. ... So erhielt Luthers Gestalt ein denkbar hohes Postament. Hier stand er sicher als der Gesandte Gottes, als der Theander, sanctus, divinus, mirandus, thaumaturgus --- heros usw., vor allem als der Prophet der Deutschen"[483]. Hatte die Orthodoxie dabei insgesamt den Schwerpunkt auf die Lehre Luthers gelegt und diese mit dogmatischer Strenge verteidigt, so wandte sich der Pietismus stärker der Person des Reformators zu. Die von ihm entwickelte psychologische Betrachtung der Gestalt Martin Luthers wurde dabei jedoch recht häufig zu einer scharfen Kritik all jener Verhaltensweisen des Reformators benutzt, die mit den eigenen, mystisch-schwärmerisch akzentuierten Frömmigkeitsvorstellungen nicht in Einklang zu bringen waren. Trotz ihrer (gewiß vorhanden gewesenen) positiven wie negativen Übertreibungen habe es, so Stephan, zu den bleibenden Verdiensten der pietistischen Lutherrezeption gehört, "das Verständnis nicht nur für Luthers Christentum, für seine Lehre und Verdienste, sondern auch für seine Person und für ein persönliches Verhältnis zu ihm"[484] geweckt zu haben.
Die Aufklärung schließlich habe den Reformator enthusiastisch als Freiheitshelden, Muster einer Gott wohlgefälligen Moral und Vernunft sowie als patriotische Identifikationsfigur allererster Ordnung gefeiert. Die vom Pietismus entwickelte und dann von Herder wieder aufgegriffene und vertiefte psychologisierende Betrachtung von Luthers Persönlichkeit sei dagegen nahezu vollständig aus dem Blick geraten und durch einen platten Rationalismus nivelliert worden. Dieser Prozeß habe langsam aber sicher zu einer gefährlichen Verarmung vor allem der theologischen Inhalte von Luthers Lehre geführt.

Soweit dieser kurze theologiegeschichtliche Rückblick. Daß Herder sich vor einem Abgleiten in das Lutherbild der Orthodoxie gehütet hat, ist bereits angedeutet worden. Bleibt nur noch darauf hinzuweisen, daß er in gleicher Weise über den von Pietismus und Aufklärung erreichten Stand hinausblickte. "Der grosse Luther", so schreibt er, "hat dem kränkelnden Empfindungshorchen so entgegengearbeitet, als den hellen deutlichen Kanons, bis aufs Infinitum deutlich! aber an Kopf und Herzen sah auch Er sieche Zeiten voraus, warnte - sie sind gekommen! und eine Seuche hat die andere abgelöset: Behorcher des Kopfs (d.h. die Aufklärung; Zusatz vom Verf.) die Behorcher des Busens (d.h. den Pietismus; Zusatz vom Verf.)"[485].

Die Geschichtsschreibung der Theologie vertritt heute einhellig die Ansicht, Herder selbst sei aufgrund der ästhetisch-humanistischen Physiognomie seines Geistes nicht in der Lage gewesen, die bibelwissenschaftlichen und theologischen Anliegen Martin Luthers in einer kongenialen Weise zu adaptieren und zu vermitteln; gleichzeitig jedoch bescheinigt sie - insbesondere dem Bückeburger Herder - ein vor dem Hintergrund der kontemporären Theologie betrachtet durchaus überdurchschnittliches Verständnis der Schriften des Reformators. Im übrigen wird man Herders besonderes Verdienst wohl darin zu erkennen haben, die zeitgenössischen Strömungen von Pietismus und Aufklärung durch seine im Grunde genommen doch auf einer recht breiten Basis angelegte Lutherrezeption aus mancherlei Engführungen - entweder sentimentaler oder aber rationalistischer Art - herausgeholfen zu haben. Dieses Urteil kann auch nicht durch die Tatsache eingeschränkt werden, daß sein eigenes Lutherbild doch weitgehend eklektizistischer Natur war.

Ganz charakteristisch für dieses Lutherbild wie für Herders Art überhaupt ist nun die pädagogisch-didaktische Haltung, in der er die zeitgenössische Bibelkritik und Dogmatik auffordert, sich am Vorbild der Schriften des Reformators zu orientieren und emporzubilden. "Moses, Hiob, Psalmen, Propheten - wer euch, ganz wir ihr seyd, für Welt und Nachwelt darstellen könnte - welch ein Priester! welch ein Prophet

Gottes! Besudelt jetzt gnug! in Pfützen und Pöbelprose versenkt! Seitab verzerrt, wie ein Schulbube sich seines Römerskribenten erkühnen sollte! für Ungelehrte dahingegeben, wie Scioppius nicht die Priapeen kommentirte, wo ist, kein Kaufmann! ein zweiter einfältiger, auch ungelehrter Luther, ein Luther von Kopf und Herz und Brust und Schreibart, der euch darstelle! der euch reihe"[486].

Diese Worte machen noch einmal deutlich, daß Herders Rückwendung zur Bibelkritik Luthers ihren Impuls aus einer tiefen Unzufriedenheit mit den exegetischen Leistungen von Pietismus und Aufklärung empfing; gleichzeitig jedoch zeigen sie, daß diese Rückwendung keinen anachronistischen Revisionismus darstellt, sondern im Sinne einer kreativen Applikation der historischen Anschauungen Martin Luthers auf eine zeitgenössische und zeitgemäße Darstellungsebene verstanden sein will. "Stehet man mit Luther nicht auf mehr auf Einem Grunde:", so erläutert Herder sein Verfahren, "ist Gottes Wort nicht das Einige Principium des ganzen Glaubens: so gehts gerade auseinander. Ist das aber, warum sollte sich nicht jeder frei erklären dörfen? Er thäte nichts, als was jeder Symbolische Lehrer thun muß, die Bücher aus ihrer Zeit auf die unsre anwenden ..."[487]. Schließlich gipfeln Herders Appelle an die Theologen seiner Zeit in dem lebhaften Wunsch, sie möchten "Luthers ihrer Zeit" werden. "Sollet aber die Konfeßionen im Geiste ihrer Zeit fühlen, und wenn ihr des Glaubensgrundes, des Sinnes und Glaubens seid, als Luthers eurer Zeit, sie anwenden, wenn ihr von der Konfeßion seyn wollt: das ist das Einige, und natürliche Foderniß, idem per idem"[488].

Fassen wir unsere bisherigen Untersuchungsergebnisse kurz zusammen: Es konnte gezeigt werden, daß Herders Bückeburger Schaffensperiode einen theologischen bzw. bibelwissenschaftlichen Schwerpunkt besitzt, der sich in einer ganzen Reihe von exegetischen Arbeiten manifestiert. Weiterhin wurde deutlich, daß gerade die Bückeburger Werke vor dem Hintergrund einer ständigen Auseinandersetzung mit den Schriften des Reformators entstanden sind.
Dabei wird man, um den besonderen Charakter dieser Lutherrezeption zu bezeichnen, festzuhalten haben, daß es sich hierbei nicht um die glei-

che Tiefe und Ausschließlichkeit der Lutherverehrung wie bei Johann
Georg Hamann handelt. Herders Rezeption ist weniger authentisch und
weniger theologisch als jene Hamanns, aber sie ist dafür moderner
und zeitgemäßer. Ihr gehörte daher, wie Heinrich Bornkamm feststellt,
die Zukunft.[489]
Beurteilt man Herders Rückbesinnung auf die bibelwissenschaftliche Autorität Martin Luthers im Umfeld der zeitgenössischen Exegese, so liegt
ihre eigentliche Bedeutung darin, den zu einseitigen Interpretationsverfahren tendierenden Schulen von Pietismus und Aufklärung ein Regulativ vor Augen gestellt zu haben, das bei allen Parteien ein hohes
Ansehen genoß und daher im Stande war, extremistischen Entwicklungen
im Bereich der protestantischen Bibelwissenschaft durch eine gezielte
Hinwendung zu ihren genuinen Quellen sachte entgegenzuwirken.

Hatten wir bisher vor allem Herders Stellung zum bibelwissenschaftlichen Werk Martin Luthers im Blick, so soll im folgenden an einem konkreten Beispiel seine Haltung zu stärker theologisch-dogmatischen
Aspekten der Lehre des Reformators untersucht werden. Anhand von Herders Rezeption der Lutherischen Aussagen über die Unfreiheit des
menschlichen Willens soll der eigenartig adaptierende Charakter seiner Lutherstudien noch deutlicher zum Ausdruck gebracht werden.

5.2 Herders dogmatische Lutherrezeption

Herder erwähnt diese für Luthers Theologie ganz entscheidende Lehre
sowohl innerhalb der "Ältesten Urkunde" (SW VII, S. 127), als auch
innerhalb seiner Schrift "Vom Erkennen und Empfinden der menschlichen
Seele" (zweite und dritte Fassung). Er tut dies allerdings, wie wir
mit Heinz Bluhm[490] gegen die ein wenig euphemistisch geratene Darstellung Heinrich Bornkamms[491] behaupten möchten, in einer Art und
Weise, die das theologische Grundanliegen Luthers ins mehr Allgemeinmenschlich-Psychologische umbiegt.
Wir möchten im folgenden versuchen, diesen zunächst im Sinne einer
Arbeitshypothese formulierten Befund anhand verschiedener Textpassagen

aus den erwähnten Schriften empirisch zu verifizieren. Im Anschluß daran soll unser Befund in die größeren Zusammenhänge von Herders Werk sowie in den weiteren Horizont der zeitgenössischen deutschen Theologie- und Geistesgeschichte eingeordnet werden.

"Sobald man ins Spekuliren kommt", so hatte Herder ja seine in den Bückeburger Jahren entwickelte Theorie der menschlichen Erkenntnis mit Bezug auf Luthers Lehre von der Unfreiheit des menschlichen Willens erläutert, "kann man aus Allem Alles machen, dünkt sich aufgeflogen zum Empyreum, und der arme Wurm liegt noch in der Hülle ohne Flügel und Frühling. - Da ists wahrlich der erste Keim zur Freiheit, fühlen, daß man nicht frei sei, und an welchen Banden man hafte? Die stärksten freien Menschen fühlen dies am tiefsten, und streben weiter; wahnsinnige, zum Kerker gebohrne Sklaven, höhnen sie, und bleiben voll hohen Traums im Schlamme liegen. Luther, mit seinem Buch de servo arbitrio, ward und wird von den Wenigsten verstanden; man widerstritt elend oder plärret nach, warum? weil man nicht wie Luther fühlet und hinauf ringet"[492].

Bereits diese Ausführungen lassen erkennen, daß Herder Luthers Lehre von der Unfreiheit des menschlichen Willens in einem völlig anders gearteten systematischen Zusammenhang thematisiert als der Reformator; er transponiert sie von einer theologischen auf eine anthropologische Betrachtungsebene und säkularisiert sie dadurch weitgehend. Ein zweites Zitat soll unsere Auffassung untermauern: "Luther behauptete mit seiner Knechtschaft des Willens", so führt Herder in der 1775 entstandenen zweiten Fassung seiner Schrift 'Vom Erkennen und Empfinden' aus, "Halbweisen ein Ärgerniß und Halbtugendhaften eine Thorheit; und eben diese Lehre bewies Luthers tiefes Gefühl in die Bande der Menschheit. Selbst der feine Erasmus", so fährt Herder fort, "verstand ihn nicht und eine Heerde sprichts ihm nach ohne Empfindung, als eine geerbte Lehre, der sie selbst widersprechen. Der Vogel dünkt sich in seiner Netzkammer frei und der Vogler zweifelt keinen Augenblick am Strick seiner Knechtschaft"[493].

Diese Ausführungen zeigen zwar, daß Herder sich intensiv mit dem Problem der menschlichen Willensfreiheit beschäftigt und sich eine Kennt-

nis der Schriften Luthers angeeignet hat, die, wie Heinz Bluhm zutreffend urteilt, neben jener Johann Georg Hamanns durchaus bestehen konnte, gleichzeitig jedoch machen sie deutlich, daß Herders Bückeburger Lutherrezeption auch in ihrer intensivsten Phase schon von einer latenten, humanistisch-anthropozentrisch akzentuierten Unterströmung getragen wird.
Diese humanistische Deutungsperspektive wird in Weimar, dies kann bereits hier, den weiteren Ergebnissen unserer Untersuchung vorgreifend, gesagt werden, immer stärker hervortreten, bis sie die theologische endgültig majorisieren wird.
In der 1798 erschienenen Schrift "Vom Geist des Christentums" beispielsweise verwirft Herder den zwischen Erasmus und Luther entbrannten Streit um das Problem der menschlichen Willensfreiheit in einer ganz undifferenzierten und pauschalisierenden Art, ein Problem, das ja nach Luthers eigenen Worten ins Zentrum seiner Theologie gehört. Er setzt sich in scharfen Worten gegen die mit seinem philanthropischen Humanismus nicht mehr in Einklang zu bringende Vorstellung vom geknechteten Willen des Menschen zur Wehr: "Entbehrlicher Weise", so klagt Herder nunmehr, "kam der Augustinismus auch ins Lutherthum hinüber; denn gewiß war der Streit, der zwischen Luther und Erasmus über den freien Willen des Menschen entstand, dem Christentum sehr entbehrlich. ... der Mensch sollte fortan in der sogenannten Bekehrung durchaus ein Stock und Block bleiben"[494].
Soweit geht Herder zwar in Bückeburg noch nicht, seine Äußerungen gehen aber auch hier bereits am inneren Kern von Luthers Anliegen vorbei. Wir können an dieser Stelle unmöglich eine erschöpfende Darstellung von Luthers Schrift über die Unfreiheit des menschlichen Willens mit ihren vielfältigen und zum Teil recht sublimen Bedeutungskomponenten entwickeln. Das ist in diesem Zusammenhang aber auch gar nicht notwendig. Zwei kurze Zitate, eines von Erasmus, das andere von Luther selbst, zeigen bereits, daß Herder die authentische Aussageabsicht beider Theologen nicht adäquat erfaßt, wenn er die Lehre von der Unfreiheit des Willens im Sinne einer innerpsychologischen Kategorie zur Erklärung der menschlichen Erkenntnis- und Handlungsfähigkeit deutet.

So definiert Erasmus in seinem berühmten Werk "De libero arbitrio" den freien Willen folgendermaßen: "Porro liberum arbitrium hoc loco sentimus vim humanae voluntatis, qua se possit homo applicare ad ea, quae perducunt ad aeternam salutem, aut ab iisdem avertere"[495].
Und Luther schreibt in seiner Schrift "De servo arbitrio": "Caeterum erga Deum, vel in rebus, quae pertinent ad salutem vel damnationem, non habet liberum arbitrium, sed captivus, subiectus et servus est vel voluntatis Dei vel voluntatis Satanae"[496].

Diese Zitate zeigen, daß sowohl Erasmus als auch Luther bei aller inneren Gegensätzlichkeit ihrer Auffassungen doch den gleichen intentionalen Gegenstand im Blick haben, wenn sie über das Problem der menschlichen Willensfreiheit sprechen. Dieser Gegenstand, auf den sich das voluntative Strebevermögen des Menschen - sei es nun frei oder unfrei - nämlich bezieht, ist immer Gott, beziehungsweise die ewige Seligkeit. Erasmus und Luther thematisieren das Problem der menschlichen Willensfreiheit mithin "sub specie aeternitatis".
Bei Herder hingegen fehlt, wie gezeigt werden konnte, dieser metaphysische und heilsgeschichtliche Horizont der Frage nach den Bedingungen und Möglichkeiten einer freien Willensentscheidung vollständig. In seiner Schrift "Vom Erkennen und Empfinden der menschlichen Seele" beispielsweise wird Luthers Lehre von der Unfreiheit des Willens zum konstitutiven Element einer Erkenntnistheorie umfunktioniert, deren Erkenntnisobjekt eben nicht dem Bereich der Transzendenz, sondern dem Bereich der Immanenz, genauer gesagt der menschlichen Geschichte, zugeordnet wird.
Hans Georg Gadamer hat dieses Verfahren, durch das bestimmte, inhaltlich eigentlich fest fixierte Argumentationsfiguren aus einer objektfremden Perspektive in ganz neuartige systematische Zusammenhänge hineingestellt werden, einmal mit der zutreffenden Formulierung beschrieben, Herder besitze wie kein zweiter die Fähigkeit zum Denken "in beweglichen Horizonten"[497].
Auch für seine Rezeption der Lutherischen Lehre vom geknechteten Willen trifft dieser Befund zu.

Eine Beurteilung von Herders Stellungnahmen zu diesem zentralen Theologumenon der Lehre Luthers bliebe allerdings unvollständig und irreführend, wollte man sie ausschließlich durch eine Gegenüberstellung seiner eigenen, latent humanistischen, mit der manifest theologischen Position Luthers herbeiführen. Vielmehr wird man, um die Äußerungen Herders nicht allzu schnell ins Pejorative und Negative verweisen zu müssen, den argumentativen Hintergrund der zeitgenössischen Theologie, vor dem diese Aussagen entstanden sind und vor dem sie mithin beurteilt werden müssen, zu berücksichtigen haben.
Die geistige und religiöse Atmosphäre, in die Herders Bückeburger Aussagen über den Wittenberger Reformator hineingehören, ist doch, will man ihre weltanschauliche Gesamttendenz zusammenfassend typisieren, durch eine langsam sich vollziehende Emanzipation des anthropozentrischen von einem bis dahin weithin vorherrschenden theozentrischen Lebensgefühl geprägt.
Auch das 18. Jahrhundert habe zwar, so führt Karl Barth aus, ebenso wie die vorausgehenden Jahrhunderte die zentralen Probleme der Theologie erkannt, habe diese Probleme jedoch "aus einem bestimmten Geist heraus einer bestimmten Transformation unterworfen oder also: zu unterwerfen versucht"[498]. Der Mensch habe nämlich versucht, "die Gesamtheit des in Natur und Geschichte Gegebenen und Überkommenen als ein dem Menschen Eigenes und also zu Assimilierendes und also zu Humanisierendes zu behandeln"[499]. Dieser Versuch, so fährt Barth fort, habe sich durchaus und nicht zuletzt auch auf den Gegenstand der Theologie, das Christentum, erstreckt. Im Glauben an die Allmacht des menschlichen Vermögens sei der Mensch des 18. Jahrhunderts auch an das Christentum herangetreten. "Und eben als die Allmacht des menschlichen Vermögens meint er (der Mensch; Zusatz vom Verf.) jetzt auch das Wesen des Christentums erleben und erkennen zu können"[500].

Fragt man nach den Ursachen und geschichtlichen Ursprüngen dieser anthropologischen Wende der deutschen Geistesgeschichte, so wird man in die Zeit der Auseinandersetzung von Humanismus und Reformation zurückzublicken haben. "Das deutsche Geistesleben" habe, so schreibt Wilhelm Lütgert in seiner fundierten Darstellung der Religion des deutschen

Idealismus, "durch die Reformation einen theologischen Grundzug"[501] erhalten. Dieser jedoch sei infolge der zwischen Erasmus und Luther entbrannten Auseinandersetzung um das Problem der menschlichen Willensfreiheit bzw. der menschlichen Vernunft in eine zunächst dominierende religiöse, sowie eine zunächst mehr latent gebliebene, humanistische Linie aufgespalten worden. Während Erasmus die menschliche Vernunft stets hochgeschätzt und damit die Voraussetzung zur Herausbildung einer autonomen Anthropologie geschaffen habe, sei Luthers Menschenbild - bedingt durch seine Lehre vom geknechteten Willen sowie seiner Darstellung der Vernunft als einer "Teufelsbraut" - stets theologisch konditioniert geblieben.

"Die Aufklärung", so fährt Lütgert fort, "und mit ihr die Wissenschaft ist nicht in der Richtung fortgeschritten, die Luther und Melanchthon eingeschlagen haben, sondern auf der Bahn, die Erasmus ging. In der religiösen Spaltung, welche sich durch unsere Bildung bis in die Gegenwart hineinzieht, setzt sich der Kampf Luthers mit Erasmus fort"[502].

Dies bedeutet nun konkret, daß die reformatorischen Anliegen jener Epoche immer stärker von den humanistischen in den Hintergrund gedrängt wurden.
So stellt bereits Ernst Cassirer fest, daß für die durch Erasmus vorbereitete Aufklärung eine hartnäckige Abneigung gegen das zentrale Dogma von der Erbsünde charakteristisch sei, ebenso wie eine scharfe Polemik gegen die Theologie des Augustinus, auf deren Grundlage Luther seine Lehre von der Unfreiheit des menschlichen Willens errichtet habe.
Man dürfe aus diesem Befund allerdings nicht, so Cassirer, den Schluß ziehen, die Aufklärung habe bewußt einen religiösen Indifferentismus angestrebt.[503] Die auch für Herders Theologie sowie für seine Lutherrezeption geltenden anthropozentrisch-humanistisch akzentuierten Säkularisierungstendenzen bringen mithin einen ganz typischen Trend der Zeit zum Ausdruck, der im Gesamtcharakter der neuzeitlichen, insbesondere aber der aufgeklärten Weltanschauung begründet liegt. Dennoch zeigen sie, wie unsere weiteren Ausführungen beweisen möchten, ein

wesentlich tieferes theologisches Verständnis der Schriften Martin
Luthers, als dies für die populäre Aufklärungstheologie gilt. Ähnlich
wie Cassirer hat Heinrich Bornkamm in seiner die Forschungsergebnisse Horst Stephans weiterführenden Darstellung der Entwicklung des Lutherbildes im 18. und 19. Jahrhundert darauf hingewiesen, daß auch
die Aufklärung sich auf Luther berufen und ihn, wenn auch in einer
äußerst fragwürdigen Art und Weise, zu den geistigen Vätern ihrer
Weltanschauung gezählt habe. Da nun Herders Bückeburger Stellungnahmen zum Werk des Wittenberger Reformators, wie gezeigt werden konnte,
eine starke Stoßrichtung gegen das Lutherbild der Aufklärung besitzen, möchten wir im folgenden versuchen, dieses Bild etwas plastischer
hervortreten zu lassen.

Die Aufklärung habe, wie Heinrich Bornkamm ausführt, ein Bild vom Reformator entworfen, das mit dem wirklichen Luther nicht mehr viel zu
tun gehabt habe. "Von seinen Klosterkämpfen, seinen Anfechtungen, seinem Gebetsringen wußte man nichts mehr. Ein heller und gelehrter Kopf,
ein tapferer Freiheitskämpfer, ein Vorbild vieler Tugenden, ein fröhlicher Hausvater -, das bleibt neben beklagenswerten, aber aus der
Zeit entschuldbaren Zügen der Heftigkeit und des Starrsinns von seiner
Gestalt übrig. Das bürgerlich-sentimentale Lutherbild, das im 19. Jahrhundert die breiten Schichten beherrscht, ist von der Aufklärung entworfen worden"[504].
Kreuzestheologie und Rechtfertigungsglaube seien vor einer moralisierenden Selbstrechtfertigung aus den eigenen Tugenden in den Hintergrund getreten und seien schließlich, wie es ein später Rationalist
formuliert, als "eine unheilvolle dogmatische Extravaganz eines großen und kühnen, aber zuweilen einseitigen Geistes"[505] erschienen. So
habe der populäre Rationalismus der Aufklärung in Luther einen, wie
Friedrich Germanus Lüdke es ausdrückt, "wahren Schutzengel für die
Rechte der Vernunft, der Menschheit und christlichen Gewissensfreiheit"[506] gesehen.
In ganz bezeichnender Weise jedoch kommt die distanzierte Haltung der
Aufklärung zur Theologie Luthers in den Äußerungen ihres bedeutendsten Vertreters, Johann Salomo Semlers, zum Ausdruck.

So läßt Semler sich bisweilen zu Bemerkungen hinreißen, in denen er dem Erasmus eine größere theologische Autorität zuschreibt als Luther selbst. "Ich weis aus Luthers und Melanchthons Schriften", so Semler, "nichts schöneres zusammen zu suchen, als was der grosse Erasmus hier (in seiner 'Ratio seu methodus compendio perveniendi ad veram theologiam', 2. Aufl. 1518; Zusatz vom Verf.) geschrieben hat"[507].

Noch deutlicher wird Semlers liberale Stellung zur Theologie des Reformators in seiner Beurteilung der Lehre von der Unfreiheit des menschlichen Willens. Im zweiten Band seiner 1781 ff erschienenen Autobiographie schreibt er: "Die Schrift wider den Erasmus de servo arbitrio, habe ich niemalen vorzüglich gelobet, seitdem ich sie gelesen hatte; alle Mühe, durch Anmerkungen und Glossen zu helfen, ist für denkende Leser vergeblich"[508].

Schon diese wenigen Zitate beweisen, daß Semler die Theologie Luthers vom Standpunkt eines aufgeklärten Rationalismus her rezipiert, der nicht mehr in der Lage ist, entscheidende theologische Anliegen, die jenseits dieses Rationalismus liegen, adäquat nachzuvollziehen. Auch seine Beurteilung der Reformation bestätigt diesen Befund.[509] In der Vorrede zum zweiten Band seiner Kirchengeschichte legt Semler ausführlich dar, daß die historische Aufgabe der Reformation mit dem Auftreten Luthers nicht erfüllt sei, sondern von der eigenen Epoche zu Ende geführt werden müsse. "Ich habe aber besonders darauf hingewiesen", so schreibt er, "daß man sich nicht in eitler Einbildung, und ungegründeter Zuversicht, gar zu grosse Vorstellungen von dieser an sich grossen Sache (der Reformation; Zusatz vom Verf.) mache, als wäre die Reformation der öffentlichen Kirchenverfassung ein für allemal vorbey, und so vollkommen bewerkstelliget worden, daß es unfehlbar eine Versündigung und strafbare Vermessenheit seie, wenn man ihre Fortsetzung und Erweiterung hoffet und wünschet"[510]. Die "theologischen Zänkereien" der Reformationszeit seien, so Semler, vor allem dadurch entstanden, daß man Luthers Worte kanonisiert, zur alleingeltenden Lehre erklärt und jedes Abweichen von ihr als eine häretische Entfernung vom Worte Gottes selbst diffamiert habe.

Vergleicht man Semlers Ausführungen mit den Bückeburger Standpunkten Johann Gottfried Herders, so kommt der grundlegende Unterschied in den Anschauungen beider Schriftsteller doch recht deutlich zum Ausdruck. Herders Lutherrezeption besitzt trotz ihres auch in dieser Zeit bereits vorhandenen latenten Humanismus, eine wesentlich stärkere Prägung durch den Geist des reformatorischen Schriftgutes als jene Semlers.
Auch wenn Herders Lutherstudien der Bückeburger Jahre von einem ästhetisierenden und psychologisierenden Synkretismus gekennzeichnet sind, durch den sie sich von den rein theologischen Schwerpunktsetzungen der Lutherrezeption Johann Georg Hamanns unterscheiden, zeigen sie doch eine über das durchschnittliche Niveau des aufgeklärten Rationalismus weit hinausgehende Verständnistiefe. Sie resultieren daher, betrachtet man die weltanschauliche Perspektive, aus der heraus sie entworfen werden, eher aus einer reformatorisch als aus einer humanistisch geprägten Geisteshaltung. Daß diese reformatorische Geisteshaltung der Bückeburger Zeit in Weimar von einer humanistischen überwunden wird, soll im folgenden Kapitel gezeigt werden.

6. Zusammenfassung der Ergebnisse

Die Bückeburger Äußerungen Johann Gottfried Herders über Person und Werk Martin Luthers werden vor dem Hintergrund einer intensiven Lektüre der Schriften des Reformators getroffen, wobei ein besonderer Schwerpunkt auf dem Studium der zwischen 1517 und 1522 erschienenen Abhandlungen Luthers liegt.
Herder geht in sprachästhetischer, geschichtsphilosophischer und theologischer Hinsicht auf das Werk Luthers ein.
Seine sprachästhetisch orientierte Rezeption macht dabei, im Vergleich zu den Rigaer Standpunkten, eine theologische Vertiefung durch, die allerdings in Weimar zum Teil wieder verlorengeht.
In geschichtsphilosophischer Hinsicht nutzt Herder Person und Werk des Reformators, um die Frage nach dem Verhältnis von Individuum und Zeitalter zu beantworten. Dabei wird gerade die Person Luthers, aber auch das Ereignis der Reformation sehr unterschiedlichen, zum Teil sogar widersprüchlichen Bewertungen unterzogen.
Insgesamt jedoch besitzen seine Äußerungen den gemeinsamen Zweck, die rationalistische Anthropologie sowie die teleologische Geschichtsanschauung der Aufklärung anhand eines paradigmatischen Falles zu erschüttern. Die historische Betrachtungsperspektive wird daher ständig von einer adaptierenden oder synchronisierenden ergänzt und überwölbt, die in einem unmittelbaren Reflexionszusammenhang zum zeitgenössischen Menschen- bzw. Geschichtsbild steht.
In bibelwissenschaftlicher und theologischer Hinsicht vertritt Herder ein Lutherbild, das in der Mitte zwischen der tief religiösen Position Hamanns einerseits und dem humanistisch akzentuierten Standpunkt des aufgeklärten Rationalismus andererseits liegt.
Auch dieses theologische Lutherbild der Bückeburger Jahre wird in Weimar starken Veränderungen unterworfen werden, Veränderungen, die auf eine weitgehende Profanisierung der jeweiligen Rezeptionsinhalte von Herders Beschäftigung mit Person und Werk des Reformators hinauslaufen. So kann zusammenfassend gesagt werden, daß die Bückeburger Äußerungen Herders den theologischen Höhepunkt seiner Auseinandersetzung mit dem nach den unterschiedlichsten Gesichtspunkten interpretierten Werk Martin Luthers darstellen.

C. Herders Lutherbild während der Weimarer Zeit (1776 - 1805)

1. Vorbemerkungen

Am 1. Oktober 1776 traf die Herdersche Familie voller Erwartungen in Weimar, der letzten und längsten Station von Herders Wirken ein. Die Hoffnungen, eine dem praktischen und geistigen Schaffen günstige Umgebung gefunden zu haben, schienen sich zunächst vollauf zu bestätigen. In einem vom 13. Oktober datierenden Brief an Lavater schreibt Herder zufrieden: "Göthe habe ich hier weit beßer, tiefer u. edler gefunden, als ich ihn selbst dachte. Wieland ist ein bon-homme, dem man weiter nichts übel nimmt, wenn man ihn kennet. Lenz kenne ich noch nicht. Der Herzog ist ein edler, freier, wahrer, guter Junge ... Die Herzogin ist ein herrlicher, edler Engel, auch 1000mal beßer, als sie einst war"[511].

Auch von der Weimarer Stadtgemeinde schien Herder, nachdem ein anfängliches Mißtrauen gegen seine Person abgebaut war, mit großem Wohlwollen empfangen worden zu sein: "Da 10. nach meiner Stelle gestrebt hatten", so schreibt er am 13. Januar 1777 an Hamann, "so war ich dem Pöbel als Atheist, Freigeist, Socinianer, Schwärmer verschrien: u. da ich mich nun hier, wie ich bin, zeigte, predigte u. dergleichen, so gings mir wie Paulus auf Malta, da er die Otter wegschleuderte. Meine erste Predigt, die ich in aller Ruhe eines Unwißenden aller vorigen Gerüchte hielt, wandte mir hohes und niedres Volk so unglaublich zu, daß ich nun freilich auf ein so leicht gewonnenes Gut nicht viel rechne, es doch aber zum Anfange als eine sehr gute Schickung u. Hülfe ansehen muß"[512].

Doch schon im selben Brief werden Klagen über die im Ganzen betrachtet religiös wenig ansprechbare Gemeinde[513], über die durch Ämter- und Geschäftshäufung gekennzeichnete berufliche Situation sowie über den mangelnden Kontakt zum Hof laut.[514]

Diese Klagen verstärken sich im weiteren Verlauf von Herders Weimarer Schaffenszeit immer mehr und münden schließlich in eine tiefe und dauerhafte Unzufriedenheit mit den Gegebenheiten seiner durch zunehmende

Überbeanspruchung und Isolierung gekennzeichneten Lage aus. Trotz dieses, zumindest aus der Perspektive Herders heraus betrachtet, negativen Befundes vertritt die Forschung nahezu einhellig die Auffassung, erst das Werk der Weimarer Zeit bilde den eigentlichen Höhepunkt von Herders geistiger Entwicklung. Eugen Kühnemann beispielsweise überschreibt seine Darstellung der Bückeburger Jahre mit dem Begriff der "Krisis", während ihm die ersten zehn Jahre der Weimarer Epoche als "Reifezeit" gelten.[515]

Wir hatten nun im vorausgehenden Kapitel die These zu untermauern versucht, daß Herders Lutherrezeption nicht in der Rigaer Früh- oder in der Weimarer Spätphase, sondern während der dazwischenliegenden Bückeburger Zeit ihr - zumindest in theologischer Hinsicht - intensivstes Stadium durchläuft. Dies bedeutet, daß - vom Niveau der Bückeburger Lutherstudien aus betrachtet - Herders Weimarer Äußerungen über den Wittenberger Reformator in einigen Punkten ein geringeres Maß an Eigenständigkeit und Verständnistiefe erkennen lassen. Auch wenn wir dieses Urteil im weiteren Verlauf unserer Darlegungen in mancherlei Hinsicht zu differenzieren haben werden, möchten wir doch daran festhalten, den Gesamtcharakter von Herders Weimarer Lutherrezeption als eine Form der Auseinandersetzung mit Person und Werk des Reformators zu bezeichnen, die von einem langsamen Ausmünden in das populäre Lutherbild der Aufklärung geprägt ist.
Damit werden, so möchten wir weiter schlußfolgern, Traditionsstränge wieder aufgegriffen und neu belebt, die schon für das Zustandekommen von Herders Rigaer Lutherbild namhaft gemacht werden konnten. Sein zwiespältiges Verhältnis zur geistesgeschichtlichen Epoche der Aufklärung, das von einer eher unselbständig und mehr atmosphärisch vorhandenen Geistesverwandtschaft über eine erbitterte Kritik bis hin zu einer erneuten, diesmal jedoch bewußt vollzogenen Annäherung reicht, kommt gerade in den vielfältigen Wandlungen seines Lutherbildes sehr deutlich zum Ausdruck. Diese Wandlungen betreffen, vergleicht man die Bückeburger mit den Weimarer Standpunkten, vor allem Herders geschichtsphilosophische Beurteilung der Reformation sowie seine theologische Bewertung einiger protestantischer Lehrsätze; die Hochschät-

zung von Luthers Person und die Anerkennung seiner Verdienste um die Entwicklung der deutschen Nationalsprache hingegen bleibt sich in Riga, Bückeburg und Weimar nahezu gleich.
Wir möchten aus diesem Grunde im folgenden einen gewissen Schwerpunkt auf die Untersuchung derjenigen Momente von Herders Weimarer Lutherbild legen, durch die dieses sich von den in Bückeburg getroffenen Stellungnahmen unterscheidet.
Zuvor jedoch soll ein kurzer Blick auf das zur Auswertung vorliegende Quellenmaterial geworfen werden.

2. Quellenkritische Bestandsaufnahme von Herders Weimarer Lutherstudien

Rein quantitativ betrachtet dokumentieren die Weimarer Schriften am umfassendsten Herders eigentlich nie zum Erliegen kommendes Interesse an Person und Werk Martin Luthers.[516] Schauen wir zunächst auf die in der Suphanschen Werkausgabe veröffentlichten Texte, so zeigt sich, daß Herder gleich zu Beginn seiner in Weimar aufgenommenen schriftstellerischen Tätigkeit mit den 1780/81 in erster und 1785/86 in zweiter Auflage erschienenen "Briefe(n), das Studium der Theologie betreffend" einen wichtigen, theologisch-didaktisch akzentuierten Schwerpunkt seiner Lutherstudien setzt. Auch die 1783 veröffentlichte Abhandlung "Vom Geist der Ebräischen Poesie" sowie die verschiedenen Sammlungen der zwischen 1785 und 1793 erschienenen "Zerstreuten Blätter" gehen von einem vorwiegend theologischen Gesichtspunkt aus auf Person und Werk des Reformators ein. In den zwischen 1793 und 1796 entstandenen "Briefen zur Beförderung der Humanität" wechselt diese Perspektive; Herder stellt nunmehr stärker die allgemein historische und speziell patriotische Bedeutung von Luthers Reformation heraus.

Die verschiedenen Teile der "Christlichen Schriften" schließlich, die gegen Ende der neunziger Jahre veröffentlicht wurden, wenden sich erneut der theologischen Relevanz von Luthers Werk zu, allerdings in einer Art und Weise, die Herders eigene Position als eine außerordentlich liberale erkennen läßt. Ein Nachhall seiner sprachgeschichtlichen Lutherrezeption der früheren Epochen findet sich noch in der gegen Kant gerichteten Abhandlung "Verstand und Erfahrung. Eine Metakritik zur Kritik der reinen Vernunft", die aus dem Jahre 1799 stammt. Ebenfalls auf den sprachlichen Aspekt von Luthers Schaffen bezogen sind eine ganze Reihe von Äußerungen aus der "Adrastea" und der "Terpsichore".

Für Herders Beurteilung der Reformation sehr wichtig ist nicht zuletzt eine im Jahre 1802 entstandene, von Suphan zutage geförderte und veröffentlichte Gliederung zum Thema: "Welchen Einfluß hat die Reformation Luthers auf die politische Lage der verschiedenen Staaten Europas und auf die Fortschritte der Aufklärung gehabt?"

Soweit dieser knappe Überblick über die gedruckt vorliegenden Quellen der Weimarer Zeit. Neben diesen gedruckten und veröffentlichten Dokumenten von Herders Lutherbeschäftigung finden sich im handschriftlichen Nachlaß weitere Quellen, die sein ausgiebiges Studium der Schriften des Reformators bezeugen. Hier ist zunächst eine 1792 entstandene umfangreiche Zusammenstellung verschiedener Textpassagen aus Luthers Schriften zu nennen, die Herder unter bestimmte, meist politische Oberbegriffe gegliedert hat und die zunächst in seine "Briefe zur Beförderung der Humanität" aufgenommen werden sollten, dann aber doch zum größeren Teil herausfielen.[517] Die Vorrede zu dieser Kompilation sowie eine knappe Inhaltszusammenfassung der einzelnen Abschnitte hat Bernhard Suphan im Anhang zu seiner Ausgabe der Humanitätsbriefe veröffentlicht.[518]

Weniger bedeutend für die Darstellung von Herders Weimarer Lutherstudien ist eine zwei Blatt starke Zeittafel zur Geschichte der Reformation, die in chronologischer Ordnung die wichtigsten Daten der Ereignisse dieser Epoche tabellarisch aufführt (N XXI, 108).

Weitere im handschriftlichen Nachlaß vorliegende Dokumente von Herders Lutherstudien dieser Zeit resultieren meist aus Vorarbeiten zu den Humanitätsbriefen und sind - wenn auch in zum Teil etwas veränderter oder verkürzter Form - mit in die gedruckte Fassung der Briefe übernommen worden.

3. Die Fortsetzung der sprachgeschichtlichen Lutherrezeption

"Herders frühe Überzeugung von Luthers sprachlicher Meisterschaft", so stellt Heinz Bluhm in seinem gehaltvollen Beitrag über Herders Lutherbild zutreffend fest, "begleitet ihn (Herder; Zusatz vom Verf.) auch in der verhältnismäßig langen Weimarer Periode"[519].
Der Tenor seiner Äußerungen zur sprachlichen Bedeutung von Luthers Werken bleibt auch während der fast dreißigjährigen Weimarer Epoche durchweg positiv; nur an ganz wenigen Stellen mischen sich kritischere Töne ein, so etwa, wenn es mit Blick auf Luthers Liedschaffen heißt, seine "Übersetzungen alter Hymnen (seien; Zusatz vom Verf.) ziemlich hart"[520] gewesen, oder wenn mit Bedauern festgestellt wird, daß durch die Kanonisierung des in der Bibelübersetzung popularisierten obersächsischen Dialektes die "Mundarten andrer Provinzen in den Schatten gedrängt"[521] worden seien. Dadurch nämlich seien, so fährt Herder fort, "auch die in ihnen vorhandenen poetischen Producte des obern und niedern Deutschlands auf eine Zeitlang und für die meisten Provinzen fast in Vergessenheit"[522] geraten.
Schließlich wäre an negativen Urteilen zur sprachlichen Bedeutung von Luthers Schaffen noch an eine im übrigen aber singulär bleibende Bemerkung Herders zu erinnern, wonach man von der Reformation "für die Poesie ja nicht zuviel ... erwarten"[523] dürfe. "Eine poetische Reformation", so urteilt er, habe Luther nicht bewirkt und auch gar nicht im Sinn gehabt, "... vielmehr gaben die dogmatischen Streitigkeiten, die durch seine Reformation entstanden, dem Geist der Gelehrten eine ganz andre, ziemlich unpoetische Wendung"[524].
Die theologischen Auseinandersetzungen jener Epoche hätten den Genius der Deutschen zur lateinischen Poesie herübergezogen und dadurch eine Fortbildung der nationalen Literatur entscheidend behindert.

Ordnet man diese kritischeren Äußerungen jedoch in den gesamten Fundus von Herders Weimarer Stellungnahmen zur sprachgeschichtlichen Bedeutung Luthers ein, so kann kein Zweifel darüber bestehen, daß es sich bei diesen kritischen Tönen um vereinzelte Urteile handelt, die den positiven Allgemeinbefund nicht wesentlich zu schmälern vermögen.

So empfiehlt Herder in den 'Briefen, das Studium der Theologie betreffend', seinen Lesern "Luthers freie Herzenssprache und reiche biblische Analyse"[525]. "Eben daß auch er, wie die Mystiker gethan", so führt Herder aus, "in der Landessprache und für den gemeinen Mann schrieb, das machte ihn zum Mann Gottes für die Nation und half seinen gelehrten Verbeßerungen unsäglich ..."[526].
Ganz allgemein gilt Luther ihm als "der große Meister unsrer Sprache"[527] oder "größeste(r) Meister des Übersetzens in unserer Sprache"[528]. Neben Lessing ist und bleibt der Reformator das große sprachliche Vorbild, an dem jeder, der gutes Deutsch schreiben wolle, sich zu orientieren habe. "In beiden Schriftstellern hat sie (die deutsche Sprache; Zusatz vom Verf.) nichts von der plumpen Art, von dem steifen Gange, den man ihr zum Nationaleigenthum machen will", so schreibt Herder und fährt fort, "... wer schreibt ursprünglich Deutscher als Luther oder Lessing?"[529]

Es ist gelegentlich bereits angeklungen, daß in Herders Hochschätzung von Luthers sprachlicher Leistung die nationale und volkhafte Komponente sehr stark in den Vordergrund getreten ist. Diese beiden Rezeptionskriterien nun scheinen vor allem gegen Ende seiner Schaffenszeit völlig dominant geworden zu sein. "Luther war ein starker Geist", so heißt es beispielsweise in den 1793 erschienenen 'Zerstreuten Blättern', "ein wahrer Prophet und Prediger unsres Vaterlandes. Er hat die classische Büchersprache der Deutschen zuerst fixiret; ... Auch seine wenigen Lieder athmen Deutsche Kraft ..."[530].
Fast noch stärker wird diese nationale Komponente von Luthers sprachlichem Wirken im vierten Band der "Adrastea" hervorgehoben: "Hältst du es für nichts", so fragt Herder dort, "daß seitdem Er (Luther; Zusatz vom Verf.) schrieb, jeder Deutsche, wenn er vom beßern Theil der Nation gelesen seyn will, evangelisch, protestantisch, lutherisch, schreiben muß, und wenn er es auch wider Willen thäte? Das Larvenfest, die Zeit der Nachäffung fremder Völker und Zeiten ist vorüber ..."[531].
Mit der ungeteilten Hochschätzung von Luthers sprachlicher Meisterschaft verbindet sich in Herders Äußerungen dabei die Auffassung, bereits die nachfolgende Epoche stelle den Beginn des Rückschritts dar.

"Man ging ihm (Luther; Zusatz vom Verf.) nicht nach, wie man hätte thun sollen; im Gebrauch der Landessprache kamen Frankreich und England uns weit voran"[532].

So läßt sich hinsichtlich von Herders Beurteilung der sprachlichen Leistungen des Reformators zusammenfassend sagen, daß deren bereits in Riga vorhandener positiver Gesamttenor auch in den Weimarer Stellungnahmen noch voll zum Tragen kommt.
Damit stellt die sprachgeschichtliche Perspektive von Herders Lutherrezeption ein beständiges Moment der Kontinuität seiner im ganzen betrachtet durchaus positiven Einstellung zu Luthers Gesamtwerk dar.

Eine weitere Konstante bildet, wie im folgenden zu zeigen sein wird, Herders Verehrung von Luthers Persönlichkeit und Charakter.

4. Herders positive Beurteilung von Luthers Persönlichkeit und Charakter

Bereits in Riga, vor allem aber in Bückeburg hatte Herder Persönlichkeit und Charakter des Wittenberger Reformators in den höchsten Tönen gelobt. "Sein ganz uneigennütziger, lautrer, aufopfernder Charakter", so heißt es etwa überschwenglich in der 1773 erschienenen Schrift 'An Prediger', "das lautre aufopfernde Wesen, das Er zum Grunde alles Gottesdienstes, zumal Predigtamts legte, davon er ausging und darauf überall zurück kam ..."[533], "... so gesund, ganz stark, frei- und froh empfindend - ..."[534] erscheint ihm Luther und er verehrt ihn als einen "Mann ohne Eigendünkel und mit Felsenbrust", dessen Werke Herder selbst nie "ohne tiefes Niederschlagen all (seines) geringsten Autorstolzes"[535] gelesen habe.

Diese in den Bückeburger Schriften zum Ausdruck kommende uneingeschränkte Hochachtung vor der Person des Reformators gipfelt schließlich in der Bemerkung, Luther sei als "Ueberbringer und Dollmetscher des Worts (Gottes; Zusatz vom Verf.) für Welt und Nachwelt" ... "Prophet! Ja Prophet, noch immer einiger, unerreichter Prophet mit deinem frei- und frohen Muthe"[536] gewesen.

Solche Äußerungen erinnern im Tenor sehr stark an die außerordentlich positive Bewertung von Luthers Persönlichkeit durch Johann Georg Hamann[537], ja sogar an die der Idolatrie nahekommende Lutherverehrung der Orthodoxie.[538]

Sie dürfen jedoch nicht zu der Annahme verleiten, Herder habe ein undifferenziertes oder gar oberflächliches Lutherbild vertreten. Vor allem in den Bückeburger Schriften nämlich kommt seine tiefe psychologische Kenntnis der Persönlichkeit des Reformators zum Ausdruck:[539] "Luther war ein gemeiner Mönch, und mußte sich so weit durchwinden, als er kam ..."[540]. Er "kämpfte lange mit sich, ehe er mit der Welt anfing zu kämpfen, und blieb immer, Trotz eiserner Härte und Stärke, im Werke seines Berufs, im Privatleben der weichste und redlichste Mann, der mit sich selber mehr rang, als manche von ihm glauben"[541]. Ein solch tiefes Eindringen in den verborgenen Kern von Luthers Wesen gelang nicht einmal einem Mann wie Lessing, der doch schon 1753 beteu-

erte: "Luther steht bey mir in einer solchen Verehrung, daß es mir, alles wohl überlegt, recht lieb ist, einige kleine Mängel an ihm entdeckt zu haben, weil ich in der That der Gefahr sonst nahe war, ihn zu vergöttern. Die Spuren der Menschheit, die ich an ihm finde, sind mir so kostbar, als die blendendste seiner Vollkommenheit"[542].
Noch deutlicher kommt die große Tiefe von Herders Verständnis der Persönlichkeit des Reformators zum Ausdruck, wenn man seine Äußerungen mit jenen zeitgenössischer Profangeschichtsschreiber vergleicht. Friedrich der Große beispielsweise bezeichnet Luther, ganz im Sinne Voltaires, bloß als "armen Teufel", der die endgültige Aufklärung des Verstandes nicht in der erwünschten Weise zustande gebracht habe: "Aber jener Mönch (Luther; Zusatz vom Verf.)", so schreibt er am 26. April 1764 an Herzogin Dorothea von Gotha, "und seine Genossen, die den Schleier etwas lüfteten, sind auf halbem Wege stehen geblieben und haben noch manche, der Aufklärung bedürftige, Dunkelheiten hinterlassen"[543].
Hinter solchen Äußerungen steht eine Auffassung, die in Luther nur den großen Barbaren und Grobian erblickt, der lediglich durch die Gunst der geschichtlichen Stunde zu einer Gestalt von historischer Bedeutsamkeit avancierte. Ihr gilt, wie es noch bei Thomas Mann lautet, "das Cholerisch-Grobianische, das Schimpfen, Speien und Wüten, das fürchterlich Robuste, verbunden mit zarter Gemütstiefe und dem massiven Aberglauben an Dämonen, Incubi und Kielkröpfe"[544] als maßgebliches Kennzeichen von Luthers Persönlichkeit.
Im Vergleich zu solch abqualifizierenden Beurteilungen entwickelt Herder schon in Bückeburg ein überdurchschnittliches Verständnis der inneren Motive und persönlichen Beweggründe von Luthers Handeln.[545]

Sein lebhaftes Interesse an der Gestalt des Reformators ist, das beweist die Fülle seiner diesbezüglichen Äußerungen, auch in Weimar nicht zum Erliegen gekommen. Luther habe sich, so Herder, "... empor gearbeitet, mit Mühe aus dem Nichts gezogen, alle Fehler und Schwachheiten noch in sich gefühlt"[546], und habe, wenn er sich von diesen hätte hinreißen lassen, unzweifelhaft auch ein schlechter Mensch werden können.

Im übrigen gilt der Reformator ihm als "ein patriotischer großer Mann" und "Lehrer der Deutschen Nation"[547] oder einfach als "grosser Luther"[548].
In diesen aus der Weimarer Zeit stammenden Äußerungen setzen sich sehr deutlich zwei Betrachtungsperspektiven durch, die auch für Herders Beurteilung der Reformation maßgeblich werden: es sind dies eine vaterländisch-patriotische sowie eine kulturgeschichtlich akzentuierte Sichtweise der Person des Reformators. Beide bleiben bis zum Ende von Herders Schaffenszeit die dominierenden Perspektiven, aus denen heraus die Gestalt Martin Luthers gewürdigt wird, während die theologische Rezeptionsebene immer mehr an Bedeutung verliert. Bevor wir uns jedoch der Darstellung und Interpretation dieser beiden Verständnisweisen, unter denen Herder den Reformator betrachtet, zuwenden, soll auf eine merkwürdige und für Herders Lutherbeziehung der Weimarer Jahre sicher nicht unbedeutende Tatsache hingewiesen werden, die erkennen läßt, daß eine ungehinderte Vertiefung der Bückeburger Standpunkte in Weimar auf eine Reihe äußerer wie innerer Hindernisse stieß.

Herder hatte - entweder schon in Bückeburg, oder aber in den ersten Jahren seines Weimarer Aufenthaltes - den Plan gefaßt, eine selbständige Luther-Biographie zu schreiben. Doch bereits 1780 schienen diese Pläne, wie eine Bemerkung Johann Georg Müllers beweist, zum Scheitern verurteilt gewesen zu sein. "Herder wird Luthers Leben", so Müller, "schwerlich schreiben, wenigstens so lange er in Weimar ist. Die Sächsischen Fürsten haben sich so schändlich aufgeführt, daß er es nicht wagen darf, die Wahrheit zu sagen. Sie waren immer Kinder; damals ließen sie bald alles fahren und rissen nur alle möglichen Kirchengüter zu sich. Daher der entsetzliche Verfall des Kirchensystems, daß alles vom Fürsten abhängt, und der Name System wegen der schrecklichen Unordnung nicht kann gebraucht werden. Luther sah das alles schon keimen, aber wenn er am Hof sollicitirte, wies man ihn mit höflichen Worten ab. Alles ging langsam, daher er besonders in den letzten Jahren oft mißlaunig ist und auf die Welt schimpft, daher er alles fahren ließ und den Herrn und Obrigkeiten antwortete sie sollen sich einen Luther malen"[549].

Diese Worte zeigen sehr deutlich, daß Herders historische Lutherstudien auch von der aktuellen politischen und gesellschaftlichen Situation, in der er sich als Hofprediger eines aristokratisch verfaßten Staatsgebildes befand und auf die er Rücksicht zu nehmen hatte, begrenzt wurden. So wichtig diese Tatsache für das Verständnis von Herders Gesamtwerk jedoch auch sein mag, so wenig darf sie unseres Erachtens zu dem von der marxistischen Herderforschung gezogenen Schluß verleiten, sein Werk könne unter völliger Vernachlässigung der theologischen Implikationen angemessen gedeutet werden.[550]

Auch wenn Herders Weimarer Lutherrezeption, wie überhaupt sein in dieser Epoche sich herausbildendes Verhältnis zu Theologie und Kirche im Vergleich zur Bückeburger Phase eine humanistisch-kulturgeschichtlich geprägte Veränderung durchmacht, schimmern bei dieser - man möchte sagen: profanisierten - Beschäftigung mit Person und Werk des Reformators doch immer wieder Anliegen genuin theologischer Provenienz durch.

Daß diese Anliegen im Gewand einer aufklärerischen und nicht einer original reformatorischen Geisteshaltung vorgetragen werden, kann diesem Befund grundsätzlich keinen Abbruch tun.

Doch nun zurück zu unserer Untersuchung des besonderen Charakters von Herders Weimarer Lutherbild.

Wir hatten hervorgehoben, daß dieses Bild durch eine patriotische und eine kulturgeschichtliche Note gekennzeichnet ist; wir möchten dieses Urteil nun dahingehend konkretisieren, daß Herder die Person Luthers vor allem im Hinblick auf ihre Bedeutung für die Entwicklung einer nationalen, nämlich der deutschen, Kultur betrachtet. Dies bedeutet, daß beide Deutungsperspektiven a priori in einem untrennbaren und komplementären Beziehungszusammenhang zueinander stehen. Wir dürfen hinzufügen, daß, insbesondere während des letzten Jahrzehnts von Herders Schaffenszeit, auch seine theologische Lutherrezeption von einem nationalen oder patriotischen Horizont überwölbt wird.[551] Lutz Winkler hat in diesem Zusammenhang auf die interessante Tatsache aufmerksam gemacht, wonach der Begriff der "Nationalreligion" erst von Herder geschaffen wurde, und zwar in den Weimarer Spätschriften.[552] Im vierten

Band der "Adrastea" beispielsweise, in dem Herder seine Vorstellung von einer "Nationalreligion" breit entfaltet, dienen ihm die Termini "Nation" und "Religion" fast schon als Surrogatbegriffe, die sich gegenseitig in inhaltlich synonymer Weise ersetzen können. Wir sind mit diesen Ausführungen unversehens tiefer in die Bedeutung der nationalen und patriotischen Komponente von Herders Lutherbild der Weimarer Jahre eingedrungen und möchten daher versuchen, diesen Aspekt im folgenden zusammenhängend darzustellen.

4.1 Die national-patriotische Komponente von Herders Lutherbild

"Wer sich seiner Nation und Sprache schämt", so schreibt Herder im 1802 erschienenen vierten Band der 'Adrastea', der im ersten Stück einen Abschnitt 'Über National-Religionen' enthält, "hat die Religion seines Volks, also das Band zerrißen, das ihn an die Nation knüpfet. Ich fahre fort zu glauben, daß wer jetzt, worüber es sei, reine Gesinnungen, die Kraft seines Geistes und Herzens, auf den Altar des Vaterlandes legt, das Werk Luthers fortsetze und Nationalreligion im engsten Sinne des Wortes, d.i. Gewißenhaftigkeit und Überzeugung fördre"[553].

In diesen Ausführungen verwendet Herder den Begriff "Religion" in einem völlig unspezifischen, man möchte fast sagen, überkonfessionellen Sinn. Dennoch beruft er sich zur inhaltlichen Bestimmung dieses Begriffes wiederholt auf Luther: "... Religion, die reine, freie Religion der Gewißenhaftigkeit des Verstandes und Herzens wollte Luther", so Herder, "seinen Deutschen geben"[554].
Diese Ausführungen, die den Höhepunkt von Herders national und kulturgeschichtlich orientierter Lutherdeutung bilden, zeigen, daß die patriotische Komponente seines Lutherbildes gegen Ende seiner Schaffenszeit so stark in den Vordergrund getreten ist, daß sie selbst seine Beurteilung der theologischen oder konfessionellen Bedeutung von Luthers Wirken majorisierte. Jede Religionsform müsse, so argumentiert Herder unter völliger Vernachlässigung ihrer konfessionellen

Bestimmungskriterien, "idiosynkratisch" sein, das heißt, der nationalen Identität eines bestimmten Volkes entsprechen. "Keine fremde Sprache oder Religion wird sodann die Sprache und das Gemüth einer andern Nation, welche es auch sei, despotisiren; ... Jede Nation blüht wie ein Baum auf eigner Wurzel, und das Christentum, d.i. echte Überzeugung gegen Gott und Menschen, ist sodann nichts, als der reine Himmelsthau für alle Nationen, der übrigens keines Baumes Charakter und Fruchtart ändert, der kein menschliches Geschöpf exnaturalisiret"[555]. Hier setzt sich eine Betrachtung der Person Luthers sowie der protestantischen Konfession durch, die aus einem manifest humanistischen Geist heraus entstanden ist und vor dem Hintergrund des aufklärerischen Toleranzgedankens gedeutet werden muß.
Heinz Bluhm hat diese Entwicklung von Herders Lutherbild der Weimarer Spätphase scharf kritisiert, indem er sie als eine Abwendung von der Theologie Luthers bezeichnet, die "... ein bewußt vollzogener geistiger Akt" gewesen sei, "der ohne genaues Wissen um das Herz der lutherischen Weltanschauung nicht denkbar ist"[556]. Herder habe mit seiner Ablehnung der Lehre von der "sola fides" und des "servum arbitrium" dem rein religiösen Luthertum den Rücken gekehrt und sich einer säkularisierten Humanitätstheologie erasmischer Prägung zugewandt. Nicht Hamann, sondern Herder sei es gewesen, der in seinem Werk den Kampf um die geistesgeschichtliche Bedeutung der Gestalt Martin Luthers ausgefochten habe.
In diesem Kampf habe sich Herder schließlich gegen Luther und für Erasmus entschieden, wobei die Person des Erasmus - gewissermaßen als Grenzgestalt - den Beginn der Neuzeit, jene des Reformators hingegen das Ende des Mittelalters markiere. "Sein Entscheid für eine `erasmisch-goethesche´ Weltanschauung", so fährt Bluhm fort, "ist von epochemachender Wichtigkeit für die weitere deutsche Geistesgeschichte: er bedeutet, daß Herder, der in beiden Welten zu Hause war, sein Gewicht in die Schale der Moderne legte und ihr mit zum Sieg verhalf"[557]. Weltanschaulich habe der reife Herder sich daher zur Weimarer und nicht zur Wittenberger Klassik bekannt.
Diese Argumentation ist, wenn man den im Grunde genommen eher untheologisch anmutenden Gesamtcharakter von Herders Weimarer Werk sowie

seine in gewissen Punkten tatsächlich vollzogene Aufgabe original
Lutherischer Standpunkte in Rechnung zieht, sicher nicht völlig von
der Hand zu weisen. Andererseits jedoch wird man mit Horst Stephan auf die Tatsache hinzuweisen haben, daß die Gestalt des Reformators auch in der Aufklärung, deren Lutherbild Herder in Weimar ja weitgehend vertritt, "nicht kraft, sondern trotz der herrschenden Wertmaßstäbe eine starke Macht"[558] dargestellt und sich dem neuen Zeitalter mit suggestiver Gewalt eingeprägt habe. Auch die Aufklärung nämlich sah in Luther einen geistigen Ahnvater ihrer Weltanschauung und berief sich, wenn auch im Gewande rationalisierender, moralisierender und kulturideologischer Intentionen, programmatisch auf die Gestalt des Wittenberger Reformators.
Vor allem jedoch läßt sich Bluhms These, Herder habe die Moderne mit der Person des Erasmus beginnen lassen, während er die Gestalt Luthers dem ausgehenden Mittelalter zugeordnet habe, nach Einbeziehung eines umfangreicheren Quellenmaterials so nicht aufrecht erhalten.
Betrachtet man etwa seine in den Humanitätsbriefen abgedruckte programmatische Vorrede zu der 1792 entstandenen Exzerptensammlung "Luther, ein Lehrer der deutschen Nation", in der die patriotische Sichtweise von Person und Werk des Wittenberger Reformators ihre bündigste Darstellung erfährt, so erweist sich sehr schnell, daß auch für den Weimarer Herder nicht Erasmus, sondern Luther die zentrale "Limes-Figur" an der Epochenwende vom Mittelalter zur Neuzeit geblieben ist[559].
"Luther war ein patriotischer großer Mann", so heißt es dort, "als Lehrer der Deutschen Nation, ja als Mitreformer des ganzen jetzt aufgeklärten Europa ist er längst anerkannt; auch Völker, die seine Religionssätze nicht annehmen, genießen seiner Reformation Früchte. ...
Ich habe mir aus seinen Schriften eine ziemliche Anzahl Sprüche und Lehren angemerkt, in denen er (wie er sich selbst mehrmals nannte) sich wirklich als Ecclesiastes, als Prediger und Lehrer der Deutschen Nation darstellt"[560]. In der weiteren Ausführung seines Urteils fährt Herder dann fort: "Er (Luther; Zusatz vom Verf.) griff den geistlichen Despotismus, der alles freie gesunde Denken aufhebt oder untergräbt, als ein wahrer Herkules an, und gab ganzen Völkern, und zwar zuerst in den schwersten, den geistlichen Dingen

den Gebrauch der Vernunft wieder. Die Macht seiner Sprache und seines biedern Geistes vereinte sich mit Wissenschaften, die von und mit ihm auflebten, vergesellschaftete sich mit den Bemühungen der besten Köpfe in allen Ständen, die zum Theil sehr verschieden von ihm dachten; so bildete sich zuerst ein populares literarisches Publikum in Deutschland und in den angrenzenden Ländern. Jetzt las was sonst nie gelesen hatte; es lernte lesen, was sonst nicht lesen konnte. Schulen und Akademien wurden gestiftet, Deutsche geistliche Lieder gesungen, und in Deutscher Sprache häufiger als sonst gepredigt. Das Volk bekam die Bibel, wenigstens den Katechismus in die Hände ..."[561].

Diese Zitate zeigen deutlich genug, daß Herder die neuzeitliche Geistes- und Kulturgeschichte der deutschen Nation, ja ganz Europas, entscheidend mit dem historischen Wirken der Person Martin Luthers, nicht jedoch mit jener des Erasmus verbunden sieht. Diese Auffassung ist, so können wir hinzufügen, derartig populär geworden, daß sie während des gesamten 18. und 19. Jahrhunderts zum Allgemeingut nahezu einer jeden geistesgeschichtlich orientierten Lutherdeutung wurde. In ganz typischer Weise findet sie sich unter anderem noch in den entsprechenden Passagen von Hegels Geschichtsphilosophie.[562]

Schließlich möchten wir als letzten Punkt unserer Kritik an den oben dargestellten Bemerkungen Heinz Bluhms zum Lutherbild des Weimarer Herder auf die nicht zu leugnende Tatsache hinweisen, daß Herder doch in gar keiner Weise zur Weimarer Klassik gerechnet werden kann, zumindest nicht, wenn man diese Klassik im engeren, gewissermaßen normativen Sinn, als die von Goethe und Schiller geprägte Literaturästhetik definiert.[563] Herder ist in Weimar zusehends in die weltanschauliche Isolation geraten; vor dieser Isolation hat ihn, so möchten wir gegen Bluhm argumentieren, auch die langsam vonstatten gehende Aufgabe seines ja an und für sich schon amorphen reformatorischen Weltbildes und die damit einhergehende Entstehung eines stärker humanistisch orientierten Lebensgefühls nicht retten können. Doch kehren wir zur Beurteilung der national-patriotischen Komponente von Herders Lutherbild der Weimarer Jahre zurück!

Wir hatten gesehen, daß Herders in der 'Adrastea' niedergelegte Äußerungen zum Begriff der "Nationalreligion" den Beginn einer langsam nun entstehenden, patriotischen Frömmigkeitshaltung darstellten, die sich nominell zwar auf die Person Martin Luthers und deren reformatorisches Programm berief, die real jedoch ein die konfessionellen Bestimmungskriterien einer bestimmten Religionsform vernachlässigendes und vorwiegend humanistisch geprägtes Christentum propagierte.
Bei Herder selbst befinden sich diese Anschauungen, dies zeigt ihr unfertiger Charakter, erst in der Entwicklung. Weder in theologischer noch in historischer Hinsicht können sie als ausgereifte Überlegungen einer festen Position gelten, die systematisch entfaltet wird. Sie muten vielmehr wie eine vage Zukunftsvision an, die mehr Programm als Realität darstellt.
Trotzdem sind diese Äußerungen - betrachtet man sie im Hinblick auf ihre weitere Wirkungsgeschichte - von nicht zu unterschätzender Bedeutung für die progressive Entwicklung des Lutherbildes im beginnenden 19. Jahrhundert gewesen, ein Aspekt, auf den noch näher einzugehen sein wird.
Vorher jedoch soll noch auf die Tatsache hingewiesen werden, daß die nationale oder patriotische Komponente von Herders Weimarer Lutherbild auch schon in früheren Phasen seiner Auseinandersetzung mit Person und Werk des Reformators nachweisbar ist, wenn auch nicht in der gleichen Intensität wie dies für die Spätphase gilt. Schon in Riga beispielsweise urteilt Herder ja mit Blick auf die nationale Bedeutung von Luthers Sprachschaffen: "In Deutschland hat Luther in diesem Gesichtspunkt (der Entwicklung der deutschen Nationalsprache; Zusatz vom Verf.) unendlich Verdienst. Er ists, der die Deutsche Sprache, einen schlafenden Riesen, aufgewecket und losgebunden; er ists, der die Scholastische Wortkrämerei, wie jene Wechslertische, verschüttet"; und in einer zusammenfassenden Formulierung kommt Herder, indem er die Gesamtbedeutung von Luthers geschichtlichem Wirken für die Entwicklung des deutschen Volkes würdigt, euphorisch zu dem Ergebnis, Luther habe "durch seine Reformation eine ganze Nation zum Denken und Gefühl erhoben"[564].

Es wurde bereits darauf hingewiesen, daß Herder die nationale Bedeutung von Luthers Sprachschaffen auch in Weimar ständig hervorhebt.[565]

Bei dieser eingeschränkten und auf bestimmte, man möchte sagen partikulardisziplinäre Aspekte von Luthers Wirksamkeit bezogenen Hochschätzung bleibt Herder hier jedoch nicht stehen. Vielmehr gewinnt die Gestalt des Reformators für ihn, so möchten wir im Anschluß an eine, wie wir meinen, sehr interessante These Ernst Walter Zeedens formulieren, sozusagen mythologische Bedeutung. "Es bahnt sich hier", so Zeeden, "ein Verhältnis an, das Luther in Beziehung zum Mythos des deutschen Volkes setzt. Er tritt gewissermaßen an die Stelle eines getreuen Eckart; als Mahner und Warner und Helfer Deutschlands in Zeiten der Gefährdung"[566]. So habe seine Beziehung zur Nation in Herders Sichtweise langsam den Vorrang vor seiner Beziehung zum Evangelium erhalten, ein Vorgang, der in ganz bezeichnender Weise auf die weitere Entwicklung des Lutherbildes im beginnenden 19. Jahrhundert vorausgedeutet habe. Nach dem verstandesklaren, aber dem Mythischen und Irrationalen feindlich gegenüberstehenden Zeitalter der Aufklärung, sei Luther im Bewußtsein der für das Gedankengut des entstehenden Nationalismus aufgeschlossenen Geister nunmehr in den Raum des Mythischen eingetreten; er sei auf diese Weise eine Gestalt nicht des christlichen, sondern des nationalen Mythos geworden.

Damit jedoch markiert Herders Weimarer Lutherbild den Beginn einer Entwicklung, die, wie zu zeigen sein wird, in einen breiten Traditionsstrom ausmündet. "Verzeihe, edler Schatten", so hören wir noch einmal Herder in seiner Vorrede zu der bereits erwähnten Zitatensammlung 'Luther, ein Lehrer der deutschen Nation', "daß ich Deine Gestalt hinauf bemühet, und zum Theil auch harte, obwohl lebendige Worte aus Deinem Munde und Deinen Schriften entlehnt habe. Ich entlehnte sie zu einem guten Zweck, des gährenden Geistes meiner Zeit halben, da Übertreibungen von beiden Seiten herrschen und nicht jeder die Mittelstrasse zu finden weiß. Werde nochmals Lehrer Deiner Nation, ihr Prophet und Prediger; vielleicht hört Deutschland, Fürsten, Adel, Hof und Volk Deine Stimme, deren Wahrheit hell wie der Mittag, deren Ton und Laut so eindringend ist, als zuweilen furchtbar und schrecklich ..."[567].

Wir möchten nunmehr, nachdem unser Befund, Herder habe mit seinen Weimarer Äußerungen ein Lutherbild inauguriert, das aus einer untrennbaren Verbindung von kulturgeschichtlichen und patriotischen Betrachtungsweisen besteht, auch quellenmäßig abgesichert ist, versuchen, die weitere Entwicklung dieser Sichtweise im beginnenden 19. Jahrhundert darzustellen.

Damit soll zum Ausdruck gebracht werden, daß dieses national-patriotische Lutherbild trotz der bereits an früherer Stelle konstatierten Profanisierungstendenzen, von denen es geprägt ist, den Beginn einer neuartigen geistesgeschichtlichen Gesamteinstellung zu Person und Werk des Reformators markiert, die sich langsam aber sicher zur dominierenden Rezeptionsperspektive der nachfolgenden Generation geistesgeschichtlich orientierter Lutherdeutung entwickelt. Insofern wird man Herders spätes Lutherbild nicht einseitig und im pejorativen Sinn als das Resultat seines Abgleitens in den flachen Geist der Aufklärung sowie als Abstieg eines in Bückeburg kurzfristig erreichten Höhepunktes bezeichnen dürfen, sondern wird die mit seinem in Weimar vollzogenen Perspektivenwechsel verbundenen positiven Implikationen zu berücksichtigen haben. Herders Ausführungen erscheinen dann als atmosphärische Vorausdeutungen auf das ebenfalls patriotische, ohne Zweifel jedoch wesentlich stärker politisch akzentuierte Lutherbild von Liberalismus und Restauration.

Auf die wohl prägnanteste Formulierung hat, obwohl selbst nicht direkt in dieser liberalistischen oder restaurativen Tradition stehend, Heinrich Heine dieses national-patriotische Lutherbild gebracht: "Wie von der Reformation", so schreibt er in seiner 1835 erschienenen Abhandlung 'Zur Geschichte der Religion und Philosophie in Deutschland', "so hat man auch von ihren Helden sehr falsche Begriffe in Frankreich. Die nächste Ursache dieses Nichtbegreifens liegt wohl darin, daß Luther nicht bloß der größte, sondern auch der deutscheste Mann unserer Geschichte ist; daß in seinem Charakter alle Tugenden und Fehler der Deutschen aufs großartigste vereinigt sind, daß er auch persönlich das wunderbare Deutschland repräsentiert"[568].

Wir hatten an früherer Stelle bereits darauf hingewiesen, daß die, auch in Heines Ausführungen durchschimmernde Anschauung, in der Gestalt des Wittenberger Reformators verdichte, ja personlisiere sich spezifisch deutsche Wesensart auf unübertreffbare Art und Weise, vor allem in den zahlreichen Beiträgen zum Wartburgfest 1817, der Feier des dreihundertjährigen Reformationsjubiläums, zum Ausdruck kam.

Hatte noch für Fichtes Reformationsverständnis der Gedanke einer universalen Verflochtenheit der europäischen Kulturnationen unbestreitbare Gültigkeit besessen, obwohl auch hier bereits Deutschlands Anspruch, die führende Bildungsnation der alten Welt zu sein, ideologisch untermauert wurde[569], so trat schon bei Friedrich Ludwig Jahn eine bedeutsame Einschränkung dieses, man könnte sagen übernationalen Bildungsbegriffes ein. Im Jahre 1810 führt Jahn aus, als Sprache eines "Urvolkes" genieße die deutsche Sprache eine uneingeschränkte Vorrangstellung vor allen anderen europäischen Sprachen. Dieser militante Ausschließlichkeitsanspruch der deutschen Kulturleistung nun klang in sehr bezeichnender Weise auch in seinen Äußerungen zur Person Martin Luthers durch: "So ward Luther", wie Jahn schreibt, "für das gesamte deutsche Volk ein Raummacher, Wecker, Lebenserneuerer, Geistesbeschwinger, Ausrüster mit der edelsten Geisteswehr, Herold eines künftigen Bücherwesens, und der Erzvater eines dereinstigen Deutschen Großvolks, durch das aufgefundene Vermächtnis einer Gemeinsprache"[570].

Der Gegensatz zwischen Romanen und Germanen, eine Argumentationsfigur, die ja schon Fichte in seinen "Reden an die deutsche Nation" verwendet hatte, um darzulegen, daß die Deutschen als Volk der lebendigen Sprache schöpferisch und philosophisch, die frankophonen Völker als Vertreter einer toten Sprache hingegen spielerisch und reproduktiv seien[571], fand seinen beredtesten Verkünder dann in Ernst Moritz Arndt. Seine zeitgeschichtlichen Betrachtungen und Ausführungen, die unter dem Titel "Geist der Zeit" zusammengefaßt erschienen, verbreiten manche unversöhnliche, ja haßerfüllte Urteile über das französische Volk. Der Grund für Arndts übersteigerten und zum Teil hypertroph anmutenden Franzosenhaß liegt dabei ohne Zweifel in der damaligen geschichtlichen und politischen Situation, konkret in der durch Napoleon herbeigeführ-

ten Fremdherrschaft, begründet; vieles davon jedoch blieb, wie Lutz Winckler in seiner gehaltvollen Studie zum bürgerlichen und patriotischen Lutherbild ausführt, "über den geschichtlichen Anlaß hinaus festes Bildungsgut seiner Zeitgenossen und deren Nachfahren"[572].
Arndts Äußerungen machen nun sehr deutlich, daß die Suche nach ideologischen Symbolfiguren, wie sie die Gestalt Martin Luthers - zumindest im protestantischen Teil der Bevölkerung - sicherlich darstellte, dem Schutz einer in Gefahr geratenen nationalen Identität diente.

Ganz allgemein war ja der Gegensatz von Romanen und Germanen, von deutschem und französischem Geist, eines der Hauptmotive der zeitgenössischen philosophischen, politischen und religiösen Literatur, eine Tatsache, die sich auch und besonders in den populären Beiträgen zur Person des Wittenberger Reformators niederschlug.

Die Nationalisierung und Politisierung des Reformations- und Lutherbildes, die von einer breiten patriotischen Frömmigkeitshaltung getragen wurde, empfing ihren entscheidenden Impuls dabei, wie bereits angedeutet, aus einer tiefen Unzufriedenheit über die napoleonische Fremdherrschaft.[573] In der Kriegslyrik Theodor Körners, Max von Schenkendorffs und Friedrich Rückerts etwa kam es zu einer Form der Auseinandersetzung mit diesem Phänomen, in der sich Nationalstolz und Fremdenhaß auf ganz eigentümliche Weise mit überzogenen Vorstellungen einer deutschen Religion zu einem verstiegenen religiösen Patriotismus verbanden.[574]

Solche Auswüchse lassen sich auch in den Reden zum Wartburgfest nachweisen. "Die Zusammenhänge zwischen Reformation, Nationalreligion und nationaler Einheit, zwischen Luther, deutschem Wesen, deutscher Sprache und Kultur - so lauteten auch die Fragestellungen, mit denen die patriotischen Festprediger und Verfasser von Reformationsgeschichten an die Deutung Luthers und der Reformation herantraten"[575]. Anders jedoch als etwa bei Fichte, Jahn und Arndt[576], bei denen die Berufung auf die Symbolgestalt Martin Luthers im Dienste der Verwirklichung einer konstitutionellen oder republikanischen Verfassung gestanden hatte, treten die explizit politischen Motive hier weniger deutlich in Erscheinung.

In dreifacher Hinsicht, so führt Lutz Winckler aus, hätten die patriotischen Prediger der geschichtlichen Bedeutung Luthers sowie der Reformation gerecht zu werden versucht. Zunächst hätten sie - ähnlich wie Herder - die Leistung der Reformation innerhalb der Genese einer deutschen Nationalreligion betont; darüber hinaus jedoch hätten sie auf ihre Bedeutung für die Entstehung einer nationalen deutschen Identität verwiesen, ein Gedanke, der sich, wenn auch weniger programmatisch und weniger militant, ebenfalls schon bei Herder findet; schließlich hätten sie die Frage nach der kulturgeschichtlichen Relevanz dieser Epoche für die Entwicklung der deutschen Sprache und des deutschen Geisteslebens ganz allgemein ventiliert.

Gerade dieser letzte Gesichtspunkt wurde ja von Herder, wie im folgenden Kapitel zu zeigen sein wird, mit besonderer Ausführlichkeit dargestellt.

So ergänzten sich in den politischen Beiträgen zum Wartburgfest patriotische Vorstellungen mit kulturgeschichtlichen und liberalen gegenseitig, wobei die Gestalt Martin Luthers beziehungsweise das Ereignis der Reformation ein ständig wiederkehrender Topos dieser von einem lebhaften religiösen Patriotismus geprägten Reden darstellte. "Und wohin Luthers siegender Ruf erscholl", so schreibt beispielsweise Jacob Friedrich Fries, "da erwachte freies Geistesleben im Dienste der Wahrheit und Gerechtigkeit! Der Verkündiger, der ihn trieb, trieb durch ihn alle Volkskraft der letzten Jahrhunderte zu deutscher Geistesbildung und zu aller Entfesselung des Gedankens, aller Ausgleichung der Bürgerrechte, von dem an, was in den Niederlanden geschah bis zu den Freistaaten in Nordamerika"[577].

In diesen Äußerungen kommt nun neben dem patriotischen das liberale Element sehr stark zur Geltung. Fries erblickte in Luther den Vorkämpfer sowohl für die Idee der nationalen Unabhängigkeit als auch für jene der bürgerlichen Freiheit.

Die Reformation stellte sich ihm als historischer Ausgangspunkt für die bis ins 19. Jahrhundert reichenden nationalen Einigungs- und Verfassungskämpfe dar, zu denen er auch die deutschen Befreiungskriege zählte. Er konnte sich daher, wenn er an seine Zuhörer appellierte, das begonnene Werk der nationalen Befreiung zu vollenden, auf den Geist der Reformation und die Gestalt Martin Luthers berufen. Ermöglicht wurden solche Parallelisierungen durch die von der Geschichtsphilosophie der Aufklärung übernommene Vorstellung einer Kontinuität des geschichtlichen Fortschritts, der, so sah es Fries, mit der Reformation begonnen habe und in den nationalen Befreiungskriegen seiner historischen Endbestimmung zugeführt werde. Seinen sichtbarsten Ausdruck fand diese Vermischung religiöser, nationaler und politischer Betrachtungsweisen übrigens in der bezeichnenden Tatsache, daß das Reformationsjubiläum mit dem Erinnerungsfest an die Schlacht bei Leipzig zusammengelegt wurde.

Bleibt noch zu erwähnen, daß die Lutherrezeption des beginnenden 19. Jahrhunderts in der Gestalt des Reformators nicht nur den nationalen Freiheitshelden, im Ereignis der Reformation nicht ausschließlich die geschichtliche Vorstufe der Befreiungskriege erblickte; hinzu trat die Anerkennung der kulturellen und sittlichen Leistungen Luthers, ein Moment, das ebenfalls von der Aufklärung übernommen wurde, um die eigenen Vorstellungen von politischer Einheit und bürgerlicher Freiheit auch nach innen hin argumentativ abzustützen.

Soweit unser kurzer Exkurs zur unmittelbaren Entwicklungsgeschichte des von Herder mit inaugurierten national-patriotischen Lutherbildes.

Wir wollten mit diesen Ausführungen deutlich machen, daß die von Herder in seiner Weimarer Spätphase entwickelte patriotische Lutherdeutung keimhaft bereits alle wesentlichen Elemente enthielt, die später von Liberalismus und Restauration aufgegriffen und zur bürgerlich-nationalen Sichtweise des Reformators fortgebildet werden konnten. Im Unterschied zu dieser Deutungsperspektive jedoch trat bei Herder das explizit politische Moment noch kaum in den Vordergrund. Die aggressive Politisierung des deutschen Lutherbildes, wie sie zu Beginn des 19. Jahrhunderts in Erscheinung trat, läßt sich in dieser manifesten Art bei ihm nicht nachweisen. Herders Weimarer Ausführungen zur geschichtlichen und aktuellen Bedeutung Martin Luthers beziehungsweise der Reformation werden zwar gelegentlich auch im Zusammenhang politischer Tagesereignisse formuliert, so etwa, wenn sie innerhalb seiner "Briefe zur Beförderung der Humanität" auf die Französische Revolution zu sprechen kommen und diese mit dem historischen Ereignis der Reformation vergleichen; solche Erwägungen dringen aber niemals in die Sphäre einer direkten Agitation vor, sondern werden ständig von einem allgemein humanistischen oder kulturgeschichtlichen Horizont überwölbt.[578] Dort, wo Herder tatsächlich einmal deutlicher wird und - wie es innerhalb seiner Exzerptensammlung "Luther, ein Lehrer der deutschen Nation" geschieht - die politischen Gegebenheiten des aufgeklärten Absolutismus tatsächlich kritisiert, verlagert er diese Kritik im Grunde genommen auf eine historisch andere Ebene, indem er nicht seine eigenen, sondern die Worte Martin Luthers sprechen läßt. Außerdem werden, wie ein Blick in den handschriftlichen Nachlaß zeigt, alle Stellen von zeitgeschichtlicher Brisanz schließlich zurückbehalten und nicht für die Veröffentlichung in den "Humanitätsbriefen" freigegeben.

Man wird dabei - zur richtigen Einschätzung der inneren Entwicklungen von Herders Weimarer Lutherbild - davon ausgehen dürfen, daß diese nicht veröffentlichten Vorstudien zu den 1793 erschienenen Humanitätsbriefen den eigentlichen Höhepunkt seiner, wir möchten es vorsichtig ausdrücken: in Richtung auf eine politische Form der Auseinandersetzung hin tendierende Beschäftigung mit dem historischen Ereignis der Reformation darstellen. In seinen späteren Äußerungen, etwa der bereits erwähnten Skizze zur Beantwortung einer im Jahre 1802 vom Institut de France gestellten Preisaufgabe "Welchen Einfluß hat die Reformation Luthers auf die politische Lage der verschiedenen Staaten Europa's und auf die Fortschritte der Aufklärung gehabt?", überwiegt doch im Grunde genommen wieder eine allgemein kulturgeschichtliche Perspektive, aus der heraus die Bedeutung der Reformation für den generellen Fortschritt des menschichen Geistes beschrieben wird.

Wir möchten daher, bevor wir auf die kulturgeschichtliche Rezeptionsebene von Herders Weimarer Reformations- und Lutherbild eingehen, diese im handschriftlichen Nachlaß vorliegenden Dokumente etwas genauer untersuchen.[579]

Herders 28 Blatt starkes Manuskript gliedert sich nach der Vorrede in verschiedene, meist ohne Einleitung zusammengestellte Passagen aus einer Reihe von Lutherschriften, wobei in alphabetischer Anordnung Zitate zu folgenden Gesichtspunkten erscheinen: A. Adel; D. Deutsche, Deutschland; F. Fürsten; G. Gemein(e) Wesen; H. Hof; K. Krieg; R. Regimentsänderung; S. Schreibfeder; T. Trotz; U. Übermut; T. Tyrannei; W. Wuth, Pöbelwuth; Z. Zerrüttung. Dabei werden folgende Schriften des Reformators zitiert:

- Wider den Bischof zu Magdeburg, 1539 (zit. nach der Erlanger Ausgabe, Bd. 32, 19);

- Auslegung des 101. Psalms, 1534 (Erlanger Ausg. Bd. 39, 381);

- An den christlichen Adel (Erlanger Ausgabe, Bd. 21, 356 ff; 22, 62 ff; 95; 96; 97 - 100; 103 - 105);

- Hinweis auf Luthers "Warnung an seine lieben Deutschen" (ohne direkte Zitate);

- Auslegung des 101. Psalms, 1534 (Erlanger Ausgabe, Bd. 39, 254. 284. 287. 335. 336. 337 - 339. 346 - 348);

- Ein Sermon oder Predigt, daß man soll Kinder zu Schule halten (Erlanger Ausgabe, Bd. 17, 402);

- Ob Kriegsleute auch in seligem Stande sein können (Erlanger Ausgabe, Bd. 22, 257 - 263. 264).

Von diesen umfangreichen Exzerpten aus den angegebenen Lutherschriften wurden von Herder in die gedruckt erscheinenden "Briefe zur Beförderung der Humanität" dann allerdings nur die Stücke "Luthers Gedanken von der Regimentsveränderung"[580], "Luthers Gedanken vom Pöbel und von den Tyrannen"[581] sowie ein Abschnitt "Deutsche, Deutschland"[582] aufgenommen. Auch der Ton, in dem diese Zitate in der gedruckten Fassung eingeleitet werden, ist wesentlich weniger direkt und sehr viel gemäßigter, als dies für die ungedruckt bleibenden, im handschriftlichen Nachlaß befindlichen Stücke gilt. Wir möchten anhand zweier Zitate zeigen, daß Herder seine ursprünglich wohl im Sinne einer umfassenden politischen Programmschrift gedachte Exzerptensammlung von Schriften des Reformators, in denen sich seine antimonarchistische oder antiaristokratische Kritik am Staatswesen des aufgeklärten Absolutismus auf eine indirekte, gewissermaßen kryptographische Art und Weise Ausdruck zu verschaffen suchte, später entschärft und durch die Einbettung in eine humanistisch-kulturgeschichtliche Betrachtungsweise sozusagen sublimiert hat.

"Im Jahr 1520", so heißt es in der nicht veröffentlichten Einleitung zu seiner ebenfalls unterdrückten Exzerptensammlung zum Thema 'Adel', "schrieb Luther an den Christlichen Adel Deutscher Nation, von des Christlichen Standes Beßerung, eine Schrift, voll so klarer heller Einsicht in den verderbten Zustand der Deutschen sowohl kirchlichen, als gelehrten und politischen Verfaßung, voll so bündiger, wohlgemeinter Rathschläge, daß nicht nur der Nation, sondern auch dem hohen regierenden Adel selbst sehr geholfen wäre, wenn man davon in den seitdem verlaufenen 272 Jahren redlichen Gebrauch gemacht hätte"[583]. Im handschriftlichen Manuskript folgen dann seitenweise Zitate aus Luthers Schriften, die das Ideal eines "weltlichen Regiments" formulieren, welches durch sittliche Lebensführung, Verantwortungsbewußtsein für das Volk sowie Unterordnung unter das Wort Gottes gekennzeichnet ist. Man wird davon ausgehen dürfen, daß diese Texte, wenn sie von Herder veröffentlicht worden wären, im Sinne einer provokativen Kritik an den politischen Zuständen des aufgeklärten Absolutismus, wie Herder selbst ihn erfuhr, hätten verstanden werden müssen. So wird beispielsweise der Satz Luthers zitiert: "Wenn die deutschen Fürsten und der Adel nicht in der Länge dazuthun, so wird Deutschland noch wüste werden oder sich selbst freßen müßen"[584].

An anderer Stelle läßt Herder den Wittenberger Reformator sprechen: "Denn weil der Adel zu sehr und auch fast von der Jugend auf sich hat mit Schwelgen, Spielen, usw. in eigenem Willen, ungeübt, ungebrochen, unerfahren, erwächst, daß draus nicht wird geschickte Männer werden, sonderlich in den kleinen landen. Denn wie H. Paulus sagt, daß aus den Schwelgern werden müßten wilde, rohe, unachtsame unleidliche Leute, die sich dann in keine Sache können recht schicken; sondern mit dem Kopf und Rachen wollen sie hindurchgehen, gerad als wäre Regiment solch ein leicht ding wie die Schwelgerei ist, u. sollten wohl gute Sachen böse machen u. böse Sachen wird eher ärger machen als besser. Ich habe oft meinen Jammer gesehen, welch gar feine, wohlgeschaffene von Leib u. Seele unter dem jungen Adel sind, wie die schönen jungen Lämmlein; u. weil kein Gärtner da war, der sie zog und verwahrete, sind sie von Säuen zerwüstet u. in ihrem Saft verlassen und verdorret. Sie sagen selbst: Hofleben, Sauleben"[585].

Noch schärfer wird Luthers - und man wird hinzufügen dürfen: Herders - Kritik am Adel in dem mit dem Stichwort 'Fürsten' überschriebenen Abschnitt. "Die Sünden der Fürsten sind gar teuflicht", so der Reformator, "darum werden sie auch graulich gestrafet. ... Wo wollen die Junkerlein und Güldenbrüderlein bleiben, die jetzt eitel Nehmer sind u. wollen doch Geber heißen? Ich habe wohl oft mit großem Unwillen gesehen, daß Fürsten, Herren, Edel, Bürger und Bauern so schändlich viel verthan mit Hoffart, Prassen, Spielen, damit sie vielen Dürftigen könnten helfen, wenn sie das zehnte, ja das hundertste Theil davon geben wollten. ... Und ist also nicht allein der Mammon ihr Gott, sondern sie wollen durch ihren Mammon auf aller Welt Gott sayn u. sich feiern lassen ..."[586].

Soweit diese Lutherzitate aus Herders 1792 entstandener Zusammenstellung. Sie sollten exemplarisch zeigen, daß Herder den Reformator während dieser Phase zum Sprachrohr seiner eigenen Anschauungen macht und ihn als maßgebliche Autorität im Bereich nationaler und politischer Problemstellungen betrachtet. Dabei zeigen die nicht veröffentlichten Texte, daß Herder mit besonderem Interesse jene Luthertexte exzerpiert hat, in denen sich der Reformator kritisch mit den Auswüchsen der monarchistischen und aristokratischen Regierungsformen auseinandersetzte.

Wir haben aus diesem Faktum den Schluß gezogen, daß Herder seiner eigenen Unzufriedenheit mit der politischen und vielleicht auch sozialen Situation, wie sie in den von ihm erlebten Fürstenstaaten vorherrschte, in einer historisch verfremdenden Weise Ausdruck zu verschaffen suchte.[587]

Betrachtet man nun jedoch, in welcher From die handschriftlich überlieferten Vorstudien in die endgültige und von Herder veröffentlichte Gestalt der "Humanitätsbriefe" eingegangen sind, so zeigt sich, daß sämtliche sozialrevolutionär oder oppositionell anmutenden Textpassagen aus den exzerpierten Lutherschriften unterdrückt und zurückbehalten wurden. Der Schwerpunkt von Herders im 17. und 18. Humanitätsbrief erscheinenden Lutherzitate ist ein völlig anderer als jener der im unveröffentlichten Nachlaß vorliegenden Manuskripte.

In den veröffentlichten Texten nämlich behandelt Herder in erster Linie das politische Fehlverhalten des Volkes und nicht das der Fürsten. So zitiert er beispielsweise Luthers Satz: "Aenderung der Regiment und Rechte gehen ohn groß Blutvergießen nicht ab, wie alle Historien zeugen; und ehe man in Deutschland eine neue Weise des Rechts anrichtete, so würde es dreimal verheeret"[588].

Solche Worte sind natürlich, wenn man bedenkt, daß sie drei Jahre nach Ausbruch der Französischen Revolution von Herder gelesen und notiert wurden, bezeichnend für seine, trotz aller kritischen Vorbehalte gegen die bestehenden politischen Zustände, antirevolutionäre Haltung. Wir werden im folgenden noch näher auf die inneren Zusammenhänge von Herders Beurteilung der Französischen Revolution einerseits sowie der Lutherischen Reformation andererseits einzugehen haben. Zuvor jedoch möchten wir an Hand eines Zitates aus dem 17. Humanitätsbrief noch einmal deutlich machen, daß Herders im handschriftlichen Nachlaß sich dokumentierendes politische Interesse an der Reformation bzw. der Gestalt Martin Luthers in der gedruckten Fassung der Briefe von einer stärker humanistisch-kulturgeschichtlichen Sichtweise verdeckt wurde.

"Merken Sie sich aber, m. Fr., Eins. Bei der Reformation war größtentheils von blos geistigen Gütern, von Freiheit des Gewissens und Denkens, von Glaubensartikeln und Religion die Rede: denn an den Gebrauch

der Kirchengüter wollen wir nicht, können auch nicht allemal mit billigendem Vergnügen denken. Die fortgehende Cultur des Menschengeschlechts, die aus der Erweckung der Wissenschaften entsprang, ist auch ein geistiges Gut; man kann ihren Fortgang hemmen, aber nicht vernichten"[589].
Damit nun ist die letzte, nämlich die kulturgeschichtlich-humanistische Entwicklungsphase erreicht, in die Herders Reformations- und Lutherbild ausmündet. Wir möchten daher im folgenden versuchen, seine kulturgeschichtlich akzentuierte Sichtweise der Reformation eingehender darzustellen.

4.2 Die kulturgeschichtlich-humanistische Komponente von Herders Reformationsbild

Mit dem im folgenden näher darzustellenden Schwerpunkt entwickelt Herder eine Deutungsperspektive von Reformation und Gestalt Martin Luthers, die in erster Linie auf deren historische Rolle im Prozeß der geistigen und kulturellen Selbstentfaltung des deutschen Volkes eingeht.

Damit nun werden eine ganze Reihe von Gesichtspunkten angesprochen, die zum gängigen Lutherbild der Aufklärung zählen. Dieses betonte, wie Heinrich Bornkamm ausführt, vor allem Luthers Kampf gegen den mittelalterlichen Aberglauben, päpstlichen Despotismus und klerikalen Standesdünkel; der Reformator wurde zum Vorkämpfer für die Rechte der Vernunft, die Freiheit des Gewissens und im Gefolge dieser Maximen für die Freiheit der Wissenschaften, deren Aufleben nun in einen unmittelbaren Kausalzusammenhang zu den geschichtlichen Wirkungen der Reformation gestellt wurde. Dieses neue Lutherbild war "... das Bild (vom; Zusatz vom Verf.) großen Geisteshelden: er (Luther; Zusatz vom Verf.) hatte im Auftrag Gottes Licht und Freiheit gebracht, den Glauben zum sittlichen Tun geläutert, dem einzelnen ... den Weg zum freien Gewissensurteil und zur kritischen Forschung gewiesen und die Erfüllung der staatlichen und bürgerlichen Dienste als Christenpflicht verstehen gelehrt"[590]. "Die Reformation", so urteilt daher selbst

Friedrich der Große, "war ein Segen für die Welt und allgemein für den Fortschritt des menschlichen Geistes"[591].

Mit dieser Sichtweise nun stand das deutsche Luther- und Reformationsbild am Anfang einer Entwicklung, innerhalb derer es nicht mehr nur - wie bisher allgemein üblich - zum Gegenstand der Theologie-, sondern immer stärker auch der Geistesgeschichte gemacht wurde. Diese für das Lutherbild der Aufklärung typische Tendenz, die bis dahin vorherrschende theologische durch eine nunmehr immer stärker dominierende geistes- und kulturgeschichtliche Deutungsperspektive abzulösen, findet sich auch in den diesbezüglichen Äußerungen des späten Herder. Auch seine Ausführungen lassen dabei recht deutlich erkennen, daß dieses geistesgeschichtlich akzentuierte Luther- und Reformationsbild aus dem säkularisierten Prinzip der Gewissensfreiheit entfaltet wird.

"Als Deutschland die Ketten des Papstthums brach", so fragt Herder beispielsweise in seinen 1781 erschienenen 'Briefen, das Studium der Theologie betreffend', "was hatte es für Recht dazu? Das Recht der Menschheit, Freiheit. Nicht weil der Fürst es wollte, reformirte Luther; oder er wäre in Sachen der Religion ein schlechter Reformator gewesen, der alte Wahrheiten und Auslegungen, über die der Fürst nichts ordnen konnte, aus Sklavengewalt aufhob. Er reformirte, weil ihn Gewißen und Überzeugung trieb: ... Der Mensch, der im Lutherthum oder in einer protestantischen Kirche Gewißen und klare Überzeugung aufheben will, ist der ärgste Anti-Lutheraner. Er hebt das Principium der Reformation, ja aller gesunden Religion, Glückseligkeit und Wahrheit, nämlich Freiheit des Gewißens auf; er verdammet Luther, alle seine Gehülfen, alle freien, wahren Männer der Vorzeit in ihren Gräbern"[592].
Heinz Bluhm sieht in dieser starken Betonung des Prinzips der Gewissensfreiheit das Herzstück der Lutherverehrung des späten Herder und weist auf die damit einhergehende Distanzierung vom stärker theologisch geprägten Lutherbild Hamanns sowie einer gleichzeitig vonstatten gehenden Annäherung an das vom Geist der Aufklärung beeinflußte Verständnis Lessings hin.[593]

Ernst Walter Zeeden diskutiert den interessanten Gedanken, Herder habe in der Verwirklichung des Prinzips der Freiheit das eigentliche Ziel gesehen, auf das die Menschheitsgeschichte zuschreite. Dieses Prinzip sei, so die Darstellung Herders, durch die Reformation in die Geschichte eingeführt worden. "Er (Herder; Zusatz vom Verf.) bestimmte sie (die Freiheit; Zusatz vom Verf.) als Freiheit aller geistigen Äußerungen des Menschen und verstand darunter Gewissensfreiheit, Überzeugungsfreiheit, Freiheit der sittlichen Person ..."[594]. Da die Freiheit aber ein konstitutives Wesensmerkmal des Menschseins überhaupt darstelle, habe die Reformation einen eminent wichtigen Beitrag zur Humanisierung der Menschheit geleistet. Sie sei, wie Zeeden formuliert, in der Sicht Herders zur "Hebamme der Humanität"[595] geworden.
Die Leistung Luthers besteht dabei, so sieht es Herder nunmehr, vor allem darin, "den geistlichen Despotismus, der alles freie gesunde Denken aufhebt oder untergräbt, als ein wahrer Herkules (angegriffen; Zusatz vom Verf.) und ... ganzen Völkern ... den Gebrauch der Vernunft"[596] wiedergegeben zu haben. Er betrachtet die Auswirkungen von Luthers Bibelübersetzung für die Bildung des Volkes und weist auf die im Gefolge der Reformation entstehenden Schulen und Akademien hin.
"Das Volk", so führt Herder aus, "bekam die Bibel, wenigstens den Katechismus in die Hände; zahlreiche Sekten der Wiedertäufer und andrer Irrlehrer entstanden, deren viele, jede auf ihre Weise, zu gelehrter oder popularer Erörterung streitiger Materien, also auch zu Übung des Verstandes, zu Politur der Sprachen und des Geschmacks beitrug"[597].
Und in seinem typischen bildungspolitischen Pragmatismus fordert Herder: "Laßet uns seine (Luthers; Zusatz vom Verf.) Denkart, selbst seine deutlichen Winke, und die von ihm ebenso stark als naiv gesagten Wahrheiten für unsre Zeit nutzen und anwenden"[598].
Auf die Tatsache, daß die Epoche der Aufklärung sich als legitime Testamentsvollstreckerin der Reformation betrachtete, indem sie darlegte, deren historischer Auftrag sei unvollendet geblieben und müsse von der eigenen Zeit erfüllt werden, wird noch näher einzugehen sein.

Zuvor jedoch möchten wir anhand eines weiteren Zitates deutlich machen, wie sehr in der Sicht des späten Herder die geistes- und kulturgeschichtliche Deutungsperspektive der Reformation überwiegt. In der 1794 entstandenen ersten Sammlung der "Christlichen Schriften" entwickelt Herder im Abschnitt "Von der Gabe der Sprachen am ersten christlichen Pfingstfest" eine wahre Kulturgeschichte des christlichen Glaubens. Der fünfte Abschnitt dieser Abhandlung ist mit dem programmatischen Satz "Durch Freiheit des Geistes ist das Christenthum entstanden"[599] überschrieben, ein Satz, der in gleicher Weise für Herders Reformationsverständnis gilt. Herder legt nun im folgenden dar, daß, nachdem die "menschliche Vernunft ... sich (durch Überwindung der hebräischen Opfer- und Sklavendienste; Zusatz vom Verf.) geläutert und gereinigt"[600] habe, der Geist des Christentums sich in Schrift und Sprache einen adäquaten Ausdruck zu verschaffen gesucht habe. "Die Buchdruckerei ward erfunden, und wie Boten des Geistes", so Herder, "flogen jetzt Schriften, Zurechtweisungen, Belehrungen, Erweckungen unter die Völker"[601]. Die Entstehung und Entwicklung der Reformation wird in einen unmittelbaren Zusammenhang zur Entstehung des Buchdrucks sowie zum Aufleben der Wissenschaften gesetzt: "Der wiedergebrachten Gabe der Sprachen mußte die Reformation bald nachfolgen; und so unvollständig sie blieb, so richtig war ihr Principium, Protestantismus gegen alle Knechtschaft der Unwissenheit und des Aberglaubens. Geist ist das Wesen des Lutherthums ... freie Überzeugung, Prüfung, und Selbstbestimmung; ohne diesen Geist der Freiheit ist oder wird alles Leichnam"[602].

Mit diesen Ausführungen, die dem Reformationsverständnis David Hume's oder William Robertson's nahe kommen, nimmt Herder nunmehr Positionen ein, die er selbst während seiner Bückeburger Zeit leidenschaftlich bekämpft hatte. "Buchdruckerei erfunden", so hatte er ja beispielsweise in der Bückeburger Geschichtsphilosophie über den flachen bildungspolitischen Enthusiasmus der Aufklärung gespottet, "und wie sehr die Welt der Wißenschaften geändert! erleichtert und ausgebreitet! licht und flach worden! Alles kann lesen, buchstabieren - alles was lesen kann, wird gelehrt ..."[603].

Hier in Weimar dagegen vertritt Herder Anschauungen, die in ganz typischer Weise zum Gedankengut der Aufklärung zu rechnen sind. Weder von der in Bückeburg entwickelten Vorstellung, die historische Epoche der Reformation sei aus dem Bereich des Irrationalen und Transzendenten heraus in den Raum der immanenten Geschichte eingebrochen, noch von der Vorstellung, ihre geschichtliche Dynamik werde durch das spannungsgeladene Wechselspiel von individuellen und gesamthistorischen Faktoren in Gang gehalten, findet sich mehr etwas. Statt dessen betrachtet Herder recht einseitig die kulturellen Folgen der Reformation und preist die durch sie inaugurierte freiere Entfaltung von Schule, Wissenschaft, Philosophie, Kritik, Politik und Toleranz. Die Reformation bildet in dieser Sichtweise gewissermaßen den historischen Ausgangspunkt einer auf diesseitige Vollendung angelegten Entwicklung, deren Einzelbefunde in Herders Humanitätsideal zusammenfließen. So verliert sie allmählich ihre theologische, zum Teil sogar konfessionelle Bedeutung und wird in einem religiös unspezifischen Sinn als geschichtlich datierbarer Beginn einer umfassenden geistigen und kulturellen Progression gedeutet. In seinem bereits erwähnten Entwurf aus dem Jahre 1802 etwa rechnet Herder folgende Faktoren zu den von der Reformation etablierten Grundsätzen:
"freie(r) Gebrauch des Verstandes - in Religion - in Allem - Große Folgen davon: Knechtschaft abgethan, u.s.f.;
Gewissensfreiheit: also Knechtschaft abgethan in den Seelen. ...
Bessere Begriffe von guten Werken - für bürgerliche, menschliche Brauchbarkeit in allen Ständen, Klassen und Künsten etc.
Die Autorität der Geistlichen konnte nicht mehr so viel hindern"[604].
Aus diesen Prinzipien hätten sich, so Herder, ganz bestimmte Folgen ergeben:

"1.) Schulen und Academien nach anderm Zuschnitt;

2.) Philosophie, Kritik, ebenfalls;

3.) Politik: andere freiere Grundsätze, menschlichere -

4.) Anderes Ziel der guten Werkthätigkeit, auch in andern Ständen;

5.) Toleranz;

6.) Mehr Gemeingeist der Menschheit;

7.) Geist des widrigen Nationalhasses geschwächt; Allgemeine Zwecke für die Menschheit in Gang gebracht"[605].

Diese Zitate machen klar, daß Herder gegen Ende seiner Weimarer Zeit ein Reformationsbild vertrat, das in der Reformation den wie Walter Zeeden es ausdrückt "Sieg der freien Menschlichkeit über (jeglichen) Zwang"[606] erblickte. Die individuellen und nationalen Kräfte seien, so sieht es Herder, durch das Wirken Martin Luthers in einen Reifungsprozeß eingetreten, der zwar in jener historischen Epoche nicht zum Abschluß gekommen sei, der aber durch die Errichtung allgemeingültiger und gewissermaßen überzeitlicher Prinzipien von der eigenen Zeit fortgeführt und vollendet werden könne. "Denn wo Erkenntniß gesetzt wird", so begründet Herder diese Auffassung, "setze man zugleich einen Fortgang des Erkenntnisses ..."[607].
Der ganze Tenor dieser Ausführungen läßt jedoch unschwer erkennen, daß es sich hierbei um eine weitgehende Rückprojektion von Herders eigenen weltanschaulichen Idealen auf die historische Epoche der Reformation handelt. Herder idealisiert oder humanisiert diese Geschichtsetappe, ganz gleich innerhalb welcher Zusammenhänge er auch auf sie zu sprechen kommt. Überall sieht er in der Reformation den entscheidenden Eckpunkt für eine allseits aufstrebende Humanität, die sich in Religion, Politik, Wissenschaft und Gesellschaft gleichermaßen zeige. Die Rückständigkeiten und Unvollkommenheiten der Reformation werden von ihm zwar gesehen und in einigen knappen Stichworten angesprochen[608], im Grunde genommen interessieren sie ihn jedoch nicht weiter. Wie ein typischer Aufklärer legt Herder dar, die Reformation sei unvollkommen geblieben, "weil man in der Dunkelheit stritt, nicht helle Principien hatte ..."[609], gleichzeitig jedoch führt er aus, es sei "ein fortgehender Geist in ihr: der freien Wirksamkeit des menschlichen Geistes, extensive, und intensive. der freien Wirksamkeit des menschlichen Gefühls und Herzens; immer mehr alle Nationen zu denselben Interessen - ohne Rivalität mit Aemulation zu vereinen; daß Politik und Moral nicht mehr in Gegensatz stehen"[610].
Der durch die Reformation entstandene Protestantismus gilt ihm als universales Fortschrittsprinzip der menschlichen Geistes- und Kulturvollzüge auf individuellem, gesellschaftlichem, politischem und religiösem Gebiet. So heißt es beispielsweise mit Blick auf die politi-

schen Auswirkungen der Reformation: "Lage der Staaten gegen einander muß durch den reellen Protestantismus, auch ohne dessen Namen, gewinnen"[611]. Für die Entwicklung des religiösen Lebens erhofft sich Herder: "... das Alte, Drückende, Untaugliche, Unverständliche im Katholicismus muß allmählich weg - Religion als menschliches und zugleich Staats-Interesse allgemein gefühlt werden"[612]. Im übrigen aber hat er sich auch in religiösen Fragen das aufklärerische Toleranzprinzip zu eigen gemacht: "Gegenseitige Duldung", so schreibt er, "bei verschiedenen Formen der Kirche, muß herrschend, Religionshaß, Verfolgung lächerlich, abscheulich, Religion eines jeden nicht von andern als Richter untersucht werden - ... Tendenz aller Kirchen zur Einheit der Religion, in Gemeinnützigkeit, Vernunft, Wahrheit"[613].

Gemeinnützigkeit, Vernunft und Wahrheit; Toleranz in Fragen der religiösen Lebensgestaltung, Ermunterung zu bürgerlicher Tüchtigkeit, Förderung allgemeiner Staatsinteressen; freie Wirksamkeit des menschlichen Geistes; Vereinigung von Politik und Moral - so lauten die wichtigsten Stichworte, unter denen Herder die historische Bedeutung der Reformation zu charakterisieren versucht. Er legt dabei, wie gezeigt werden konnte, den Schwerpunkt seiner Betrachtung ganz eindeutig auf die ideengeschichtliche Seite der Darstellung, während die faktengeschichtliche Analyse der historischen Entstehungsursachen und Begleitumstände der Reformation doch weitgehend vernachlässigt wird. Die Reformation bildet für den Weimarer Herder, so möchten wir unseren Befund daher zusammenfassen, einen Gegenstand weniger der Theologie- oder Real-, als vielmehr der Geistes- oder Kulturgeschichte.
Mit dieser Schwerpunktsetzung spiegelt Herders Reformationsbild die allgemeinen Tendenzen der aufklärerischen Beschäftigung mit Werk und Wirkung der Gestalt Martin Luthers wider.
Innerhalb dieser von einem unzerstörbaren Fortschrittsoptimismus geprägten Sichtweise wird die Epoche der Reformation zum integrativen Element einer umfassenden kulturellen Entwicklung stilisiert, deren immanentes Geschichtsziel in der Verwirklichung einer allseitigen Humanität bestehe.

Wir werden im folgenden zu zeigen haben, daß auch die von der Aufklärung entwickelte und aus ihrem übersteigerten kulturellen Sendungsbewußtsein zu erklärende Auffassung, die Reformation sei unvollkommen geblieben und müsse von der eigenen Epoche vollendet werden, zum Gedankengut des späten Herder gehört.

5. Herders Auffassung von der historischen Unvollkommenheit der Reformation

Bereits 1780 schreibt Herder in seiner von der Königlichen Akademie zu Berlin preisgekrönten Schrift 'Vom Einfluß der Regierung auf die Wissenschaften, und der Wissenschaften auf die Regierung': "Unglücklicher Weise war die Reformation (ich will nicht untersuchen: durch wessen Schuld?) nur auf halbem Wege stehen geblieben: man hatte reformirt, aber nicht ganz, und würklich hie und da zu keinem Endzweck. Die Mängel mußten bald ins Auge fallen und da die Regierungen das Ihre gethan und gezogen hatten, überhaupt auch der erste Stoß vorbei war: so vergalt man die vorige Hitze jetzt mit Kälte"[614]. Diese skeptische Beurteilung der Reformation kommt gegen Ende von Herders diesbezüglichen Stellungnahmen noch deutlicher zum Ausdruck. Zwei von Suphan auf die Zeit nach 1785 datierte Epigramme mögen diesen Befund belegen.

"Guter, schwarzer Mönch", so schreibt Herder beispielsweise in einem lyrischen Beitrag 'Auf Luthers Bild', "mit starkem Arme begannst du abzukehren den Staub, der die Altäre verbarg.
Aber schnell entrissen dir andre das säubernde Werkzeug,
lasen vom Staube das Gold, hingen den Besen sich auf:
Und nun steht der endgüldete Altar in ärgerem Staube
ohne Säuberung; – Gold können sie fegen nicht mehr"[615].

Ein unter dem Titel 'Reformation' entstandenes Gedicht aus der gleichen Schaffensperiode besitzt denselben Tenor:
"'"Wären der Teufel so viel auch, als hier Stein' auf den Dächern, dennoch wagen wir es."' Also sprach Luther und ging
Vor den Kaiser. Gelangs? Ich zweifle. Der Teufel an Höfen waren mehrere, fein wie der Apulische Sand.
Lehren bessertest du, nicht Sitten. Sitten zu bessern
war der selber zu schwach, der auch die Teufel besiegt"[616].

Die eigentliche Bedeutung dieser in der Weimarer Phase einsetzenden skeptischen Beurteilung der Reformation liegt nun darin, daß sie die logische Voraussetzung zur Überzeugung darstellt, der unvollendet gebliebene Auftrag der Reformation müsse von der eigenen Epoche erfüllt werden. "Man lebte", so schreibt Ernst Walter Zeeden zur Erklärung dieses Phänomens, "... im Bewußtsein der Fortsetzung der Reformation durch die Aufklärung, weil man die Anfänge der Aufklärung in die Reformation hineinprojizierte"[617].

Damit setzte man, so möchten wir diesen Gedanken fortführen, die weltanschaulichen Ideale der Aufklärung in die geistige Kontinuität einer Jahrhunderte alten Tradition, die, so argumentierte man, mit dem Wirken Martin Luthers begonnen habe und mit dem Erreichen des eigenen Zeitalters vollendet werde. Die Berufung auf Person und Werk des Reformators geschah hier also aus dem Bemühen heraus, die eigene Weltanschauung geschichtlich zu legitimieren, indem sie als das historische Erbe genuin protestantischen Lebensgefühls deklariert wurde. Auf der Suche nach ihren geistigen Wurzeln stieß die Aufklärung mit Macht auf das Bild Luthers und nahm von diesem Bild - wenn auch in einer säkularisierten Gestalt - Besitz.
Ein ganz typisches Element des aufklärerischen Lutherbildes bestand nun, wie auch die Ausführungen Herders zeigen, in der Vorstellung, die Reformation sei im Grunde genommen doch weit hinter ihren eigenen Zielvorgaben zurückgeblieben. Iselin beispielsweise kann als Musterexemplar einer solchen aus dem Geiste eines skeptischen Rationalismus hervorgehenden Auffassung gelten. In seiner 'Geschichte der Menschheit' etwa heißt es: "Abscheuliche politische Ungewitter begleiten diese Verbesserungen (der Reformation; Zusatz vom Verf.), entfernten die gesegneten Früchte derselben und macheten für eine Zeitlang den Zustand der Menschen eher schlimmer als besser. ... Der Verfolgungsgeist ... mußte durch den plötzlichen Durchbruch eines so unerwarteten Lichtes in die äußerste Gärung gebracht werden; und daher entstuhnden Leidenschaften, gelehrte Kämpfe und Controversen welche die Gelehrsamkeit und die Religion selbst entehrten"[618].
Ganz ähnlich äußert sich Friedrich der Große. Er nennt zunächst die positiven Folgen der Reformation und legt dar, diese hätte den menschlichen Geist aufgeklärt, den Aberglauben zerstört und das Toleranz-

prinzip in Staat und Kirche eingeführt. Diese Vorteile jedoch, so heißt es daraufhin, seien teuer erkauft worden. "In ganz Europa", so Friedrich der Große, "kamen die Geister in Gärung"[619]. Das gesamte politische und gesellschaftliche Leben sei verunsichert und in eine tiefe Krise gestürzt worden.
Die 'Gedankenfreiheit', als wichtigster Inhalt der reformatorischen Botschaft habe deshalb erst Jahrhunderte später, nach einer Phase der blutigsten Auseinandersetzungen zwischen den Völkern, verwirklicht werden können.
Aber nicht nur Geschichtsphilosophie und Profangeschichtsschreibung vertraten den Gedanken von der historischen Unvollkommenheit der Reformation; auch die Kirchengeschichtsschreibung der Aufklärung hatte sich diese Vorstellung zu eigen gemacht. "Ich habe aber besonders darauf gesehen", so schreibt etwa Johann Salomo Semler in seinem 1773 erschienenen 'Versuch eines fruchtbaren Auszugs der Kirchengeschichte', "daß man sich nicht in eitler Einbildung, und ungegründeter Zuversicht, gar zu grosse Vorstellungen von dieser an sich grossen Sache mache, als wäre die Reformation der öffentlichen Kirchenverfassung ein für allemal vorbey, und so vollkommen bewerkstelliget worden, daß es unfehlbar eine Versündigung und strafbare Vermessenheit seie, wenn man ihre Fortsetzung und Erweiterung hoffet und wünschet"[620]. Zwar habe Luther unzweifelhaft eine tatsächliche Verbesserung der kirchlichen Verhältnisse geschaffen, indem er päpstliche Autorität und geistlichen Despotismus angegriffen habe, aber, so fährt Semler fort: "Wenn man ... diese Einbildung zugleich hätte, so sey diese Verbesserung gleich zu aller an sich, oder in andern Umständen der Menschen, nach Zeit und Ort, möglichen Vollkommenheiten und Unverbesserlichkeit gebracht worden; es sey also auch alles geschehen und angewendet worden, was zur besondern Besserung der nunmehrigen protestantischen Kirchen je möglich und nützlich seyn kan: so müste jemand entweder sehr unwissend seyn, oder sehr untreu in Urtheilen von dieser so grossen und an sich niemalen ganz erreichten Vollkommenheit der Religionsgesellschaft, handeln"[621].
Allen diesen Stellungnahmen ist gemeinsam, daß sie die Ideale und Ziele der Reformation zwar positiv beurteilen, die Durchsetzung dieser

Ideale jedoch weitgehend in Frage stellen. In einem heute naiv anmutenden geschichtlichen Sendungsbewußtsein gehen die aufklärerischen Schriftsteller dabei davon aus, die historischen Defizite der Reformation müßten von der eigenen Epoche beseitigt werden. Sie belegen das Reformationsjahrhundert hierbei mit weltanschaulichen Maximen, die in einer geschichtlich verfremdenden Art und Weise konstitutive Kategorien des zeitgenössischen Lebensgefühls in die historische Epoche der Reformation zurückprojiziert.
Wenn Herder beispielsweise seine vor dem Hintergrund des aufklärerischen Toleranzgedankens entstandene Forderung nach Vereinheitlichung aller Religionsformen "in Gemeinnützigkeit, Vernunft und Wahrheit"[622] auf den Willen Martin Luthers zurückzuführen versucht, so fragt man sich unwillkürlich, was in dieser Sichtweise von der geschichtlich faßbaren Gestalt des Reformators eigentlich überhaupt noch übrig geblieben ist. Ähnlich verhält es sich mit Herders Verständnis des Lutherischen Prinzips der Gewissensfreiheit; schon in Bückeburg war ja dieses zentrale reformatorische Theologumenon von einer latent vorhandenen humanistischen Deutungsperspektive überwölbt worden. Hier in Weimar jedoch tritt dieses humanistische Element manifest in den Vordergrund und führt zu einem totalen Verlust der theologischen Sinnmitte dieser Vorstellungskategorie. So wird Luther säkularisiert und dem humanistischen Zeitgeist der Aufklärung angepaßt. Das theologische Weltbild des Reformators wird vom späten Herder durch ein kulturgeschichtliches ersetzt, in dem vor allem Luthers fruchtbares Wirken für die Entwicklung von Kultur, Wissenschaft und Politik thematisiert wird.

Vom titanischen Lutherbild des Sturm-und-Drang, das der junge Herder in Riga sowie zu Beginn seiner Bückeburger Zeit noch vertreten hatte und das den Wittenberger Reformator vor allem als kolossalischen Menschen von ungebändigter, genialer Kraftfülle zeichnete, ist in Weimar nichts mehr übrig geblieben. Aus der Prometheusgestalt, so möchten wir die Wandlung von Herders Lutherbild zusammenfassend charakterisieren, ist ein Sokrates geworden.[623]

Der Reformator wird als Idealtypus einer vernunftgemäßen, sittlichen und aufgeklärten Lebensart beschrieben, die diesen zur markanten Symbolfigur der eigenen Weltanschauung werden läßt.
Das Unhistorische einer solchen Betrachtungsweise wurde bereits erwähnt und kritisch angemerkt. Auf der anderen Seite jedoch darf man die positive Funktion dieser historischen Spiegelung zeitgenössischer Idealvorstellungen in eine andere geschichtliche Ebene hinein nicht außer acht lassen.
So hat etwa Hans Georg Gadamer darauf hingewiesen, daß gerade dieser hermeneutische Prozeß der 'Horizontverschmelzung'[624] einen wichtigen Erkenntnisweg des geistigen Verstehens überhaupt darstellt und als konstitutives Element einer verständnismäßigen Überbrückung der historischen Lücke zwischen Geschichtsepoche einerseits sowie Rezeptionsepoche andererseits verstanden werden muß.
Insofern ist das Lutherbild einer jeder Epoche zunächst das Produkt eines Adaptionsprozesses, der die geistige Physiognomie der jeweiligen Rezeptionsphase mit in dieses Bild hineinnimmt.
Herders Lutherbild der Weimarer Zeit vertritt dabei, wie gezeigt werden konnte, die typischen Züge des aufklärerischen Lutherbildes. Vergleicht man dieses mit Herders in Bückeburg entwickelten Standpunkten, so läßt sich ein weitgehender Verlust der theologischen Tiefe dieser Standpunkte nicht verbergen. Wir erinnern uns, daß Herder aus seinen in Bückeburg einsetzenden, intensiven Lutherstudien heraus einen aggressiven Schlag sowohl gegen das aufklärerische Lutherbild wie gegen die aufklärerische Weltanschauung ganz allgemein ausgeführt hatte.
In Weimar ist von dieser Opposition gegen den "positivistischen" Geist der Aufklärung nicht mehr viel übrig geblieben. Auch sein Lutherbild bringt die zwischen der Bückeburger und der Weimarer Zeit vollzogene weltanschauliche Sinneswandlung deutlich zum Ausdruck.

Wir möchten im folgenden daher versuchen, den zwischen Herders Bückeburger und Weimarer Äußerungen liegenden Perspektivenwechsel in der Betrachtung von Person und Werk Martin Luthers noch plastischer hervorzuheben.

Konkret soll dies an Hand von Herders Reformationsverständnis geschehen, das in Bückeburg von einer revolutionären oder dramatischen, in Weimar hingegen von einer evolutiven Geschichtsauffassung umfangen wurde.

In seiner Bückeburger Geschichtsphilosophie hatte Herder ja eine typologische Verständnisform der Umwälzung weltgeschichtlicher Prozesse schlechthin geliefert, innerhalb derer die Reformation im Sinne eines paradigmatischen Falles von allgemeiner Bedeutung behandelt wurde. Die Reformation, so führt Herder aus, könne als Beispiel "aller sogenannten Welterleuchtungen"[625] dienen; diese jedoch könnten niemals ohne Revolution ablaufen. Es sei "Phantom unsrer Köpfe"[626], zu glauben, "man hätte den Menschlichen Geist nur sollen seinen stillen Gang gehen laßen, statt daß jetzt die Leidenschaften im Sturme des Handelns"[627] losgebrochen seien. Historische Prozesse von weltgeschichtlichem Ausmaß seien nie "ohne Revolution, ohne Leidenschaft und Bewegung"[628] möglich.

Vergegenwärtigt man sich diese Äußerungen aus der Bückeburger Geschichtsphilosophie von 1774, so stellt sich doch unwillkürlich die Erwartung ein, Herder habe die Anschauung vom revolutionären Charakter der Reformation nach dem Ausbruch einer tatsächlichen Revolution, nämlich der französischen, weiterdenken und systematisch ausführen müssen.

Wir werden daher die Frage zu stellen haben, ob Herder auch nach Ausbruch der Französischen Revolution an seiner Anschauung, die Reformation stelle den historischen Prototyp einer jeden Revolution dar, festhält. Damit jedoch ist die für Herders Geschichtsauffassung von genereller Bedeutung bleibende Frage nach der typologischen Verhältnisbestimmung von Reformation und Revolution als zweier verschiedener Formen der immanenten Entfaltung weltgeschichtlichen Fortschritts gestellt.

6. Zum typologischen Verhältnis von Reformation und Revolution

Wir möchten, den weiteren Ergebnissen unserer Untersuchung vorgreifend, die These aufstellen, Herders in Bückeburg formulierte Anschauung vom revolutionären Charakter der Reformation werde in Weimar unter dem Eindruck des eskalierenden Verlaufs der Französischen Revolution von einer Auffassung abgelöst, die wesentlich stärker auf die allgemeinen entwicklungsgeschichtlichen Faktoren dieser historischen Umwälzung von epochaler Tragweite eingeht. Bestenfalls wird man für Herdes Weimarer Reformationsverständnis den - von ihm selbst freilich nicht verwendeten - Begriff der 'Kulturrevolution' anwenden können.

Zwar hatte Herder den Begriff der 'Revolution' auch in Bückeburg nicht im heutigen politischen, sondern in einem allgemein geschichtsphilosophischen Sinn verwendet; dennoch diente dieser Begriff dort zur Bezeichnung einer gewaltsamen Veränderung der Dinge.
Diese Sichtweise der Reformation nun wird vom Weimarer Herder sorgsam vermieden. In einem bereits erwähnten Beitrag, der ursprünglich als 17. Brief in die zweite Sammlung der zwischen 1793 und 1795 erschienenen 'Briefe zur Beförderung der Humanität' aufgenommen werden sollte, heißt es beispielsweise, indem die Wirkungen der Reformation nunmehr in einer völlig unpolitischen, ja generell gesellschaftlich wenig relevanten Weise vollständig auf deren Bedeutung für die geistige Entfaltung des einzelnen Individuums reduziert wird: "Endlich möchte ich Sie noch auf Einen Unterschied aufmerksam machen, der zwischen der Reformation und unsrer Zeit-Krise obwaltet. In jene zog man das V o l k; nicht ohne anscheinende Ursache, weil es auf dessen Gewißensrechte, und eigne Ueberlegung in Sachen seines ewigen Wohls ankommen sollte. Man traute dabei, da man diese Überlegung für leicht hielt, jedem die Fähigkeit der Prüfung zu; mußte aber demohngeachtet diese Freiheit bald einschränken, und wenigstens sie vom Staate scheiden. Wie wenig allgemein der Geist einer unparteiischen Religionsprüfung geworden sei, wie wenig er hat allgemein werden können, sehen wir jetzt noch nach drei Jahrhunderten deutlich. Er äußerte sich bald durch Zügellosigkeit in rohen Begriffen; und da dem gesteuret wurde, was man Meuterei nann-

te, entschlummerte er. Indeßen ist und bleibt Freiheit im Denken, (Autonomie,) die Seele der protestantischen Kirchenverbeßerung; kein edles Gemüth läßet sich dieselbe nehmen"[629]. Und in einer resignierenden Formulierung fährt Herder schließlich fort: "Eigentlich und im strengsten Sinne aber ist es auch nur die Freiheit f ü r s i c h frei zu denken, zum Besten seiner eignen Seele; unsre Einwirkung auf andre wird in einer politischen Verfaßung von außenher immer modificiert sein"[630].

Die Reformation wird in dieser Sichtweise als ein aus dem Geist einer religiösen Weltanschauung entstandenes Phänomen beschrieben, dessen eigentliche Bedeutung nicht im gesellschaftlichen oder gar politischen, sondern ausschließlich im individuellen Bereich liegt. Gleichzeitig kommt es zu einer massiv vergeistigten Beurteilung dieser historischen Epoche. Ihre geschichtlichen Wirkungen siedelt Herder ganz auf der subjektiven und ideellen Ebene an, indem er sie als Faktoren beschreibt, die der endgültigen Humanisierung der Menschheit dienten, wobei Herder hier unter 'Menschheit' eine Gemeinschaft frei sich entfaltender Individuen versteht. Objektive Veränderungen der bestehenden Gesellschaftsverhältnisse, der staatlichen Ordnungen und politischen Verfassungen sieht er mit den Wirkungen der Reformation nicht verbunden, zumindest nicht in einem direkten und revolutionären Sinn. Solche Entwicklungen werden eher als Folgewirkungen der durch die Reformation gebrachten Aufklärung des menschlichen Geistes dargestellt.

Ein weiterer, fundamentaler Unterschied zu Herders Bückeburger Reformationsbild besteht darin, daß das handelnde Subjekt dieser Geschichtsepoche in den Weimarer Äußerungen nicht mehr klar definiert wird. Vergegenwärtigen wir uns, daß in den Bückeburger Stellungnahmen zunächst die Gestalt Martin Luthers und schließlich eine mit heteronymen Benennungen belegte, transzendente Geschichtsmacht aus zum Teil christlichen, zum Teil deistischen Vorstellungskategorien zur bewirkenden Ursache der Entstehung der Reformation erklärt wurde. In Herders Weimarer Ausführungen ist von diesen Anschauungen nichts mehr übrig geblie-

ben; es geht ihm, so läßt sich daher feststellen, nicht mehr um eine pointierte philosophische Verhältnisbestimmung von individuellen und gesamthistorischen Triebkräften der Geschichte. Ja, man hat sogar den Eindruck, daß Herder sich sehr stark zurückhält, das handelnde Subjekt der Geschichte definitiv zu benennen. Nicht ein historisches Individuum, nicht eine transzendente Geschichtsmacht, vor allem aber nicht eine bestimmte nationale Volksgemeinschaft wird als Urheber der Reformation oder des geschichtlichen Fortschritts schlechthin betrachtet. Ein anonymer "Geist der Zeiten"[631] ist es, den Herder ermittelt und als Ursache der Reformation bezeichnet.
Damit jedoch wird das bewegende Prinzip dieser Geschichtsepoche in den Bereich des nicht weiter Identifizierbaren, man möchte sagen: des Numinosen verlegt.
Die Erklärung dieses Tatbestandes liegt unseres Erachtens einfach darin, daß Herder in seiner humanistisch bestimmten Weimarer Weltanschauung eine möglichst weitgehende Entpolitisierung der Betrachtung historischer Prozesse, wie sie die Reformation, aber auch die Französische Revolution darstellten, betreiben wollte. Wir können diesen Gedanken hier nicht weiter verfolgen; sicher scheint uns jedoch zu sein, daß Herders Reformationsbild retrospektiv durch sein Bild von der Französischen Revolution beeinflußt wird.[632] Schließlich war ja in der Französischen Revolution ganz eindeutig das Volk die treibende Kraft der politisch-gesellschaftlichen Veränderung.
Das Volk aber ist für den Herder der 'Humanitätsbriefe' trotz seiner dort geäußerten demokratischen und republikanischen Gedanken nicht der entscheidende Träger des gesellschaftlichen und humanitären Fortschritts. "In politischen Sachen", so schreibt er, "ist offenbar ein andrer Fall. Oft sind die Rechte und Pflichten, die hier in Streit kommen, ein Knote, den die rauhe Hand eines ungebildeten, ungeübten Volks, das so leicht verführbar ist, und meistens nur andern folgt, ihn schwerlich lösen möchte. Zudem ist leider das Volk wenigstens durch Hoffnungen und Wünsche, die oft unmöglich, meistens aber überspannt sind, in diesen Knoten dergestalt verflochten, daß von ihm die Überlegung weder ausgehen, noch sich bei ihm endigen kann. ... zum politischen Calcul, noch weniger zu politischen Geschäften ist das Volk,

wenigstens unser Deutsches Volk weder vorbereitet, noch hat es dazu weder Lust und Neigung. Meines Erachtens thut man also wirklich auch der besten Sache Schaden, wenn man dem Volk Worte vors Auge oder ins Ohr bringt, deren Gedanken es nicht faßen kann, die ihm noch nie selbst in den Kopf kamen, vielleicht auch nie darinn kommen werden"[633].

Diesen Gesichtspunkt, wonach das Volk nicht zum Träger politischen oder gesellschaftlichen Fortschritts gemacht werden dürfe, explizierte Herder nun am historischen Beispiel der Reformation: "Auch hierinn", so schreibt er, "können wir an der Reformation ein warnendes Beispiel nehmen. Sie g e s c h a h z u f r ü h u n d z u s p ä t; so widersprechend dies scheint, folgte dennoch Eins aus dem andern. Zu früh geschahe sie: denn die Ideen, die sie feststellen sollte, waren in Manchem noch lange nicht gnug aufgeklärt; es blieben also Hefen in dem geläuterten Tranke, die jetzt zu seiner Substanz gehören und für alle künftige Zeiten trinkbar seyn sollten. ... Anderntheils kam die Reformation zu spät: denn zu lange hatte man sie durch List und Gewalt ersticken, ja, wenns anginge, unmöglich machen wollen. So wurden manche trefliche Vorschläge vereitelt, die edelsten Geister unterdrückt, abgeschreckt, ermüdet; und als es zur Revolution kam, mußte man nehmen, was man fand; statt jener größeren, beßeren, zuweilen sehr mittelmäßige Geister. Statt deßen", so fährt Herder in einer für sein Weimarer Geschichtsverständnis bezeichnenden Formulierung fort, "daß wenn man jedem Versuch zur Beßerung Raum und Zeit gegönnet hätte, man allmälich, auf eine viel ruhigere, vestere, solidere Art dahin gelangt wäre, wohin man im Sturm des Augenblicks gewiß nicht gelangen konnte. Mein Wahlspruch bleibt also f o r t g e h e n d e , n a t ü r l i c h e , v e r n ü n f t i g e E v o l u t i o n d e r D i n g e ; keine Revolution. Durch jene, wenn sie ungehindert fortgeht, kommt man dieser am sichersten zuvor; durch jene wird diese unnütz und zuletzt unmöglich. Predigen Sie diesen Spruch den Mächtigen der Erde; alle Verständigen sind über ihn einig"[634].

Mit diesen Ausführungen wird deutlich, daß Herder seine revolutionäre oder dramatische Geschichtsauffassung der Bückeburger Zeit, die er ja ebenfalls am historischen Fall der Reformation dargestellt hatte, endgültig überwunden hat. Über die Tatsache, daß diese Wandlung unter dem Einfluß der aus allen Fugen geratenen Französischen Revolution geschehen ist, kann dabei kein Zweifel existieren. Liest man die von Herder schließlich nicht veröffentlichten Beiträge zur ersten Sammlung der 'Humanitätsbriefe' nach der ursprünglichen Anlage aus dem Jahre 1792, so zeigt sich, daß die Entwicklung der Französischen Revolution zu den brennendsten Fragen gehörte, die Herder während jener Zeit überhaupt beschäftigten.[635]

Der von Herder zurückbehaltene 16. Humanitätsbrief entwickelt in ausführlicher Weise die Gesichtspunkte, unter denen sie betrachtet wird. Dabei fragt Herder immer wieder nach dem inneren Zusammenhang dieser Ereignisse zur fortschreitenden Entwicklung der Humanität: "Da alle beßere Bildung des Menschengeschlechts nur durch eine beßere Erziehung bewirkt werden kann, wie ist diese von einer Revolution zu hoffen, die alle bisherigen Anstalten der Erziehung aufhebt, und dem Volk beßere zu geben nicht Zeit und Raum hat? ... Was kann, was muß dieser Schwindelgeist der Freiheit und die wahrscheinlich daher entstehenden blutigen Kriege auf Völker und Regenten, vorzüglich aber auf die O r g a n e d e r H u m a n i t ä t Wißenschaften und Künste, für Wirkungen hervorbringen?"[636]
Im darauffolgenden 17. Brief schließlich bringt Herder dann Französische Revolution und Reformation in einen expliziten Zusammenhang, indem er beide als die bedeutendsten Ereignisse der Weltgeschichte überhaupt bezeichnet: "Also zum Grunde gesetzt", so schreibt er, "daß seit Einführung des Christenthums und seit Einrichtung der Barbaren in Europa, außer der Wiederauflebung der Wißenschaften und der Reformation, meines Wißens, sich nichts ereignet hat, das diesem Ereigniß an Merkwürdigkeit und Folgen gleich wäre; (die Kreuzzüge und der dreissigjährige Krieg stehen warscheinlich hinter demselben;) so bringt es die N a t u r d e r S a c h e mit sich, darüber zu denken und die Folgen davon vernünftig zu überlegen"[637].

Wir brauchen an dieser Stelle nicht weiter auf Herders Stellung zur Französischen Revolution einzugehen.[638]

Fassen wir unsere bisherigen Untersuchungsergebnisse, bevor wir Herders Parallelisierung von Reformation und Französischer Revolution in einen größeren geistesgeschichtlichen Horizont stellen, noch einmal knapp zusammen:

1) Herders in Bückeburg entwickelte Vorstellung vom typologischen Charakter der Reformation als eines <u>revolutionären</u> Prozesses der Weltgestaltung wird in Weimar nicht weiter verfolgt.

2) Sein paradigmatisch geltender Revolutionsbegriff, der in Bückeburg nicht aus der realen Erfahrung, sondern aus der philophischen Spekulation und damit aus einer Fiktion heraus gebildet wurde, wird in Weimar unter dem Eindruck einer tatsächlichen Revolution aufgegeben. Die Revolution stellt für den Weimarer Herder kein Mittel zur Durchsetzung geschichtlichen Fortschritts mehr dar. Sie bezeichnet im Gegenteil nun nicht mehr eine Vollzugsform der historischen Progression, sondern der Regression.

3) Damit kann auch die Reformation, die für den Weimarer Herder den Beginn des neuzeitlichen und aufgeklärten Denkens konfiguriert, nicht mehr im positiven Sinn unter dem als heuristischer Kategorie verwendeten Verständnisbild der Revolution gefaßt werden.[639]

4) Alle revolutionären Elemente der Reformation werden von Herder daher kritisiert und als Verhinderung einer, durch "... fortgehende, natürliche, vernünftige Evolution der Dinge"[640] gekennzeichneten Progression bezeichnet. Die Reformation selbst wird zum integrativen Element nicht mehr einer revolutionären, sondern einer <u>evolutiven</u> Geschichtsanschauung.

5) Vom hermeneutischen Verfahren her läßt sich diese grundlegende Revision von Herders Bückeburger Reformationsbild, die unter dem Eindruck zeitgeschichtlicher Erlebnisse vorgenommen wird, als eine rückwärts gewandte Projektion aktueller historischer Deutungskategorien der Formen geschichtlichen Fortschritts beschreiben.

6) Für das Verständnis von Herders allgemeinem geschichtsphilosophischen Denken resultiert daraus, daß dieses nicht nur die eigene Gegenwart mit Hilfe von Deutungskategorien erschließt, die aus einer Betrachtung der Vergangenheit gewonnen werden, sondern auch umgekehrt die Vergangenheit aus der weltanschaulichen Perspektive der Gegenwart beurteilt.[641]

Soweit diese kurze Zusammenfassung. Wir möchten nun im folgenden noch ausführen, in welcher Weise die von Herder vorgenommene Parallelisierung von Reformation und Französischer Revolution in die Geschichtsphilosophie der folgenden Generationen aufgenommen wurde.[642]
Damit soll gezeigt werden, daß Herder mit seinen diesbezüglichen Äußerungen am Anfang einer langen und bedeutenden geistigen Tradition steht, die schließlich in die Geschichtsauffassung des deutschen Liberalismus ausmündet. Auch in dieser Problemstellung, so möchten wir zusammenfassend formulieren, waren seine Ansichten also keineswegs rein eklektizistischer Natur; sie dienten vielmehr, durch ihre geniale Verbindung von spätaufklärerischem und frühidealistischem Gedankengut der argumentativen Vorbereitung einer ganzen Generation von geschichtsphilosophischen Entwürfen, die sich die von Herder entworfene Parallelisierung von Reformation und Französischer Revolution zunutze machen konnte.
Zuvor jedoch möchten wir noch einmal auf die Tatsache hinweisen, daß eine solche Parallelisierung nur über ein sehr weitreichendes, säkularisiertes Reformationsverständnis möglich war. Schließlich wurden in einer solchen Betrachtung ja Kirchen- und Profangeschichte unter einerlei Gesichtspunkten beurteilt, ohne daß die spezifischen Bedingungsfaktoren dieser historischen Prozesse näher in den Blick genommen wurden.

Winfried Becker hat zur Erklärung dieses Phänomens überzeugend dargelegt, daß die Aufklärung in der Person Martin Luthers vor allem den großen Freiheitsbringer gesehen habe. "Da Luther (jedoch; Zusatz vom Verf.) für die Aufklärung die Freiheit brachte, brachte er für sie", so Becker, "auch die Freiheit von dem Reformator selbst, das heißt von seiner Konfession und damit von allem Konfessionalismus ..."[643]. Das Reformationsbild der Aufklärung habe nun in konsequenter Weise diese radikale Freiheitsmaxime mit dem auch von ihr in alle Bereiche des geistigen Lebens projezierten Vernunftbegriff verschmolzen. Die Geschichte sei als "fortschreitender Prozeß des Vernünftigwerdens der Wirklichkeit"[644] verstanden worden, wobei die Reformation eine historische Etappe innerhalb dieses Prozesses darstelle. Damit war ein Reformationsverständnis grundgelegt, das in dieser "mehr als nur die religiöse Bewegung des Protestantismus" erblickte, "ja unter diesem 'mehr' das eigentliche Wesen der Reformation"[645] zu begreifen suchte.

Der aufklärerische Fortschrittsbegriff habe, so Becker, zu einer theoretisch erfahrenen "Verzeitlichung der Welt"[646] geführt, vor der Luthers Theologie nicht mehr habe bestehen können, weil sie das Verhältnis von Sünde und Rechtfertigung auf völlig ungeschichtliche Art und Weise in ein paradoxes Zugleich gedrängt habe. Außerdem sei Luthers Theologie von der völligen Wertlosigkeit aller menschlichen Bemühungen um die Verwirklichung des ewigen Heiles überzeugt gewesen. Für die protestantische Geschichtsphilosophie der Aufklärung dagegen sei zwar die Überzeugung von der Verderbtheit und Sündhaftigkeit des Menschen noch nicht völlig abgetan gewesen, sie sei jedoch als aufhebbar erschienen, da sie zeitlich lokalisiert und mit den dunklen Zeiten des Mittelalters identifiziert worden sei.

Mit diesem säkularisierten Religionsbegriff nun waren die Voraussetzungen für die spätaufklärerische und bürgerlich-liberale Auffassung der Reformation grundgelegt, die in dieser weniger ein religiöses als vielmehr ein gesellschaftlich-politisches Phänomen erblickte.

Die Parallelisierung von Reformation und Revolution - und damit kehren wir zum Ausgangspunkt unserer Fragestellung zurück - geschah also vor dem Hintergrund eines säkularisierten und ins Gesellschaftlich-Politische abgewandelten Reformationsverständnisses, dessen Wurzeln in die Weltanschauung der Aufklärung hinabreichen.[647]
Sie gehörte, dies ist bereits mehrfach angedeutet worden, zu den wichtigsten Interpretationsmodellen, unter denen die Intellektuellen des ausgehenden 18. und des beginnenden 19. Jahrhunderts die Frage nach der historischen Bedeutung der Reformation in den Griff zu bekommen versuchten.

Je nach weltanschaulicher Position, aber auch nach Vertrautheit mit den realhistorischen Verlaufsformen der Französischen Revolution kam es dabei zu einer mehr positiven oder mehr negativen Beurteilung beider Phänomene. Die Parallelisierung von Reformation und Französischer Revolution konnte demnach sowohl im Sinne einer auf die innere Kontinuität und Progression beider Phänomene abhebenden Geschichtsdeutung mit grundsätzlich befürwortendem Tenor, als auch im Sinne einer beide Ereignisse aus der gleichen Perspektive heraus kritisierenden, konservativen und antirevolutionären Einstellung geschehen.

Für die Dichter der Weimarer Klassik gilt dabei, ebenso wie für jene von Empfindsamkeit und Aufklärung, daß die vorher praktisch überall vorhanden gewesene positive Beurteilung der Französischen Revolution nach der Ermordung Ludwigs XVI. einer distanzierten, größtenteils sogar einer grundsätzlich negativen Einstellung wich. Die ideologischen Implikationen dieser Revolution wurden zwar in aller Regel enthusiastisch gefeiert und als lang ersehnte Verwirklichung der eigenen Humanitätsideale betrachtet, die Art und Weise der geschichtlichen Umsetzung dieser Ideale jedoch erregte überall Empörung und tiefe Ablehnung.

Dabei ist es, da die Aufklärung sich selbst in einen unmittelbaren Bezug zur Tradition Luthers und der Reformation stellte, ganz natürlich, daß ihre Autoren, wie Volker Mehnert es ausdrückt, "ein unmittelbares Band zwischen der religiösen Veränderung im Deutschland des 16. Jahrhunderts und dem politischen Umsturz des Jahres 1789"[648] knüpften. Charakteristisch für eine solche Einstellung ist beispielsweise

Klopstocks Ode "Sie und nicht wir", in der sich das Lob der Franzosen mit dem Bedauern über die Unfähigkeit der Deutschen verbindet, diese revolutionären Taten nachzuahmen, sowie mit einem bezeichnenden Hinweis auf die Reformation, durch welche sich Deutschland ein ähnliches historisches Verdienst erworben habe.[649]
"Hätt ich hundert Stimmen", so ruft Klopstock, "ich feierte Galliens Freiheit
Nicht mit erreichendem Ton, sänge die Göttliche schwach.
Ach, du warest es nicht, mein Vaterland, das der Freiheit
Gipfel erstieg, Beispiel strahlte den Völkern umher;
Frankreich war's!
O, ich weiß es, du fühlest, was dir nicht wurde; die Palme,
Aber die du nicht trägst, grünet so schön, wie sie ist,
Deinem kennenden Blicke. Dem ihr gleicht, ihr gleichet die Palme,
Welche du dir brachst, als du die Religion
Reinigtest, sie die entweiht Despoten hatten, von Neuem
Weihtest, Despoten voll Sucht, Seelen zu fesseln, voll Blut,
Welches sie strömen ließen, sobald der Beherrschte nicht glaubte,
Was ihr taumelnder Wahn ihm zu glauben gebot.
Wenn durch dich, mein Vaterland, der beschornen Despoten
Joch nicht zerbrach, so zerbrach das der gekrönten itzt nicht.
Könnt' ein Trost mich trösten, er wäre: daß du vorrangingst
Auf der erhabnen Bahn; aber er tröstet mich nicht"[650].

Anders als diese noch aus der revolutionären Begeisterung entstandene Ode, aber mit der gleichen Verhältnissetzung von Reformation und Revolution, äußert sich Friedrich Schiller in einem eine grundsätzlich konservative und antirevolutionäre Haltung zum Ausdruck bringenden Distichon:
"Was das Luthertum war ist ietzt das Franzthum
in diesen
Letzten Tagen, es drängt ruhige Bildung zurück"[651].

Betrachtet man nun, in welcher Weise sich die von Herder mit inaugurierte[652] Parallelisierung von Reformation und Französischer Revolution in den folgenden Epochen von Spätaufklärung, Idealismus und Liberalismus weiterentwickelt, so zeigt sich, daß Spätaufklärung und Idealismus nach der gewaltsamen Eskalation der Ereignisse, die in den Königsmord und die Jakobinerherrschaft ausmündet, eine Auffassung vertreten, die sich dafür ausspricht, revolutionäre Prozesse durch präventive Reformen zu verhindern.

Solange dagegen die Französische Revolution auf einer gemäßigteren Ebene verlief und von den deutschen Intellektuellen schwerpunktmäßig im Hinblick auf ihren ideellen Gehalt rezipiert werden konnte, wurde allenthalben begeisterte Zustimmung geäußert. Die vor allem von radikalen Spätaufklärern wie Johann Heinrich Campe oder Georg Friedrich Rebmann vorgenommene Parallelbetrachtung von Reformation und Französischer Revolution geschah dabei vor dem Hintergrund der positivistischen aufklärerischen Geschichtsanschauung, die den Gedanken einer "Kontinuität des historischen Prozesses, der sich in den Phasen der religiösen Reformation in Deutschland sowie der politischen Revolution in Frankreich als Fortschreiten der Menschheit auf dem Weg zu mehr Freiheit und Humanität manifestiert"[653], zum Ausgangspunkt ihrer diesbezüglichen Erwägungen machte.

Vom Standpunkt einer teleologischen Entwicklung der Menschheitsgeschichte nämlich wurden diese beiden Ereignisse nicht als zwei von einander isolierte Prozesse auf unterschiedlichen nationalen oder weltanschaulichen Gebieten betrachtet, sondern als komplementäre Momente einer übergeordneten Entwicklung.[654]

Dabei wurde in der historischen Beurteilung der Reformation deren religiöser Inhalt weitgehend in den Hintergrund gedrängt; die Religion wurde gewissermaßen politisiert, da die Politik - oder zumindest der Bereich des gesellschaftlichen Lebens - als das eigentliche Feld des geschichtlichen und humanitären Fortschritts betrachtet wurde. "In der Geschichte Europas", so heißt es beispielsweise in dem von August von Hennings 1792 bis 1793 herausgegebenen 'Schleswigsche(n) Journal', "zeichnen sich zwei Zeitpunkte aus, die durch überraschende, einander äußerst ähnliche Begebenheiten, durch einen gleich großen Einfluß auf die gänzliche Umformung der Denkungsart und der Gesinnungen der Zeitgenossen und auf die Ausbildung der Menschheit zu den höheren Zwecken ihres Daseyns, äußerst merkwürdig und fruchtbar sind. Diese zwei Zeitpunkte fallen in das 16te und das 18te Jahrhundert, wovon das erste die Reformation, das zweite die amerikanische und französische Revolution - das erste den Umsturz der Hierarchie, das zweite den Umsturz des Despotismus - das erste die kirchliche, das zweite die bürgerliche Freiheit hervorbrachte; das erste die Fesseln des Geistes weiter machte, das letzte sie gänzlich aus einander riß ..."[655].

Fassen wir unsere bisherigen Untersuchungsergebnisse zur weiteren Wirkungsgeschichte der von Herder mit begründeten Auffassung einer geschichtlichen Kontinuität der historischen Ereignisse von Reformation und Französischer Revolution kurz zusammen, so wird evident, daß die radikale Spätaufklärung - zumindest in der Frühphase ihrer Stellungnahme zu den französischen Ereignissen - Reformation u n d Revolution aus der gleichen, fortschrittsoptimistischen Perspektive heraus betrachtet und als geschichtliche Umsetzungen des eigenen, aufklärerischen Gedankengutes euphorisch begrüßt hat. Dabei habe, so wurde argumentiert, Martin Luther eine Entwicklung eingeleitet, deren "zentrales Prinzip zwar in den folgenden Jahrhunderten nicht erkannt und ausgeschöpft worden sei, im Zeitalter der Aufklärung und des politischen Umsturzes in Frankreich jedoch wieder eine besondere politische Aktualität"[656] gewonnen habe.

Wir möchten zur weiteren Abrundung unseres Forschungsbefundes nun noch einen kurzen Blick auf das Reformations- und Revolutionsbild des deutschen Liberalismus werfen.[657]

Dieser hatte in Weiterführung aufklärerischen Gedankengutes den Vergleich von Reformation und Revolution voll ausgebildet.
Für Carl von Rotteck beispielsweise beginnt die Neuzeit mit der Reformation und der Entdeckung Amerikas, während die neueste Zeit mit der nordamerikanischen und der Französischen Revolution einsetzt. In der Einleitung zu seinem Beitrag über die Französische Revolution findet

sich ein ausführlicher Vergleich zwischen dieser und der Reformation: in beiden habe der Kampf der Freiheitslust und des Lichtes gegen Geistesbeschränkung, Selbstsucht und Tyrannei stattgefunden; beide Phänomene seien Umwälzungen des ganzen Erdkreises gewesen; beide hätten, bedingt durch Übertreibung und Reaktion, einen ihren eigentlichen Idealen widersprechenden Verlauf genommen; beide Revolutionen seien vom Volk als der Mehrheit der Nation ausgegangen.[658]
Solche Parallelisierungen finden sich in der gesamten liberalen Historiographie. "Die Reformation", so Neumüller, "erscheint als die Vorläuferin der Revolution, diese als Fortsetzung der Reformation auf einer höheren Ebene"[659].
Noch weiter geht schließlich Gervinus, der alle neuzeitlichen Revolutionen (die der Niederlande, Englands, Nordamerikas und Frankreichs) in eine kausale Beziehung zur Reformation setzt. Diese wird gewissermaßen zu einer Art von "Urrevolution" hochstililisert, die implizit sämtliche Prinzipien des neuzeitlichen Weltbildes enthalten habe. Hier wird dann die Demokratie als politisch säkularisiertes Prinzip der Gewissensfreiheit und der Bauernkrieg als Prototyp aller späteren sozialen Revolutionen beschrieben.
Insgesamt figuriert die Reformation innerhalb einer solchen Anschauung als Anfangspunkt einer neuen Epoche, wobei die durch sie gebrachte geistige und politische Umwälzung gleichberechtigt neben die geographisch bedingte Erweiterung des bestehenden Weltbildes durch die Entdeckung Amerikas tritt.

Wir möchten es mit diesen knappen Bemerkungen zur weiteren Entwicklung des aufklärerischen Luther- und Revolutionsbildes bewenden lassen. Ziel dieses wirkungsgeschichtlichen Exkurses zum Reformationsbild des Weimarer Herder war es, zu zeigen, daß dieses Bild - trotz seiner im Vergleich zu den Bückeburger Stellungnahmen theologisch und geschichtsphilosophisch wesentlich geringeren Tiefe - in einen breiten Traditionsstrom ausmündete, dessen Gedankenelemente während des gesamten 19. Jahrhunderts von gleichbleibender Aktualität blieben. Damit jedoch sollte ganz allgemein zum Ausdruck gebracht werden, daß die eigentliche Bedeutung von Herders Reformations- und Lutherbild nur dann angemessen erfaßt wird, wenn dessen wirkungsgeschichtliche Dimensionen adäquat berücksichtigt werden.

7. Zusammenfassung der Ergebnisse

Die Weimarer Phase von Herders Auseinandersetzung mit Person und Werk des Wittenberger Reformators besitzt - im Gegensatz zur stärker theologisch und geschichtsphilosophisch ausgerichteten Lutherrezeption der Bückeburger Jahre - einen national-patriotischen sowie einen kulturgeschichtlichen Schwerpunkt.

Dabei spiegelt Herders Weimarer Lutherbild insofern einen weltanschaulichen Paradigmenwechsel von übergeordneter Bedeutung wider, als dieses Bild in starkem Maße aufklärerische Anschauungselemente aufnimmt und verarbeitet, während ja, wie gezeigt werden konnte, die Bückeburger Äußerungen gerade von einem kräftigen Impuls g e g e n das populäre Lutherbild der Aufklärung sowie gegen deren weltanschauliche Grundposition ganz allgemein geprägt waren.

Ein typisches Element dieses aufklärerischen Lutherbildes, das Herder nunmehr vertritt, besteht in der Überzeugung vom unvollkommenen Charakter der Reformation sowie der daraus unmittelbar sich ergebenden Auffassung, deren historischer Auftrag müsse von der eigenen Zeit erfüllt werden. Die inhaltliche Bestimmung der reformatorischen Maximen und Ideale geschieht dabei in der Weise, daß eine weitgehende Verlagerung von der Beurteilung ihrer religiösen Bedeutung auf eine Betrachtung ihrer gesamtgesellschaftlichen Relevanz - und damit eine weitgehende Säkularisierung ihrer eigentlich theologischen Anliegen - stattfindet.

Wenn auch diese Form der Rezeption die authentischen Ursprungsintentionen Luthers immer stärker in den Hintergrund drängt oder aber in einer Art und Weise adaptiert, die deren wahre Gestalt kaum mehr erkennen läßt, indem nunmehr ein im Grunde genommen überkonfessionelles Lutherbild entwickelt wird, endet diese Art der Auseinandersetzung dennoch nicht in der Aporie.

Herders Weimarer Lutherbild bereitet vielmehr - auch wenn Herder selbst die in diesem Bild enthaltenen politischen Implikationen nicht voll zur Sprache bringt - der eminent politisch orientierten Lutherrezeption von Spätaufklärung und Liberalismus den Boden.

Herders eigene Position dagegen wird ständig durch eine stets dominant bleibende humanistische Grundeinstellung gemäßigt, die ihn vor einem Abgleiten in radikale Anschauungen bewahrt.

D. Synthese und Ausblick

Zum Abschluß unserer Untersuchung von Herders Lutherbild möchten wir
noch einmal kurz das eigentliche Erkenntnisinteresse dieser Arbeit
sowie die aus diesem konkreten Erkenntnisinteresse heraus entfaltete
Methodik der Analyse und Darstellung unseres Gegenstandes reflektieren.
Wir erhoffen uns von diesen Erwägungen einen Beitrag zur Deutung von
Herders Gesamtwerk ganz allgemein und verweisen im übrigen auf die
detaillierten Zusammenfassungen seiner Lutherrezeption am Ende der
jeweiligen Hauptkapitel unserer Studie.

Das primäre Ziel unserer Untersuchung hatte darin bestanden, den vielschichtigen Gestaltwandel von Herders Lutherbild in den einzelnen Phasen seiner Entwicklung darzustellen und vor dem Hintergrund übergeordneter weltanschaulicher Grundpositionen sowohl seines Denkens als auch der zeitgenössischen Geistesgeschichte ganz allgemein zu deuten.
Um dieses Ziel zu erreichen, wählten wir eine Form der Analyse unseres Gegenstandes, die - um keine falschen Strukturzusammenhänge zu suggerieren - ganz bewußt auf eine streng systematisierende Anordnung des zu interpretierenden Materials verzichtete und statt dessen eine stärker entwicklungsgeschichtlich verfahrende Untersuchungsmethode favorisierte.
Mit Hilfe dieser Methode konnte gezeigt werden, daß Herders Lutherbild keine statische Größe bildet, die einen einmal gewonnenen Erkenntnisstand unermüdlich reproduziert; vielmehr wurde deutlich, daß dieses Bild im Prozeß einer ständigen Auseinandersetzung mit Werk und Wirkung des Wittenberger Reformators, aber auch mit den aktuellen geistigen Strömungen von Herders eigener Zeit entstand und insofern die allgemeinen Bewegungen seines Denkens auf's deutlichste widerspiegelt.
Um eine umfassendere Beschreibung und zuverlässigere Bewertung von Herders Lutherrezeption zu erreichen, wurden eine ganze Reihe bisher nicht ausgewerteter Dokumente aus dem handschriftlichen Nachlaß herangezogen, die eine nuancierte Darstellung vor allem der politisch akzentuierten Aspekte des Lutherbildes der Weimarer Spätphase ermögli-

ten. Schließlich lag es in unserer Absicht, das polemische Umfeld, in dem einzelne von Herders Äußerungen entstanden sind sowie den geistesgeschichtlichen Horizont, der diese Äußerungen gleichermaßen hervorbrachte und begrenzte, mit für die Interpretation von Herders Standpunkten fruchtbar zu machen. Hierbei ergab sich als durchgängiges Charakteristikum seiner Lutherrezeption eine Form der Beschäftigung mit Person und Werk des Wittenberger Reformators, die auf untrennbare Art und Weise historisches Interesse mit zeitgeschichtlicher Adaption, faktengeschichtliche Beschreibung mit ideengeschichtlicher Projektion verband.

Aus den gewonnenen Einsichten zum Lutherbild Johann Gottfried Herders ergeben sich nunmehr, so meinen wir, folgende Erkenntnisse, die ganz allgemein für die Deutung von Herders Gesamtwerk fruchtbar gemacht werden können:

1) Für die Untersuchung von Problemstellungen, die sich auf das Gesamtwerk beziehen, ist es sicherlich effektiver und der eigenartig forteilenden Art von Herders Denken angemessener, das zur Verfügung stehende Material nicht primär systematisch, sondern chronologisch beziehungsweise entwicklungsgeschichtlich zu strukturieren. Nur durch eine strikte Periodisierung von Herders Aussagen nämlich lassen sich die ständigen Wandlungen und oft kaum verständlichen Standortwechsel, die sein geistiges Schaffen prägen, darstellen, ohne diesem Schaffen eine so nicht vorhandene, innere Homogenität oder gar Teleologie zu unterschieben. Es kommt eben nicht nur darauf an, zu untersuchen, w a s Herder zu einem beliebigen Erkenntnisgegenstand gesagt hat, es kommt ganz entscheidend auch darauf an, zu sehen, w a n n und in welchem Argumentationskontext er diese Aussagen getroffen hat.

2) Eine umfassende oder zumindest doch intensivere Nutzung der im handschriftlichen Nachlaß ruhenden, nicht veröffentlichten Quellentexte stellt nach wie vor ein wichtiges Desiderat der zeitgenössischen Herderforschung dar. Um die eigentliche Bedeutung dieser Dokumente

richtig bewerten zu können, wird man sich zu vergegenwärtigen haben, daß es sich hierbei häufig um Manuskripte und Vorstudien zu später veröffentlichten Arbeiten handelt, die von Herder mit Absicht zurückbehalten wurden; sie bringen, wie das Beispiel der nicht publizierten Passagen aus den 'Humanitätsbriefen' gezeigt hat, wichtige Nebenaspekte, teilweise sogar die zentralen Anschauungen seines Denkens oft viel plastischer und gewissermaßen unzensierter zum Ausdruck, als dies in den veröffentlichten Endfassungen der Fall ist.

3) Intensiver, als es in der Mehrzahl der eingesehenen Forschungsbeiträge geschehen ist, müßte unseres Erachtens das zeitgeschichtlich adaptierende oder synchronisierende Element von Herders Denken für die Deutung seiner Werke namhaft gemacht und genutzt werden. Die Form seines geistigen Schaffens ist doch, ganz gleich, für welche Phase seiner Entwicklung oder welchen Gegenstand seines Denkens dies auch gelten mag, durch ein unmittelbar anwendungsbezogenes Interesse zur Nutzbarmachung für die eigene Zeit geprägt, ein Interesse, das die Art und Weise seiner Behandlung dieses Gegenstandes mitunter fast in die Nähe des Journalistischen, das heißt des tagespolitisch Engagierten geraten läßt. Es gilt, dieses Phänomen einmal unter positiven Vorzeichen zu würdigen, ohne es ständig als einen defizienten Modus der Behandlung einer gegebenen Problemstellung zu diffamieren. "Interesse" und "Situation" müssen nach unserem Dafürhalten als zwei hermeneutische Grundpositionen im Denken Herders erkannt werden, die jede seiner Wortmeldungen zu historischen und zeitgeschichtlichen Fragen unsichtbar begleiten.
Daß diese Aspekte seines geistigen Schaffens bereits früh erkannt wurden, auch wenn sie im weiteren Verlauf der Forschungsgeschichte nicht in adäquater Weise fruchtbar gemacht worden sind, zeigt eine im Tenor zugegebenermaßen etwas abschätzig klingende Formulierung Friedrich Nietzsches, die gleichwohl als eine der treffendsten Charakterisierungen der geistesgeschichtlichen Bedeutung Johann Gottfried Herders gelten kann, die bisher überhaupt abgegeben wurden.

"Herder ist alles das nicht", so schreibt Nietzsche, "was er von sich wähnen machte. ... kein grosser Denker und Erfinder, kein neuer treibender Fruchtboden mit einer urwaldfrischen unausgenutzten Kraft. Aber er besass im höchsten Maasse den Sinn der Witterung, und er sah und pflückte die Erstlinge der Jahreszeiten früher als alle Anderen, welche dann glauben konnten, er habe sie wachsen lassen: sein Geist war zwischen Hellem und Dunklem, Alten und Jungen und überall dort wie ein Jäger auf der Lauer, wo es Uebergänge, Senkungen, Erschütterungen, die Anzeichen inneren Quellens und Werdens gab: die Unruhe des Frühlings trieb ihn umher, aber er selber war der Frühling nicht ..."[660].

E. Anmerkungen

1 Heinrich Bornkamm: Luther im Spiegel der deutschen Geistesgeschichte. 2. Aufl. Göttingen 1970, S. 5.

2 Ebd.

3 Horst Stephan: Herder in Bückeburg und seine Bedeutung für die Kirchengeschichte. Tübingen 1905, S. 87.

4 Man wird in diesem Zusammenhang Rudolf Haym, dessen große Verdienste um die Forschung im übrigen nicht geschmälert werden sollen, den Vorwurf nicht ersparen können, durch eine nahezu ausschließlich inhaltlichmateriale Deutung von Herders Schriften sowie eine damit verbundene Außerachtlassung der formalhermeneutischen und methodologischen Aspekte seines Denkens am Anfang einer langen Tradition von - wie uns scheint - aporetischen Deutungsversuchen zu stehen, die in Herder nur den großen Fragmentisten und Eklektiker der deutschen Geistesgeschichte sehen. Dies begann sich erst mit den wertvollen Arbeiten Wilhelm Diltheys und Hans Georg Gadamers (a.a.O.) zu ändern, die Herder zu den Vätern der geistesgeschichtlichen Methode schlechthin zählten und stärker die allgemein kulturgeschichtliche Bedeutung seines Schaffens hervorhoben.

5 Charlotte Horstmann: Herders Geschichtsphilosophie: Die Grundlegung des geschichtlichen Bewußtseins durch Herder in ihrer zeitlichen Bedingtheit und bleibenden Geltung. Phil. Diss. Bonn 1943, S. 14.

6 Auf die Bedeutung dieses Ansatzes, der in modifizierter Form von Anton Kathan (Herders Literaturkritik: Untersuchungen zu Methodik und Struktur am Beispiel der frühen Werke. 2. Aufl. Göppingen 1970) und Manfred Jobst (Herders Konzeption einer kritischen Literaturgeschichte in den "Fragmenten". Augsburg 1973) für die Interpretation der "Fragmente" genutzt wurde, hat zuerst Hans-Dietrich Irmscher im Jahre 1963 innerhalb eines Forschungsberichtes hingewiesen. Hans-Dietrich Irmscher: Probleme der Herderforschung. 1. Teil. In: Deutsche Vierteljahresschrift für Literaturwissenschaft und Geistesgeschichte, 37(1963). H. 2, S. 266 - 317.

7 Friedrich Wilhelm Kantzenbach: Herders Briefe, das Studium der Theologie betreffend: Überlegungen zur Transformation der reformatorischen Kreuzestheologie. In: Bückeburger Gespräche über Johann Gottfried Herder 1975. Rinteln 1976, S. 22 - 57.

8 Walter Rehm: Luther im Lichte der Klassik und Romantik. In: Zeitwende 3,2(1927), S. 254 - 267.

9 Franz Schnabel: Deutschlands geschichtliche Quellen und Darstellungen. 1. Teil. Das Zeitalter der Reformation. Leipzig (usw.) 1931, S. 285 - 295.

10 Horst Stephan: Luther in den Wandlungen seiner Kirche. (1. Aufl. 1905), 2. Aufl. Berlin 1951.

11 Ebd., S. 55.

12 Horst Stephan: Herder in Bückeburg und seine Bedeutung für die Kirchengeschichte. Tübingen 1905.

13 Ebd., S. 192.

14 Emanuel Hirsch: Geschichte der neueren evangelischen Theologie. 5 Bde. Gütersloh 1951 - 1954.

15 Ebd., Bd. 4, S. 208.

16 Ebd., S. 230.

17 Ernst Walter Zeeden: Martin Luther und die deutsche Reformation im Urteil des deutschen Luthertums. 2 Bde. Freiburg i.Br. 1950 - 1952.

18 Ebd., Bd. 1, S. 320.

19 Ebd., S. 324.

20 Ebd., S. 325. Dabei sind die theologischen Gegensätze zwischen den Anschauungen Herders und Luthers am stärksten in der Weimarer Spätphase, in der Herder im Grunde ein nahezu überkonfessionelles, humanistisches Christentum propagiert.

21 Ebd., S. 332.

22 Ebd., S. 349.

23 Heinz Bluhm: Herders Stellung zu Luther. In: Publications of the Modern Language Association of America, LXIV (1949), S. 158 - 182.

24 Ebd., S. 159.

25 Ebd., S. 163. Leider hat Bluhm diesen Gesichtspunkt nur ganz knapp angedeutet, ohne ausführlicher auf ihn einzugehen.

26 Ebd., S. 174.

27 Ebd., S. 177.

28 Heinrich Bornkamm: Luther im Spiegel der deutschen Geistesgeschichte. Göttingen (1. Aufl. 1950), 2. Aufl. 1970.

29 Ebd., S. 24.

30 Ebd., S. 25.

31 Ebd., S. 26.

32 Wilhelm Ludwig Federlin: Das Reformationsbild in der Geschichtsphilosophie Herders. In: Bückeburger Gespräche über Johann Gottfried Herder 1983. Rinteln 1984, S. 126 - 137.

33 Rudolf Haym: Herder nach seinem Leben und seinen Werken dargestellt. 2 Bde. Nachdr. d. Ausg. Berlin 1880 u. 1885, Bd. 1, S. 582 - 708.

34 Bernhard Suphan: Schlußberichte zu Band XVII und XVIII der SW. SW XVIII, S. 542 ff.

35 Herbert von Hintzenstern: Herders Lutherbild. In: Bückeburger Gespräche über Johann Gottfried Herder 1983. Rinteln 1984, S. 159 - 173.

36 Man wird daher der Schlußfolgerung Heinz Bluhms zustimmen: "Die Quellen gestatten uns allein zu sagen, dass Aussprüche über den Theologen Luther selten in der Rigaer Periode sind. Nicht einmal in den Predigten spielt der religiöse Denker eine Rolle ...". H. Bluhm: Herders Stellung zu Luther, a.a.O., S. 168.

37 SW XXXIII, S. 21 - 38.

38 Heinz Bluhm: Herders Stellung zu Luther, a.a.O., S. 168; vgl. hierzu auch: Eduard Gronau: Herders religiöse Jugendentwicklung. Gütersloh 1931, S. 338: "Herders Lutherlektüre geht in dieser Zeit von ganz unsachlichen Gesichtspunkten aus, indem er in ihm nur den grossen Stilisten und den gewaltigen Volksmann bewundert (I, 165; 372; 376; II, 42)".

39 Vgl. Bernhard Suphan: SW XXXIII, S. 543: "Das Sammeln (von Auszügen der Schriften Luthers; Zusatz vom Verf.) war leichte Arbeit, da Herder in Luthers Schriften bewandert war, wie wenige Zeitgenossen. Er hatte ihn schon als er an den Provinzialblättern und der Ältesten Urkunde schrieb, emsig gelesen, das Excerptenbuch zur Seite, damals mehr aus theologischem Interesse und zur Kräftigung seines Stils."

40 Briefe, Bd. 3, S. 240: ähnlich: Brief an Johann Georg Zimmermann vom 28. Dezember 1775. Briefe, Bd. 3, S. 239.

41 Als Dokumente aus dem Nachlaß für Herders Beschäftigung mit Person und Werk Martin Luthers können lediglich aufgeführt werden: N. I, 11: Anfang einer Disposition zu einer Abhandlung über Luther, wahrscheinlich 1765 entstanden, bedeutungslos; weiterhin N. XXV, 1: Überblick über die Geschichte d. Reformation, ebenfalls bedeutungslos.

42 SW I, S. 140.

43 SW I, S. 142.

44 Wir folgen mit diesem Ansatz den Ergebnissen der neueren Herderforschung, die, aufbauend auf den wichtigen Untersuchungen Hans-Dietrich Irmschers zur Hermeneutik Herders (Grundsätze der Hermeneutik Herders. In: Bückeburger Gespräche über Johann Gottfried Herder 1971. Bückeburg 1973, S. 15 - 57), überzeugend entwickeln konnte, daß gerade das Rigaer Frühwerk von einem sehr stark anwendungsbezogenen bildungspolitischen Enthusiasmus durchdrungen ist, dessen aggressiver Ausdruckswille sich über den Inhalt einzelner Aussagen hinaus bis in den paränetischen Stil und sprachlichen Duktus mancher Satzgefüge hinein widerspiegelt.

45 Vgl. zur besonderen Eigenart dieses heuristischen Verfahrens den Beitrag Wolfgang Düsings: Die Gegenwart im Spiegel der Vergangenheit in Herders "Auch eine Philosophie der Geschichte". In: Bückeburger Gespräche über Johann Gottfried Herder 1983. Rinteln 1984, S. 33 - 49.

46 SW I, S. 372.

47 SW I, S. 131 - 548 und SW II, S. 1 - 248.

48 Johann Jakob Bodmer: Die Grundsätze der deutschen Sprache oder: Von den Bestandtheilen derselben und von dem Redesatze. Zürich, bey Orell, Geßner und Com., 1768. Darin: Von den Verdiensten D. Martin Luthers um die deutsche Sprache, S. 8 - 24.

49 Benno von Wiese: Herder: Grundzüge seines Weltbildes. Leipzig 1939, S. 42. Mit der genannten Formulierung spielt von Wiese übrigens auf ein gleichnamiges Buch Max Schelers an.

50 SW V, S. 65.

51 SW II, S. 8.

52 SW II, S. 9.

53 SW II, S. 12.

54 SW II, S. 13.

55 SW II, S. 16.

56 SW I, S. 140.

57 Ebd.

58 Ebd., S. 141.

59 Den Begriff 'Horizontdifferenzierung' verdanken wir: Wolfgang Düsing: Die Gegenwart im Spiegel der Vergangenheit in Herders "Auch eine Philosophie der Geschichte". In: Bückeburger Gespräche über Johann Gottfried Herder 1983. Rinteln 1984, S. 38, Anm. 13.

60 Hans Georg Gadamer: Wahrheit und Methode: Grundzüge einer philosophischen Hermeneutik. 4. Aufl. Tübingen 1975, S. 289.

61 SW II, S. 61.

62 Ebd.

63 Rudolf Haym: Herder, Bd. 1, a.a.O., S. 158.

64 Ebd.

65 SW II, S. 60.

66 Ebd.

67 SW I, S. 151 f.

68 SW I, S. 153.

69 Ebd.

70 SW I, S. 154.

71 Ebd.

72 SW I, S. 155.

73 SW I, S. 155 und 158.

74 Benno von Wiese: Herder: Grundzüge seines Weltbildes. A.a.O., S. 42. Johann Peter Süßmilch hatte im Jahre 1766 unter dem Titel "Versuch eines Beweises, daß die erste Sprache ihren Ursprung nicht von Menschen, sondern vom Schöpfer erhalten hat" eine ursprünglich als Akademieschrift konzipierte Arbeit veröffentlicht, in der er eine theologische Sprachentstehungstheorie vertrat, die von Herder heftig bekämpft wurde.

75 "Keine Parthei hat auch in diesem Stück", so schreibt er dazu, "dem wahren Genie der Deutschen Sprache so sehr geschadet, als die Gottschedianer" (SW I, S. 163).

76 August Langen: Deutsche Sprachgeschichte vom Barock bis zur Gegenwart. In: Deutsche Philologie im Aufriß. 2., überarb. Aufl., Bd. 1. Berlin 1978, S. 1093.

77 Vgl. hierzu vor allem Herders Ossian-Aufsatz!

78 Vgl. Einleitung, S. 23

79 SW I, S. 363.

80 SW I, S. 365.

81 SW I, S. 366.

82 SW I, S. 372.

83 SW II, S. 43.

84 Friedrich Gottlieb Klopstock: SW, Bd. 10, a.a.O., S. 204. Herders Zitat: SW II, S. 42: Diese Betonung des emanzipatorischen Aspekts von Luthers Sprachschaffen gilt auch noch für den Weimarer Herder: "Hältst du es für nichts, daß seitdem Er (Luther; Zusatz vom Verf.) schrieb, jeder Deutsche, wenn er vom beßern Theil der Nation gelesen seyn will, evangelisch, protestantisch, lutheranisch schreiben muß, und wenn er es auch wider Willen thäte? Das Larvenfest, die Zeit der Nachäffung fremder Völker und Zeiten ist vorüber" (SW XXIV, S. 48).

85 Die folgenden Ausführungen rezipieren im wesentlichen Forschungsergebnisse August Langens, der innerhalb seiner "Deutschen Sprachgeschichte vom Barock bis zur Gegenwart" (a.a.O.) in übersichtlicher Weise die sprachlich-literarische Lutherrezeption des Barock skizziert hat.

86 Johannes Clajus "Lobrede der deutschen Poeterey" befand sich in Herders Bibliothek. (Bibliotheca Herderiana, S. 242, 5068.)

87 Christian Gueintz: Deutscher Sprachlehre Entwurf. Nachdr. der Ausg. Köthen 1641. Hildeshem (usw.) 1978, S. 6.

88 Johann Bödiker: Grundsäze der deutschen Sprache. Fotomech. Nachdr. der Ausg. Berlin 1746. Leipzig 1977, S. 113 f.

89 Rolf Bergmann: Der rechte Teutsche Cicero oder Varro: Luther als Vorbild in den Grammatiken des 16. bis 18. Jahrhunderts. In: Sprachwissenschaft 8(1983), S. 265 - 276.

90 Virgil Moser: Frühneuhochdeutsche Studien. In: Beiträge zur Geschichte der deutschen Sprache und Literatur, 47(1923), S. 357 - 407.

91 Rolf Baur: Didaktik der Barockpoetik. Heidelberg 1982, S. 44.

92 Der Kreis um Klopstock besaß im ganzen betrachtet eine wesentlich gefühlsbetontere, pietistisch-sentimentale Haltung zu Luther. So schreibt beispielsweise Friedrich Leopold Stolberg in einem Gemeinschaftsbrief vom 1.-17.8.1776 an Schönborn: "Da sitzen unten die Kinder Gottes im Schatten eines herrlichen Nußbaums, Cramer liest laut in Luthers Briefen. Es drängt sich viel Empfindung in meine Brust wenn ich an Sie denke, dazu hat mich nun Luther zu stärkerem Gefühl geschwängert ...".
Noch deutlicher wird dies in einem Beitrag Johann Andreas Cramers aus demselben Brief: "... Dann will ich Ihnen auch Luthers Brief an Hansischen Luther lesen, worinnen er es zum Beten und Studiren locket, und ihm verspricht, daß wenn es fein beten und lernen will, es auch in einem schönen Garten voll Aepfel und Birnlein, die Sie doch in Ihrem Sande nicht haben, kommen soll, wo die frommen fleißigen Kinder schöne Armbrüstlein haben, womit sie schießen, und auf einer grünen Wiese, die Sie auch wohl nicht kennen mögen, tanzen sollen ...".
In: Friedrich Gottlieb Klopstock: Historisch-kritische Ausgabe, Briefe 1776 - 1782, Bd. 1, S. 47 f.

93 Daß er dies in einer typologisierenden und nicht individualisierenden Weise tut, beweist die Aufzählung weiterer Autoritäten: "Aus den Zeiten der Meistersänger, des Opitz und Logau, des Luthers u.s.w. sollte man die Idiotismen sammeln, und insonderheit mehr von Klopstock lernen, diesem Genie in Schönheiten und Fehlern, der selbst in der Deutschen Sprache sich den Schöpfungsgeist anmaaßte, und auch diesen Geist der Freiheit eigentlich in Deutschland zuerst ausbreitete: ..." (SW I S. 165).

94 Georg Litzel: Der Undeutsche Catholik, oder historischer Bericht Von der allzu grossen Nachläßigkeit der Römisch-Catholischen, insonderheit unter der Clerisey der Jesuiten, In Verbesserung der deutschen Sprache und Poesie. Jena 1731.

95 Vgl. BH, S. 250, 5212.

96 Georg Litzel: Der Undeutsche Catholik. A.a.O., S. 82.

97 Dabei bescheinigt Litzel der deutschen Sprache ein hohes Niveau: "Unsere Sprache ist an sich selbst majestätisch, wörterreich und so zierlich, daß ihr keine andere hierinnen gleichkommt, ...", a.a.O., S. 20.

98 Georg Litzel: Der Undeutsche Catholik, a.a.O., S. 21/22.

99 So verkündet noch etwa Heinrich Heine: "... dieser Martin Luther gab uns nicht nur die Freiheit der Bewegung, sondern auch das Mittel der Bewegung, dem Geist gab er nämlich einen Leib. Er gab dem Gedanken auch das Wort. Er schuf die deutsche Sprache". Zur Geschichte der Religion und Philosophie in Deutschland. Werke, Bd. 5, S. 223.
Und Nietzsche schreibt: "Das Meisterstück der deutschen Prosa ist ... billigerweise das Meisterstück ihres größten Predigers: die Bibel war bisher das beste deutsche Buch. Gegen Luthers Bibel gehalten ist alles Übrige nur `Litteratur´". Jenseits von Gut und Böse, 8. Hauptstück, S. 189, a.a.O. Selbst Jacob Grimm liegt ganz auf dieser Linie, wenn er 1822 der Ansicht ist, Luthers Sprache müsse "ihrer edlen, fast wunderbaren Reinheit, auch ihres gewaltigen Einflusses halber für Kern und Grundlage der neuhochdeutschen Sprachniedersetzung gehalten werden, wovon bis auf den heutigen Tag nur sehr unbedeutend, meistens zum Schaden der Kraft und des Ausdrucks abgewichen worden" sei. Er fährt fort: "Was aber ihren (der Sprache; Zusatz vom Verf.) Geist und Leib genährt, verjüngt, was endlich Blüthen neuer Poesie getrieben hat, verdanken wir keinem mehr als Luthern". Deutsche Grammatik. A.a.O., S. XI.
Ähnlich äußert sich auch Friedrich Schlegel in seiner 1826 erschienenen `Philosophie der Geschichte´: "Luther ist für die deutsche Sprache, in seiner Meisterschaft derselben, epochemachend gewesen, wie dies allgemein anerkannt wird". A.a.O., S. 206.
Im Tenor ähnlich, wenn auch nicht mit Bezug auf die Gewalt von Luthers Sprache, ist auch Schillers Gedicht "Deutsche Größe" aus dem Jahre 1801 gehalten.
Es ließen sich eine ganze Reihe von weiteren Zeugnissen dieser Richtung bringen; das Typische dieser Haltung kommt aber auch bereits in den vorliegenden Zitaten zum Ausdruck.

100 Vgl. hierzu die aufschlußreichen Bemerkungen Hans Jürgen Heringers: "Sprechen wir noch die Sprache Luthers?" A.a.O. In: Fragen an Luther. Vortragsreihe der Universität Augsburg zum Luther-Jahr 1983. München 1983, S. 124.

101 Herder trifft diese Aussagen vor allem auch über Klopstock (vgl. SW I, S. 165).

102 So sieht beispielsweise Hegel eine wichtige Bedeutung von Luthers Bibelübersetzung darin, daß mit ihr den Deutschen ein "Grundbuch zur Belehrung des Volkes" (S. 498) gegeben worden und durch die Reformation "die Fahne des freien Geistes" (S. 496) über die Nacken der bis dahin in vielfaches Joch gezwungenen Menschen geschwungen worden sei.
Georg Friedrich Hegel: Vorlesungen über die Philosophie der Geschichte. Frankfurt a.M. 1970. (Auf der Grundl. der Werke von 1832 - 1845 neu ed. Ausg.)

103 Johann Jakob Bodmer: Die Grundsätze der deutschen Sprache. A.a.O.

104 Johann Christoph Adelung: Umständliches Lehrgebäude der deutschen Sprache, zur Erläuterung der deutschen Sprachlehre für Schulen. 1. Band, Leipzig 1792. Reprogr. Nachdr. Meisenheim o.J.

105 Vgl. hierzu die zusammenfassenden Ausführungen Roy Pascals: Der Sturm und Drang. 2. Aufl. Stuttgart 1977, vor allem die Seiten 164 - 206.

106 Johann Wolfgang Goethe: Brief an Adolf Oswald Blumenthal vom 28.5.1819. Johann Wolfgang Goethe: Briefe. 31. Bd.: November 1818 - 25. August 1819. Weimar 1905, S. 160 (Goethes Werke. Hg. im Auftr. der Großherzogin Sophie von Sachsen. IV Abbh., 31. Bd.).
Vgl. hierzu vor allem Goethes bezeichnende Äußerung in einem Brief an Knebel vom 22.8.1817, wo es heißt: "Unter uns gesagt ist an der ganzen Sache (der Reformation; Zusatz vom Verf.) nichts interessant als Luthers Charakter, und es ist auch das einzige, was einer Menge wirklich imponiert. Alles übrige ist ein verworrener Quark, wie er uns noch täglich zur Last fällt". Johann Wolfgang Goethe: Sämtliche Werke, Bd. 30,

S. 110 (Propyläen Ausg. von Goethes Werken. Berlin o.J.).

107 Wenn daher Heinrich Boehmer in seiner Darstellung zum Lutherbild der neueren Forschung (a.a.O.) die Ansicht vertritt: "Erst bei den Romantikern kündigt sich eine neue Auffassung der Persönlichkeit an, die auch Luther zugute kommen konnte: die Betrachtung des individuellen Lebens unter dem Gesichtspunkte des ästhetischen Ideals. Danach besteht der Wert eines Menschen nicht in dem Nutzen, den sein Dasein für Mit- und Nachwelt stiftet, noch auch in seiner moralischen Vollkommenheit, sondern einzig und allein in der Ursprünglichkeit, Fülle, Kraft seines Wesens oder in seinem Genie" (a.a.O., S. 8/9), so wird man dieser Ansicht nicht zustimmen können. Die Romantik hat diese Perspektive nicht selbst entwickelt, sondern in weiten Teilen lediglich vom Sturm-und-Drang übernommen.

108 "Von Herder stammt", so bemerkt Franz Schnabel ganz richtig, "die deutsche und nationale Note, die in das Lutherbild gekommen ist, wie Herder ja auch die nationale Huttenlegende geschaffen hat". Schnabel: Deutschlands geschichtliche Quellen und Darstellungen. T. 1: Das Zeitalter der Reformation. Leipzig 1931, S. 292.

109 SW I, S. 373.

110 SW I, S. 376.

111 "Jetzt bitte ich einige Dichter etwas beyseit", so führt Herder aus, "mit denen ich ein Wort zu sprechen habe. Wenn bei sinnlichen Begriffen, bei Erfahrungsideen, bei einfachen Wahrheiten und in der klaren Sprache des natürlichen Lebens der Gedanke am Ausdrucke so sehr klebt: so wird für den, der meistens aus dieser Quelle schöpfen muß, für den, der gleichsam der Oberherr dieser Sphäre gewesen, (wenigstens in der alten sinnlichen Zeit der Welt) für ihn muß der Gedanke zum Ausdrucke sich verhalten, nicht wie der Körper zur Haut, die ihn umziehet; sondern wie die Seele zum Körper, den sie bewohnet: und so ists für den Dichter" (SW I, S. 394).

112 SW I, S. 396.

113 SW I, S. 375.

114 SW I, S. 148.

115 SW I, S. 402.

116 SW I, S. 405.

117 Ganz ähnliche Formulierungen finden sich u.a. auch schon bei Georg Litzel: "Überhaupt ist es mit uns Deutschen dahin gekommen, daß man dafür hält, es fehle einem das nothwendigste Stück der Glückseligkeit, der die französische Sprache nicht verstehet, und derjenige wisse nicht zu leben, welcher sich nicht in allem nach der französischen Weise richtet". Litzel: Der Undeutsche Catholik. A.a.O., S. 95.

118 Zitiert nach Paul Hankamer: Die Sprache: Ihr Begriff und ihre Deutung im 16. und 17. Jahrhundert. Repr. Nachdr. der Ausg. Bonn 1927. Hildesheim 1965, S. 130.

119 Zitiert nach Hankamer: Die Sprache. A.a.O., S. 132. Daß Herder Schottel, Reichard sowie die übrigen Schriftsteller und Grammatiker des Barock, die sich zur Geschichte der deutschen Sprache geäußert haben, gekannt hat, kann mit an Sicherheit grenzender Wahrscheinlichkeit angenommen werden. Schottels "Teutsche Vers- und Reimkunst" aus dem Jahr 1656 befand sich in Herders Bibliothek (BH, S. 247, 5166), ebenso wie Bödikers "Grundsäze der deutschen Sprache" (BH, S. 247, 5157) und Megalissus Schrift. Dazu kommen eine ganze Reihe anderer Abhandlungen aus der Zeit des Barock und der Frühaufklärung, die Herder als großen Kenner der sprachgeschichtlichen Literatur ausweisen.

120 "Eine poetische Reformation", so schreibt Herder in der 5. Sammlung seiner "Zerstreuten Blätter" aus dem Jahr 1793, "bewirkte Luther ... nicht; (dessen er sich auch nicht anmaaßte;) vielmehr gaben", so fährt er fort, "die dogmatischen Streitigkeiten, die durch seine Reformation entstanden, dem Geist der Gelehrten eine ganz andre, unpoetische Wendung" (SW XVI, S. 231).

121 Elias Caspar Reichard: Versuch einer Historie der deutschen Sprachkunst. Nachdr. der Ausg. Hamburg 1747. Hildesheim (usw.) 1978, S. 16 f.

122 Georg Litzel: Der Undeutsche Catholik. A.a.O., S. 28.

123 SW I, S. 373.

124 Voltaire: Geschichte der Völker, vorzüglich in den Zeiten von Karl dem Großen bis auf Ludwig XIII. Ausg. Leipzig 1829, Bd. 11.

125 "Der in tausend Stellungnahmen fast zerspiegelte, in einer bewegten Entwicklungskurve sich wandelnde Herder hält", so betont Hans Georg Gadamer, "dennoch nicht nur in seiner Person, sondern auch in seinem Werk die Einheit eines sachlichen Anliegens durch. ... Kritik der Aufklärung war das leidenschafltiche Anliegen, das Herder mit seinen großen Zeitgenossen teilte". Hans Georg Gadamer: Volk und Geschichte im Denken Herders. Frankfurt a.M. 1942, S. 7.

126 Justus Möser: Sendschreiben an Herrn von Voltaire über den Charakter Dr. Martin Luthers und über seine Reformation. Sämtliche Werke, Bd. 5, o.J., 1842/43, S. 215.

127 Voltaire: Geschichte der Völker, Bd. 11. A.a.O., S. 72.

128 Ebd., S. 11.

129 Albrecht von Haller: "Luther gerettet gegen Voltaire". Albrecht von Haller, Tagebuch seiner Beobachtungen über Schriftsteller und über sich selbst. 1. T. Bern 1787, S. 95.
Vgl. zur Kritik Hallers am französischen Lutherbild auch seine Rezension: "Luther und die Reformatoren gegen Gaillard gerettet", a.a.O., S. 319 - 323: "... und endlich sollte er (Voltaire; Zusatz vom Verf.) wissen, daß Luther ein Klassischer Schriftsteller in der deutschen Sprache ist, und seine Lieder, ungeachtet der veränderten Zeiten, noch immer gesungen, und mit Vergnügen gehört werden". Tagebuch seiner Beobachtungen über Schriftsteller und über sich selbst. 1. T. Bern 1787,

S. 320.

130 Justus Möser: Sendschreiben an Herrn von Voltaire über den Charakter Dr. Martin Luthers und über seine Reformation. A.a.O., S. 412.

131 Albrecht von Haller: Tagebuch seiner Beobachtungen ... . A.a.O., S. 95.

132 Horst Stephan: Luther in den Wandlungen seiner Kirche. 2. Aufl. Berlin 1951, S. 35.

133 Diese Sichtweise wird vor allem vom Weimarer Herder, aber auch von Hegel vertreten. "Luther hat", so schreibt Hegel in seiner 'Philosophie der Geschichte´, "diese Autorität (die der Kirche; Zusatz vom Verf.) verworfen und an ihre Stelle die Bibel und das Zeugnis des menschlichen Geistes gesetzt". Georg Friedrich Hegel: Vorlesungen über die Philosophie der Geschichte. Auf der Grundl. d. Werke 1832 - 1845 neu hg. Frankfurt a.M. 1970, S. 390 ff.

134 Als frühes Musterexemplar einer solchen Lutherdeutung kann die im Jahr 1770 entstandene "Ode auf Luthern" von Johann Andreas Cramer gelten, eines der frühesten und bezeichnendsten Dokumente einer aus patriotischem Enthusiasmus geborenen Luther-Glorifizierung. Luther wird mit Hermann dem Cherusker verglichen, als Donner und Retter der Völker, Kämpfer für die Wahrheit, der des Aberglaubens Ketten zerrissen habe, als Machtgestalt, die den Despotismus des Vatikans zerstört und damit die Morgenröte eines neuen Tages, des Zeitalters der Wahrheit, heraufgeführt habe, als Licht und Trost der Tugend, urwüchsiger Germane und edler deutscher Mann geschildert. Mit Bezug auf Luthers Verwendung der deutschen Sprache heißt es dort: "Germanien frohlocke! denn sie (die durch Luther vermittelte himmlische Lehre; Zusatz vom Verf.) spricht die Sprache, welche dein ist, welche nicht sich mit dem Raub undeutscher Zungen brüstet; durch keine Barbarey entweiht, reich durch sich selbst, und stets zum Streit auch mit dem Edelsten gerüstet". Johann Andreas Cramer: Ode auf Luthern. In: Journal für Prediger, 1(1770), a.a.O., S. 217. Herder rezensiert diese Ode in einem nicht veröffentlichten Beitrag, der zwischen 1770 und 1774 entstanden ist und von Bernhard Suphan aus dem Nachlaß ediert wurde (SW V, S. 403 - 407).

Lutz Winckler hat in seiner konzisen Darstellung der Entstehung des bürgerlich-patriotischen Lutherbildes, wie es vor allem im Anschluß an das Wartburgfest von 1817 propagiert wurde, darauf hingewiesen, daß "die ... Vorstellungen der Prediger vom geschichtlichen Fortschritt der Menschheit durch Vernunft und Sittlichkeit ... die Grundlage" des Reformationsverständnisses der Aufklärung gebildet hätten. Deshalb sei die Bedeutung der religiösen Freiheit wesentlich stärker im Zusammenhang der Weckung geistiger Freiheit überhaupt gesehen worden. Semler beispielsweise habe in der Reformation eine geistige, sittliche und politische Erneuerung gesehen und sie "als Etappe innerhalb einer umfassenderen Entwicklung und als Anfang des Fortschritts" (zit. nach Zeeden, S. 246) betrachtet. Lutz Winckler: Martin Luther als Bürger und Patriot. Hamburg 1969, S. 22.

135 Der Leipziger Professor C.H. Wieland beispielsweise stilisierte den Reformator in seiner 1794 im "Pantheon der Deutschen" abgedruckten "Charakteristik D. Martin Luthers" zum ersten Geisteshelden der Nation, dem als zweiter Friedrich der Große folge, bemüht, die von Luther begonnenen Leistungen fortzusetzen.
Vgl. hierzu Horst Stephan: Luther in den Wandlungen seiner Kirche. 2. Aufl. Berlin 1951, S. 40, dem wir diesen Hinweis verdanken. (Das "Pantheon der Deutschen" war eine zwischen 1794 und 1795 in Altona erscheinende Zeitschrift im typischen Stil der Aufklärung.)

136 Anders als Voltaire äußerte sich noch Bossuet in seiner 'Einleitung in die Geschichte der Welt und der Religion' zur Person Luthers: "Luther besaß so seltene Gaben des Geistes und des Herzens, daß in diesen Zeiten zu einem solchen Widerspruche niemand fähiger und geschickter war, als er. Mit einem großen, lebhaften und durchdringenden Verstande vereinigte er eine reife und scharfe Beurtheilung, außerordentliche Einsichten in der damaligen Theologie, und eine so hinreißende Beredsamkeit, daß er sowohl auf dem Lehrstuhle als in der Kirche mit einem allgemeinen Beyfalle angehört wurde. Noch größer und schätzbarer waren die Eigenschaften seines Herzens. Eine ungewöhnliche Rechtschaffenheit und Uneigennützigkeit, eine unüberwindliche Liebe zur Wahrheit, und der feurigste Eifer und Muth erhoben ihn über alle Lehrer seiner Zeit. Ein solcher Mann war es, den die Vorsehung dazu ausersehen hatte, erst den

Greueln des Ablaßkrames zu steuern, und, nachdem sich seine Einsichten durch eine genaue Untersuchung der Schrift erweitert hatten, die christliche Religion von großen und mannichfaltigen Verfälschungen und Irrthümern zu réinigen". Jacob Benignus Bossuet: Einleitung in die Geschichte der Welt und der Religion. 4. Aufl. Leipzig 1775, S. 101.

137 SW XVII, S. 87.

138 Johann Gottlieb Fichte: Reden an die deutsche Nation. 1808, 6. Rede. Werke, Bd. 7, S. 344 (vgl. auch S. 347 f; 249 f).

139 Am schärfsten wird der Gegensatz zwischen germanischem und romanischem Geist wohl von Ernst Moritz Arndt hervorgehoben, dessen Lutherbild den patriotischen Eifer dieser Epoche in beträchtlicher Übersteigerung und gefährlicher Einseitigkeit zum Ausdruck bringt. "Bei Fichte, Jahn und Arndt", so schreibt Lutz Winckler, "hatte die Verherrlichung Luthers und des Vaterlandes im Dienst der Verwirklichung der bürgerlichen Gesellschaft im Rahmen einer konstitutionellen oder republikanischen Verfassung gestanden". Lutz Winckler: Martin Luther als Bürger und Patriot. Hamburg 1969, S. 55.

140 SW I, S. 372.

141 Vgl. hierzu: Friedrich Meinecke: Die Entstehung des Historismus (2. Aufl. o.O. 1946), Bd. II; S. 9 ff sowie Fritz Wagner: Das lateinische Mittelalter im Urteil J.G. Herders. In: Literatur und Sprache im europäischen Mittelalter. Darmstadt 1973, S. 458 - 480.

142 Friedrich Paulsen: Philosophia militans. Berlin 1908, S. 33 f.

143 Wilhelm Dilthey: Einleitung in die Geisteswissenschaften. 4. Aufl. Göttingen 1959, Bd. 1, S. 349.

144 Adolf von Harnack: Lehrbuch der Dogmengeschichte. Tübingen 1909 - 1920, Bd. 3, S. 327.

145 Martin Grabmann: Artikel "Scholastik". In: Lexikon für Theologie und Kirche. Freiburg i.Br. 1937, S. 296.

146 So kam es beispielsweise schon 1210 auf dem in Paris einberufenen Konzil der Kirchenprovinz von Sens unter Peter von Corbeil zu einer Ablehnung der aristotelischen Philosophie, wobei in bezeichnender Weise zwischen der Logik einerseits, deren Nutzen man anerkannte, sowie der Physik und Metaphysik andererseits, die ablehnend beurteilt wurde, unterschieden wurde.

147 Willigis Eckermann: Die Aristoteleskritik Luthers: Ihre Bedeutung für seine Theologie. In: Catholica 32(1978), S. 124.

148 Conclusiones quindecim tractantes, an libri philosophorum sint utiles aut inutiles ad theologiam. WA 6, S. 28 f.

149 Aristoteles: Physik VIII, 6; Methaphysik, XII, 7 (Werke in deutscher Übers. Darmstadt 1956 -).

150 Ernst Wilhelm Kohls: Luthers Verhältnis zu Aristoteles, Thomas und Erasmus. In: Theologische Zeitschrift 31(1975), S. 292.
Vgl. hierzu außerdem: Winfried Zeller: Lutherische Orthodoxie und mittelalterliche Scholastik: Das Thomas-Verständnis des Johann Georg Dorsch. In: Theologie und Philosophie 50(1975), S. 527 - 546 sowie Leif Grane: Luthers Kritik an Thomas von Aquin in "De captivitate Babylonica". In: Zeitschrift für Kirchengeschichte 80(1969), S. 1 - 13.

151 Der Begriff der "Transsubstantiation" bezeichnet "die theologische Kurzfassung der katholischen Lehre, gemäß der in der Feier der Eucharistie aus Brot und Wein Leib und Blut Christi werden". B. Neunheuser: Artikel "Transsubstantiation". In: Lexikon für Theologie und Kirche. Bd. 1. Freiburg i.Br. 1965, S. 311.

Was Luther inhaltlich an der scholastischen Transsubstantiationslehre stört, ist folgendes Problem: Wenn die Substanz von Wein und Brot, so fragt der Reformator, in Leib und Blut Christi verwandelt werden, während die Akzidenzien, nämlich ihr äußeres Erscheinungsbild, bestehen bleiben, wie können dann diese Akzidenzien ohne Substanz weiter existieren, wo doch ein Akzidenz per definitionem von einem Subjekt abhängig ist? Thomas beantwortete diese Frage mit dem Hinweis, Gott könne die Akzidenzien ohne die zugrundeliegende Substanz erhalten, weil die Wirkung mehr von Gott, der "causa prima", als von der "causa secunda" abhänge. Er weicht damit, ähnlich wie Pierre d´Ailly, von Aristoteles ab, ohne dies jedoch ausdrücklich zu bemerken. Wenn ein Akzidenz durch Einwirkung göttlicher Kraft ohne Subjekt als solches erhalten bleibe, so höre es deshalb nicht auf, Akzidenz zu sein.

152 Diese Sichtweise ist sogar noch in Hegels Geschichtsphilosophie wirksam: Mit der Reformation, so Hegel, beginne "die Periode des Geistes, der sich als freier weiß, indem er das Wahrhafte, Ewige, an und für sich Allgemeine will" (491). Sie sei "die alles verklärende Sonne", die "endlich nach der langen folgenreichen und furchtbaren Nacht des Mittelalters" aufgegangen sei, nachdem gegen Ende dieser Epoche Kunst und Wissenschaft die Morgenröte eines neuen Zeitalters aufgeführt hätten. Georg Friedrich Wilhelm Hegel: Philosophie der Geschichte. A.a.O., S. 491 f.

153 Fritz Wagner: Das lateinische Mittelalter im Urteil J.G. Herders. In: Literatur und Sprache im europäischen Mittelalter. Darmstadt 1973, S. 458 - 480. Vgl. hierzu auch: Friedrich Meinecke: Die Entstehung des Historismus. München 1946, Bd. II, S. 9 ff.

154 Fritz Wagner: Das lateinische Mittelalter ... . A.a.O., S. 459.

155 SW I, S. 365.

156 SW II, S. 248.

157 Wie sehr Herder gerade in seinen frühen Stellungnahmen zur historischen Eigenart und geistesgeschichtlichen Bedeutung des Mittelalters innerhalb der von der Aufklärung gezogenen Grenzen befangen blieb, zeigt ein Blick auf Iselins "Geschichte der Menschheit". Dort heißt es im achten Buch des zweiten Teiles, der "Von den Fortgängen des gesitteten Standes bey den heutigen europäischen Nationen" handelt, nach dem Untergang

Roms hätten "Völker, welche beynahe noch in der vollkommenen Barbarey lebten", vom "rohen Norden her" das Gebiet des ehemaligen römischen Reiches in Besitz genommen. "Allein ihre Vernunft", so Iselin, "blieb unentwickelt, oder wurde in ihrem ersten Keime wieder erstickt". Noch vor dreihundert Jahren, so fährt er fort, seien diese Völker "in einem solchen Stande der Barbarey (gewesen; Zusatz vom Verf.), der alles übertrifft, was wir von den abscheulichen Wilden in den Geschichten und in den Reisebeschreibungen lesen". Um das Mittelalter historisch beschreiben zu können, "müssen wir also", so Iselin, "einen Blick in den Stand der Wildheit zurückthun". Dieser Zustand der Unkultiviertheit wird von ihm, ganz im Gegensatz etwa zur Auffassung Rousseaus, scharf angegriffen.

Die Stellung der christlichen Religion im geistigen Leben des Mittelalters wird von Iselin ebenfalls kritisch beurteilt. Sie sei zwar "das vornehmste Werkzeug, durch welches ihre (der wilden Gemüter; Zusatz vom Verf.) Milderung zu einer höheren Vollkommenheit" bewirkt worden sei, andererseits jedoch habe gerade die kirchliche Hierarchie mit dem Papsttum an der Spitze die gesamte Christenheit in einer solchen Weise despotisiert, daß Unwissenheit, Verdorbenheit und Roheit noch vermehrt worden seien.

Auch das mittelalterliche Bildungswesen greift Iselin schonungslos an: "Es war aber alles bey diesen Universitäten und in diesen Klosterschulen so ungereimt und so barbarisch, daß man kaum begreifen kann, wie aus einem so wilden Boden so herrliche Früchte haben wachsen können". Isaak Iselin: Über die Geschichte der Menschheit. 1. Bd. Karlsruhe 1784, S. 273 ff.

Sehr interessant ist in diesem Zusammenhang ein Blick auf Iselins differenzierte Beurteilung der Reformation und ihrer Folgen, die trotz ihrer grundsätzlich positiven Einschätzung in vielem an die kritischen Bemerkungen Voltaires erinnert.

158 Eine summarische Auflistung der den "Ideen" zugrundeliegenden Quellen bietet Fritz Wagner: Das lateinische Mittelalter. A.a.O., S. 463.

159 Fritz Wagner: Das lateinische Mittelalter. A.a.O, ebd.

160 "Du liebtest die Deutsche Sprache", so verkündet Herder nun, "und bildetest sie selbst aus, wie du es thun konntest; sammletest Gelehrte um Dich aus den fernsten Ländern ..." (SW XIV, S. 371 f).

161 "In den Klosterschulen lernte man über des H. Augustinus und Aristoteles Dialektik disputiren", so schreibt Herder in den 'Ideen', "und gewöhnte sich, diese Kunst als ein gelehrtes Turnier und Ritterspiel zu treiben. Unbillig ist der Tadel, den man auf diese Disputirfreiheit als auf eine unnütze Uebung der mittleren Zeiten wirft: denn eben damals war diese Freiheit unschätzbar. Disputirend konnte manches in Zweifel gezogen, durch Gründe oder Gegengründe gesichtet werden, zu dessen positiver oder praktischer Bezweifelung die Zeit noch lange nicht dawar ... Als aus den Klosterschulen nun gar Universitäten, d.i. mit päpst- und kaiserlicher Freiheit begabte Kampf- und Ritterplätze wurden: da war ein weites Feld eröfnet, die Sprache, die Geistesgegenwart, den Witz und Scharfsinn gelehrter Streiter zu üben und zu schärfen" (SW XIV, S. 480).

162 Ein beredtes Zeugnis legt hiervon u.a. auch Georg Litzel ab: "Es wird mir niemand in Abrede seyn können", schreibt er zur Charakterisierung der mittelalterlichen Geistesgeschichte, "wann ich sage, das Pfaffen-Regiment sey bisher weit mächtiger gewesen, als aller Kaiser, Fürsten und Herren heilsame Absichten und weit ausholende Anstalten. Jene behielten in Geringschätzung der Muttersprache die Oberhand, und rissen mit ihrer zulänglichen Faulheit mehr nieder, als was der weltliche Arm mit kluger Sorgfalt aufzurichten bemühet war.
Es lagen in Deutschland so viele Clöster und in denselben so viele müßige Pfaffen, als Ungeziefer in Egypten, so Mose mit seinem Stabe hervorgebracht. Ihre Arbeit war nichts anderes, als die Inwohner zu plagen, und die Früchten des Landes auf zu fressen. Sie hielten sich selbst für unwerth, etwas Gutes zu schaffen, und sollte es ja was seyn, so brachten sie eine unglückselige Brut scholastischer Grillen hervor, deren Getöß auch die stille Luft selbsten beunruhigte". Georg Litzel: Der Undeutsche Catholik ... . Jena 1731, S. 19 f.

163 Zur Beurteilung von Herders früher Theologie schreibt Rudolf Haym richtig: "Die Wahrheit ist: Herder steht damit ganz auf dem Boden jener neuernden Theologie, die seit Mitte des Jahrhunderts dem haltlosen und willkürlichen Experimentieren mit der Kirchenlehre ein Ende machte und deren Chorführer die Semler, Michaelis und Ernesti waren". Rudolf Haym: Herder. A.a.O., Bd. I, S. 302.

164 SW I, S. 372.

165 Immerhin besitzt Herder ein wenn auch schwach ausgeprägtes Bewußtsein für die Tatsache, daß Luthers Bemühung um die Entwicklung einer deutschen Nationalsprache nicht im Vordergrund seines geistigen Wirkens stand, sondern lediglich ein sekundäres Nebenprodukt seiner theologischen Arbeit bildete. "Und endlich war Luther", so schreibt er in seiner 1767 erschienenen Rezension der Bodmerschen Abhandlung 'Von den Verdiensten D. Martin Luthers um die deutsche Sprache' (a.a.O.), "nie Sprachlehrer, Sprache war bei ihm immer nur die dritte Sache und mußte es nur seyn, wenn sie nicht höhern Zwecken in den Weg treten wollte" (SW IV, S. 301).

166 Opus Epistolorum Desiderii Erasmi Roterdami. Denuo recognitum et auctum per P.S. Allen et H.M. Allen. Tom IV, 1519 - 1521. Oxonii: Typ. Clarendoniano 1922, S. 339.

167 Josef Huizinga: Erasmus. Basel 1936, S. 5.

168 Willehald Paul Eckert: Erasmus von Rotterdam. Köln 1967. Bd. I, S. 10.

169 Peter von Polenz weist in diesem Zusammenhang darauf hin, daß "im Zeitalter des Humanismus ... das Latein nach wie vor die Schreib- und Verhandlungssprache der Wissenschaften und des nun ganz auf röm. Tradition eingestellten Rechtswesens (war). Im Jahre 1518 waren nur 10 Prozent der deutschen Buchproduktion deutsch geschrieben, und noch 1570 waren es nicht mehr als 30 Prozent". Peter von Polenz: Geschichte der deutschen Sprache. Berlin 1972, S. 92 f. Im übrigen habe, so von Polenz, der lateinische Einfluß am stärksten im lexikalischen Bereich gewirkt.

Aber auch Satzbau und Stilistik seien, vor allem durch eine Vielzahl in lateinischer Sprache abgefaßter Rhetoriken, Artes dicendi und Formularien, nach dem Muster des Lateinischen geprägt worden. Von Polenz, a.a.O., S. 93 f.

170 Erasmus: De duplici Copia verborum ac rerum. Erstdr. 1547. Ausg. Lugduni Batavorum 1703. Liber I, cap. X, S. 7.

171 Paul Hankamer: Die Sprache: Ihr Begriff und ihre Deutung im 16. und 17. Jahrhundert. Nachdr. Hildesheim 1965, S. 57.

172 Vgl. hierzu: Heinz Holeczek: Humanistische Bibelphilologie als Reformproblem ... . Leiden 1975 sowie ders.: Erasmus Deutsch, Bd. I, Die volkssprachliche Rezeption des Erasmus von Rotterdam in der reformatorischen Öffentlichkeit 1519 - 1536. Stuttgart 1983.

173 Heinz Holeczek: Humanistische Bibelphilologie. A.a.O., S. 15.

174 Vgl. hierzu: Peter Meinhold: Luthers Sprachphilosophie. Berlin 1958.

175 WA XV, S. 38.

176 WA XV, S. 30 f. Dabei legt Luther das Hauptgewicht jedoch unmißverständlich auf die theologische und nicht die philologische Kenntnis des Evangeliums: "Aber die Sprachen", so wirft er ein, "machen fur sich selbs keinen Theologen, sondern sind nur eine Hülfe. Denn, soll einer von einem Dinge reden, so muß er die Sache zuvor wissen und verstehen" (WA, Tischreden I, 1040).

177 Ein Gedanke, der schon bei Augustinus, De civitate Dei XVI, cap. 11, auftaucht und wohl auf Hieronymus zurückgeht.
Augustinus legt dar, das Hebräische sei die Ursprungssprache der Menschheit gewesen: "... Als aber später die Völker wegen der allzu überheblichen Gottlosigkeit mit der Sprachenverwirrung bestraft und auseinandergetrieben wurden und der Staat der Gottlosen den Namen 'Verwirrung' empfing, das heißt Babylon genannt wurde, da war es das Volk der Heber, in dem sich die vorher allen gemeinsame Sprache erhalten sollte". Aure-

lius Augustinus: Der Gottesstaat. De civitate Dei. In deutscher Sprache von Carl Johann Perl. 2. Bd. Paderborn 1979, S. 125.

178 "So lieb nu alls uns das Evangelion ist, so hart last uns uber den sprachen hallten", so fordert Luther. "Denn Gott hat seyne schrifft nicht umb sonst alleyn ynn die zwo sprachen schreiben lassen, das allte testament ynn die Ebreische, das new ynn die Kriechische. Welche nu Gott nicht veracht, sondern zu seynem Wort erwelet hat fur allen andern, sollen auch wyr die selben fur allen andern ehren" (WA XV, S. 37).

179 Vgl. hierzu Luthers 1524 entstandene Schrift "An die Ratsherren aller Städte deutschen Landes" (WA XV, S. 9 - 53), in der er seine Auffassung, die Heilige Schrift enthalte an sich keine unklaren Stellen, darlegt. Die humanistische Exegese rezipierte im Gegensatz zu Luther wesentlich stärker die allegorische oder tropologische Auslegung, die auf der patristischen Lehre vom mehrfachen Schriftsinn basiert.

180 Vgl. hierzu Luthers Genesis-Vorlesung, WA XL, S. 90.

181 Vgl. hierzu: Ernst Kähler: Karlstadt und Augustin. Halle/Saale 1952, S. 40 ff. Die "artes liberales", d.h. Grammatik, Rhetorik und Dialektik bildeten das sogenannte "Trivium", das sich auf die Wissenschaft der Sprache bezog, während Arithmetik, Geometrie, Astronomie und Musik das sogenannte "Quadrivium" bildeten, das die Erforschung der gegenständlichen Wissenschaftsgebiete verfolgte.

182 WA, Tischreden V, 6207.

183 Peter Meinhold: Luthers Sprachphilosophie. Berlin 1958, S. 29.

184 Die Unterdrückung der humanistischen Leistungen ist für Luther deshalb geradezu eine List des Teufels: "Denn der teuffel roch den braten wol", so schreibt er, "wo die sprachen erfur kemen, würde seyn reich eyn fach gewynnen, das er nicht kunde leicht wider zu stopffen. Weyl er nu nicht hat mügen weren, das sie erfur kemen, denckt er doch sie nu also schmal zu hallten, das sie von yhn selbs wider sollen vergehen und

fallen" (WA XV. S. 36).

185 Desiderii Erasmi Roterdami Paraclesis, id est adhortatio ad chritianae philosophiae studium. in: Novem Testamentum, editio postrema, per D. Erasmum Roterdamum. Basileae apud Jo. Frobenium 1523 (Seiten nicht gezählt). Im übrigen jedoch wird man diese Äußerung nicht überbewerten dürfen, da Erasmus selbst keine einzige Schrift in einer nicht-klassischen Sprache abgefaßt hat.

186 Herbert Wolf weist zur Erklärung dieses Phänomens darauf hin, Luther habe die Erfahrung gemacht, "daß die Vertrautheit mit Fremdsprachen zur wechselseitigen Erhellung und damit auch zur Verbesserung der eigenen Sprache führen kann", eine Tatsache, die vor allem Luthers Übersetzungstätigkeit zugute gekommen sei. Seine Beurteilung der deutschen Sprache sei allerdings von gegensätzlichen Aussagen geprägt. Einerseits habe er die Vorliebe seiner Muttersprache für den bildlichen Ausdruck sowie ihre Fähigkeit, durch einzelne Worte einen tiefen Sinngehalt auszudrücken, gelobt (vgl. WA Tischreden I, 524), andererseits jedoch habe er das Deutsche wegen seines Mangels an Begriffen und Simplicia sowie wegen der Fülle der vorhandenen Komposita getadelt (vgl. WA Tischreden I, 1040 u. V, 5328. Herbert Wolf: Martin Luther: Eine Einführung in germanistische Luther-Studien. Stuttgart 1980, S. 17 f).
Heinrich Bornkamm vertritt dagegen die Auffassung, Luthers schriftstellerisches Können komme, vor allem hinsichtlich der verwendeten Stilmittel, eher in den deutschen Schriften zum Ausdruck. Im übrigen betont Bornkamm stärker als Meinhold die antihumanistische Seite von Luthers literarischem Schaffen. Heinrich Bornkamm: Luther als Schriftsteller. A.a.O., S. 10 ff.

187 Luther, der bei der Beurteilung der Sprache seiner Zeit davon ausging, daß in Deutschland keine hoch stehende Sprache gepflegt wurde, bediente sich einer im nieder- und hochdeutschen Raum verständlichen 'lingua communis'. "Ich habe", so erklärt er, "keine gewisse, sonderliche, eigene Sprache im Deutschen, sondern brauche der gemeinen deutschen Sprache, daß mich beide, Ober- und Niederländer verstehen mögen" (WA I, 1040). Dagegen betont Hans Eggers, Luther habe mit seiner Bibelübersetzung eine neue Kunstprosa geschaffen, "die in Wortwahl und Satzbau, im

Einsatz aller Stilmittel, im Fluß, Rhythmus und Klang der Sprache ohnegleichen" gewesen sei. Hans Eggers: Deutsche Sprachgeschichte, Bd. 3, Das Frühneuhochdeutsche. Hamburg 1969, S. 165.

188 "Luther kommt", so die vorsichtige Formulierung Wolfs, "das Verdienst zu, der deutschen Sprache in verschiedenen Bereichen, in denen vordem das Lateinische herrschte, zur weitgehenden Durchsetzung, zur stärkeren Anwendung oder wenigstens zu allmählicher Entwicklung verholfen zu haben" (Wolf, a.a.O., S. 23). Dabei habe Luther im Vergleich zu anderen Zeitgenossen gleichen Bildungsgrades und Wirkungsbereiches auf fremde Sprachen zurückgehendes, exogenes Wortgut recht vorsichtig verwendet. Vor allem in der Bibelübersetzung sei der Anteil an exogenen Lexemen sehr stark reduziert worden.

189 Es gehört mittlerweile zu den festen Erkenntnissen der Lutherforschung, daß die Sprache des Reformators sich in wesentlichen Punkten ganz gezielt nach dem jeweiligen kontextuellen Sprachhorizont seiner Hörer bzw. Leser richtete. Die volks- und umgangssprachliche Ausdrucksform mit ihrer alltagsnahen Ausdrucksweise, ihren anschaulichen Bildern und plastischen Wendungen diente in unmittelbarem Rezipientenbezug der soziolektalen Angleichung an den jeweiligen Adressatenkreis zum Zweck einer möglichst weitreichenden Wirkungsmaximalisierung.
"Christus hat am aller einfeltigsten geredt und war doch eloquentia selbst", schreibt Luther zur Verteidigung seines Stils. "Die propheten machens auch nicht hoch", fährt er fort, "sindt doch vill schwerer. Drum ists am besten und die hochste eloquentia simpliciter dicere" (WA, Tischreden IV, 5099). "Wen ich alhie predige", so heißt es an anderer Stelle, "so laß ich mich auffs tieffste herunder; non aspicio ad doctores et magistros, quorum vix 40 adsunt, sed ad centum vel mille iuvenum puerorumque" (WA, Tischreden III, 3573).
Wir möchten in diesem Zusammenhang nur kurz an seine bekannte Äußerung, man müsse "die mutter jhm hause, die kinder auff der gassen, den gemeinen man auff dem marckt drumb fragen, und den selbigen auff das maul sehen, wie sie reden, und darnach dolmetzschen" (WA 30/II, S. 637; vgl. auch Tischreden II, 2771 a und b) erinnern. Im übrigen können wir an dieser Stelle nicht tiefer in die komplexen Zusammenhänge von Luthers Übersetzungstechnik eindringen und verweisen statt dessen auf die

einschlägigen Spezialuntersuchungen zur Sprache des Reformators. Stellvertretend für eine Reihe weiterer Arbeiten seien hier genannt: Erwin Arndt, Gisela Brandt: Luther und die deutsche Sprache. Leipzig 1983. Birgit Stolt: Luthers Übersetzungstheorie und Übersetzungspraxis. In: Leben und Werk Martin Luthers von 1526 bis 1546: Festgabe zu seinem 500. Geburtstag. Bd. 1, Göttingen 1983, S. 241 - 252.
Die Verwendung rhetorischer Stilelemente in den deutschen Schriften Luthers ist - dies zeigen gerade die Forschungsergebnisse Birgit Stolts - differenziert zu beurteilen. So hat der Reformator beispielsweise Latinismen und Hebraismen absichtlich beibehalten (z.B. "er antwortete und sprach", Satzgefüge mit "und", "siehe" u. dergl.), um sie als Signale einer religiös gebundenen Sprache zu verwenden.
Zusammenfassend läßt sich sagen, daß Luther in seinen deutschen Schriften eine zwar allgemeinverständliche, aber ebenso eine am Stil der Bibel orientierte Sprache anstrebte, einen "sermo humilis", wie ihn das Latein der Vulgata vertritt.
Siegfried Raeder: Luther als Ausleger und Übersetzer der Heiligen Schrift. In: Leben und Werk Martin Luthers von 1526 bis 1546. Bd. 1. Göttingen 1983, S. 253 - 278.

190 Der Einfluß des Humanismus auf das sprachlich-literarische Schaffen Luthers wird von der Forschung insgesamt recht unterschiedlich beurteilt. Widersprüchlich sind auch die Äußerungen Wolfs: Einerseits vertritt er die Ansicht, "die philologischen Bestrebungen des Humanismus (hätten) das Fundament für die sprachphilosophischen und -theologischen Bemühungen des Reformators (gebildet; Zusatz vom Verf.)" (S. 5), andererseits jedoch heißt es, "aufs Ganze gesehen (seien) Struktur und Ausgestaltung von Luthers Deutsch gemäß seiner Erkenntnis von der Eigenart jeder Sprache (WA Tischreden V, 5521) nicht nennenswert vom Humanismus beeinflußt ..." (ebd.). Herbert Wolf: Martin Luther: Eine Einführung in germanistische Luther-Studien. Stuttgart 1980.

191 SW I, S. 378.

192 Wolfgang Fleischer: Zu Herders Charakterisierung der deutschen Sprache. In: Zeitschrift für Phonetik, Sprachwissenschaft und Kommunikationsforschung 33(1980), S. 311 - 317.

Vgl. Hierzu außerdem: Rudolf Grosse: Zur Stellung Herders in der Geschichte der deutschen Sprache. In: Johann Gottfried Herder. Zum 175. Todestag am 18. Dezember 178. Berlin 1978, S. 75 - 82.
Eric Albert Blackall: Die Entwicklung des Deutschen zur Literatursprache 1700 - 1775. Stuttgart 1966. Wolfgang Kohlschmidt: Herder-Studien. Untersuchungen zu Herders kritischem Stil und seinen literarischen Grundeinsichten, Berlin 1929. Für die Darstellung der erkenntnistheoretischen Komponente von Herders Sprachtheorie wichtig: Benno von Wiese: Herder: Grundzüge seines Weltbildes. Leipzig 1939, S. 38 - 51.

193 SW X, S. 187.

194 Im übrigen erfreute sich Erasmus bei den zeitgenössischen Aufklärungstheologen Herders einer Beliebtheit, die an jene Luthers herankam, ja diese zum Teil sogar übertraf. Vor allem Johann Salomo Semler glorifiziert Erasmus in ganz extremer Weise, wenn er ihn "den großen" nennt, und ihn als "unsterblich-verdienten Mann" bezeichnet, "der allein der Theologie zu ihrer Reinigung mehr geleistet (habe; Zusatz vom Verf.) als nach ihm alle andern". Versuch einer freien theologischen Lehrart, 1777, zit. nach Horst Stephan: Luther in den Wandlungen seiner Kirche. Berlin 1951, S. 42. In einer Schrift von 1784 heißt es sogar. "Ich kenne keinen christlichen Glaubensartikel, den Erasmus jemalen schlechter, untreuer, nachlässiger erklärt habe als Luther" (ebd.).

195 Friedrich Schlegel erklärt das im Frühidealismus auftretende starke Überhandnehmen ästhetischer Fragestellungen mit einem Hinweis auf Winckelmann: "Seit Winckelmann", so schreibt er, "ward überhaupt eine fast über alle Gegenstände sich verbreitende künstlerische und ästhetische Ansicht immer mehr, ja man kann sagen ausschließend herrschend". Friedrich Schlegel: Geschichte der alten und neuen Literatur. Vorlesungen gehalten zu Wien im Jahre 1812. 2., verb u. verm. Aufl. Bonn o.J. 2. Teil, S. 207.
Wir verweisen zur detaillierten Hintergrundinformation der folgenden Ausführungen auf den wichtigen Beitrag Joachim Ritters zum Begriff der "Ästhetik". In: Joachim Ritter (Hg.): Historisches Wörterbuch der Philosophie, Bd. 1. Darmstadt 1971, S. 555 - 580.

196 Friedrich Schlegel: Geschichte der alten und neuen Literatur, a.a.O., S. 207.

197 SW I, S. 373.

198 Erschienen sind allerdings nur die ersten fünf Bücher des Alten Testaments unter dem Titel: Die göttlichen Schriften vor den Zeiten des Messiä Jesus. Der erste Teil, worinnen die Gesetze der Jisraelen enthalten sind, nach einer freien Übersetzung, welche durch und durch mit Anmerkungen erläutert und bestätiget wird. Wertheim 1735.

199 "Auch wo Wolff ihm nicht öffentlich zustimmt", so Quack, "... arbeitet er doch nur dessen Programm aus". Jürgen Quack: Evangelische Bibelvorreden von der Reformation bis zur Aufklärung. Gütersloh 1975, S. 331.

200 Friedrich Wilhelm Kantzenbach: Protestantisches Christentum im Zeitalter der Aufklärung. Gütersloh 1968, S. 67.

201 Alfons Reckermann: Sprache und Metaphysik: Zur Kritik der sprachlichen Vernunft bei Herder und Humboldt. München 1979.

202 "Eigentlich ist sie" (die mathematische Lehrart; Zusatz vom Verf.), so beschreibt Wolff sein Verfahren, "die Art Gedancken vorzutragen, wie einer aus dem anderen als gegründeter Saz aus seinem Grunde folget; demnach eine Gattung von der Lehrart der Vernunft. ... Erklärungen sind meist deutliche Begriffe, wonach eine Sache durch den Begriff der Gattung (generis) und des Unterscheidens der Arten (differentiae specificae), von allen höheren, niedrigeren und gleichen Begriffen unterschieden wird, folglich Gründe der Deutlichkeit". Christian Wolff: Gesammelte kleine philosophische Schriften, 2. Theil. Vernunftslehre. Halle 1737, S. 18.
An anderer Stelle heißt es zur Bestimmung dieser Methode: "Ich habe die ganze Grundwissenschaft (philosophiam primam) aus dem Grunde des Widerspruchs und dem Saze des zureichenden Grundes hergeleitet ..." (ebd., S. 108 f).

Ludovici führt dieses Prinzip folgendermaßen aus: "Da krafft des Satzes des Widerspruchs unmöglich ist, daß zwey einander widersprechende Sätze zugleich wahr seyn können; und aber Herr Wolff, indem er alles deutlich erkläret und gründlich erwiesen, in seinen Schriften nichts als Wahrheiten vortragen können: so erhellet hieraus die Übereinstimmung der Wolffischen Philosophie mit den göttlichen geoffenbarten Wahrheiten". Karl Günther Ludovici: Ausführlicher Entwurf einer vollständigen Historie der Wolffischen Philosophie. 3. Aufl. Leipzig 1738, S. 135.

203 Emanuel Hirsch: Geschichte der neueren evangelischen Theologie. A.a.O., Bd. 2, S. 53.

204 Als einer der prominentesten Schüler Wolffs kann für diesen Bereich Johann Christoph Gottsched gelten.

205 SW XXXII, S. 157.

206 Ebd.

207 Herder unterscheidet schon in seiner 1767 entstandenen Abhandlung "Über Christian Wolfs Schriften" zwischen einer poetischen und einer intellektuellen Erkenntnisform. Poesie sei im Bereich der Sprache die adäquate Ausdrucksform der sinnlichen Erkenntnis (vgl. SW XXXII, S. 158).

208 Herders empirisch-sensualistischer Ansatz mag in seinen Anfängen von Hamann beeinflußt sein, entwickelt sich jedoch rasch zu einer selbständigen Anschauung weiter. Vgl. hierzu: Sven-Aage Joergensen: Johann Georg Haman. Stuttgart 1976, S. 66 - 75.

209 SW XXXII, S. 184.

210 Christian Wolff: Psychologia empirica. Gesammelte Werke II (Lat. Schriften, Bd. 5; Nachdr. d. Ausg. Frankf. und Leipzig 1738). Hildesheim 1972. Hg. von Jean Ecole, § 38, S. 25.

211 Christian Wolff: Psychologia empirica. S. 23, § 35.

212 Ebd., S. 25, § 39.

213 Alexander Gottlieb Baumgarten: Aesthetica. Frankfurt a.M. 1750, S. 1, § 1.

214 Herder kritisiert an Baumgartens Ästhetik vor allem das Überwiegen der spekulativen Methode, die "alles zu sehr a priori und wie aus der Luft hernimmt" (SW XXXII, S. 191). "Sie sey daher was sie wolle", so lautet Herders zusammenfassende Beurteilung, "was ihr Name sagt, ist sie nicht: Aesthetik, eine Lehre des Gefühls" (SW XXXII, S. 192).

215 SW XXXII, S. 160.

216 Alfons Reckermann: Sprache und Metaphysik. München 1969, S. 41. In seinem bedeutendsten Frühwerk zur Theorie der Ästhetik, dem vierten "kritischen Wäldchen" definiert Herder den Begriff der Schönheit als "sinnliche Vollkommenheit" (SW IV, 30). Eine Philosophie des Schönen habe daher, so fordert Herder, auf einer Lehre von den drei an einer sinnlichen Erkenntnis hauptsächlich beteiligten Grundkräften, dem Gesichts-, dem Gehör- und dem Gefühls-(=Tast-)sinn aufzubauen.

217 Wenn Herder daher den Begriff "Ästhetik" verwendet, so tut er dies in einem völlig anderen Sinn, als die neuere Philosophie. In Abgrenzung der Herderschen Anschauung sei hierzu nur auf die von Joachim Ritter im 'Historischen Wörterbuch der Philosophie', Bd. 1, gegebene Definition verwiesen: "Das Wort Ästhetik hat sich als Titel des Zweiges der Philosophie eingebürgert", so heißt es dort, "in dem sie sich den Künsten und dem Schönen ... zuwendet". Joachim Ritter, a.a.O., S. 555.

218 SW XXXII, S. 63.

219 SW IV, S. 41.

220 August Langen: Deutsche Sprachgeschichte vom Barock bis zur Gegenwart. A.a.O., S. 1046.

221 Die Wertheimer Bibel befand sich ebenso im Bestand von Herders Bibliothek (BH, S. 16, 329), wie die beiden Kompilationen "11 Abhandlungen, das Wertheimer Bibelwerk betreffend" (BH, S. 21, 398) und die "Sammlung der Schriften, das Wertheimer Bibelwerk betreffend. Frankfurt 1738" (BH, S. 24, 454).

222 Johann Lorenz Schmidt: Die fest gegründete Wahrheit der Vernunft und Religion in dem ersten Theile des wertheimischen Bibelwerks; gegen Herrn Joachim Langens, der Gottesgelerhsamkeit Doctor und Professors zu Halle, lezthin unter dem lästerhaften Titel, der philosophische Religionsspötter, herausgegebene Schmähschrift ... . Zit. nach Jürgen Quack (Hrsg.): Evangelische Bibelvorreden von der Reformation bis zur Aufklärung. Gütersloh 1975, S. 330.

223 Die wichtigsten dieser Schriften wurden von Schmidt selbst gesammelt und herausgegeben: Sammlung derjenigen Schriften welche bey Gelegenheit des wertheimischen Bibelwerks für oder gegen daselbe zum Vorschein gekommen sind, mit Anmerkungen und neuen Stücken aus Handschriften vermehrt herausgegeben. Frankfurt und Leipzig 1738 (vgl. BH, S. 24, 454).

224 G. Frank: Artikel "Johann Lorenz Schmidt". In: Allgemeine Deutsche Biographie, Bd. 31. Leipzig 1890, S. 739 - 741. Eine Menge Material findet sich bei Johann Nicolaus Sinnhold: Historische Nachricht von der bekannten und verruffenen sogenannten Wertheimischen Bibel, und was es mit derselben vor eine Bewandnis habe. Erfurt 1737.

225 Beide Fassungen sind Sinnhold: Historische Nachricht von der bekannten und verruffenen sogenannten Wertheimischen Bibel (a.a.O.), Erfurt 1737, entnommen.

226 Sinnhold: Historische Nachricht. A.a.O., S. 27.

227 Quack: Bibelvorreden. A.a.O., S. 334.

228 Hirsch: Geschichte der neueren evangelischen Theologie. A.a.O., Bd. 2, S. 418.

229 Johann Lorenz Schmidt: Vorrede S. 37.

230 Heinrich Wilhelm von Gerstenberg: Warum behält und verbessert der Übersetzer der Bibel nicht Luthern? In: Briefe über Merkwürdigkeiten der Literatur. Erstausg. Hamburg 1770. Stuttgart 1890, S. 295 - 325. (Deutsche Literaturdenkmale des 18. u. 19. Jahrhunderts in Neudrucken, Bd. 29/30.) Die Erstausgabe der "Briefe über Merkwürdigkeiten der Literatur" befand sich in Herders Bibliothek (BH, S. 327, 88).

231 Briefe, Bd. 3, S. 180.

232 Caspar Friedrich Daniel Schubart: Gesammelte Schriften und Schicksale, 1. Bd.: Schubarts Leben und Gesinnungen. Von ihm selbst im Kerker aufgesetzt. 1. Theil, 1791. Nachdr. der Ausg. Stuttgart 1839, S. 21.

233 "Michaelis dreht und modelt das Alte Testament nach seinem Kopf", so heißt es etwa, "um das Wunderbare natürlicher zu machen". Gesammelte Schriften, Bd. 2, 2. Theil, S. 56.

234 Wie außerordentlich hoch Schubart die schriftstellerischen Qualitäten Luthers einschätzt, beweist sein Urteil aus der 'Kritischen Skala der vorzüglichsten deutschen Dichter': "Das Muster aller Popularität unter den Deutschen ist Luther. Hätt' er sich ganz auf die Dichtkunst verlegt, so hätten wir schon längst unsern Homer. Wie allgewaltig wirkte er mit seiner Sprache! Noch denken wir mit ihr, schreiben mit ihr, beten mit ihr! Kein deutscher Dichter ist groß geworden und wird groß werden, der nicht diesen Vaterlandsapostel studirt hat". (Caspar David Friedrich Schubart: Gesammelte Schriften, Bd. 6, 1. Theil, S. 133 f.)

235 Friedrich Gottlieb Klopstock: Die deutsche Gelehrtenrepublik. Bd. 1. Ausg. Berlin 1975, S. 89.
In einem Brief an Carl August Böttiger vom 22.7.1797 bekennt Klopstock sogar: "Vieles von dem, ich hätte das Meiste sagen sollen, was mir an der Bildung der Sprache (vielleicht hier und da Umbildung) gelungen ist / Lutheri (Bibl) fonte cecidit / Parce detortum". Klopstockiana aus C.A. Böttigers Nachlass. In: Archiv für Literaturgeschichte 3(1874),

S. 267 (Klopstocks Arbeitstagebuch hrsg. von Klaus Hurlebusch, 1977, S. 258).

236 Alexander von Weilen, der Herausgeber der o.a. Ausgabe der "Briefe über Merkwürdigkeiten der Litteratur" stellt die Verfasserschaft Gerstenbergs in Frage und weiß den wirklichen Autor "nicht einmal vermutungsweise" anzugeben. Nach unserem Dafürhalten käme aus stilistischen und thematischen Gründen außer Gerstenberg möglicherweise auch Albrecht von Haller, dessen enthusiatische Stellung zur Sprache Luthers ja bereits angedeutet wurde, als Verfasser in Frage.

237 Heinrich Wilhelm von Gerstenberg: Warum behält und verbessert ... . A.a.O., S. 298.

238 Ebd., S. 302.

239 Ebd., S. 311.

240 Es fällt auf, daß Herder bei seinen eigenen Übersetzungsversuchen mit Vorliebe die poetischeren Bücher des Alten Testaments überträgt. Neben dem Buch Hiob, dem Hohenlied und einigen Psalmen interessieren ihn vor allem die ersten Kapitel der Genesis. Seine ablehnende Haltung der aufklärerischen Bibelwissenschaft gegenüber kommt in gebündelter Form auch im 5. Abschnitt seiner "Gefundenen Blätter aus der neuesten Deutschen Litteraturannalen" von 1773 zum Ausdruck (SW V, S. 267 - 270). Herder polemisiert hier namentlich gegen Bahrdt, Teller, Semler, Ernesti, Spalding und Töllner, im Grunde genommen also gegen die gesamte Prominenz der Aufklärungstheologie.

241 SW I, S. 91.

242 Ebd., S. 90.

243 SW I, S. 168.

244 "Niemand hat nach Luthern Kirchenlieder", so heißt es dort, "mit so lutherschem Geiste gemacht, als Cramer". Das Hauptverdienst der Cramerschen Psalmenübersetzung bestehe darin, die Individualbeziehungen der Vorlage, "die nur ein historisches Interesse haben, nach christlichen Zwecken geändert" und durch den "lyrischen Geist des Dichters" in eine neue Konsistenz gesetzt zu haben. Aber auch Gerstenberg fragt gleich im Anschluß an dieses Lob: "... wer unter allen (Bibelübersetzern; Zusatz vom Verf.) wird es aber wagen, sich über Luthern zu setzen?" Dennoch herrschten auch in der Cramerschen Übersetzung "Kraft und Nachdruck ... in jeder Zeile; der Dichter ist", so Gerstenberg, "wie Luther, gleich mitten in seiner Materie; seine Reden sind stark, lichtvoll, der Religion würdig, hinreissend ...". Heinrich Wilhelm von Gerstenberg: Rezensionen vom 26. und 28. Dez. 1769 aus der Hamburgischen Neuen Zeitung. Heinrich Wilhelm von Gerstenbergs Rezensionen in der Hamburgischen Neuen Zeitung 1767 - 1771, hrsg. von Oskar Fischer. Deutsche Literaturdenkmale, Nr. 128, S. 314 - 317. Dieselbe rückhaltlose Anerkennung gewährt Gerstenberg übrigens auch der bereits erwähnten monumentalen Luther-Ode, die Johann Andreas Cramer 1770 in Kopenhagen herausgebracht hatte. Sie sei, so Gerstenberg, "das schönste und lebhafteste Gemälde, welches der deutsche Patriotismus jemals von Luthern entworfen" habe. Heinrich Wilhelm von Gerstenberg: Rezension vom 21. August 1770 in der Hamburgischen Neuen Zeitung. In: A.a.O., S. 370.

245 Die in der Fußnote (SW X, S. 132) angegebene Lesvariante lautet: "Eine rechte Uebersetzung hat das Buch nicht gehabt, und kanns nicht haben in unsern jetzigen Sprachen; zumal in Versen. Cubens Uebersetzung ist schwach, und Eckermanns Jamben an den meisten Orten dem Texte widrig, so sehr ich den Fleiß desselben schätze. Der Himmel muß einen eignen Menschen dazu ausrüsten, der uns den Klang des Buchs nur von fern gebe; sonst bleibt bisher immer noch Luther ...".
Eine intensive Auseinandersetzung mit Michaelis' Übersetzung des Alten Testaments bringt die 1771 in Halle anonym erschienene Schrift "Anmerkungen zur Ehre der Bibel: Bey Anlaß der Michaelisschen Uebersetzung des Alten Testaments, und einiger anderer neuen Schriften". Johann Tobler, der wahre Verfasser, hütet sich bei aller Kritik doch sehr vor dem pauschalisierenden Urteil Herders.

246 SW X, S. 131 f.

247 Carl Redlich vertritt in seinen einleitenden Bemerkungen zum 8. Band der Gesammelten Werke die Auffassung, Herders Übersetzung des Hohenliedes sei wesentlich früher als 1778, möglicherweise sogar schon 1772, sicher jedoch in Bückeburg entstanden (SW VIII, S. VI f).

248 SW X, S. 132.

249 SW II, S. 286 f.

250 SW VIII, S. 594.

251 Vgl. hierzu den wichtigen Brief an Lavater vom 30. Oktober 1772 (Br., Bd. 2, S. 252 - 259), in welchem Herder den Gedanken ausführt, die poetische Sprache der Bibel müsse wiederhergestellt werden, da sie "das letzte Vehiculum des Worts der Gottheit" (S. 259) an die Menschheit sei und daher nicht durch den sprachlichen Rationalismus der Aufklärungstheologie mit ihrer anthropozentrischen Ausdruckstendenz ersetzt werden könne.

252 Ob Herder Luthers "Sendbrief" zu diesem frühen Zeitpunkt seiner Beschäftigung mit Werk und Wirkung des Wittenberger Reformators schon gekannt hat, läßt sich nicht ausmachen. Wir können mit absoluter Sicherheit lediglich sagen, daß er ihn zur Zeit der Entstehung der "Terpsichore", also 1796, gelesen hatte (vgl. SW XXVII, S. 276).

253 Noch in Weimar wirft Fichte im sg. "Atheismusstreit" Herder vor, er predige den Atheismus von der Kanzel.

254 Gotthold Ephraim Lessing: Rezension aus der Berlinischen priveligierten Zeitung vom 12. Januar 1754. In: Lessing: Zeitungsartikel und Rezensionen. A.a.O., S. 302.

255 Gotthold Ephraim Lessing: Erster Anti-Goeze, 1778. Ges. Werke. A.a.O., Bd. XXIII, S. 193.

256 Ebd., S. 194.

257 Ebd.

258 Im ersten Anti-Goeze beispielsweise verteidigt er eine rationalistische Übersetzung des Neuen Testaments, die Carl Friedrich Bahrdt 1773 in vier Bänden vorgelegt hatte und die, ähnlich wie die Wertheimer Bibel, wegen ihrer extrem rationalistischen Textgestalt 1779 vom kaiserlichen Reichshofrat mit einem Konklusum versehen wurde.
In der o.a. Rezension der Bengelschen Übersetzung beklagt Lessing "das traurige Schicksal des Wertheimischen Übersetzers" (a.a.O., S. 302) und in einer Rezension vom 8. Januar 1751 läßt er, wenn auch wesentlich weniger enthusiastisch, die 1750 erschienene "Probe einer wohlüberlegten Verbesserung der Deutschen Bibel-Übersetzung" des Johann Valentin Zehner immerhin gelten.

259 SW IV, S. 300 f.

260 Johann Jakob Bodmer: Von den Verdiensten Martin Luthers um die deutsche Sprache. A.a.O., S. 8.

261 Ebd., S. 10.

262 Ebd., S. 14.

263 Ebd., S. 15.

264 Ebd., S. 18.

265 Ebd., S. 20.

266 Ebd., S. 24.

267 SW IV, S. 300.

268 Ebd.

269. SW IV, S. 300.

270 Ebd.

271 Theodor Litt: Die Befreiung des geschichtlichen Bewußtseins durch Johann Gottfried Herder. In: Die Wiederentdeckung des geschichtlichen Bewußtseins. Heidelberg 1956, S. 133.

272 Vgl. hierzu: Wolfgang Düsing: Die Gegenwart im Spiegel der Vergangenheit in Herders "Auch eine Philosophie der Geschichte". In: Bückeburger Gespräche über Johann Gottfried Herder 1983. Rinteln 1984, S. 33 - 49.

273 Vgl. Br., Bd. 4, S. 179.

274 Johann Christoph Adelung: Umständliches Lehrgebäude der deutschen Sprache, zur Erläuterung der deutschen Sprachlehre für Schulen. 1. Bd. Repr. Nachdr. der Ausg. Leipzig 1782, S. 65.

275 Ebd., S. 62.

276 Ebd., S. 64.

277 Ebd., S. 64.

278 Ebd., S. 65.

279 Ebd., S. 66.

280 Ebd., S. 67. Es ist uns leider nicht gelungen, außer dem o.a. Beitrag Bodmers ein Herder bereits in Riga nachweislich bekanntes sprachgeschichtliches Werk zu eruieren, das seinem individualistischen Standpunkt konträr gegenübersteht. Die Ausführungen Adelungs kann Herder ja erst in seiner Weimarer Schaffensphase kennengelernt haben. Andererseits jedoch verhält es sich so, daß innerhalb der Herderschen Beurteilung von Luthers Bedeutung für die Entwicklung der deutschen Sprache während der Bückeburger und Weimarer Jahre praktisch keine grundsätz-

lich neuen Aspekte mehr hinzutreten. Es erscheint daher zumindest fraglich, ob Herder überhaupt eine umfassende Auseinandersetzung mit dieser Problematik angestrebt habe.

281 Es ist interessant zu beobachten, daß auch Autoren, die ansonsten mit Luthers Schriften wenig anzufangen wußten, seine Sprache in den höchsten Tönen lobten. So weist etwa Goethe noch im "West-östlichen Divan" auf die Bedeutung von Luthers Bibelübersetzung hin, die er jedoch aus einer vorwiegend poetologischen Perspektive heraus beurteilt: "Es gibt dreierlei Arten der Übersetzungen", so schreibt er, "Die erste macht uns in unserm Sinne mit dem Auslande bekannt: eine schlicht-prosaische ist hierzu die beste. Denn indem die Prosa alle Eigenthümlichkeiten einer jeden Dichtung völlig aufhebt und selbst den poetischen Enthusiasmus auf eine allgemeine Wasserebene niederzieht, so leistet sie für den Anfang den größten Dienst, weil sie uns mit dem fremden Vortrefflichen, mitten in unserer nationalen Häuslichkeit, in unserm gemeinen Leben überrascht und, ohne daß wir wissen wie uns geschieht, eine höhere Stimmung verleihend, wahrhaft erbaut. Eine solche Wirkung wird Luthers Bibelübersetzung jederzeit hervorbringen". Johann Wolfgang Goethe: West-östlicher Divan: Noten und Abhandlungen zu besserem Verständnis des West-östlichen Divans. Hg. Konrad Burdach, a.a.O. 1932, S. 304.

282 Stellvertretend für eine ganze Reihe neuerer Untersuchungen sei hier nur auf Peter von Polenz "Geschichte der deutschen Sprache" hingewiesen. "Luthers Sprache", heißt es dort, "ist kein Neuanfang, sondern das Sammelbecken aller damals lebendigen dt. Sprachtraditionen". Peter von Polenz: Geschichte der deutschen Sprache. Stuttgart 1972, S. 65.

283 Als frühe Vorläufer dieser Auffassung können dabei die im ganzen betrachtet recht ausgewogenen Ausführungen Johann Christoph Adelungs gelten.

284 Friedrich von Schlegel: Geschichte der alten und neuen Literatur: Vorlesungen, gehalten zu Wien im Jahre 1812. 2., verb. u. verm. Aufl. Bonn o.J., S. 244 f.

285 Hans-Dietrich Irmscher: Johann Gottfried Herder. In: Deutsche Dichter des 18. Jahrhunderts. Berlin 1977, S. 536.

286 Diese Ansicht wird u.a. vertreten von Eugen Kühnemann: Herder. München 1912, S. 162 ff; Otto Pfleiderer: Herder. Berlin 1904; Carl Siegel: Herder als Philosoph. Stuttgart (usw.) 1907; August Werner: Herder als Theologe. Berlin 1871; weniger ausgeprägt, aber tendenziell dieselbe Richtung auch: Rudolf Wielandt: Herders Theorie von der Religion und den religiösen Vorstellungen. Berlin 1904. Ein grundsätzlich neuer Ansatz findet sich erst in der keineswegs überholten Arbeit Martin Doernes: Die Religion in Herders Geschichtsphilosophie. Leipzig 1927, S. 75 ff.

287 Auf diesen Gesichtspunkt weist neuerdings hin: Wolfgang Düsing: Die Gegenwart im Spiegel der Vergangenheit in Herders "Auch eine Philosophie der Geschichte". In: Bückeburger Gespräche über Johann Gottfried Herder 1983. Rinteln 1984, S. 33 - 49.

288 Hans-Dietrich Irmscher: Herder, a.a.O., S. 537. Irmscher weist zur Begründung seiner These vor allem auf Herders, in Bückeburg beginnende intensive Lutherlektüre hin.

289 Bernhard Suphan: SW XVII, S. 543.

290 Bibliotheca Herderiana, Weimar 1804. Fotomech. Neudr. Köln 1980.

291 Vgl. hierzu: Herbert von Hintzenstern: Herders Lutherbild. In: Bückeburger Gespräche über Johann Gottfried Herder 1983. Rinteln 1984, S. 166.

292 Eine letzte Verbindlichkeit läßt sich bei der Auswertung der Herderschen Bibliothek und ihres Bestandes an Lutherana allerdings nicht erzielen, da möglicherweise bereits vor der offiziellen Versteigerung, die am 22. April 1805 in Weimar stattfand, Teile der Bibliothek abgegangen sind. Dadurch würde der Befund jedoch eher an Schlagkraft gewinnen.

293 Grundlage für die Auswertung von Herders unpublizierten Lutherzitaten bildet das von Hans-Dietrich Irmscher und Emil Adler in vorbildlicher Weie erstellte Nachlaßverzeichnis, künftig zitiert: N (röm. Ziffer mit Angabe der Kapsel, arab. Ziffer mit Bezeichnung des jeweiligen Dokuments).

294 Br., Bd. 3, S. 239.

295 Wir weisen in diesem Zusammenhang darauf hin, daß Herder schon im November 1771 in seinem Briefwechsel mit Prinz Peter Friedrich Wilhelm von Holstein-Gottorp ausführlich auf Person und Werk Martin Luthers eingeht und zwar mit besonderer Berücksichtigung der Lehre Luthers, die sein biographisches Interesse an der Person des Reformators in den Hintergrund drängt. Vgl. Br., Bd. 2, S. 92 - 99.

296 SW XI, S. 89. Vgl. hierzu: Herbert von Hintzenstern: Herders Lutherbild. In: Bückeburger Gespräche ... 1983. A.a.O., S. 161.

297 N XIII, 48; von Irmscher datiert ca. 1774 - 76.

298 N XXVII, 33; BH, S. 10, 225; von Irmscher datiert: Bückeburg (?).

299 N XXVII, 32; von Irmscher datiert: Bückeburg.

300 G. Lechler: Artikel "Valentin Ernst Löscher". In: Allgemeine Deutsche Biographie, Bd. 19. Leipzig 1884. S. 209.

301 Löscher behandelt in seiner Dokumentation nur die Jahre 1517 - 1519.

302 Kurt Aland weist in seinem "Hilfsbuch zum Lutherstudium" lediglich eine 1555 bei Christian Rödinger erschienene Ausgabe aus. Wir nehmen an, daß Herder eben diese Auflage der Jenaer Ausgabe besessen hat.

303 Diese Kompilation aus der Weimarer Zeit wurde von Suphan nur auszugsweise gedruckt: SW XVII, S. 509 - 511; im Nachlaß findet sie sich unter N X, 3.

304 Jenaer Ausgabe, Bd. 4.

305 Entstanden im Jahr 1525.

306 Jenaer Ausgabe, Bd. 1.

307 Leider hat Bernhard Suphan durch eine nachlässige Kollationierung der einzelnen Bögen die Arbeit an diesem Teil des handschriftlichen Nachlasses nicht unwesentlich erschwert.

308 "An Prediger" ist nach Suphan (SW VII, S. IX) im ersten Entwurf bereits im April 1773 entstanden. Im übrigen ist eine zweifelsfreie Chronologie der Herderschen Schriften auf Grund ihrer meist vielfältigen Vorstufen und Umarbeitungen oft kaum möglich.

309 Hinweise auf Luthers Predigten finden sich eigentlich nur an zwei Stellen: SW VI, S. 305, Anmerk. a, wo Herder beklagt, daß Luther "auch in diesem Betracht nicht so zum Muster genommen worden (sei), als ers verdiente. Wir vergnügen uns", so fährt Herder fort, "an schönen Sach- und Rührungslosen Predigten, in Shaftesbury's guter Laune, mit denen wir eine Viertheil-Stunde lässig hinabdämmern können"; und SW XVII, S. 87, wo Herder darauf hinweist, daß seit Luthers Auftreten mehr in deutscher Sprache gepredigt worden sei.

310 Überhaupt läßt sich für die Genese von Herders Volksliedbegriff vor allem der Einfluß britischer Autoren geltend machen. Neben Percy und Macpherson muß in diesem Zusammenhang Young mit seiner Schrift "On original composition", in der die Poesie der Naturvölker als allein echte bezeichnet wird, genannt werden, sowie Hugh Blair, der in seiner 1763 erschienenen "Critical Dissertation" einen systematischen Vergleich von Volkspoesie, Bibel und Homer durchführte. Eine konzise Darstellung dieser Sachverhalte bietet Anneliese Kleinau in ihrer wertvollen Studie zum Volksliedbegriff Herders: Herders Volksliedbegriff. Marburg 1945.

311 Es mag erlaubt sein, diesen eher technisch anmutenden Begriff hier auf das Kirchenliedschaffen des 18. Jahrhunderts anzuwenden. Immerhin sind in diesem Jahrhundert mehr als 70.000 Kirchenlieder entstanden.

312 Auf ihren argumentativen Höhepunkt wurde diese Restaurationsbewegung im Jahre 1819 von Ernst Moritz Arndt geführt, der mit seinem Beitrag "Von dem Worte und dem Kirchenliede" in scharfer Form gegen die zeitgenössische Kirchenliedproduktion polemisiert.
Eine hervorragende Darstellung der weiteren Entwicklung dieser restaurativen Tendenzen bietet Heinz Hoffmann in seiner Studie: Tradition und Aktualität im Kirchenlied: Gestaltungskräfte der Gesangbuchreform in der ersten Hälfte des 19. Jahrhunderts. Göttingen 1967. Zum Verständnis unseres Themas ebenfalls wichtig: Waldtraut Ingeborg Sauer-Geppert: Sprache und Frömmigkeit im deutschen Kirchenlied: Vorüberlegungen zu einer Darstellung seiner Geschichte. Kassel 1984. An übergreifenden Beiträgen sind zu nennen: Paul Sturm: Das evangelische Gesangbuch der Aufklärung: Ein Beitrag zur deutschen Geistesgeschichte des 17. und 18. Jahrhunderts. Barmen 1923; Paul Graff: Geschichte der Auflösung der alten gottesdienstlichen Formen in der evangelischen Kirche Deutschlands, Bd. 2: Die Zeit der Aufklärung und des Rationalismus. Göttingen 1939; Wilhelm Nelle: Geschichte des deutschen evangelischen Kirchenliedes. Hamburg 1904; F.A. Cunz: Geschichte des deutschen Kirchenliedes. 2 Bde., 1855 (Neudr. Wiesbaden 1969).

313 Vgl. hierzu: Gerhard Hahn: Zur Dimension des Neuen in Luthers Kirchenliedern. In: Jahrbuch für Liturgik und Hymnologie, 26(1982), S. 96 - 103.

314 Ebd.

315 WA 35, S. 474 f.

316 WA, Briefwechsel. Bd. 3, S. 220.

317 Ebd.

318 WA XII, S. 218. Im übrigen geht Luther am ausführlichsten in seinen fünf Gesangbuchvorreden, von denen die erste 1524 in J. Walters "Geystliche(m) gesangk Buchleyn" erschienen ist, auf Wesen und Bedeutung der deutschsprachigen Gemeindegesänge ein. Am deutlichsten äußert er sich in der 1529 verfaßten Vorrede zum sogenannten Klug'schen Gesangbuch. Spätere Stellungnahmen finden sich u.a. in den Vorreden zu Walters Lehrgedicht "Lob und Preis der löblichen Kunst Musica" von 1538, zu den Begräbnisliedern von 1542 sowie zum sog. Babst'schen Gesangbuch von 1545. Für Luthers Musikverständnis, das ebenfalls vom Kern seiner Theologie her verstanden werden muß und letzten Endes in seiner Rechtfertigungslehre wurzelt, sind einerseits Einflüsse spekulativ-kosmologischen Gedankengutes mittelalterlicher Provenienz geltend zu machen, andererseits verwertet er Augustins Bezeichnung der Musik als "Donum Dei". Eine theologische Begründung der nationalsprachigen Gemeindegesänge entwickelt übrigens auch Melanchthon im 24. Artikel der "Augustana invariata" von 1530. Durch die deutschen Gesänge solle das Volk lernen, "was ihm zu wissen von Christo noth ist" (Philipp Melanchthon: Apologia confessionis Augustanae. Altera. Aus dem Lat. verdeutscht von Justum Jonam. Opera quae supersunt omnia. Post Carol. Gottl. Bretschneiderum edidit Henricus Ernestus Bindseil. Vol. XXVIII, S. 268).

319 Der protestantische Lutherforscher Martin Doerne wendet sich daher zu Recht gegen eine personalistisch-monumentalisierende Darstellung von Luthers Wirksamkeit als Kirchenliedschriftsteller. "Der Dichter Luther zeigt sich", so Doerne, "fast als wolle er sich verbergen, am reinsten, wo er nur als Bearbeiter (oder 'Besserer') erscheint". Artikel "Kirchenlied". In: Religion in Geschichte und Gegenwart. Tübingen 1959. 3. Aufl., S. 1459.

320 F.A. Cunz hat zur positiven Würdigung dieser Entwicklung in einer, wie wir meinen, sehr interessanten These darauf hingewiesen, daß mit der Genese von Herders Volksliedbegriff eine allmähliche Emanzipation der weltlichen von der geistlichen Lyrik, die jene seit Luther majorisiert und verdunkelt habe, eingesetzt habe. Cunz: Geschichte des deutschen Kirchenliedes. A.a.O. 1855. Neudr. Wiesbaden 1969, S. 140.

321 Klopstock hatte 1758 eine Sammlung von 27 Kirchenliedern veröffentlicht, die eine breite Neuerungs- und Bearbeitungswelle hervorrief. Neben Klopstock erreichten vor allem Gellerts Lieder ein gewisses, wenn auch von den Charakteristika des Zeitgeistes eng begrenztes Niveau. Weitere, vom Aufklärungstypus stärker unterschiedene Lieder schrieben u.a. Matthias Claudius, Klopstock, Jung-Stilling, Schubart, Lavater, Uz, Gleim, Bürger und Hölty.

322 SW V, S. 199 f.

323 Ebd., S. 200.

324 Vgl. hierzu den bereits erwähnten Brief an Lavater vom 30. Okt. 1772 (Br., Bd. 2, S. 259).

325 SW V, S. 201.

326 Benno von Wiese: Herder: Grundzüge seines Weltbildes. Leipzig 1939, S. 22.

327 SW V, S. 200.

328 Eine von Caroline angefertigte Abschrift dieses Liedes befindet sich im handschriftlichen Nachlaß: N XIII, 48.

329 SW V, S. 202.

330 F.A. Cunz: A.a.O., S. 140.

331 Konrad Ameln: Einführung zu: Ernst Moritz Arndt: Von dem Worte und dem Kirchenliede nebst geistlichen Liedern. Nachdr. der Ausgabe Bonn 1819. Hildesheim 1970. S. V.

332 Ebd., S. V.

333 "Eine bekannte fromme Schule Deutschlands", so urteilt Herder in seinen 1780 erschienenen 'Briefen, das Studium der Theologie betreffend' über die Rolle des Pietismus innerhalb der Entwicklung des evangelischen Gemeindegesanges habe "den Kirchengesang zuerst entnervt und verderbet. Sie stimmte ihn zu Kammergesange mit lieblichen weichlichen Melodien voll zarter Empfindungen und Tändeleien herunter, daß er alle seine Herzen beherrschende Majestät verlor: er ward ein spielender Weichling" (SW XI, S. 70).

334 Als Quellen zur Darstellung von Herders Weimarer Standpunkten kommen in erster Linie seine drei Gesangbuchvorreden aus den Jahren 1778 und 1795 (SW XXXI, S. 707 - 722) sowie der 46. seiner 'Briefe, das Studium der Theologie betreffend' (SW XI, S. 63 - 73) in Betracht. Im letzteren geht Herder explizit auf die neueren Verbesserungen alter Lieder ein.

335 Berlin 1765.

336 Johann Heinrich Pratje: Wohlgemeinter Versuch zur erbaulichen Änderung einiger alter Kirchenlieder. Bremen 1769.

337 Samuel Christian Lappenberg: Fünfzig alte Lieder in die neue Mundart übersetzt. Bremen 1789.

338 SW IX, S. 466 - 469. Herder lobt hier zunächst die "Stärke, Kürze, Wahrheit, That (und) Kraft" (S. 466) dieser Lieder, kritisiert sie im folgenden dann jedoch, vor allem aufgrund ihrer sprachlichen Gestalt recht scharf. "Indessen kann, der dies schreibt", so Herder, "nicht leugnen, daß ihm die Sprache dieser Lieder, wie der meisten neologischen Lieder, nicht ganz gefalle. Meistens hat Klopstock diesen Ton angegeben, und so vortreflich dieser Ton, als Dichtkunst, als lyrischer Schwung, seyn mag; so hat er für ein Lied, für ein bloßes simples Andachtslied, ... das höchste Einfalt und Natur seyn soll, zu viel Dichtkunst" (467 f). Herder kritisiert diese Lieder dann von den als Norm und Richtmaß zugrundegelegten Liedern Luthers her: "Ein Mensch, der sich hinsetzt und sagt: ich will ein Lied machen, macht meistens nur ein Exercitium, ein Formular. Luther sagt: 'Wer solchs mit Ernst glaubt, der kanns nicht

lassen: er muß fröhlich und mit Lust davon singen und sagen, daß es andre auch hören und herzu kommen. Wer aber nicht davon singen und sagen will, das ist ein Zeichen, daß ers nicht glaubet und nicht ins neue fröhliche Testament, sondern unter das alte, faule, unlustige Testament gehört´. Das beste Recipe zu guten Liedern und das Einzige auf der Welt" (S. 469).

339 F.A. Cunz: Geschichte des deutschen Kirchenliedes. A.a.O., S. 152.

340 Paul Graff nennt als frühestes Zeugnis das Hildesheimer Gesangbuch von 1728. Graff: Geschichte der Auflösung der alten gottesdienstlichen Formen in der evangelischen Kirche Deutschlands, Bd. 2, Göttingen 1939, S. 174.

341 G. Benjamin Eisenschmid: Geschichte der vornehmsten Kirchengebräuche der Protestanten. Leipzig 1795 (zit. nach Graff, S. 175).

342 Graff: Geschichte der Auflösung, Bd. 2, a.a.O., S. 176.

343 Johann Joachim Spalding: Über die Nutzbarkeit des Predigtamtes. Berlin 1772, S. 315 f.

344 Johann Salomo Semler: Über historisch-gesellschaftliche und moralische Religion des Christen. Leipzig 1786, S. 196.

345 Heinz Hoffmann: Tradition und Aktualität im Kirchenlied. Göttingen 1967, S. 14. Die alten Kirchenlieder, so Hoffmann, seien weitgehend in den Bereich der Privaterbauung verdrängt worden.
Ein weiteres Resultat dieser Tendenz ist der elitär-bildungsbürgerliche Charakter einer Vielzahl von rationalistischen Gesangbüchern. So heißt es beispielsweise in der Vorrede einer 1784 in Jena erschienenen Sammlung geistlicher Lieder: "Diese Lieder sind zur Beförderung einer vernünftigen Gottesverehrung unter denkenden und etwas gebildeten Christen bestimmt. Man hat sie aus den besten neuern Sammlungen zusammen getragen, und ältere Lieder ... weggelassen, einige wenige ausgenommen, die man so umgearbeitet schon antraf, daß sie für neue Lieder angesehen werden mußten. Da man, nebst der Kürze, auf Richtigkeit der Gedanken so-

wohl als des Ausdrucks sorgfältig gesehen hat, und alles, was vielleicht bey einigen Lesern Anstos veranlassen könnte, möglichst zu vermeiden beflissen gewesen ist; so sind manche Lieder abgekürzt, und manche in einzelnen Stellen etwas geändert worden" (Sammlung vorzüglicher geistlicher Lieder zur Unterhaltung einer vernünftigen Andacht unter Christen. Jena 1784; zit. nach: Konrad Ameln, Entlarvter Rationalismus. In: Jahrbuch für Liturgik und Hymnologie, 26(1982), S. 184).

346 SW XXXI, S. 708.

347 Ebd.

348 Ebd.

349 Ebd., S. 709.

350 Ebd.

351 SW XI, S. 65 f.

352 Ebd., S. 67.

353 SW XXXI, S. 709 f.

354 Wir möchten mit dem von uns an dieser Stelle eingeführten und nicht auf Herder unmittelbar zurückgehenden Begriff "Kunstlyrik" das Artifizielle dieser nicht aus der unmittelbaren Empfindung heraus entstandenen, gewissermaßen vorsätzlich konstruierten Aufklärungslieder bezeichnen.

355 SW XXXI, S. 710.

356 Ebd., S. 711.

357 Ebd., S. 711. Anneliese Kleinau hat darauf hingewiesen, daß Herders Volksliedbegriff, in dem sich seine Erwägungen zum Phänomen der "Naturpoesie" geradezu bündeln, eine historische und eine ästhetische Erkenntnisdimension miteinander verbinde. Der ästhetische Maßstab liefere dort

die Probe der Echtheit und Ursprungsgebundenheit poetischen Erlebens, wo sie über historische Erkenntnis nicht mehr einwandfrei erbracht werden könne. Kleinaus auf die Volksliedrezeption Herders bezogene Äußerung, die ästhetische Komponente urteile von der poetischen Wirkung auf den vernehmenden Menschen, trifft im wesentlichen auch auf seine Kirchenliedkonzeption zu, die in sehr starkem Maße wirkungs-ästhetisch geprägt ist. Anneliese Kleinau: Herders Volksliedbegriff. Marburg 1945, S. 10, passim. Vgl. hierzu auch Hoffmann: "Er (Herder; Zusatz vom Verf.) legitimiert die alten Lieder aus ihrer segensreichen Wirkungsgeschichte heraus". Heinz Hoffmann: Tradition und Aktualität im Kirchenlied. Göttingen 1967, S. 73.

358 Diese Auffassung wurde später in systematischer Weise übrigens von Schleiermacher in seiner Schrift "Zwei unvorgreifliche Gutachten in Sachen des protestantischen Kirchenwesens zunächst in Beziehung auf den preußischen Staat" (Berlin 1804) entfaltet; im zweiten Abschnitt, der "Über die Mittel, dem Verfall der Religion vorzubeugen" handelt, kommt Schleiermacher ausführlich auf den Kirchengesang zu sprechen.

359 Hierbei ist auf die für Herders ästhetische Anschauungen charakteristische enge Verbindung von Volks- und Naturpoesie hinzuweisen.

360 Vgl. hierzu: Br., Bd. 2, S. 259.

361 SW XXXI, S. 712.

362 Ebd., S. 710 f.

363 SW XI, S. 69.

364 SW XXXI, S. 717 f.

365 Vgl. hierzu die profunde Darstellung Konrad Amelns: Johann Gottfried Herder als Gesangbuchherausgeber. In: Jahrbuch für Liturgik und Hymnologie, 23(1979), S. 132 - 144.

An älterer Literatur ist zu beachten: Adolf Wolfhard: Herders Gesangbuch. In: Protestantische Monatshefte, 25(1921), S. 17 - 22 sowie Felix Pischel: Herder als Schöpfer des Weimarischen Kirchengesangbuchs. In: Zeitschrift für evangelische Kirchenmusik, 9(1931), S. 239 - 243.

366 SW XXXI, S. 717.

367 Ebd.

368 Ebd., S. 718.

369 Johann Gottfried Herder: Rundschreiben vom 3. April 1793, zit. nach Ameln: Johann Gottfried Herder als Gesangbuchherausgeber. A.a.O., S. 142.

370 Ebd., S. 143.

371 Johann Gottfried Herder: Rundschreiben vom 3. April 1793. In: Herder im geistlichen Amt. Herausgegeben von Eva Schmidt. Leipzig 1956, S. 132 - 144; hier: S. 134.

372 SW XXXI, S. 720.

373 Ebd.

374 Ebd., S. 721.

375 Ebd.

376 Nelle: Geschichte des deutschen evangelischen Kirchenliedes. Hamburg 1904, S. 182.

377 Adolf Wolfhard: Herders Gesangbuch. In: Protestantische Monatshefte, 25(1921), S. 17: "Man wird vor allem, um Herder gerecht zu werden, bedenken müssen, daß es praktisch-kirchliche Bedürfnisse waren, denen er durch seine Arbeit zu dienen hatte. Seine Aufgabe war nicht, eine Samm-

lung religiöser Poesien für eine ästhetisch durchgebildete Herdergemeinde herauszugeben ...".
Vgl. hierzu auch Konrad Ameln: Herder als Gesangbuchherausgeber. A.a.O., S. 133: "Bei seiner Tätigkeit als Gesangbuchherausgeber ließ sich Herder also vornehmlich leiten durch seine Aufgabe als Seelsorger und als Diener der Kirche. Von dem genialen Sprach- und Literaturforscher, dem Herausgeber der etwa gleichzeitig mit den ersten Gesangbüchern erschienenen Volksliedern ... findet sich ... kaum etwas".

378 Felix Pischel: Herder als Schöpfer des Weimarischen Kirchengesangbuches. In: Zeitschrift für evangelische Kirchenmusik, 9(1931), S. 239 - 243; hier: S. 240, passim.

379 SW XXXI, S. 718.

380 Paul Graff: Geschichte der Auflösung der alten gottesdienstlichen Formen in der evangelischen Kirche Deutschlands. Göttingen 1921, S. 198.

381 Johann Georg Hamann: Schriften. Hg. von F. Roth, T. 3. Berlin 1828, S. X.

382 Ebd., T. VII. Berlin 1825, S. 307.

383 Johann Wolfgang Goethe: Brief des Pastors zu +++ an den neuen Pastor zu +++. In: Sämtliche Werke. Jubiläumsausgabe in 40 Bänden. Stuttgart (usw.) o.J., Bd. 36: Schriften zur Literatur, S. 95. Vgl. auch einen vom 4. Jan. 1819 datierten Brief Goethes an Zelter, in dem er sich darüber ärgert, daß "die alten Intonationen und musikalischen Grundbewegungen immerfort auf neue Lieder angewendet und ... die alten Texte verdrängt, weniger bedeutende untergeschoben ..." worden seien. Zit. nach: Waldtraut Ingeborg Sauer-Geppert: Sprache und Frömmigkeit im deutschen Kirchenlied. Kassel 1984, S. 170.

384 Christian Friedrich Daniel Schubart: Werke in einem Band. Weimar 1962. S. 172 f.

385 Matthias Claudius: Zit. nach: Wilhelm Leitnitz: Stimmen für das unverfälschte evangelische Kirchenlied. O.O. 1969, S. 15/16.

386 Horst Stephan: Herder in Bückeburg und seine Bedeutung für die Kirchengeschichte. Tübingen 1905, S. 87.

387 Hans-Dietrich Irmscher: Johann Gottfried Herder. In: Deutsche Dichter des 18. Jahrhunderts. Hg. von Benno von Wiese. Berlin 1977, S. 537.

388 Br., Bd. 2, S. 95.

389 Ebd., S. 76 f.

390 So zählt noch etwa Carl Friedrich von Weizsäcker, ohne in seinem Urteil auch nur im geringsten zu alternieren, Luther zu den Protagonisten eines 'deutschen Titanismus': "Die Neuzeit Deutschlands", so von Weizsäcker, "beginnt mit einem Titanen der Empfindung. Martin Luther bietet wenigstens allen mediteran geprägten Menschen ein titanisches Bild. ... Was wir verstehen müssen, wenn wir die neuzeitliche Kulturrevolution verstehen wollen, ist die Radikalität. In ihrem Sinn ist Luther einer der Titanen, und jede seiner unbewachten Äußerungen verrät, daß er es weiß". Carl Friedrich von Weizsäcker: Wahrnehmung der Neuzeit. 4. Aufl. 1983. München. S. 23 f.
Ganz ähnlich beurteilt Thomas Mann die Gestalt Martin Luthers: "Und wer wollte leugnen", so fragt Thomas Mann, "daß Luther ein ungeheuer großer Mann war, groß im deutschen Stil, groß und deutsch auch in seiner Doppeldeutigkeit als befreiende und zugleich rückschlägige Kraft, ein konservativer Revolutionär" (Werke, Bd. XI. A.a.O., S. 1133).

391 SW V, S. 475 - 586.

392 Rudolf Haym: Herder nach seinem Leben und seinen Werken, Bd. 1. Berlin 1958, S. 573.

393 Ernst Cassirer: Freiheit und Form. Studien zur Geistesgeschichte. Berlin 1916, S. 183.

394 Ebd., S. 183.

395 Friedrich Meinecke: Die Entstehung des Historismus, Bd. 2. München (usw.) 1936, S. 418.

396 Ebd., S. 425.

397 Wolfgang Düsing: Die Gegenwart im Spiegel der Vergangenheit in Herders "Auch eine Philosophie der Geschichte". In: Bückeburger Gespräche über Johann Gottfried Herder 1983. Rinteln 1984, S. 35.

398 Friedrich Meinecke: Die Entstehung des Historismus, Bd. 2. München (usw.) 1936, S. 433.

399 Hans Georg Gadamer: Volk und Geschichte im Denken Herders. Frankfurt a.M. 1942, S. 13.

400 Hans Urs von Balthasar: Prometheus. Studien zur Geschichte des deutschen Idealismus. 2. Aufl. Regensburg 1967, S. 62.

401 Theodor Litt: Die Befreiung des geschichtlichen Bewußtseins durch Johann Gottfried Herder. In: Die Wiederentdeckung des geschichtlichen Bewußtseins. Heidelberg 1956, S. 133.

402 Rudolf Bultmann: Geschichte und Eschatologie. Tübingen 1958, S. 94.

403 Benno von Wiese: Der junge Herder als Philosoph der Geschichte. In: Von Lessing bis Grabbe. Studien zur deutschen Klassik und Romantik. Düsseldorf 1968, S. 37.

404 Herbert Girgensohn: Das Problem des geschichtlichen Fortschritts bei Iselin und Herder. Erlangen 1913, S. 56.

405 Wolfgang Düsing: Die Gegenwart im Spiegel der Vergangenheit. In: Bückeburger Gespräche über Johann Gottfried Herder 1983. Rinteln 1984, S. 47.

406 Ebd., S. 48.

407 SW V, S. 531.

408 In einer Fußnote seiner Schrift nennt Herder David Humes "Geschichte von Engl. und Vermischte Schr."; Robertsons "Gesch. von Schottland und Karl V."; D´Alemberts "mélanges de littérature et de philos."; Iselins "Gesch. der Menschheit, Th. 2. Vermischte Schriften, und was dem nachhinkt und nachhallet" (SW V, S. 530).

409 Eine solche Auffassung findet sich sogar noch in Hegels Geschichtsphilosophie. Nach Hegel beginnt die dritte Periode des germanischen Reiches, "die Periode des Geistes, der sich als freier weiß, indem er das Wahrhafte, Ewige, an und für sich Allgemeine will", mit der Reformation. Diese sei "die alles verklärende Sonne, die auf jene Morgenröte (der spätmittelalterlichen Entstehung von Kunst und Wissenschaft; Zusatz vom Verf.) am Ende des Mittelalters folgt". Georg Wilhelm Friedrich Hegel: Vorlesungen über die Philosophie der Geschichte. A.a.O. Ausg. Frankfurt a.M. 1970, S. 491.

410 SW V, S. 530.

411 Herbert Girgensohn: Das Problem des geschichtlichen Fortschritts bei Iselin und Herder. Erlangen 1913, S. 15.

412 Isaak Iselin: Geschichte der Menschheit. Karlsruhe 1784, Bd. 1, S. 16.

413 Ebd., S. 356. Ein tieferes Verständnis für die theologischen Ursachen und Beweggründe der Reformation bringt Iselin dagegen nicht auf; Luthers Entdeckung der Lehre von der Unfreiheit des Willens oder seine neuformulierte Sakramententheologie werden nicht einmal erwähnt.

414 Gerade hiergegen polemisiert Herder scharf: "Buchdruckerei erfunden! und wie sehr die Welt der Wißenschaften geändert! erleichtert und ausgebreitet! licht und flach worden! Alles kann lesen, buchstabieren - alles was lesen kann, wird gelehrt" (SW V, S. 533).

415 David Hume: Geschichte von Großbritannien, Bd. 8. Frankenthal 1786, S. 15.

416 William Robertson: Geschichte der Regierung Kaiser Karls des Fünften. 3. Teil. Wien 1819, S. 149.

417 Ebd., S. 150.

418 Ebd., S. 154.

419 Ebd., S. 158.

420 Wolfgang Düsing: Die Gegenwart im Spiegel der Vergangenheit. In: Bückeburger Gespräche über Johann Gottfried Herder 1983. Rinteln 1984, S. 33 - 49.

421 SW V, S. 512.

422 SW V, S. 513.

423 SW V, S. 530.

424 SW V, S. 531 f.

425 SW V, S. 532.

426 SW V, S. 533.

427 Ebd., S. 539.

428 Ebd., S. 532.

429 Herder verwendet den Begriff "Revolution" oder "revolutionär" hier nicht mehr im, innerhalb der zeitgenössischne Naturphilosophie des 18. Jahrhunderts gängigen, kosmologischen Sinn, der auf die astrologische Umwälzung der Himmelskörper bezogen war. Aber auch die moderne, soziolo-

gisch-politische Bedeutung dieses Begriffs trifft auf Herders Verständnis nicht zu. Er bezeichnet mit dem Wort "Revolution" ganz allgemein eine gewaltsame Veränderung der Dinge im Gegensatz zu einer auf ruhiger Evolution beruhenden, fortlaufenden Entwicklung.

430 Heinrich Bornkamm: Luther im Spiegel der deutschen Geistesgeschichte. Göttingen 1970, S. 25.

431 Ganz bezeichnend für Herders in Weimar vollzogene Sinneswandlung ist ein von ihm selbst nicht veröffentlichter Text, der ursprünglich als 17. Brief in die zweite Sammlung der zwischen 1793 und 1795 erschienenen "Briefe zu Beförderung der Humanität" aufgenommen werden sollten (SW XVII, Bd. 2, S. 332).

432 Jochen Schmidt: Die Geschichte des Genie-Gedankens in der deutschen Literatur, Philosophie und Politik 1750 - 1945, Bd. 1. Darmstadt 1985, S. 132 ff.

433 So habe beispielsweise Young in seinen 'Conjectures on Original Composition' bereits auf die Analogie von Genie und organischem Wachstum der Pflanzen hingewiesen: "Man kann von einem Originale sagen", so schreibt Young, "daß es etwas von der Natur der Pflanzen an sich habe: es schießt selbst aus der belebenden Wurzel des Genies auf; es wächset selbst, es wird nicht durch die Kunst getrieben". Edward Young: Gedanken über die Original-Werke. Aus dem Englischen von H.E. Teubern, Faksimiledruck nach der Ausgabe von 1760, Nachwort und Dokumentation zur Wirkungsgeschichte in Deutschland von Gerhard Sauder. Heidelberg 1977, S. 17 (Deutsche Nachdrucke, Reihe: Goethezeit, hrsg. von Arthur Henkel).

434 Augustinus läßt das 15. Buch der "Civitas Dei" mit der Entstehung der Menschheit, dem Engelsturz sowie der Vertreibung aus dem Paradies beginnen und endet im 22. Buch mit der Schilderung der Rückkehr zu Gott sowie der ewigen Seligkeit. Aurelius Augustinus: Der Gottesstaat. In deutscher Sprache von Carl Johann Perl. 2 Bde. Paderborn 1979.

435 Die notwendige Spezialuntersuchung über die Einflüsse der antiken Mythologie auf Herders Geschichtsanschauung fehlt leider immer noch.

436 SW V, S. 581.

437 SW V, S. 532 f.

438 Rudolf Haym: Herder, Bd. 1. A.a.O., S. 604 ff.

439 Justus Möser: Sendschreiben an Herrn von Voltaire über den Charakter Dr. Martin Luthers und über seine Reformation. In: Justus Möser: Sämtliche Werke. Bd. 5. A.a.O. Bedeutsam sind vor allem Mösers Einblicke in die Persönlichkeit des Reformators, die er gegen den Vorwurf eines primitiven Barbarismus in Schutz nimmt: "Diese (die Hochachtung Voltaires; Zusatz vom Verf.) verdient er (Luther; Zusatz vom Verf.) um so mehr, da sein Charakter aus großen Eigenschaften zusammengesetzt war, unter welchen sich vielleicht ausdrücklich darum einige Schwachheiten finden mußten, um zu zeigen, daß er ein Mensch und ein Mönch gewesen. Die Vorsicht hatte ihm ungestüme Leidenschaften als Triebfedern erhabner Tugenden gegeben: einen edlen Ehrgeiz; eine Herzhaftigkeit, die sogar der Geistlichkeit Kopf bieten konnte; einen heftigen Geist, der ziemlich im Stande war, aus so nützlichen Stürmen Vorteil zu ziehen". Ganz ähnlich wie später Herder oder Lessing argumentiert Möser, Luthers Leidenschaften seien die notwendigen Instrumente zur Einführung einer metaphysischen Wahrheit in den Bereich der immanenten Geschichte gewesen. Er beurteilt sie daher, ganz im Gegensatz zur gängigen Auffassung der Aufklärung, grundsätzlich positiv. "Gewisse Geister", so schreibt Möser, "die einen Menschen, der andächtig den Fußstapfen seiner Vorfahren nachschleichet, jenen außerordentlichen und kühnen Männern vorziehen, beschuldigen Luthern, daß er gar zu ehrgeizig gewesen sei. Allein diejenigen, welche ein Laster von derjenigen Leidenschaft zu unterscheiden wissen, deren widrige Bewegungen auf diesem Ozean notwendige Winde abgeben, sind hinlänglich überzeugt, daß ein Mann ohne Leidenschaften niemals weder ein vortrefflicher Betrüger noch ein großer Mann werden könne" (a.a.O., S. 414).

440 Ernst Walter Zeeden: Martin Luther und die Reformation im Urteil des deutschen Luthertums. Freiburg i.Br. 1950, Bd. 1, S. 320.

441 SW VIII, S. 251.

442 "Die Seele ist Eins und sie assimiliert zu Einem", so faßt Herder seine Theorie der menschlichen Erkenntnis zusammen (SW VIII, S. 289) und fährt fort: "Man ist gewohnt, der Seele Unterkräfte zu geben, Einbildung, Voraussicht, Gedächtnis, Dichtungsgabe: es sei! ihre innere Kraft aber ist gewiß nur Eine: Apperception ists, innere sich selbst erblickende Thätigkeit, Göttliches Bewußtseyn, mit der so denn selbst Freiheit, Gewißen, Verstand, Wille (Modifikationen von außen) im Grunde Eins sind" (SW VIII, S. 290).

443 SW VIII, S. 323.

444 Ebd.

445 Ebd., S. 324.

446 Ebd., S. 326.

447 SW VIII, S. 202.

448 Auf die große Bedeutung dieser Anthropologie, die Herder aus einer Theorie der menschlichen Erkenntnis heraus entwickelt, ist von der Forschung bisher kaum ausreichend hingewiesen worden.

449 SW VIII, S. 216 f.

450 SW VIII, S. 230.

451 SW VIII, S. 328 f.

452 SW VII, S. 214.

453 Bereits Haym bemerkte "eine geschichtsphilosophische Wendung", die Herder seiner erkenntnistheoretischen Studie gegen Ende der Abhandlung gebe. Haym, a.a.O, Bd. 1, S. 702. Jochen Schmidt geht sogar noch einen Schritt weiter, indem er die interessante These aufstellt, "bei Herder

(ergebe sich; Zusatz vom Verf.) aus dem Genie-Denken das geschichtliche Denken". Jochen Schmidt: Die Geschichte des Genie-Gedankens in der deutschen Literatur, Philosophie und Politik 1750 - 1945. Darmstadt 1985, Bd. 1, S. 135.

454 SW VIII, S. 326.

455 SW VIII, S. 329.

456 Alexander Gerard: Essay on Taste. A Faksimile Reproduction of the Third Edition (1780), ed. with an Introduction by Walter J. Hipple, Gainsville, Florida 1963. "It (genius; Zusatz vom Verf.)", so Gerard, "needs the assistance of taste, to guide and moderate his exertions". S. 76 f. Ganz ähnlich lautet Herders Forderung: "je mehr Kräfte ein Genie hat, je rascher die Kräfte würken, desto mehr ist der Mentor des guten Geschmacks nöthig" (SW V, S. 602). Das fessellose Genie ohne Maßhaltung sei, so heißt es an anderer Stelle, eine "verführende, negative Größe" (SW V, S. 605). Bedeutsam für Herders Verständnis der Person Luthers ist dabei die Tatsache, daß der Begriff "Genie" keineswegs bloß eine ästhetische und auf die Hervorbringung literarischer oder allgemein künstlerischer Produkte bezogene Kategorie darstellt, sondern darüber hinaus übergreifende Inhaltselemente seines Menschenbildes zum Ausdruck bringt.

457 SW VIII, S. 223.

458 So entwickelt etwa Schiller zwanzig Jahre später in seiner Auseinandersetzung mit dem ethischen Rigorismus Kants die Vorstellung von der "schönen Seele", in der auf harmonische Weise Pflicht und Neigung zusammenfließen. Ganz ähnlich kritisiert Herder diejenigen, "die mit lauter reinen Grundsätzen pralen, und Neigungen verfluchen, aus denen allein wahre Grundsätze werden" (SW VIII, S. 199). Anders als bei Schiller liegt für Herder allerdings der apriorische Grund der menschlichen Wesensharomnie im Begriff der "Natur".
Auch Goethes Humanitätsideal der "Wanderjahre" erinnert sehr stark an Herders hier entfaltete Standpunkte, wenngleich der zeitliche und geistesgeschichtliche Abstand zwischen beiden Auffassungen zu groß ist, um eine direkte Abhängigkeit geltend machen zu können. Immerhin vertreten

auch die "Wanderjahre", nicht jedoch die wesentlich stärker vom genialisch-individualistischen Lebensgefühl geprägten "Lehrjahre" eine Humanitätsvorstellung, die das Ideal der in den sozialen Verband verantwortlich integrierten, harmonisch entwickelten Persönlichkeit propagiert. Während nämlich die "Lehrjahre" den Protagonisten auf der Suche nach seiner Indivuduality beschreiben - ein Thema, das auch zum programmatischen Gedankengut des Sturm-und-Drang zählte -, schildern die "Wanderjahre" ihn auf der Suche nach seiner Stellung innerhalb einer als sinnvoll erkannten, sozialen und kooperativen Gesellschaftsform.

459 Es sind dies: Die 1775 erschienenen "Erläuterungen zum Neuen Testament aus einer neuveröffentlichten Quelle" (SW VII, S. 335 - 470), die ebenfalls 1775 erschienenen "Briefe zweener Brüder Jesu" (SW VII, S. 471 - 573) sowie das erst 1779 nach mehrmaliger Überarbeitung veröffentlichte "Buch von der Zukunft des Herrn, des Neuen Testamentes Siegel" (SW IX, S. 101 - 228).

460 Friedrich Christoph Schlosser: Geschichte des achtzehnten Jahrhunderts und des neunzehnten bis zum Sturz des französischen Kaiserreichs. Mit besonderer Rücksicht auf geistige Bildung. Bd. 4. Dritte, durchaus verbesserte Aufl. Heidelberg 1844, S. 217: "Herder wandte sich in Bückeburg als Geistlicher, und weil er seinen Blick nach Göttingen richtete, zur Theologie, aber zu academischen gelehrten Studien war doch eigentlich sein poetischer, jede Kenntniß schnell aber auch flüchtig auffassender und dichterisch schaffender Geist nicht geeignet".

461 SW VII, S. 10.

462 In seinen 'Briefen zweener Brüder Jesu' wendet sich Herder explizit gegen Luthers abschätzige Beurteilung des Jakobusbriefes. "Luther nannte den Brief", so schreibt er, "strohern; die Strohhülle erklärt sich aus dem vorigen; in ihr aber ist viel nahrhafte Frucht ..." (SW VII, S. 500). In einer Fußnote fährt Herder dann fort: "Luther nannte den Brief strohern. Der Zeitpunkt, in dem Luther schrieb und sahe, war, wie jeder weiß, enge und die Lieblingslehre, an der er sich hielt und zum Vortheil der Welt halten mußte, verengte ihm seinen Gesichtspunkt noch mehr. Die Sphäre des Geistes Gottes ist größer, als der Gesichtskreis

Luthers: wenn der Brief strohern ist, so ist in dem Stroh viel starke, feste, nahrhafte, nur unausgelegte unausgetretene Frucht" (SW VII, S. 500).

463 "Herder wollte überal", so urteilt etwa Schlosser, " n u r Poesie, n u r Schöpfungen seiner e i g e n e n Phantasie, er befehdete daher ebensowohl die berliner Schule als Lessing und die göttinger Jünglinge, sowohl die hannövrische, als die rechtgläubige Prosa. Das beweiset auch seine älteste Urkunde des Menschengeschlechts". Schlosser: Geschichte des achtzehnten Jahrhunderts. A.a.O., S. 219.

464 Br., Bd. 2, S. 259.

465 SW VIII, S. 591.

466 Herders Bückeburger Jahre sind insgesamt von einem wesentlich stärkeren Impuls gegen den Rationalismus der Aufklärung als gegen den Gefühlsüberschwang des Pietismus gekennzeichnet. "Ich habe durch keinen unsre Bibel", so schreibt er etwa Mitte Mai 1775 an Lavater, "lieber bekommen, als durch Kinder u. Narren das ist Mystiker u. Philosophen. Die Mystiker sind auch Philosophen nach ihrer Art, anders nicht zu betrachten, (sie entwickeln u. raisonniren aus ihrer Phantasie und Empfindung) u. im Ganzen zieh´ ich sie den Wolffianern weit vor ..." (Br., Bd. 3, S. 186). Bezeichnend für Herders extremen Antirationalismus der Bückeburger Jahre mag auch die Tatsache sein, daß gerade hier nach längerem Schweigen der Briefwechsel mit Hamann wieder aufgenommen wird, daß sich ein recht intensives Verhältnis zu Lavater ergibt und daß die Beziehung zu Claudius fortlaufend vertieft wird.

467 Insgesamt wird die humanistische und reformatorische Exegese von Herder wesentlich positiver bewertet, als die rationalistische und pietistische. So weist Thomas Willi darauf hin, daß Herders Urteile über die Schriften Luthers, des Erasmus, Melanchthons, Calixtus, Grotius u.a. durchweg günstig ausfällt, während Forscher wie Ernesti oder Michaelis scharf kritisiert werden. Thomas Willi: Herders Beitrag zum Verstehen des Alten Testaments. Tübingen 1971, S. 89.

468 "Und es bleibt Luthers wichtigste Tat in der Auslegungsgeschichte", so schreibt Heinrich Bornkamm, "daß er diesem trügerischen Schein (der allegorischen Auslegung; Zusatz vom Verf.) nicht mehr traute". Heinrich Bornkamm: Luther und das Alte Testament. Tübingen 1948, S. 211. Zum besseren Verständnis von Luthers Stellung in der Geschichte der Bibelauslegung vgl. auch: Karl Holl: Gesammelte Aufsätze zur Kirchengeschichte. Bd. 1: Luther. 6., neu durchges. Aufl. Tübingen 1932, S. 544 ff; Hermann Noltensmeier: Reformatorische Einheit: Das Schriftverständnis bei Luther und Calvin. Graz 1953.

469 SW VII, S. 78.

470 Br., Bd. 3, S. 240.

471 Friedrich Christoph Schlosser: Geschichte des achtzehnten Jahrhunderts. A.a.O., S. 223. Sehr wichtig scheint uns in diesem Zusammenhang Schlossers Hinweis auf die positive Bedeutung von Herders Arbeiten für die Entwicklung des Volksglaubens: "Er (Herder; Zusatz vom Verf.) setzte daher", so Schlosser, "die älteste Urkunde sowohl der Lehre der alten Orthodoxen als der neuen des göttinger Orakels entgegen, und machte aus den ersten Capiteln des ersten Buchs Mosis eine uralte poetisch philosophische Urkunde oder Allegorie. Seine reiche Phantasie gab ihm auf diese Weise zu einer Zeit, wo jedermann die Bibel modernisierte, um den Volksglauben zu reformieren, ein Mittel, den Volksglauben zu vertheidigen und aufrecht zu halten, ohne zu heucheln oder zu sophistisieren, weil er selbst ja von seiner Phantasie eingenommen war und andere mächtig fortriß. Er fand daher auch für seine Religionspoesie, die er zur Religionsphilosophie erhob, einen sehr großen Anhang unter denen, welche den Fragmentisten (Lessing; Zusatz vom Verf.) für frivol, Bahrdt für einen Mann ohne Geschmack, die Rationalisten für unbedachtsam und oberflächlich, die Vertheidiger des alten Glaubens für matt und den Forderungen der Zeit ihrem Bedürfnis entgegenstrebend hielten". Schlosser, a.a.O., S. 219 f.

472 Hans-Joachim Kraus: Geschichte der historsich-kritischen Erforschung des Alten Testaments. 3., erw. Aufl. Neukirchen 1982. "... allein von Hamann her ist Herder", so Kraus, "in seinen alttestamentlichen Forschungen recht zu verstehen" (a.a.O., S. 116). Hilfreich zum Verständnis dieser Zusammenhänge ist auch die konzise Einführung Sven-Age Joergensens: Johann Georg Hamann. Stuttgart 1976.

473 Johann Georg Hamann: Sämtliche Werke, historisch-kritische Ausgabe. Hg. von Josef Nadler, Bd. 1. Wien 1949, S. 5.

474 Hans-Joachim Kraus: Geschichte der historisch-kritischen Erforschung des Alten Testaments. A.a.O., S. 115.

475 Johann Georg Hamann: Sämtliche Werke, Bd. 1. A.a.O., S. 9f.

476 Ebd., S. 315.

477 Hans-Joachim Kraus: Geschichte der historsich-kritischen Erforschung des Alten Testaments. A.a.O., S. 125.

478 Eine eingehendere theologische Behandlung dieser Zusammenhänge müßte dringend - sowohl aus theologischer wie aus germanistischer Perspektive - zum Gegenstand einer selbständigen Spezialuntersuchung gemacht werden. Eine immer noch nicht überholte Darstellung des theologiegeschichtlichen Hintergrundes bietet Karl Aner: Theologie der Lessingzeit. Halle/Saale 1929.

479 Hans-Joachim Kraus: Geschichte der historisch-kritischen Erforschung des Alten Testaments. A.a.O., S. 118.

480 SW VII, S. 276.

481 Diesen Grundsatz wendet Herder nicht nur auf seine Deutung der Offenbarungs-, sondern auch der Weltgeschichte und konkret der Reformation an: "Auf diese Weise", so schreibt er, "(man lese die Schriften Luthers die Länge hinunter!) war die ganze Reformation Kasual: jedes Wort und

Schimpfwort Luthers flog wie ein Pfeil zum Ziel, und Einen Augenblick ihn als den unbestimmten Schwätzer, das Trödeling für alle Zeiten gedacht - der ganze Luther ist verschwunden!" (SW VII, S. 276 f).

482 Der Begriff "Orthodoxie" gehört in die protestantische Theologiegeschichte und bezeichnet die unmittelbar auf Luther folgende Epoche.

483 Horst Stephan: Luther in den Wandlungen seiner Kirche. A.a.O., S. 24.

484 Ebd., S. 24.

485 SW VII, S. 272.

486 SW VII, S. 305.

487 SW VII, S. 278.

488 SW VII, S. 279.

489 Heinrich Bornkamm: Luther im Spiegel der deutschen Geistesgeschichte. Göttingen 1970, S. 24.

490 "Tatsächlich hat Herder", so Bluhm, "Luthers Lehre (von der Unfreiheit des menschlichen Willens; Zusatz vom Verf.) ins mehr Philosophisch-Allgemeinmenschliche umgebogen. ... Damit ist der Ursinn der Schrift Luthers gebrochen". Heinz Bluhm: Herders Stellung zu Luther. A.a.O., S. 172 f.

491 "Von daher" (dem Gedanken, Gottes Tun offenbare sich in der Geschichte ebenso, wie in der Natur; Zusatz vom Verf.), so Bornkamm, "gewinnt Herder ein elementares, durchaus religiöses Verständnis für Luthers Lehre vom unfreien Willen". Heinrich Bornkamm: Luther im Spiegel der deutschen Geistesgeschichte. Göttingen 1970, S. 25.

492 SW VIII, S. 202. Obwohl dieser Text erst 1778, also in Weimar, erschien, gehört er, wie Heinz Bluhm richtig bemerkt, aufgrund seiner Entstehungsgeschichte sowie seiner inhaltlichen Gesamttendenz eindeutig in die Bückeburger Zeit. Heinz Bluhm: Herders Stellung zu Luther. A.a.O.,

S. 173.

493 SW VIII, S. 308.

494 SW XX, S. 69.

495 Desiderius Erasmus: De libero arbitrio Diatribe sive collatio. In: Erasmus von Rotterdam. Ausgewählte Schriften. Ausg. in 8 Bänden. Lat. und Dt. Hg. Werner Welzig, Bd. 4. Darmstadt 1969, S. 36.

496 Martin Luther: De servo arbitrio. WA XVIII, S. 638.

497 Hans Georg Gadamer: Volk und Geschichte im Denken Herders. Frankfurt a.M. 1942, S. 9.

498 Karl Barth: Die protestantische Theologie im 18. Jahrhundert. Ihre Vorgeschichte und ihre Geschichte. 2. Aufl. Zürich 1952, S. 63.

499 Ebd., S. 62.

500 Ebd., S. 63. Ganz ähnlich beurteilt Emanuel Hirsch die geistige Gesamtsituation zu Beginn des 18. Jahrhunderts: "Das allgemeine geistige Element der Zeit", so Hirsch, "von der Mitte des achtzehnten bis reichlich zur Mitte des neunzehnten Jahrhunderts alle einzelnen Leistungen und Bewegungen durchdringend, ist der Sinn für freie Menschlichkeit, die sich ihres Wesens, ihres Rechtes und ihrer Grenzen bewußt wird und aus einem in sich gegründeten Verständnis ihrer selbst die Rätsel des Daseins und die Ziele des Lebens und Wirkens sich zu bestimmen sucht". Geschichte der neueren evangelischen Theologie im Zusammenhang mit den allgemeinen Bewegungen des europäischen Denkens, 3. Bd. Gütersloh 1951, S. 7.

501 Wilhelm Lütgert: Die Religion des deutschen Idealismus und ihr Ende. Erster Teil. Die religiöse Krisis des deutschen Idealismus. 2. Aufl. Gütersloh 1923, S. 3.

502 Ebd., S. 5.

503 Ernst Cassirer: Philosophie der Aufklärung. Tübingen 1932, S. 93, passim.

504 Heinrich Bornkamm: Luther im Spiegel der deutschen Geistesgeschichte. A.a.O., S. 16 f.

505 Friedrich Christoph Ammon: Handbuch der christlichen Sittenlehre. 3 Bde. Leipzig 1823 - 1829. Bd. 1, S. 77.

506 Friedrich Germanus Lüdke: Über Toleranz und Geistesfreiheit. Berlin 1774, S. 204.

507 Johann Salomo Semler: Lebensbeschreibung, von ihm selbst verfaßt. 2 Bde. Halle 1781 f. Hier: Bd. 2, S. 234 ff.

508 Ebd., S. 128 ff.

509 Wir möchten auf die Ausführungen Johann Salomo Semlers deshalb etwas ausführlicher eingehen, weil in ihnen sehr deutlich die Standpunkte eines typischen Aufklärungstheologen hervortreten.

510 Johann Salomo Semler: Versuch eines fruchtbaren Auszugs der Kirchengeschichte. 3 Bde. Halle 1773 - 1778. Hier: Bd. 2, S. 16 f.

511 Br., Bd. 4, S. 20.

512 Br., Bd. 4, S. 25.

513 "Sonst ist hier alles noch", so schreibt Herder in demselben Brief an Hamann, "recht Lutherischpapistisch dem Äußeren nach, wie im Innern kein Schatte von Luther gefühlt wird" (Br., Bd. 4, S. 26).

514 "Der Herzog, ein guter Naturvoller Mensch, der manchmal Blicke thut, daß man erstaunet, ist mir gut, besucht mich zuweilen, wir haben aber weiter keine Gemeinschaft zusammen, als bei Concerten, oder der Tafel, wenn ich zu ihr geladen werde" (Br., Bd. 4, S. 26 f).

515 Eugen Kühnemann: Herder. Zweite, neu bearb. Aufl. München 1912, S. XXIII.

516 Heinz Bluhm weist allerdings zu Recht darauf hin, daß es zwischen 1786 und 1792 zu einem "mehr als fünfjährigen Schweigen über Luther" gekommen sei. Heinz Bluhm: Herders Stellung zu Luther. A.a.O., S. 158.

517 Vor allen Dingen die 1793 erschienene zweite Sammlung der Humanitätsbriefe bringt im 17. bis 19. Teil eine komprimierte Fassung von Herders handschriftlichen Vorstudien. Die drei Briefe stehen unter folgenden Überschriften: "Luthers Gedanken von der Regimentsveränderung" (SW XVII, S. 82 - 86 = 17. Brief), "Luther ein Lehrer der Deutschen Nation. Seine Gedanken vom Pöbel und von den Tyrannen" (SW XVII, S. 87 - 91 = 18. Brief), "Vom Eckstein der menschlichen Gesellschaft. Lob der Deutschen von Luther" (SW XVII, S. 91 - 93 = 19. Brief).

518 SW XVII, S. 509 - 511. Vergleicht man diese Sammlung Herders mit jener in Bückeburg entstandenen ersten Zusammenstellung von Lutherzitaten, so fällt auf, daß Herder in Weimar von einer wesentlich breiteren Textbasis ausgeht. Die Bückeburger Exzerpte hatten sich ja ausschließlich auf die zwischen 1517 und 1522 entstandenen, im ersten Band der Jenaer Lutherausgabe von 1556 enthaltenen Schriften des Reformators beschränkt.

519 Heinz Bluhm: Herders Stellung zu Luther. A.a.O., S. 165.

520 SW XVI, S. 230.

521 Ebd., S. 231. "Bodmer hat diesen Schaden", so schreibt Herder in Anerkennung von dessen Verdiensten um die Pflege der alt- und mittelhochdeutschen Literatur, "sehr beklagt, der in manchem Betracht auch nie ersetzt ward" (ebd.).

522 SW XVI, S. 231.

523 Ebd., S. 230.

524 Ebd., S. 231.

525 SW XI, S. 25.

526 Ebd., S. 195.

527 SW XII, S. 196.

528 SW XXVII, S. 276.

529 SW XV, S. 487.

530 SW XVI, S. 230.

531 SW XXIV, S. 48.

532 SW XXI, S. 268.

533 SW VII, S. 214.

534 SW VII, S. 258.

535 SW VII, S. 190.

536 Ebd.

537 In einem vom 9. März 1759 datierenden Brief an Lindner schreibt Hamann: "Was für eine Schande für unsere Zeit, daß der Geist dieses Mannes, der unsere Kirche gegründet, so unter der Asche liegt. Was für eine Gewalt der Beredsamkeit, was für ein Geist der Auslegung, was für ein Prophet!" Johann Georg Hamann: Schriften. Hrsg. von Friedrich Roth. München 1821 ff. Bd. 1, S. 343.

538 Johannes Bugenhagen beispielsweise liefert in seiner am 22. Februar 1546 in Wittenberg gehaltenen Leichenpredigt auf den Reformator ein frühes Zeugnis für eine maßlose und völlig überzogene Luther-Idolatrie: "Denn er (Luther; Zusatz vom Verf.) war ohn Zweifel der Engel", so Bugenhagen, "davon in der Apokalypsi 14. Kapitel steht: 'Und ich sahe

einen Engel fliegen mitten durch den Himmel, der hatte ein Evangelium zu verkünden denen, die auf Erden sitzen und wohnen ...´". Zit. nach: Karl Eduard Förstemann: Denkmale dem D.M. Luther von der Liebe und Hochachtung seiner Zeitgenossen errichtet und zur dritten Säkularfeier seines Todes herausgegeben. Nordhausen 1846, S. 88 f.
Ähnlich enthusiastisch äußert sich Michael Coelius in seiner am 20. Februar 1546 in Eisleben auf Luther gehaltenen Leichenpredigt: "Es soll niemand, der Gottes Wort und Wahrheit erkannt hat und liebt", so Coelius, "daran zweifeln, daß dieser Mann, des selige Leiche wir noch allhie vor unsern Augen sehen stehen, das Amt in der Kirche geführt, welches zu seiner Zeit Elias und Jeremias, Johannes der Täufer oder der Apostel einer geführt haben". Zit. nach: Luthers Werke. Altenburger Ausgabe, Tom VIII, 1662, S. 853.
Auch die Darstellung Luthers als eines deutschen Propheten findet sich bereits in der Orthodoxie. So schreibt der erste Biograph des Reformators, Johannes Mathesius: "Weyl aber Gott dem hochgelobten Deutschen lande, als dem rechten Japhiten, die Kaiserliche hoheit, Kron und Scepter am ende der welt gönnet und schicket jnen nun ein Deutschen Propheten dazu, stehet D. Luther auff und prediget unnd schreibet als ein Deutscher Prophet öffentlich ...". Johannes Mathesius: Historien / Von des Ehrwirdigen in Gott Seligen thewren Manns Gottes / Doctoris Martini Luthers / anfang / lehr / leben und sterben / ... . Nürnberg 1566. Kritische Ausgabe des Originals von G. Loesche: Johannes Mathesius: Ausgewählte Werke, Bd. 3. Prag 1906, S. 37 f.

539 Auf die Tatsache, daß der Bückeburger Herder vor allem das Allgemein-Menschliche an der Person Luthers hervorhebt, weist Wilhelm Ludwig Federlin: Das Reformationsbild Herders. In: Bückeburger Gespräche über Johann Gottfried Herder 1983. Rinteln 1984, S. 149 f hin.
Herbert von Hintzenstern zitiert in seinem Beitrag zum Lutherbild Johann Gottfried Herders einen vom 9.11.1771 datierten Brief an den Erbprinzen von Holstein-Gottorp, in dem Herder sich vom überzogenen Lutherbild der Orthodoxie abgrenzt: "Kein vernünftiger Mensch hält Luther für einen Christus, oder für einen begeisterten göttlichen Propheten wie die in der heiligen Schrift - kein Mensch in der Welt hält ihn dafür. Er war ein Mann wie ich und jeder Dritte, hatte Gutes und Fehler, Stärke und schwache Seiten" (Br., Bd. 2, S. 96). Herbert von Hintzen-

stern: Herders Lutherbild. In: Bückeburger Gespräche über Johann Gottfried Herder 1983. Rinteln 1984, S. 162.

540 SW VII, S. 214.

541 SW VIII, S. 230.

542 Gotthold Ephraim Lessing: Sämtliche Schriften. Hrsg. von Karl Lachmann und Franz Muncker, 1886 - 1924. Bd. 5, S. 43.

543 Friedrich der Große: Oeuvres. Bd. XVIII, S. 238. An anderer Stelle schreibt Friedrich der Große: "Ein sächsischer Mönch von verwegenem Mute, voll lebhafter Einbildungskraft, klug genug, um die Gärung der Geister zu benutzen, ward zum Haupt der Partei, die sich gegen Rom erklärte. Dieser neue Bellerophon warf die Chimäre zu Boden, und die Verzauberung schwand. Sieht man bloß auf die plumpen Grobheiten seines Stils, so erscheint Martin Luther zwar nur als polternder Mönch, als ein roher Schriftsteller eines noch wenig aufgeklärten Volkes. Wirft man ihm aber auch mit Recht sein ewiges Schelten und Schimpfen vor, so muß man doch bedenken, daß die, für die er schrieb, nur bei Flüchen warm wurden, aber Gründe nicht verstanden". Friedrich der Große: Oeuvres. Hrsg. von der Preußischen Akademie der Wissenschaften, 1846 ff. Bd. VII. S. 140.

544 Thomas Mann: Deutschland und die Deutschen. In: Reden u. Aufsätze. Bd. 3, S. 1159 (Gesammelte Werke in 13 Bänden. 2., durchges. Aufl. Frankfurt a.M. 1974).

545 Ähnlich tiefe Einblicke in die Persönlichkeit des Wittenberger Reformators gelangen Justus Möser. "Die Vorsehung gab ihm" (Luther), so schreibt Möser in seinem bereits erwähnten Brief an Voltaire, "feurige Leidenschaften, den Motor hoher Tugenden - einen edlen Stolz, einen Mut, selbst dem Klerus entgegen zu treten, einen Geist, der ungestüm und doch duldsam genug ist, alle diese nötigen Stürme nutzbar zu machen. ... Obgleich Luther Reformator war, war er weder fanatisch noch enthusiastisch; und ohne daß er ein sonderbarer und wilder Pedant war, war seine Unterhaltung anregend, sein Humor lebhaft, waren seine Antworten stark und glücklich ...". Aber auch die negativen Seiten seiner

Persönlichkeit beschreibt Möser: "Man warf ihm jedoch mit Recht vor, daß er nicht immer mit genügend Umsicht handelte, daß er einigemal den äußeren Schein vernachlässigt hätte; daß er kaum auf feine Diskretion achtete, daß er sich durch Beleidigungen seiner Gegner fortreißen ließ, ihnen Gleiches zu tun; daß er sich zu wilde, blutige Ausbrüche erlaubte ...". Dennoch aber kommt Möser zu dem Schluß, "daß diese Mischung mit menschlichen Schwächen durchaus nicht die Kraft seiner göttlichen Berufung schmälert. ... Eine über das gewöhnliche hinausgehende Größe hat gewöhnlich nicht die Reinheit des Mittelmäßigen ...". Justus Möser: Lettre à Mr. de Voltaire contenant un Essai sur le caractère du Dr. Martin Luther et sa Réformation. 5. Sept. 1750. Deutsche Übers. von M. von Zitzewitz. Sämtliche Werke, neugeordnet und gemehrt von B.R. Abeken. 1842/43. Bd. 5, S. 215 ff.

546 SW XV, S. 248.

547 SW XVII, S. 87.

548 SW VII, S. 272.

549 Jakob Baechthold (Hrsg.): Aus dem Herderschen Hause. Aufzeichnungen von Johann Georg Müller. Berlin 1881, S. 31 f.

550 Wilhelm Ludwig Federlin macht in diesem Zusammenhang darauf aufmerksam, daß die marxistische Herderrezeption nur scheinbar universalistisch ist, daß heißt von allen angesprochenen Wissenschaftsdisziplinen in gleichberechtigter Weise betrieben wird. "... nur scheinbar", so Federlin, "dürfen alle Wissenschaften Herder ihre Ehrerbietung machen. Es fehlt unter ihnen aber die Theologie ebenso wie eine überzeugende Würdigung von Herders durchgehender praktisch-theologischer Tätigkeit". Wilhelm Ludwig Federlin: Vom Nutzen des geistlichen Amtes. Göttingen 1982, S. 22. Die ideologische Präokkupation, von der die marxistische Herderinterpretation eingeengt wird, kommt zum Beispiel auch in Walter Dietzes Deutungsansatz zum Ausdruck, wenn es etwa heißt, Herders Werk müsse vor "ideologischen Gegnern" geschützt werden, die es zur Waffe einer "antisozialistischen Kulturpolitik" mißbrauchen könnten. Walter Dietze: Johann Gottfried Herder. Berlin 1980, S. 13. Ähnlich argumentiert Wolfgang Förster,

wenn er Herders "universalen Historismus" als "Waffe von hoher Sprengkraft in den antifeudalen Kämpfen des deutschen Bürgertums" bezeichnet. Wolfgang Förster: Geschichtsphilosophie und Humanitätsbegriff Herders. In: Jahrbuch für Geschichte, 19(1979), S. 15.

551 Die Forschung unterscheidet innerhalb von Herders Weimarer Schaffenszeit eine stärker humanistisch orientierte Früh- und eine, durch die Wiederaufnahme theologischer Fragestellungen gekennzeichnete, stärker religiös geprägte Spätphase. Diese Spätphase beginne mit dem Erscheinen der ab 1793 veröffentlichten "Christlichen Schriften". Diese Periodisierung verwendet zum Beispiel Heinz Bluhm: Herders Stellung zu Luther. A.a.O., S. 158 ff an sowie Lutz Winckler: Martin Luther als Bürger und Patriot. Hamburg 1969.

552 Lutz Winckler: Martin Luther als Bürger und Patriot. Hamburg 1969, S. 49.: "Die Ursprünge der patriotischen Frömmigkeit wurden im 18. Jahrhundert gelegt. Herder prägte den Begriff der Nationalreligion".

553 SW XXIV, S. 48.

554 SW XXIV, S. 47 f.

555 SW XXIV, S. 48 f.

556 Heinz Bluhm: Herders Stellung zu Luther. A.a.O., S. 174.

557 Heinz Bluhm: Herders Stellung zu Luther. A.a.O., S. 176.

558 Horst Stephan: Luther in den Wandlungen seiner Kirche. 2. Aufl. Berlin 1951, S. 36.

559 Wir verwenden zur Darstellung dieses Sachverhaltes mit den Begriffen `Limes-Figur´ und `Epochenwende´ Termini, die Hans Blumenberg in seiner Abhandlung: Aspekte der Epochenschwelle: Cusaner und Nolaner. Frankfurt a.M. 1976, entwickelt hat. "Die Forderung nach dem signifikanten Datum der Scheidung der Geister und ihrer Zeiten", so führt Blumenberg dort aus, "konnte eine Epoche, die sich selbst als eine solche gewollt haben

will, nur in einer weithin sichtbaren und wirksamen Limes-Figur, erfüllt sehen. Kolumbus und Luther, Kopernikus und Descartes schienen solche Sinnfälligkeit anzubieten ..." (ebd., S. 21). Zum Begriff der `Epochenwende´ heißt es an anderer Stelle: "Die Epochenwende ist ein unmerklicher Limes, an kein prägnantes Datum oder Ereignis gebunden. Aber in einer differentiellen Betrachtung markiert sich eine Schwelle, die als entweder noch nicht erreichte oder schon überschrittene ermittelt werden kann" (ebd., S. 20).

560 SW XVII, S.87 f.

561 Ebd., S. 87.

562 Hegel läßt im vierten Teil seiner `Philosophie der Geschichte´, in dem die Entstehung und Entwicklung der `germanischen Welt´ behandelt wird, die `Neue Zeit´ mit der Reformation beginnen. Diese habe durch die Einführung des Prinzips der Subjektivität und der `Gewißheit des Individuums´ ... "das neue, das letzte Panier aufgetan, um welches die Völker sich sammeln, die Fahne des freien Geistes, der bei sich selbst und zwar in der Wahrheit ist und nur in ihr bei sich selbst ist" (496). Ganz ähnlich wie Herder schreibt Hegel dann zur Würdigung der historischen Leistung Luthers: "Luther hat diese Autorität (der Kirche; Zusatz vom Verf.) verworfen und an ihre Stelle die Bibel und das Zeugnis des menschlichen Geistes gesetzt. Daß nun die Bibel selbst die Grundlage der christlichen Kirche geworden ist, ist von größter Wichtigkeit: Jeder soll sich nun selbst daraus belehren, jeder sein Gewissen daraus bestimmen können. ... Die Übersetzung, welche Luther von der Bibel gemacht hat, ist von unschätzbarem Werte für das deutsche Volk gewesen. Dieses hat dadurch ein Volksbuch erhalten, wie keine Nation der katholischen Welt ein solches hat; sie haben wohl eine Unzahl von Gebetbüchlein, aber kein Grundbuch zur Belehrung des Volkes". Georg Wilhelm Friedrich Hegel: Vorlesungen über die Philosophie der Geschichte. Ausg. Frankfurt a.M. 1970. A.a.O., S. 497 f.

563 Die viel diskutierte Frage, ob Herder nun der Literaturepoche der Weimarer Klassik zuzuordnen sei oder nicht, kann unseres Erachtens nur dann sinnvoll beantwortet werden, wenn vorher der Begriff "Klassik" ein-

deutig definiert wurde. Wir vertreten die Ansicht, daß Herder zu den Schriftstellern der deutschen Klassik gerechnet werden kann, sofern man diesen Begriff historisch versteht und auf eine bestimmte Literaturepoche bezieht. Versteht man diesen Begriff jedoch im normativen Sinn und hebt dabei auf ganz spezifische, von Schiller und Goethe entwickelte literarästhetische Bestimmungskriterien ab, die zu seiner Geltung erfüllt sein müssen, so wird man Herder sicherlich nicht zur Epoche der deutschen Klassik rechnen dürfen.

564 SW I, S. 372.

565 So schreibt Herder beispielsweise noch im zweiten Teil seiner 1799 erschienenen, gegen Kant gerichteten Abhandlung 'Vernunft und Sprache Eine Metakritik zur Kritik der reinen Vernunft': "Sobald man aber in seiner Sprache zu denken wagte, ließ sich der gesunde Verstand nicht überwältigen; er warf die fremden Wortlarven ab, anerkennend seine Begriffe, in seiner Sprache". In einer Anmerkung dazu heißt es dann: "Auch hier war Luther für uns Deutsche ein hochverdienter Mann. In einer männlichen Verstandessprache machte er der Philosophie Raum; er stürzte auf dem Felde, das er tapfer bearbeitete, die Scholastik ..." (SW XXI, S. 268).

566 Ernst Walter Zeeden: Martin Luther und die Reformation im Urteil des deutschen Luthertums, Bd. 1. Freiburg 1950, S. 324.

567 SW XVIII, S. 512 f. Auf die in diesen Ausführungen implizit enthaltenen kulturgeschichtlichen Aspekte möchten wir im folgenden Abschnitt näher eingehen.

568 Heinrich Heine: Zur Geschichte der Religion und Philosophie in Deutschland. Werke. Aufbau-Verlag, Berlin 1961. Bd. 5, S. 200.

569 Die Bildungsgeschichte der neueren Welt sei zwar, so führt Fichte aus, das Ergebnis einer Wechselwirkung zwischen der romanischen und der germanischen Völkergemeinschaft, dennoch aber komme den Deutschen innerhalb dieses Prozesses die Rolle des Vollenders, den Romanen lediglich die des Anregers zu. Johann Gottlieb Fichte: Reden an die deutsche Nation. Kröner Bd. 35, o.J. S. 96 f.

570 Friedrich Ludwig Jahn: Deutsches Volksthum. Lübeck 1810, S. 11.

571 Vgl. hierzu die zusammenfassende Darstellung Lutz Wincklers: Martin Luther als Bürger und Patriot. Hamburg 1969.

572 Lutz Winckler: Martin Luther als Bürger und Patriot. Lübeck 1969, S. 54.

573 Vgl. hierzu: Karl Holl: Die Bedeutung der großen Kriege für das religiöse und kirchliche Leben innerhalb des deutschen Protestantismus. Tübingen 1917.

574 Im Geschichtsbild und den politischen Anschauungen solcher Schriftsteller kommt es geradezu zu einer Gleichsetzung und beliebigen Austauschbarkeit religiöser und patriotischer Vorstellungskategorien, von Heilsgeschichte und politischer Profangeschichte. Napoleon etwa wird, wie bei Ludwig Roediger, als Gottesgeißel und Gericht über das deutsche Volk apostrophiert, die Wiedergewinnung der nationalen Freiheit als heiligste Aufgabe der Gegenwart bezeichnet. Ludwig Roediger: Ein deutsches Wort an Deutschlands Burschen, gesprochen bei dem Feuer auf dem Wartenberg bei Eisenach am 18ten des Siegesmondes im Jahr 1817, dem dritten Jubeljahr der Geistesfreiheit. Jena 1817.

575 Lutz Winckler: Martin Luther als Bürger und Patriot. A.a.O., S. 55.

576 In Arndts Lutherbild verbindet sich die patriotische Komponente mit einer ausgesprochen kämpferischen Note. Die Reformation gilt ihm vor dem Hintergrund des bedrückenden gegenwärtigen Zustandes als nationale Befreiungstat von exemplarischem Charakter: "Was für ein Geschlecht bist du geworden, Luthers Volk, der durch dich die Welt erleuchtete und

befreite, der so laut und kühn zu dir sprach, dir und deiner Tugend so unendlich vertraute und der Zukunft Großes von dir gelobte? Ach! wohin ist deine Prophetenstimme gefahren, Mann Gottes? Wo sind deine Hoffnungen geblieben? Komm hernieder aus deinem hellen Himmel und fliehe zornig zurück ... Denn was willst du sehen? Die Fürsten uneins, habsüchtig und mit Fremden des Truges gegen das Vaterland pflegend, diese Fremden als die Tyrannen übermütig herrschend und gebietend und der weiland gefürchteten deutschen Tapferkeit spottend - es sind die Franzosen, die du im Leben hier unten nie leiden konntest, jene Affen, die alles Heilige zum Spaß erniedrigen, jene Listigen, vor welchen du deine Zeitgenossen warntest - alles im Elend Verzweifelte, in der Schande der Ehre vergessend, die Herzen stumm und dienstbar, das Volk zertreten und dienstbar. ... Ist das alte, große, deutsche Herz, wovon so viel geschrieben und gesungen steht, nicht in hellen Flammen erglüht, und zittert der Feind nicht, und baut sich Brücken über den Rhein? Ach, wie du fragst, heiliger alter Seher! Das sind die Deutschen mit Keulen und Lanzen nicht mehr. Sie sind Kosmopoliten geworden und verachten die elende Eitelkeit, ein Volk zu sein; feine, leichte und aufgeklärte Gesellen sind es, ohne Vaterland, Religion und Zorn ...". Ernst Moritz Arndt: Ausgewählte Werke. Hrsg. von Meisner u. Geerds. Leipzig 1908. Bd. 10, S. 27.

577 Jakob Friedrich Fries: Rede an die deutschen Burschen zum 18ten October 1817. Abgedr. bei: G.W. Kieser: Das Wartburgfest am 18. October 1817. In seiner Entstehung, Ausführung und Folgen. Nach Actenstücken und Augenzeugnissen. Nebst einer Apologie der academischen Freiheit und 15 Beilagen. Jena 1818, S. 50 f.

578 Wie zürückhaltend und bedachtsam der "Weimarer Musenhof" in weltanschaulich kontroversen Fragestellungen - zu denen ja auch die Diskussion politischer Tagesereignisse gehört - zu verfahren gewohnt war, wird aus einer zwischen Wieland und Herder entbrannten Auseinandersetzung deutlich, in welcher Wieland einen noch in Bückeburg entstandenen Hutten-Aufsatz Herders, der im "Teutschen Merkur" erscheinen sollte, scharf kritisierte. Herders Beitrag, in dem Ulrich von Hutten leidenschaftlich gegen den in seiner Darstellung schöngeistigen, aber intriganten Erasmus in Schutz genommen wird, wurde von dem überall auf Ausgleich und

Vermittlung bedachten Wieland mit einem Nachwort versehen, in welchem dieser sich vom leidenschaftlichen und parteiischen Ton Herders distanzierte. Ganz interessant ist in diesem Zusammenhang übrigens die Tatsache, daß Herder seinen Hutten-Aufsatz in überarbeiteter und gewissermaßen domestizierter Form 1793 noch einmal veröffentlichte, wobei er im Vorwort ausdrücklich darauf hinwies, er habe kein politisches Porträt Huttens zeichnen wollen: "In einen politischen Plan ist", so Herder, "... Hutten nie verflochten gewesen; Hutten war kein Politicus, und that, was er that, für die gute Sache des Vaterlandes, für Religion und Wahrheit" (SW XVI, S. 134). Noch deutlicher und mit voller Absicht zum ästhetischen Programm erhoben erscheint diese zwiespältige Haltung zur aktuellen Tagespolitik in Goethes 1795 auf Anregung Schillers entstandenen und dann in den "Horen" erschienenen "Unterhaltungen Deutscher Ausgewanderten". Ähnlich wie in Boccaccios "Decamerone" wird hier ein Gesellschafts- und Bildungsideal vertreten, das es sich zum Ziel setzt, die divergierenden Meinungen zum Zeitgeschehen durch die zusammenführende und politische Differenzen ignorierende Kraft einer poetischen und literarischen Unterhaltung zu überwinden. Das Ideal der "geselligen Bildung" wird, wie die Baronesse in den "Unterhaltungen" es ausdrückt, über das Ideal einer politischen Bildung gestellt.

579 Dieses Exzerpt findet sich im Nachlaß unter der Signatur N X, 3.

580 SW XVII, S. 82 - 86.

581 SW XVII, S. 88 - 91.

582 SW XVII, S. 91 - 92.

583 SW XVIII, S. 510. Die Vorrede wurde mit Angabe der jeweils zitierten Luther-Stellen im Anhang zu den Humanitätsbriefen veröffentlicht (SW XVIII, S. 509 - 511).

584 Zitiert aus dem handschriftlichen Nachlaß Herders: N X, 3.

585 Zitiert aus dem handschriftlichen Nachlaß: N X, 3.

586 Zitiert aus dem handschriftlichen Nachlaß: N X, 3.

587 Herders kritische Vorbehalte gegen die Staatsform des aufgeklärten Absolutismus kommen schon in der 1774 entstandenen Bückeburger Geschichtsphilosophie zum Ausdruck. "Regenten! Hirten! Pfleger der Völker! - ihre Kraft mit den Triebfedern unsrer Zeit ist halbe Allmacht! Schon ihr Bild, ihr Anschauen, ihr Belieben, ihre schweigende, nur geschehenlaßende Denkart - sagt ihnen ihr Genius nur, daß sie zu was Edlerm da sind, als mit einer ganzen Heerde, als Maschiene, zu eigen - es sei auch so glorreichen Zwecken - zu spielen ..." (SW V, S. 571).
Am 8. Januar notiert Georg Müller nach einem Gespräch mit Herder "Er (Herder; Zusatz vom Verf.) ist dem Adel schrecklich feind, weil er der Menschengleichheit und allen Grundsätzen des Christentums entgegen und ein Monument der menschlichen Dummheit ist". Zit. nach: Alfred Stern: Der Einfluß der französischen Revolution auf das deutsche Geistesleben. Stuttgart 1928, S. 120.

588 Zitiert aus dem handschriftlichen Nachlaß: N X, 3.

589 SW XVII, S. 82.

590 Heinrich Bornkamm: Luther im Spiegel der deutschen Geistesgeschichte. A.a.O., S. 18.

591 Friedrich der Große: Mémoires de la Maison de Brandenbourg. Sämtliche Werke in deutscher Übers. Herausgegeb. von G.B. Volz. Bd. 1, S. 197.

592 SW XI; S. 203.

593 Heinz Bluhm: Herders Stellung zu Luther. A.a.O., S. 179 f.

594 Ernst Walter Zeeden: Martin Luther und die Reformation im Urteil des deutschen Luthertums, Bd. 1. A.a.O., S. 336.

595 Ebd., S. 338.

596 SW XVII, S. 87.

597 Ebd.

598 Ebd.

599 SW XIX, S. 47.

600 Ebd., S. 48.

601 Ebd., S. 52.

602 Ebd., S. 52.

603 SW V, S. 533.

604 SW XXXII, S. 530.

605 Ebd.

606 Ernst Walter Zeeden: Martin Luther und die Reformation im Urteil des deutschen Luthertums. A.a.O. Bd. 1, S. 340.

607 SW XIX, S. 53.

608 Vgl. hierzu: SW XXXII, S. 530.

609 SW XXXII, S. 530.

610 Ebd.

611 Ebd.

612 Ebd.

613 SW XXXII, S. 531.

614 SW IX, S. 350.

615 SW XXIX, S. 646.

616 Ebd.

617 Ernst Walter Zeeden: Martin Luther und die Reformation im Urteil des deutschen Luthertums, Bd. 1. Freiburg 1950, S. 373.

618 Isaak Iselin: Geschichte der Menschheit. 2 Bde. Zürich 1768, VIII. Buch, S. 321 f.

619 Friedrich der Große: Oeuvres. Hrsg. von der Preuß. Akademie der Wissenschaften. 30 Bde. 1846 ff. Bd. 7, S. 143.

620 Johann Salomo Semler: Versuch eines fruchtbaren Auszugs der Kirchengeschichte, 3 Bde. Halle 1773 ff, S. 16 f.

621 Ebd., S. 16 ff.
"Unsere Urtheile von eben denselben Lehrwahrheiten", so fährt Semler zur Begründung seiner Anschauung aus, "können unmöglich eben dieselben seyn und bleiben, welche Luther hie und da vorzog. Unsre Einsichten von dem Rechte aller Forscher und Leser der Schrift, sie mögen nun bey der damaligen sächsischen Lehrart stets bleiben, oder solche mit einer andern und leichter nützlichen vertauschen, können freilich gar sehr abweichen, von jenen harten Vorurtheilen und Verdammungen, die selbst Luther nicht selten anwendet, wider alle diejenigen, welche nicht die ihm besonders geläufige Lehrart gelten lassen wollen, und welche man damalen mit einem sehr ungeschickten Namen, Sacramentarier zu belegen pflegte ..." (ebd., S. 21 f).

622 SW XXXII, S. 531.

623 Obwohl Herder die Person Luthers direkt weder mit Prometheus noch mit Sokrates identifiziert, scheint uns dieser Vergleich hier angebracht, da beide Figuren zu Symbolgestalten der Weltanschauung einmal des Sturm-und-Drang, im zweiten Falle der Aufklärung gemacht wurden.

624 Hans Georg Gadamer: Wahrheit und Methode. 4. Aufl. Tübingen 1975, S. 289.

625 SW V, S. 531.

626 Ebd. S. 532.

627 Ebd.

628 Ebd.

629 SW XVIII, S. 331.

630 Ebd.

631 SW XVIII, S. 330.

632 Zu Herders Beurteilung der Französischen Revolution vgl.: Alfred Stern: Der Einfluß der Französischen Revolution auf das deutsche Geistesleben. Stuttgart und Berlin 1928, S. 119 - 128.
Wertvoll ist auch die von Claus Träger besorgte Materialsammlung: Die Französische Revolution im Spiegel der deutschen Literatur. Leipzig 1979.

633 SW XVIII, S. 331 f. In diesem Zusammenhang möchten wir auf eine auch für Herders Stellung zur Französischen Revolution geltende Beobachtung Volker Mehnerts aufmerksam machen; die unbestreitbare Tatsache, daß die radikalen Spätaufklärer die Entwicklung der Französischen Revolution mit großem Interesse verfolgt und deren weltanschauliche Ideale zum Teil sehr lebhaft verteidigt hätten, dürfe, so Mehnert, nicht zu der Schlußfolgerung verleiten, "... die Zustimmung der radikalen Spätaufklärer zur Französischen Revolution ... (habe; Zusatz vom Verf.) automatisch ein politisches Programm impliziert, das auch in Deutschland eine Revolution für wünschenswert und sinnvoll" gehalten habe. Volker Mehnert: Protestantismus und radikale Aufklärung. Die Beurteilung Luthers und der Reformation durch aufgeklärte deutsche Schriftsteller zur Zeit

der Französischen Revolution. Bremen 1982, S. 42.

634 SW XVIII, S. 332.

635 "Für mich will ich es nicht läugnen", so schreibt Herder in seinem, schließlich nicht veröffentlichten 17. Humanitätsbrief, "daß unter allen Merkwürdigkeiten unsres Zeitalters die französische Revolution mir beinah als die wichtigste erschienen ist, und meinen Geist oft mehr beschäftiget, selbst beunruhiget hat, als mir selbst lieb war. Oft wünschte ich sogar diese Zeiten nicht erlebt zu haben und ihre zweifelhaften Folgen den Meinigen nicht nachlaßen zu dörfen; mit hüpfender, kindischer Freude nahm ich an ihr nie Theil" (SW XVIII, S. 314).

636 SW XVIII, S. 313.

637 Ebd., S. 314.

638 Eine konzise Zusammenfassung von Herders Stellung zur Französischen Revolution bietet: Nicolao Merker: Die Aufklärung in Deutschland. München 1982, S. 280 - 300.

639 Wir möchten daher ausdrücklich der von Winfried Becker entwickelten These, wonach Herders Deutung der Reformation als einer Revolution sich grundsätzlich nicht von den Anschauungen typischer Aufklärungsschriftsteller unterschieden habe, widersprechen. Die Auffassung, daß die Reformation "ihm (Herder; Zusatz vom Verf.) der `Typus´ jener revolutionären Schübe und Durchbrüche, die die universale geschichtliche, organische Entwicklung der Menschheit durch `Leidenschaften und Bewegung´ weiter treiben als alle stille Gewalt", darstelle, gilt eben nur für die Äußerungen des Bückeburger Herder, während die Weimarer Ausführungen, wie gezeigt werden konnte, vor dem Hintergrund einer evolutiven Geschichtsanschauung verstanden werden müssen. Zitat: Winfried Becker: Reformation und Revolution. Münster 1974, S. 13 f.

640 SW XVIII, S. 332.

641 Vgl. hierzu: Wolfgang Düsing: Die Gegenwart im Spiegel der Vergangenheit .... In: Bückeburger Gespräche über Johann Gottfried Herder 1983. Rinteln 1984, S. 33 - 49.

642 Auf die Tatsache, daß die Auffassung, die Reformation sei eine Revolution gewesen, dem aufklärerischen Menschen- und Weltverständnis entstamme, haben unabhängig voneinander Karl Griewank und Ernst Walter Zeeden hingewiesen. Vgl. Karl Griewank,: Der menschliche Revolutionsbegriff. Weimar 1955, S. 195, 198, passim; Ernst Walter Zeeden: Martin Luther und die deutsche Reformation im Urteil des deutschen Luthertums. Freiburg 1950 - 1952. Bd. 1, S. 192, 242 ff.

643 Winfried Becker: Reformation und Revolution. Münster 1974, S. 11 f.

644 Ebd., S. 12.

645 Michael Neumüller: Liberalismus und Reformation. Das Problem der Revolution in der deutschen liberalen Geschichtsschreibung des 19. Jahrhunderts. Düsseldorf 1973, S. 45.

646 Winfried Becker: Reformation und Revolution. Münster 1974, S. 12.

647 Dabei kann ganz eindeutig festgestellt werden, daß die politische Betrachtung der Reformation mit der zeitlichen Entfernung der jeweiligen Rezeptionsepochen vom historischen Ereignis der Französischen Revolution zunimmt.

648 Volker Mehnert: Protestantismus und radikale Spätaufklärung. Die Beurteilung Luthers und der Reformation durch aufgeklärte deutsche Schriftsteller zur Zeit der Französischen Revolution. München 1982, S. 105.

649 Mit dem Jahre 1793, so Mehnert, kehrt Klopstock "der Revolution endgültig den Rücken und befindet sich dabei in prominenter Gesellschaft". Volker Mehnert. A.a.O., S. 106.

650 Friedrich Gottlieb Klopstock: Sämtliche Werke. 1854, S. 320. Zit. nach Mehnert, S. 107.

651 Friedrich Schiller: zit. nach: "Genius der Zeit", hrsg. von August von Hennings. Altona 1794 - 1800. Neudr. Nendeln 1972. Bd. 10, 1797, S. 145.

652 Sowohl Mehnert als auch Neumüller rechnen Herder zu den maßgeblichen Begründern des spätaufklärerischen und bürgerlich-liberalen Reformationsbildes. "Herder verteidigt den revolutionären Charakter von Luthers Kirchenveränderung", so Mehnert (a.a.O., S. 72) "und macht damit einen ersten - wenn auch noch sehr unspezifischen Schritt in Richtung auf eine politisierte Interpretation der Reformation und eine Analyse der gesellschaftlichen Funktion der Religion". Michael Neumüller führt aus (a.a.O., S. 45), die im Jahre 1802 vom Institut de France in Paris gestellte Preisfrage "Quelle a été l'influence de la réformation de Luther sur la situation politique des différents Etats de l'Europe et sur le progrès des lumières?", an der sich ja auch Herder beteiligen wollte (vgl. seinen Entwurf SW XXXI, S. 529 - 531), stelle den Ausgangspunkt für das moderne Reformationsverständnis dar. In den beiden wichtigsten Arbeiten, die eingereicht wurden, jener des Preisträgers Charles Villers sowie jener des Göttinger Professors Heeren, seien, so Neumüller, bereits die tragenden Elemente des bürgerlich-liberalen Reformationsbildes enthalten. "Vorbereitend wirkte dabei das Reformationsbild der Aufklärung, insbesondere Herder". Michael Neumüller: Liberalismus und Reformation. Düsseldorf 1973, S. 45.

653 Volker Mehnert: Protestantismus und radikale Spätaufklärung. A.a.O., S. 110.

654 So schreibt etwa Joachim Heinrich Campe: "... diese französische Staatsumwälzung (ist) die größte und allgemeinste Wohltat ..., welche die Vorsehung, seit Luthers Glaubensverbesserung, der Menschheit zugewandt" habe. Joachim Heinrich Campe: Briefe aus Paris. Braunschweig 1790. Neudruck hrsg. von Hans-Wolf Jäger. Hildesheim 1977, S. 325.

655 Schleswigsches Journal. Hrsg. von August von Hennings. Altona und Flensburg 1792 - 1793. Neudruck Nendeln 1972. Bd. 2, 1792, 6. Stück, S. 173.

656 Volker Mehnert: Protestantismus und radikale Spätaufklärung. A.a.O., S. 111.

657 In diesem Jahrhundert ist die Frage, ob die Reformation Martin Luthers als eine frühbürgerliche Revolution auf deutschem Boden bezeichnet werden könne, von der marxistisch orientierten Lutherforschung der DDR aufgeworfen und diskutiert worden. Die DDR-Forschung kommt dabei zu dem Ergebnis, die Reformation habe als frühbürgerliche revolutionäre Bewegung die Bauernaufstände Thomas Müntzers vorbereitet, auch wenn Luther selbst sich am Ende der reformatorischen Auseinandersetzungen gegen die Bauern auf Seiten der Obrigkeit geschlagen habe.
Marx selbst betrachtet die Reformation zwar ebenfalls unter dem Verständnisbild der Revolution, legt jedoch dar, sie sei gescheitert, weil sie sich nicht zu voller Radikalität habe entwickeln können: "Deutschlands revolutionäre Vergangenheit ist nämlich", so Marx, "theoretisch, es ist die Reformation. ... Damals scheiterte der Bauernkrieg, die radikalste Tatsache der deutschen Geschichte, an der Theologie". Karl Marx: Zur Kritik der Hegelschen Rechtsphilosophie. Einleitung S. 24 f. Marx-Engels Studienausgabe Bd. 1, 1966 (Fischer-Bücherei Nr. 764). Zum aktuellen Stand der marxistischen Lutherforschung: Horst Bartel (u.a.; Hrsg.): Das marxistische Lutherbild. Luther und die deutsche Sprache. Berlin 1984 (Sitzungsberichte der Akademie der Wissenschaften der DDR, Nr. 12 G).
Einen entscheidenden Beitrag zur sozialrevolutionären Reformationsforschung marxistischer Prägung leistete Ernst Bloch mit seiner Müntzer-Biographie. Ernst Bloch: Thomas Münzer als Theologe der Revolution. Erste Ausg. München 1921. Ergänzte Ausg. Frankfurt a.M. 1969. Hier wird jedoch nicht die Reformation schlechthin, sondern deren Auswirkungen, nämlich der Bauernkrieg, als eigentliche Revolution beschrieben.

658 Carl von Rotteck: Allgemeine Geschichte vom Anfang der historischen Kenntniß bis auf unsere Zeiten. 7. Aufl. Freiburg i.Br. 1830. Bd. 7, S. 39.

659 Michael Neumüller: Liberalismus und Revolution. Düsseldorf 1973, S. 47. Um einer einseitig politischen und damit falschen Verständnisform des Begriffs "Revolution" vorzubeugen, weist Neumüller ganz richtig auf die Tatsache hin, daß im aufklärerischen und liberalen Revolutionsverständnis "auch noch der alte Revolutionsbegriff des 18. Jahrhunderts (Revolution allgemein als bedeutende Veränderung) mitspielt" (Neumüller, a.a.O., S. 45).

660 Friedrich Nietzsche: Menschliches, Allzumenschliches: Ein Buch für freie Geister. 2. Bd. München 1923, S. 248 f (Gesammelte Werke. Musarionausg. 23 Bde. München 1922 - 1929. Bd. 9).

F. Literaturverzeichnis

1. Primärliteratur und Nachlaßverzeichnisse

Bibliotheca Herderiana: Fotomechan. Neudr. d. Orig.-Ausg. 1804. Köln 1980. (Zitierweise: BH, Seitenzahl und Numerus currens des betr. Bandes).

Herder, Johann Gottfried: Sämtliche Werke. Hg. von Bernhard Suphan. 33 Bde. Berlin 1877 - 1913.

Herder, Johann Gottfried: Briefe: Gesamtausgabe 1763 - 1803. Unter Leitung von Karl-Heinz Hahn hg. von den Nationalen Forschungs- und Gedenkstätten der klassischen deutschen Literatur in Weimar (Goethe- und Schiller-Archiv). 8 Bde. Weimar 1984 - 1985.

Irmscher, Hans-Dietrich u. Adler, Emil (Bearb.): Der handschriftliche Nachlaß Johann Gottfried Herders: Katalog. Im Auftrag und mit Unterstützung der Akademie der Wissenschaften in Göttingen bearb. von Hans-Dietrich Irmscher und Emil Adler. Wiesbaden 1979. (Staatsbibliothek Preußischer Kulturbesitz. Kataloge der Handschriftenabteilung. Zweite Reihe: Nachlässe, Bd. 1). (Zitierweise: N plus röm. Ziffer mit Angabe der Kapsel und arab. Ziffer mit Bezeichnung des jeweiligen Dokumentes.)

2. Sekundärliteratur

Adelung, Johann Christoph: Umständliches Lehrgebäude der deutschen Sprache, zur Erläuterung der deutschen Sprachlehre für Schulen. 1. Bd. Reprogr. Nachdr. der Ausg. Leipzig 1782. Meisenheim o.J.

Aland, Kurt: Hilfsbuch zum Lutherstudium. Bearb. in Verb. mit Ernst Otto Reichert und Gerhard Jordan. 3., neubearb. u. erw. Aufl. Witten 1970.

Aland, Kurt: Martin Luther in der modernen Literatur: Ein kritischer Dokumentarbericht. Witten (usw.) 1973.

Ameln, Konrad: Entlarvter Rationalismus. In: Jahrbuch für Liturgik und Hymnologie, 26(1982), S. 184 - 185.

Ameln, Konrad: Johann Gottfried Herder als Gesangbuchherausgeber. In: Jahrbuch für Liturgik und Hymnologie, 23(1979), S. 132 - 144.

Ammon, Christoph Friedrich: Handbuch der christlichen Sittenlehre. 3 Bde. Leipzig 1823 - 1829.

Aner, Karl: Theologie der Lessingzeit. Halle/Saale 1929.

Aristoteles: Werke in deutscher Übersetzung. Darmstadt 1956 -

Arndt, Ernst Moritz: Ausgewählte Werke. Hg. u. mit Einl. u. Anm. vers. von Heinrich Meisner u. Robert Geerds. 16 Bde. Leipzig 1908.

Arndt, Ernst Moritz: Von dem Worte und dem Kirchenliede nebst geistlichen Liedern. Nachdr. der Ausg. Bonn 1819. Hildesheim 1970.

Arndt, Erwin u. Brandt, Gisela: Luther und die deutsche Sprache: Wie redet der Deutsche man jnn solchem fall? Leipzig 1983.

Augustinus, Aurelius: Der Gottesstaat. De civitate Dei. In deutscher Sprache von Carl Johann Perl. 2 Bde. Paderborn 1979.

Balthasar, Hans Urs von: Prometheus: Studien zur Geschichte des deutschen Idealismus. 2. Aufl. Regensburg 1967.

Bartel, Horst (Hrsg.): Das marxistische Lutherbild. Luther und die deutsche Sprache. Berlin 1984.
(Sitzungsberichte der Akademie der Wissenschaften der DDR, Nr. 12f).

Barth, Karl: Die protestantische Theologie im 18. Jahrhundert: Ihre Vorgeschichte und ihre Geschichte. 2. Aufl. Zürich 1952.

Baumgarten, Alexander Gottlieb: Aesthetica. Frankfurt a.M. 1750.

Baur, Rolf: Didaktik der Barockpoetik. Die deutschsprachigen Poetiken von Opitz bis Gottsched als Lehrbücher der "Poeterey". Heidelberg 1982. (Mannheimer Beiträge zur Sprach- und Literaturwissenschaft, Bd. 2).

Becker, Winfried: Reformation und Revolution. Münster 1974. (Katholisches Leben und Kirchenreform im Zeitalter der Glaubensspaltung. Vereinsschriften der Gesellschaft zur Herausgabe des Corpus Catholicorum, 34).

Bergmann, Rolf: Der rechte Teutsche Cicero oder Varro: Luther als Vorbild in den Grammatiken des 16. bis 18. Jahrhunderts. In: Sprachwissenschaft, 8(1983), S. 265 - 276.

Blackall, Eric Albert: Die Entwicklung des Deutschen zur Literatursprache 1700 - 1775. Stuttgart 1966.

Blair, Hugh: Critical dissertation on the Poems of Ossian, the Son of Fingal. 1. Ed. o.O. 1763.

Bloch, Ernst: Thomas Münzer als Theologe der Revolution. Erste Ausg. München 1921. Ergänzte Ausg. Frankfurt a.M. 1969.

Bluhm, Heinz: Herders Stellung zu Luther. In: Publications of the Modern Language Association of America, 64(1949), S. 158 - 182.

Blumenberg, Hans: Aspekte der Epochenschwelle: Cusaner und Nolaner. Frankfurt a.M. 1976.

Bodmer, Johann Jakob: Die Grundsätze der deutschen Sprache oder: von den Verdiensten derselben und von dem Redesatze. Darin: Von den Verdiensten D. Martins Luthers um die deutsche Sprache, S. 8 - 24. Zürich 1768.

Bödiker, Johann: Grundsäze der deutschen Sprache: Mit dessen eigenen u. Johann Leonhard Frischens vollständigen Anmerkungen durch neue Zusäze vermehret von Johann Jacob Wippel. Fotomechan. Nachdr. der Ausg. Berlin 1746. Leipzig 1977.

Boehmer, Heinrich: Luther im Lichte der neueren Forschung. 3. Aufl. Berlin (usw.) 1914.

Bornkamm, Heinrich: Luther als Schriftsteller. Heidelberg 1965. (Sitzungsberichte der Heidelberger Akademie der Wissenschaften. Philosophisch-historische Klasse Jg. 1965, Abh. 1).

Bornkamm, Heinrich: Luther im Spiegel der deutschen Geistesgeschichte: Mit ausgew. Texten von Lessing bis zur Gegenwart. Zweite, neu bearb. u. erw. Aufl. Göttingen 1970.

Bossuet, Jacob Benignus: Einleitung in die Geschichte der Welt und der Religion, fortges. von Johann Andreas Cramer. Vierte Forts. oder des fünften Theils erster Band. Neue verb. Aufl. Leipzig 1775.

Bugenhagen, Johannes: Leichenpredigt auf Martin Luther vom 22. Februar 1546. Zit. nach: Karl Eduard Förstemann: Denkmale dem D.M. Luther von der Liebe und Hochachtung seiner Zeitgenossen errichtet und zur dritten Säkularfeier seines Todes herausgegeben. Nordhausen 1846.

Bultmann, Rudolf: Geschichte und Eschatologie. Tübingen 1958.

Campe, Joachim Heinrich: Briefe aus Paris. Braunschweig 1790. Neudruck hg. Hans-Wolf Jäger. Hildesheim 1977.

Cassirer, Ernst: Freiheit und Form: Studien zur Geistesgeschichte. Berlin 1916. S. 180 - 200.

Cassirer, Ernst: Philosophie der Aufklärung. Tübingen 1932.

Clajus, Johannes: Grammatica Germaniae linguae. Nachdr. der Ausg. Leipzig 1578. Hildesheim (usw.) 1973. (Documenta Linguistica. Quellen zur Geschichte der deutschen Sprache des 15. bis 20. Jahrhunderts. Reihe V: Deutsche Grammatiken des 16. bis 18. Jahrhunderts).

Cramer, Johann Andreas: Ode auf Luthern. In: Journal für Prediger, 1(1770), S. 213 - 221.

Cunz, F. A.: Geschichte des deutschen Kirchenliedes. 2 Bde. o.O. 1855. Neudr. Wiesbaden 1969.

Dietze, Walter: Johann Gottfried Herder: Abriß seines Lebens und Schaffens. Berlin (usw.) 1980.

Dilthey, Wilhelm: Einleitung in die Geisteswissenschaften. 4. unveränd. Aufl. Göttingen 1959. (Gesammelte Schriften. 15 Bde. Bd. 1)

Doerne, Martin: Kirchenlied. In: Religion in Geschichte und Gegenwart. 3. Aufl. Bd. 3, Tübingen 1959. S. 1454 - 1465.

Doerne, Martin: Die Religion in Herders Geschichtsphilosophie. Leipzig 1927.

Düsing, Wolfgang: Die Gegenwart im Spiegel der Vergangenheit in Herders "Auch eine Philosophie der Geschichte". In: Bückeburger Gespräche über Johann Gottfried Herder 1983. Rinteln 1984. S. 33 - 49.

Eckart, Rudolf (Hrsg.): Luther und die Reformation im Urteil bedeutender Männer: Zur Vierhundertjahrfeier der Reformation. 2. Aufl. Halle 1917.

Eckermann, Willigis: Die Aristoteleskritik Luthers: Ihre Bedeutung für seine Theologie. In: Catholica, 32(1978), S. 114 - 130.

Eckert, Willehald Paul: Erasmus von Rotterdam: Werk und Wirkung. 2 Bde. Köln 1967.

Eggers, Hans: Deutsche Sprachgeschichte. Bd. 3: Das Frühneuhochdeutsche. Hamburg 1969.

Eisenschmid, Gottfried Benjamin: Geschichte der vornehmsten Kirchengebräuche der Protestanten. Leipzig 1795.

Erasmus, Desiderius: Ausgewählte Schriften. Ausg. in 8 Bänden. Hg. Werner Welzig. Darmstadt 1969.

Erasmus, Desiderius: De duplici copia verborum ac rerum commentarius primus. Erstdruck 1547. Lugduni Batavorum 1703. (Desiderii Erasmi Opera Omnia emendatiora et auctiora, ad optimas ed. praecipae quas ipse Erasmus postremo curavit summa fide exacta. T. 1.)

Erasmus, Desiderius: De libero arbitrio sive collatio. Hg. Johannes von Walter. Leipzig 1910.

Erasmus, Desiderius: In Novum Testamentum Praefationes. Übers., eingel. und mit Anmerkungen versehen von Gerhard B. Winkler. Darmstadt 1967.

Erasmus, Desiderius: Opus Epistolarum Desiderii Erasmi Roterodami. Denuo recognitum et auctum per P. S. Allen et H. M. Allen. Tom. IV, 1519 - 1521. Oxonii 1922.

Erasmus, Desiderius: Paraclesis, id est adhortatio ad christianae philosophiae studium. In: Novum Testamentum, ed. postrema, per D. Erasmum Roterodamum. Basileae 1523.

Federlin, Wilhelm Ludwig: Das Reformationsbild in der Geschichtsphilosophie Herders. In: Bückeburger Gespräche über Johann Gottfried Herder 1983. Rinteln 1984. S. 126 - 157.
(Schaumburger Studien, H. 45)

Federlin, Wilhelm-Ludwig: Vom Nutzen des geistlichen Amtes: Ein Beitrag zur Interpretation und Rezeption Johann Gottfried Herders. Göttingen 1983.
(Forschungen zur Kirchen- und Dogmengeschichte, Bd. 33)

Fichte, Johann Gottlieb: Reden an die deutsche Nation. Mit e. Einl. von Hermann Schneider. Leipzig 1933.
(Kröners Taschenausgabe, Bd. 35)

Fleischer, Wolfgang: Zu Herders Charakterisierung der deutschen Sprache. In: Zeitschrift für Phonetik, Sprachwissenschaft und Kommunikationsforschung, 33(1980), S. 311 - 317.

Förster, Wolfgang: Geschichtsphilosophie und Humanitätsbegriff Herders. In: Jahrbuch für Geschichte, 19(1979), S. 7 - 43.

Frank, G.: Johann Lorenz Schmidt. In: Allgemeine Deutsche Biographie. Bd. 31, Leipzig 1890, S. 739 - 741.

Friedrich der Große: Oeuvres. Hg. Preußische Akademie der Wissenschaften. (Johann David Erdm. Preuss). 30 Bde. Berlin 1846 - 1857.

Friedrich der Große: Werke. In deutscher Übersetzung. Hg. Gustav Berthold Volz. 10 Bde. Berlin 1912 - 1914.

Fries, Jakob Friedrich: Rede an die deutschen Burschen zum 18ten October 1817. Zit. nach: Kieser, G.W.: Das Wartburgfest am 18. October 1817. In seiner Entstehung, Ausführung und Folgen. Nach Actenstücken und Augenzeugnissen. Nebst einer Apologie der academischen Freiheit und 15 Beilagen. Jena 1818.

Gadamer, Hans Georg: Volk und Geschichte im Denken Herders. Frankfurt a.M. 1942.

Gadamer, Hans Georg: Wahrheit und Methode: Grundzüge einer philosophischen Hermeneutik. 4. Aufl., Unveränd. Nachdr. der 3., erw. Aufl. Tübingen 1975.

Genius der Zeit: Hg. von August von Hennings. Altona 1794 - 1800. Neudruck Nendeln 1972.

Gerard, Alexander: Essay on taste. A Faksimile reproduction of the third edition (1780). Ed. with an introduction by Walter J. Hipple. Gainsville, Florida 1963.

Gerstenberg, Heinrich Wilhelm von: Rezensionen in der Hamburgischen Neuen Zeitung 1767 - 1771. Hg. Oskar Fischer.
(Deutsche Literaturdenkmale, Bd. 128)

Gerstenberg, Heinrich Wilhelm von: Warum behält und verbessert der Übersetzer der Bibel nicht Luthern? In: Briefe über Merkwürdigkeiten der Literatur. Stuttgart 1890. S. 295 - 325.
(Deutsche Literaturdenkmale des 18. und 19. Jahrhunderts in Neudrucken, Bd. 29/30)

Girgensohn, Herbert: Das Problem des geschichtlichen Fortschritts bei Iselin und Herder. Erlangen, Phil. Diss., 1913.

Goethe, Johann Wolfgang: Briefe. November 1818 - 25. August 1819. Weimar 1905.
(Goethes Werke. Hg. im Aufgr. der Großherzogin Sophie von Sachsen. IV. Abbh., 31. Bd.)

Goethe, Johann Wolfgang: Sämtliche Werke. Hg. Curt Koch. Berlin o.J.
(Propyläen Ausgabe von Goethes Werken)

Goethe, Johann Wolfgang: Sämtliche Werke. Jubiläumsausgabe in 40 Bänden. Stuttgart (usw.) 1902 - 1912.

Goethe, Johann Wolfgang: West-östlicher Divan: Noten und Abhandlungen zu besserem Verständnis des West-östlichen Divans. Hg. Konrad Burdach. o.O. 1932.
(Goethes Werke. Im Auftr. des Goethe- und Schiller-Archivs hg. von Anton Kippenberg, Julius Petersen und Hans Wahl)

Grabmann. Martin: Scholastik. In: Lexikon für Theologie und Kirche. Bd. 9. Freiburg i.Br. S. 296 - 305.

Graff, Paul: Geschichte der Auflösung der alten gottesdienstlichen Formen in der evangelischen Kirche Deutschlands bis zum Eintritt der Aufklärung und des Rationalismus. Göttingen 1929.

Grane, Leif: Luthers Kritik an Thomas von Aquin in "De captivitate Babylonica". In: Zeitschrift für Kirchengeschichte, 80(1969), S. 1 - 13.

Griewank, Karl: Der neuzeitliche Revolutionsbegriff: Entstehung und Entwicklung. Aus dem Nachlaß hg. von Ingeborg Horn. Weimar 1955.

Grimm, Jacob: Deutsche Grammatik. Bd. 1. Hg. Wilhelm Scherer. Hildesheim 1967.
(Documenta Linguistica. Quellen zur Geschichte der deutschen Sprache des 16. - 19. Jahrhunderts: Grammatiken des 19. Jahrhunderts)

Gronau, Eduard: Herders religiöse Jugendentwicklung: Dargestellt unter besonderer Berücksichtigung seiner Anschauungen von der Sünde. Gütersloh 1931.
(Dass.: In: Zeitschrift für systematische Theologie, 8(1930), S. 308 - 346.)

Grosse, Rudolf: Zur Stellung Herders in der Geschichte der deutschen Sprache. In: Johann Gottfried Herder. Zum 175. Todestag am 18. Dezember 1978. Berlin 1978, S. 75 - 82.
(Sitzungsberichte der Akademie der Wissenschaften der DDR. Nr. 8 G: Gesellschaftswissenschaften)

Gueintz, Christian: Deutscher Sprachlehre Entwurf. Nachdr. der Ausg. Köthen 1641. Hildesheim (usw.) 1978.
(Documenta Linguistica. Quellen zur Geschichte der deutschen Sprache des 15. bis 20. Jahrhunderts. Reihe V: Deutsche Grammatiken des 16. bis 18. Jahrhunderts.)

Hahn, Gerhard: Zur Dimension des Neuen in Luthers Kirchenliedern. In: Jahrbuch für Liturgik und Hymnologie, 26(1982), S. 96 - 103.

Haller, Albrecht von: Luther gerettet gegen Voltaire. In: Albrecht von Haller: Tagebuch seiner Beobachtungen über Schriftsteller und über sich selbst. 1. Theil. Bern 1787, S. 94 - 96.

Haller, Albrecht von: Tagebuch seiner Beobachtungen über Schriftsteller und über sich selbst: Zur Karakteristik der Philosophie und Religion dieses Mannes. 1. Theil. Bern 1787.

Hamann, Johann Georg: Sämtliche Werke: Historisch-kritische Ausg. Bd. I - VI. Hg. Josef Nadler. Wien 1949 - 1957.

Hamann, Johann Georg: Schriften. Hg. F. Roth. 8 Bde. Berlin 1821 - 1825.

Hankamer, Paul: Die Sprache: Ihr Begriff und ihre Deutung im 16. und 17. Jahrhundert. Hildesheim 1965. Reprogr. Nachdr. der Ausg. Bonn 1927.

Harnack, Adolf von: Lehrbuch der Dogmengeschichte, 3 Bde. Tübingen 1909 - 10, Bd. 3: Die Entwicklung des kirchlichen Dogmas.

Haym, Rudolf: Herder nach seinem Leben und seinen Werken dargestellt. 2 Bde. Berlin 1954. Nachdr. der Ausg. Berlin 1880 u. 1885.

Hegel, Georg Wilhelm Friedrich: Vorlesungen über die Philosophie der Geschichte. Auf der Grundl. der Werke von 1832 - 1845 neu ed. Ausg. Red. Eva Moldenhauer u. Karl Markus Michel. Frankfurt a.M. 1970. (Theorie Werkausg., Bd. 12)

Heine, Heinrich: Zur Geschichte der Religion und Philosophie in Deutschland. Zit. nach: Heinrich Heine: Werke. Bd. 5. Berlin 1961.

Heringer, Hans Jürgen: Sprechen wir noch die Sprache Luthers? In: Fragen an Luther. Vortragsreihe der Universität Augsburg zum Luther-Jahr 1983. Hg. Wolfgang Reinhard. München 1983, S. 123 - 145.

Hintzenstern, Herbert von: Herders Lutherbild. In: Bückeburger Gespräche über Johann Gottfried Herder 1983. Rinteln 1984, S. 159 - 173. (Schaumburger Studien, H. 45)

Hirsch, Emanuel: Geschichte der neueren evangelischen Theologie im Zusammenhang mit den allgemeinen Bewegungen des europäischen Denkens. 5 Bde. Gütersloh 1951 - 1954.

Hoffmann, Heinz: Tradition und Aktualität im Kirchenlied: Gestaltungskräfte der Gesangbuchreform in der ersten Hälfte des 19. Jahrhunderts. Göttingen 1967.

Holeczek, Heinz: Erasmus deutsch. Bd. 1: Die volkssprachliche Rezeption des Erasmus von Rotterdam in der reformatorischen Öffentlichkeit 1519 - 1536. Stuttgart 1983.

Holeczek, Heinz: Humanistische Bibelphilologie als Reformproblem bei Erasmus von Rotterdam, Thomas More und William Tyndale. Leiden 1975.

Holl, Karl: Die Bedeutung der großen Kriege für das religiöse und kirchliche Leben innerhalb des deutschen Protestantismus. Tübingen 1917.

Holl, Karl: Gesammelte Aufsätze zur Kirchengeschichte. Bd. 1: Luther. 6., neu durchges. Aufl. Tübingen 1932.

Horstmann, Charlotte: Herders Geschichtsphilosophie: Die Grundlegung des geschichtlichen Bewußtseins durch Herder in ihrer zeitlichen Bedingtheit und bleibenden Geltung. Bonn, Phil. Diss., 1943.

Huizinga, Josef: Erasmus. Basel 1939.

Hume, David: Geschichte von Großbritannien. 8. Band: Von Heinrich dem Achten. Frankentahl 1786.
(Sammlung der besten Schriftsteller, welche die Geschichte, besondere Rechten, Sitten und Gewohnheiten der Völker nach ihren Grundsätzen abgehandelt haben. Bd. 40)

Irmscher, Hans-Dietrich: Grundzüge der Hermeneutik Herders. In: Bückeburger Gespräche über Johann Gottfried Herder 1971. Bückeburg 1973, S. 17 - 57.
(Schaumburger Studien, H. 33,37)

Irmscher, Hans-Dietrich: Johann Gottfried Herder. In: Deutsche Dichter des 18. Jahrhunderts, hg. Benno von Wiese. Berlin 1977. S. 524 - 550.

Irmscher, Hans-Dietrich: Probleme der Herder-Forschung. 1. Teil: Zur Quellenlage. In: Deutsche Vierteljahrsschrift für Literaturwissenschaft und Geistesgeschichte, 37(1963) H. 2, S. 266 - 317.

Iselin, Isaak: Über die Geschichte der Menschheit. 1. Band. Karlsruhe 1784.

Jahn, Friedrich Ludwig: Deutsches Volksthum, Lübeck 1810.

Jobst, Manfred: Herders Konzeption einer kritischen Literaturgeschichte in den "Fragmenten". Augsburg 1973.

Joergensen, Sven Aage: Johann Georg Hamann. Stuttgart 1976.
(Sammlung Metzler, 143)

Kähler, Ernst: Karlstadt und Augustin. Der Kommentar des Andreas Bodenstein von Karlstadt zu Augustins Schrift De spiritu et litera: Einführung und Text von Ernst Kähler. Halle/Saale 1952.
(Hallische Monographien, Nr. 19.)

Kantzenbach, Friedrich Wilhelm: Herders "Briefe das Studium der Theologie betreffend": Überlegungen zur Transformation der reformatorischen Kreuzestheologie. In: Bückeburger Gespräche über Johann Gottfried Herder 1975. Rinteln 1976. S. 22 - 57.

Kantzenbach, Friedrich Wilhelm: Protestantisches Christentum im Zeitalter der Aufklärung. Gütersloh 1968.

Kathan, Anton: Herders Literaturkritik: Untersuchungen zu Methodik und Struktur am Beispiel der frühen Werke. 2. Aufl. Göppingen 1970.
(Göppinger Arbeiten zur Germanistik, Nr. 6.)

Kleinau, Anneliese: Herders Volksliedbegriff. Marburg 1945.

Klopstock, Friedrich Gottlieb: Die deutsche Gelehrtenrepublik, Bd. 1. Ausg. Berlin 1975.

Klopstock, Friedrich Gottlieb: Sämtliche Werke. Leipzig 1854.

Klopstock, Friedrich Gottlieb: Werke und Briefe: histor.-kritische Ausg. Begr. von Adolf Beck (u.a.), Hg. Horst Gronemeyer (u.a.). Berlin (usw.) o.J.

Klopstock, Friedrich Gottlieb: Klopstockiana aus C.A. Böttigers Nachlaß. In: Archiv für Literaturgeschichte, 3(1874), S. 267 ff.

Kohls, Ernst Wilhelm: Luthers Verhältnis zu Aristoteles, Thomas und Erasmus. In: Theologische Zeitschrift, 31(1975), S.289 - 301.

Kohlschmidt, Wolfgang: Herder-Studien: Untersuchungen zu Herders kritischem Stil und seinen literarischen Grundeinsichten. Berlin 1929.

Kraus, Hans-Joachim: Geschichte der historisch-kritischen Erforschung des Alten Testaments. 3., erw. Aufl. Neukirchen 1982.

Kühnemann, Eugen: Herder. Zweite, neu bearb. Aufl. München 1912.

Langen, August: Deutsche Sprachgeschichte vom Barock bis zur Gegenwart. In: Deutsche Philologie im Aufriß. Hg. Wolfgang Stammler. 2. überarb. Aufl., unveränd. Nachdr. Bd. 1, Berlin 1978. S. 931 - 1395.

Lappenberg, Samuel Christian: Fünfzig alte Lieder in die neue Mundart übersetzt. Bremen 1789.

Lechler, G.: Valentin Ernst Löscher. In: Allgemeine Deutsche Biographie, Bd. 19. Leipzig 1884, S. 209 - 213.

Leitritz, Wilhelm: Stimmen für das unverfälschte evangelische Kirchenliede. O.O. 1869.

Lessing, Gotthold Ephraim: Gotthold Ephraim Lessings sämtliche Schriften. Hg. Karl Lachmann. 3., aufs neue durchges. u. verm. Aufl., besorgt durch Franz Muncker. Unveränd. photomechan. Nachdr. d. Ausg. Stuttgart (usw.) 1886 - 1924. 23 Bde. Berlin 1968.

Litt, Theodor: Die Befreiung des geschichtlichen Bewußtseins durch Johann Gottfried Herder. In: Ders.: Die Wiederentdeckung des geschichtlichen Bewußtseins. Heidelberg 1956. S. 94 - 194.

Litzel, Georg: Der Undeutsche Catholik, oder historischer Bericht Von der allzu grossen Nachläßigkeit der Römisch-Catholischen, insonderheit unter der Clerisey der Jesuiten, in Verbesserung der deutschen Sprache und Poesie. Jena 1731.

Ludovici, Karl Günther: Ausführlicher Entwurf einer vollständigen Historie der Wolffischen Philosophie. 3. Aufl. Leipzig 1738.

Lüdke, Friedrich Germanus: Über Toleranz und Geistesfreiheit. Berlin 1774.

Lütgert, Wilhelm: Die Religion des deutschen Idealismus und ihr Ende. 4 Bde. Gütersloh 1923 - 1930.

Luther, Martin: Der Erste (-achte) Teil aller Bücher und Schriften des thewren / seligen Mans Doct: Mart: Lutheri ... Jhena 1555 - 1558.

Luther, Martin: Der Erste (-zehnte) Teil aller Deutschen Bücher und Schriften des theuren / seligen Mannes Gottes / Doct. Martini Lutheri / ... Aus dessen Wittenbergischen / Jehnisch- und Eißlebischen Tomis zusammen getragen. Altenburg 1661 (-1664).

Luther, Martin: Kritische Gesamtausgabe. Weimar 1883 -

Mann, Thomas: Gesammelte Werke in 13 Bänden. 2., durchges. Aufl. Frankfurt a.M. 1974.

Marx, Karl: Zur Kritik der Hegelschen Rechtsphilosophie. In: Marx-Engels Studienausgabe in vier Bänden. Hg. Iring Fetscher. Bd. 1. Frankfurt a.M. 1970.
(Fischer-Bücherei, 6059).

Mathesius, Johannes: Historien / Von des Ehrwirdigen in Gott Seligen thewren Manns Gottes / Doctoris Martini Luthers / anfang / lehr / leben und sterben / ... Nürnberg 1566.
Kritische Ausg. des Originals von G. Loesche. Johannes Mathesius: Ausgewählte Werke, Bd. 3. Prag 1906.

Mehnert, Volker: Protestantismus und radikale Spätaufklärung: Die Beurteilung Luthers und der Reformation durch aufgeklärte deutsche Schriftsteller zur Zeit der Französischen Revolution. Bremen 1982.

Meinecke, Friedrich: Die Entstehung des Historismus. 2 Bde. München (usw.) 1936.

Meinhold, Peter: Luthers Sprachphilosophie. Berlin 1958.

Melanchthon, Philipp: Apologia confessionis Augustanae. Altera. Aus dem Lat. verdeutscht von Justum Jonam.
Opera quae supersunt omnia. Post Carol. Gottl. Bretschneiderum edidit Henricus Ernestus Bindseil, Vol XXVIII.

Merker, Nicolao: Die Aufklärung in Deutschland. München 1982.

Möser, Justus: Lettre à Mr. de Voltaire contenant un Essai sur le caractère du Dr. Martin Luther et sa Réformation. 5. Sept. 1750. Deutsche Übers. von M. von Zitzewitz. In: Justus Möser: Sämtliche Werke, neugeordnet und gemehrt von B.R. Abeken. Bd. 5, 1842/43. S. 215 ff.

Moser, Virgil: Frühneuhochdeutsche Studien. In: Beitrage zur Geschichte der deutschen Sprache und Literatur. 47(1923), S. 357 - 407.

Müller, Johann Georg: Aus dem Herder'schen Hause: Aufzeichnungen. 1780 - 1782. Hrsg. von Jakob Baechthold. Berlin 1881.

Nelle, Wilhelm: Geschichte des deutschen evangelischen Kirchenliedes. Hamburg 1904.

Neumüller, Michael: Liberalismus und Reformation: Das Problem der Revolution in der deutschen liberalen Geschichtsschreibung des 19. Jahrhunderts. Düsseldorf 1973.

Neunheuser, B.: Transsubstantiation. In: Lexikon für Theologie und Kirche, Bd. 10. Freiburg i.Br. 1965. S. 311 - 314.

Nietzsche, Friedrich: Jenseits von Gut und Böse: Zur Genealogie der Moral (1886 - 1887). Berlin 1968.
(Nietzsche: Werk. Krit. Gesamtausg. Hg. Giorgio Colli u. Mazzimo Montimari. Abt. 6, Bd. 2)

Nietzsche, Friedrich: Menschliches, Allzumenschliches: Ein Buch für freie Geister. 2. Bd. München 1923.
(Friedrich Nietzsche: Gesammelte Werke. Musarionausgabe, 23 Bde. München 1922 - 1929, Bd. 9)

Noltensmeier, Hermann: Reformatorische Einheit: Das Schriftverständnis bei Luther und Calvin. Graz 1953.

Pantheon der Deutschen. (Zeitschrift). 3 Bde. Altona 1794 - 1795.

Pascal, Roy: Der Sturm und Drang: 2. Aufl. Stuttgart 1977.
(Kröner Taschenausgabe, Bd. 335)

Paulsen, Friedrich: Philosophia militans. Berlin 1908.

Pfleiderer, Otto: Herder. Berlin 1904.

Pischel, Felix: Herder als Schöpfer des Weimarischen Kirchengesangbuchs. In: Zeitschrift für evangelische Kirchenmusik, 9(1931), S. 239 - 243.

Polenz, Peter von: Geschichte der deutschen Sprache. 8., neubearb. Aufl. Berlin (usw.) 1972.

Pratje, Johann Heinrich: Wohlgemeinter Versuch zur erbaulichen Änderung einiger alter Kirchenlieder. Bremen 1769.

Quack, Jürgen: Evangelische Bibelvorreden von der Reformation bis zur Aufklärung. Gütersloh 1975.
(Quellen und Forschungen zur Reformationsgeschichte, Bd. 43)

Raeder, Siegfried: Luther als Ausleger und Übersetzer der Heiligen Schrift. In: Leben und Werk Martin Luthers von 1526 bis 1546: Festgabe zu seinem 500. Geburtstag. Bd. 1. Göttingen 1983, S. 253 - 278.

Reckermann, Alfons: Sprache und Metaphysik: Zur Kritik der sprachlichen Vernunft bei Herder und Humboldt. München 1979.

Rehm, Walter: Luther im Lichte der Klassik und Romantik. In: Zeitwende, 3,2(1927), S. 254 - 267.

Reichard, Elias Caspar: Versuch einer Historie der deutschen Sprachkunst. Nachdruck der Ausg. Hamburg 1747. Hildesheim (usw.) 1978.

Ritter, Joachim (Hrsg.): Ästhetik. In: Historisches Wörterbuch der Philosophie. Bd. 1. Darmstadt 1971, S. 555 - 580.

Robertson, William: Geschichte der Regierung Kaiser Karls des Fünften nebst einem Abrisse des Wachsthums und Fortgangs des gesellschaftlichen Lebens in Europa bis auf den Anfang des 16. Jahrhunderts. 3. Theil. Nach der neuesten Ausgabe. Wien 1819.
(Bibliothek historischer Classiker aller Nationen, 32. Bd.)

Roediger, Ludwig: Ein deutsches Wort an Deutschlands Burschen, gesprochen bei dem Feuer auf dem Wartenberg bei Eisenach am 18ten des Siegesmonds im Jahr 1817, dem dritten Jubeljahr der Geistesfreiheit. Jena 1817.

Rotteck, Carl von: Allgemeine Geschichte vom Anfang der historischen Kenntnis bis auf unsere Zeiten. 7. Aufl. Freiburg i.Br. 1830.

Rückert, Hans: Die geistesgeschichtliche Einordnung der Reformation. In: Zeitschrift für Theologie und Kirche, 52(1955), S. 43 - 64.

Sauer-Geppert, Waldtraut Ingeborg: Sprache und Frömmigkeit im deutschen Kirchenlied: Vorüberlegungen zu einer Darstellung seiner Geschichte. Kassel 1984.

Schiller, Friedrich: Gedichte. Hg. Norbert Oellers. Weimar 1983. (Nationalausgabe Bd. 21)

Schlegel, Friedrich: Geschichte der alten und neuen Literatur: Vorlesungen gehalten zu Wien im Jahre 1812. 2., verb. u. verm. Aufl. Bonn o.J.

Schleiermacher, Friedrich Ernst Daniel: Zwei unvorgreifliche Gutachten in Sachen des protestantischen Kirchenwesens zunächst in Beziehung auf den preußischen Staat. Berlin 1804.

Schlosser, Friedrich Christoph: Geschichte des achtzehnten Jahrhunderts und des neunzehnten bis zum Sturz des französischen Kaiserreichs. 4. Bd.: Bis auf den gescheiterten Versuch der Auflösung der französischen Parlamente um 1788. Dritte durchaus verb. Aufl. Heidelberg 1844.

Schmidt, Eva (Hrsg.): Herder im geistlichen Amt. Leipzig 1956.

Schmidt, Jochen: Die Geschichte des Genie-Gedankens in der deutschen Literatur, Philosophie und Politik 1750 - 1945. 2 Bde. Darmstadt 1985.

Schmidt, Johann Lorenz: Die göttlichen Schriften vor den Zeiten des Messiä Jesus: Der erste Teil, worinnen die Gesetze der Jisraelen enthalten sind, nach einer freien Übersetzung, welche durch und durch mit Anmerkungen erläutert und bestätiget wird. Wertheim 1735.

Schmidt, Johann Lorenz (Hrsg.): Sammlung derjenigen Schriften, welche bey Gelegenheit des wertheimischen Bibelwerks für oder gegen dasselbe zum Vorschein gekommen sind, mit Anmerkungen und neuen Stücken aus Handschriften vermehrt herausgegeben. Frankfurt (usw.) 1738.

Schnabel, Franz: Deutschlands geschichtliche Quellen und Darstellungen. 1. Teil: Das Zeitalter der Reformation. Leipzig (usw.) 1931.

Schubart, Christian Friedrich Daniel: Gesammelte Schriften und Schicksale. Nachdruck der Ausg. Stuttgart 1839. 8 Bde in 4 Bden. Hildesheim (usw.) 1972.

Seidlmayer, Michael: Das Lutherbild im Wandel der Zeit. In: Ein Leben aus freier Mitte: Beiträge zur Geschichtsforschung. Festschrift für Prof. Dr. Ulrich Noack von seinen Kollegen, Schülern und Freunden zum 60. Geburtstag gewidmet. Göttingen 1961, S. 17 - 36.

Semler, Johann Salomo: Lebensbeschreibung, von ihm selbst verfaßt. 2 Bde. Halle 1781 - 1782.

Semler, Johann Salomo: Über historisch-gesellschaftliche und moralische Religion des Christen. Leipzig 1786.

Semler, Johann Salomo: Versuch eines fruchtbaren Auszugs der Kirchengeschichte. 3 Bde. Halle 1773 - 1778.

Siegel, Carl: Herder als Philosoph. Stuttgart (usw.) 1907.

Sinnhold, Johann Nicolaus: Historische Nachricht von der bekannten und verruffenen sogenannten Wertheimischen Bibel, und was es mit derselben für eine Bewandnis habe. Erfurt 1737.

Spalding, Johann Joachim: Über die Nutzbarkeit des Predigtamtes. Berlin 1772.

Stephan, Horst: Herder in Bückeburg und seine Bedeutung für die Kirchengeschichte. Tübingen 1905.

Stephan, Horst: Luther in den Wandlungen seiner Kirche. 2. Aufl. neu bearb. u. bis zur Gegenwart fortgeführt. Berlin 1951. (Studien zur Geschichte des neueren Protestantismus, H. 1)

Stern, Alfred: Der Einfluß der Französischen Revolution auf das deutsche Geistesleben. Stuttgart 1928.

Stolt, Birgit: Luthers Übersetzungstheorie und Übersetzungspraxis. In: Leben und Werk Martin Luthers von 1526 bis 1546: Festgabe zu seinem 300. Geburtstag. Im Auftr. des Theol. Arbeitskreises f. Reformationsgeschichtl. Forschungen hg. von Helmar Junghans. Bd. 1. Göttingen 1983, S. 241 - 252.

Sturm, Paul: Das evangelische Gesangbuch der Aufklärung: Ein Beitrag zur deutschen Geistesgeschichte des 17. und 18. Jahrhunderts. Barmen 1923.

Süßmilch, Johann Peter: Versuch eines Beweises, daß die erste Sprache ihren Ursprung nicht von Menschen, sondern vom Schöpfer erhalten hat. Berlin 1766.

Tobler, Johann: Anmerkungen zur Ehre der Bibel. Bey Anlaß der Michaelisschen Übersetzung des Alten Testaments und einiger anderer neuen Schriften. Halle 1771.

Träger, Claus: Die Französische Revolution im Spiegel der deutschen Literatur. Stuttgart (usw.) 1979.

Voltaire, François Marie Arouet de: Geschichte der Völker, vorzüglich in den Zeiten von Karl dem Großen bis auf Ludwig XIII. Neu übers. durch K.A.F. Schnitzer. Bd. 10. Leipzig 1829.

Wagner, Fritz: Das lateinische Mittelalter im Urteil J.G. Herders. In: Literatur und Sprache im europäischen Mittelalter. Festschr. für Karl Langosch zum 70. Geburtstag. Darmstadt 1973, S. 458 - 480.

Weizsäcker, Carl Friedrich von: Wahrnehmung der Neuzeit. 4. Aufl. München 1983.

Werner, August: Herder als Theologe. Berlin 1871.

Wielandt, Rudolf: Herders Theorie von der Religion und den religiösen Vorstellungen. Berlin 1904.

Wiese, Benno von: Herder. Grundzüge seines Weltbildes. Leipzig 1939.

Wiese, Benno von: Der junge Herder als Philosoph der Geschichte. In: Von Lessing bis Grabbe: Studien zur deutschen Klassik und Romantik. Düsseldorf 1968, S. 23 - 40.

Winckler, Lutz: Martin Luther als Bürger und Patriot. Hamburg 1969.

Wolf, Herbert: Martin Luther: Eine Einführung in germanistische Luther-Studien. Stuttgart 1980.
(Sammlung Metzler, 193)

Wolff, Christian: Gesammelte Werke. Hg. u. bearb. von Jean Ecole (u.a.). Fotomechan. Nachdr. Hildesheim 1964 -

Wolff, Christian: Gesammelte kleine philosophische Schriften, 2. Theil: Vernunftslehre. Halle 1837.

Wolff, Christian: Psychologia Empirica. Hg. Jean Ecole. Hildesheim 1968.
(Christian Wolff: Gesammelte Werke. II. Abt., Lateinische Schriften Bd. 5)
(Nachdr. d. Ausg. Frankf. u. Leipz. 1738)

Wolfhard, Adolf: Herders Gesangbuch. In: Protestantische Monatshefte, 25(1921), S. 17 - 22.

Young, Edward: Gedanken über die Original-Werke (Conjectures on original composition, deutsch). Aus dem Englischen von H.E. Teubern, Faksimiledruck der Ausg. von 1760. Nachwort und Dokumentation zur Wirkungsgeschichte in Deutschland von Gerhard Sauder. Heidelberg 1977.
(Deutsche Neudrucke, Reihe: Goethezeit, hg. Arthur Henkel)

Zeeden, Ernst Walter: Martin Luther und die Reformation im Urteil des deutschen Luthertums. Studien zum Selbstverständnis des luterischen Protestantismus von Luthers Tode bis zum Beginn der Goethezeit. 2 Bde. Freiburg i.Br. 1950 - 1952.

Zeller, Winfried: Lutherische Orthodoxie und mittelalterliche Scholastik: Das Thomas-Verständnis des Johann Georg Dorsch. In: Theologie und Philosophie, 50(1975), S. 527 - 546.

G. Personenregister

Adelung, Johann C.: 31, 57, 61, 63, 107, 110, 111, 112, 300, 301.
Adler, Emil: 303.
Aland, Kurt: 303.
Alembert, Jean L. de: 115, 316.
Ameln, Konrad: 139, 311, 312.
Ammon, Friedrich C.: 328.
Aner, Karl: 325.
Anselm von Canterbury: 67.
Aristoteles: 48, 50, 66, 68, 69, 70, 71, 72, 281.
Arndt, Ernst M.: 26, 65, 222, 279, 329, 337, 338.
Arndt, Erwin: 289.
Augustinus, Aurelius: 170, 285, 306, 318.
Bahrdt, Carl F.: 296, 299.
Balthasar, Hans Urs von: 161.
Barth Karl: 197.
Barthélemy, Jean J.: 115.
Baumgarten, Alexander G.: 91, 92, 293.
Baur, Rudolf: 53.
Becker, Winfried: 252, 344.
Bengel, Johann A.: 105, 299.
Bergmann, Rolf: 51.
Besser, Johann von: 45.
Blackall, Eric A.: 290.
Blair, Hugh: 304.
Bloch, Ernst: 347.
Bluhm, Heinz: 22, 23, 24, 28, 31, 193, 195, 208, 216, 217, 218, 221,
    265, 266, 326, 329, 334.
Blumenberg, Hans: 334.
Boccaccio, Giovanni: 339.
Bodmer, Johann J.: 31, 36, 41, 46, 47, 57, 61, 64, 107, 108, 109, 120,
    284, 300.
Bödiker, Johann: 51, 275.
Boehmer, Heinrich: 15, 274.
Böttiger, Carl A.: 295.
Bornkamm, Heinrich: 11, 25, 26, 169, 193, 199, 231, 287, 324.

Bossuet, Jacob B.: 278, 279.
Brandt, Gisela: 289.
Breitinger, Johann J.: 46.
Buchner, August: 53.
Bürger, Gottfried A.: 307.
Bugenhagen, Johannes: 330, 331
Bultmann, Rudolf: 161.
Calvin, Johannes: 131.
Campe, Johann H.: 255, 346.
Canitz, Friedrich R. L. von: 45.
Cassirer, Ernst: 159, 160, 198.
Clajus, Johannes: 51, 270.
Claudius, Matthias: 115, 152, 307, 323.
Coelius, Michael: 331.
Cramer, Johann A.: 101, 126, 140, 271, 277, 297.
Cronegk, Johann F. von: 140.
Cunz, F. A.: 137, 140, 305, 306.
Diderot, Denis: 115.
Dietze, Walter: 333.
Dilthey, Wilhelm: 68, 263.
Diterich, Johann S: 139, 140, 149.
Doerne, Martin: 302, 306.
Dorothea von Gotha: 212.
Düsing, Wolfgang: 160, 162, 268, 300, 302, 345.
Eckart, Rudolf: 16.
Eckermann, Willigis: 70.
Eckert, Willehald Paul: 284.
Eggers, Hans: 287, 288.
Eisenschmid, G. Benjamin: 141.
Erasmus, Desiderius: 24, 48, 75, 76, 77, 78, 79, 82, 83, 86, 195, 196, 198,
    216, 217, 218, 287, 290, 323.
Ernesti, Johann A.: 296, 323.
Faber, Stapulensis: 79.
Federlin, Wilhelm L.: 26, 27, 331, 333.
Fichte, Johann G.: 65, 222, 298, 337.
Fleischer, Wolfgang: 86.
Fleming, Paul: 51.

Förster, Wolfgang: 333, 334.
Frank G.: 294.
Friedrich II.: 16, 61, 231, 232, 240, 241, 278, 332.
Fries, Jacob F.: 224, 225.
Gadamer, Hans G.: 40, 161, 196, 243, 263, 276.
Gellert, Christian F.: 140, 307.
Gerard, Alexander: 179, 321.
Gerstenberg, Heinrich W. von: 97, 99, 100, 101, 295, 296, 297.
Gervinus, Georg G. 257.
Girgensohn, Herbert: 162, 164.
Gleim, Johann W. L.: 330.
Goethe, Johann W.: 13, 50, 57, 88, 110, 115, 152, 218, 273, 301, 313, 321, 322, 336, 339.
Goeze, Johann M.: 105.
Gottsched Johann C.: 45, 51, 53, 63, 64, 108, 292.
Grabmann, Martin: 68.
Graff, Paul: 151, 305, 309.
Grane, Leif: 280.
Griewank, Karl: 345.
Grimm, Jakob: 272.
Gronau, Eduard: 266.
Grosse, Rudolf: 290.
Gueintz, Christian: 51.
Günther, Johann C.: 45.
Hahn, Gerhard: 188, 305.
Haller, Albrecht von: 62, 276.
Hamann, Johann G.: 11, 16, 18, 24, 25, 29, 30, 31, 43, 46, 110, 152, 185, 186, 187, 188, 193, 195, 201, 211, 232, 292, 323, 328, 330.
Hankamer, Paul: 78, 84, 275.
Harnack, Adolf von: 68.
Harsdörffer, Georg P.: 50, 52, 53.
Hartknoch, Johann F.: 36.
Hase, M. Christian G.: 101.
Hayeck von Waldstätten, Dominicus: 94.
Haym, Rudolf: 26, 40, 159, 174, 284, 287, 320.
Heeren, Arnold: 346.
Hegel, Georg W. F.: 11, 56, 218, 273, 277, 281, 316, 335.

Heine, Heinrich: 221, 272.
Hemsterhuis, Frans: 175.
Hennings, August von: 255.
Herder, Caroline: 307.
Heringer, Jürgen: 273.
Heyne, Christian G.: 184.
Hieronymus: 285.
Hintzenstern, Herbert von: 27, 28, 302, 331.
Hirsch, Emanuel: 19, 20, 21, 90, 96, 327.
Hölty, Ludwig C. H.: 307.
Hoffmann, Heinz: 142, 305, 309, 311.
Holeczek, Heinz: 79, 285.
Holl, Karl: 324, 337.
Horstmann, Charlotte: 13.
Huizinga, Josef: 66.
Hume, David: 152, 164, 234, 316.
Hutten, Ulrich von: 338.
Irmscher, Hans-Dietrich: 116, 117, 154, 263, 267, 302, 303.
Iselin, Isaak: 16, 163, 164, 165, 240, 281, 282, 316.
Jahn, Friedrich L.: 26, 222, 279.
Jobst, Manfred: 263.
Joergensen, Sven A.: 292, 325.
Jung-Stilling, Johann H.: 307.
Justi, Leonhard J. K.: 97, 128.
Kähler, Ernst: 310.
Kant, Immanuel: 13, 29, 115, 206, 321, 336.
Kantzenbach, Friedrich W.: 16, 90.
Karl der Große: 73, 74.
Karl VI.: 94.
Karlstadt, Andreas von: 81.
Kathan, Anton: 263.
Keil, Friedrich S.: 121.
Kleinau, Anneliese: 304, 310, 311.
Klopstock, Friedrich G.: 46, 49, 53, 98, 126, 133, 140, 254, 271, 273, 295, 307, 345.
Körner, Theodor: 223.
Kohls, Ernst W.: 71.

Kohlschmidt, Wolfgang: 290.
Kranach, Lucas: 32
Kraus, Hans-J.: 185, 186, 187, 188, 325.
Kühnemann, Eugen: 204, 302.
Langen, August: 46, 93, 270.
Lappenberg, Samuel C.: 140.
Lavater, Johann K.: 32, 98, 127, 128, 140, 174, 182, 185, 203, 298, 307, 323.
Lechler, G.: 327.
Leibniz, Gottfried W.: 51, 91, 169, 170, 175.
Lenz, Jakob M. R.: 203.
Lessing, Gotthold E.: 11, 22, 24, 25, 30, 33, 88, 94, 105, 106, 115, 211, 232, 299, 319.
Litt, Theodor, 161, 300.
Litzel, Georg: 54, 55, 60, 275, 283.
Löscher, Valentin E.: 121, 122, 303.
Lowth, Robert: 98.
Ludovici, Karl G.: 292.
Ludwig XVI.: 253.
Ludwig von Anhalt-Köthen: 53.
Lüdke, Friedrich G.: 199.
Lütgert, Wilhelm: 197, 198.
Macpherson, James: 129, 304.
Mann, Thomas: 212, 314.
Marx, Karl: 347.
Macow, Johann J.: 45.
Mathesius, Johannes: 331.
Megalissus: S. Litzel, Georg.
Mehnert, Volker: 253, 345, 347.
Meinecke, Friedrich: 160, 161, 279, 281.
Meinhold, Peter: 82, 285, 286, 287.
Melanchthon, Philipp: 200, 306, 323.
Merker, Nicolao: 344.
Michaelis, Johann D.: 97, 98, 100, 101, 182, 183, 297, 323.
Möser, Justus: 25, 62, 174, 319, 332.
Moser, Virgil: 41, 270.
Mosheim, Johann L.: 45.
Müller, Georg: 127, 340.

Müller, Johann G.: 213.
Müntzer, Thomas: 347.
Napoleon Bonaparte: 222, 337.
Nelle, Wilhelm: 149, 305.
Neukirch, Benjamin: 45.
Neunheuser, B.: 280.
Neumüller, Michael: 257, 345, 346, 348.
Nicolai, Friedrich 128, 140.
Nietzsche, Friedrich: 261, 262, 272.
Noltensmeier, Hermann: 324.
Opitz, Martin: 45, 50, 51, 271.
Otfried von Weißenburg: 73.
Pascal, Roy: 273.
Paulsen, Friedrich: 279.
Pelagius: 69/70.
Percy, Thomas: 129, 304.
Peter von Corbeil: 280.
Peter Friedrich Wilhelm von Holstein-Gottorp: 128, 156, 157, 158, 173, 303, 331.
Pfleiderer, Otto: 302
Pierre d'Ailly: 281.
Pietsch, Johann G.: 45.
Pischel, Felix: 149, 312.
Polenz, Peter von: 284, 285, 301.
Pratje, Johann H.: 140.
Quack, Jürgen: 291, 294.
Raeder, Siegfried: 289.
Rebmann, Georg F.: 255.
Reckermann, Alfons: 90.
Redlich, Carl: 298.
Rehm, Walter: 16.
Reichard, Elias G.: 60, 276.
Reimarus, Hermann S.: 95.
Ritter, Joachim: 290, 293.
Robertson, William: 163, 164, 165, 234, 316.
Roediger, Ludwig: 337.
Roedinger, Christian: 303.

Rotteck, Carl von: 256.
Rousseau, Jean Jacques: 282.
Rückert, Friedrich: 223.
Rückert, Hans: 16.
Sauer-Geppert, Waldtraut I.: 305.
Schenkendorff, Max von: 223.
Schiller, Friedrich: 13, 218, 254, 272, 321, 336, 339.
Schlegel, Friedrich: 88, 113, 272, 291.
Schleiermacher, Friedrich E.D.: 11, 311.
Schlosser, Friedrich C.: 181, 185, 322, 324.
Schmidt, Jochen: 169, 320.
Schmidt, Johann L.: 89, 90, 91, 93, 94, 95, 96, 97, 99, 101, 294, 299.
Schnabel, Franz: 17, 274.
Schottel, Justus G.: 50, 51, 53, 59, 60.
Schubart, Christian F. D.: 98, 152, 295, 307.
Schulz, Joachim C. F.: 98.
Seidlmayer, Michael: 16.
Semler, Johann S.: 141, 186, 199, 200, 201, 241, 278, 290, 296, 328, 342.
Shaftesbury, Anthony A. C.: 157, 170.
Siegel, Carl: 302.
Sinnhold, Johann N.: 96, 294.
Spalatin, Georg: 132.
Spalding, Johann J.: 140, 141, 174, 183, 296.
Spinoza, Baruch de: 89, 175.
Stephan, Horst: 12, 17, 18, 19, 63, 154, 190, 199, 217, 278.
Stern, Alfred: 340, 343.
Stolberg, Friedrich L.: 271.
Stolt, Birgit: 289.
Sturm, Christoph C.: 140.
Sturm, Paul: 305.
Süßmilch, Johann P.: 43, 269.
Suphan, Bernhard: 15, 18, 26, 36, 118, 127, 207, 239, 246, 277, 304.
Tauler, Johannes: 84.
Teller, Wilhelm A.: 140, 141, 296.
Thomas von Aquin: 67, 69, 70, 72, 281.
Tindal, Matthew: 89.
Tobler, Johann: 297.

Töllner, Johann G.: 296.
Träger, Claus: 343.
Uz, Johann P.: 307.
Villers, Charles: 346.
Voltaire, François M. A. de: 61, 62, 64, 174, 278, 282, 332.
Wagenseil, Johann C.: 51.
Wagner, Fritz: 72, 74, 279, 281, 282.
Weilen, Alexander von: 296.
Weizsäcker, Carl F.: 314.
Werner, August: 302.
Wertheimer: s. Schmidt, Johann Lorenz.
Wieland, C.H.: 278.
Wieland, Christoph M.: 338, 339.
Wieland, Rudolf: 302.
Wiese, Benno von: 37, 135, 161, 269, 290.
Willi, Thomas: 323.
Winckelmann, Johann J.: 40, 152, 290.
Winckler, Lutz: 53, 214, 223, 224, 278, 279, 334, 337.
Wolf, Herbert: 287, 288, 289.
Wolff, Christian: 46, 61, 89, 90, 91, 92, 96, 291.
Wolfhard, Adolf: 149, 312, 313.
Woolston, Thomas: 89.
Young, Edward: 304, 318.
Zeeden, Ernst W.: 20, 21, 22, 25, 174, 220, 233, 236, 240, 345.
Zehner, Johann V.: 299.
Zeller, Winfried: 280.
Zelter, Karl F.: 313.
Zesen, Philipp von: 51, 53, 108.
Zimmermann, Johann G.: 120, 128, 266.
Zollikofer, Georg J.: 140.
Zwingli, Huldrych: 164.